HEYNE BÜCHER
SACHBUCH

Hannes Lindemann

Anti-Streß-Programm

So bewältigen Sie den Alltag

WILHELM HEYNE VERLAG
MÜNCHEN

HEYNE SACHBUCH
Nr. 19/74

Unter Mitarbeit von
Dr. Ilse-Doris Lindemann

7. Auflage

1. Auflage dieser Ausgabe
Früher als Heyne-Taschenbuch unter der Nr. 01/7039 erschienen.

Genehmigte und vollkommen überarbeitete Taschenbuchausgabe
Wilhelm Heyne Verlag GmbH & Co. KG, München

Zeichnungen: Gaßner & Bischoff
Umschlagzeichnung: Christian Dekelver, Stuttgart
Umschlaggestaltung: Atelier Adolf Bachmann, Reischach
Herstellung: Dieter Lidl
Satz: Fotosatz Völkl, Germering
Druck und Verarbeitung: Pressedruck, Augsburg

ISBN 3-453-03744-8

Inhalt

Vorwort

Für die Gesundheit, für ihre Erhaltung und Wiederherstellung sowie für die Minderung oder Beseitigung von Krankheitsfolgen wurden 1988 in der Bundesrepublik Deutschland schätzungsweise 270 Milliarden DM ausgegeben. Zählt man den durch Krankheit bedingten Produktionsausfall hinzu, so steigt die Summe auf weit über 300 Milliarden DM. Obwohl die Menschen in den Industrieländern immer älter werden, scheinen sie, betrachtet man diese unvorstellbare Summe, mehr zu kränkeln als je zuvor. Wie erklärt sich dieser paradoxe Zustand? Die Antwort heißt vor allem Streß.

Ist unsere Einstellung zum Leben falsch? Haben wir uns noch nicht an das moderne Leben gewöhnt?

Streß ist eine modische Volks-»Krankheit« geworden, die kaum einen verschont und die kaum einer, der etwas auf sich hält, als gelegentlichen Entschuldigungsgrund ausläßt. Da Streß in der Regel eine selbst gewählte Leidensform und »hausgemacht« ist, hat sich praktisch jeder mit dieser modernen Seuche oder mit seiner eigenen trügerischen Lebenseinstellung auseinanderzusetzen. Eine Repräsentativumfrage – vom Bundesministerium für Jugend, Familie und Gesundheit in Auftrag gegeben – zeigt, daß mehr als die Hälfte der Erwachsenen in der BRD bei ihrer Arbeit »häufiger oder ab und zu in stärkere Belastungssituationen« gerät. Rund die Hälfte der Befragten ist sogar der Ansicht, man müsse sich mit gesundheitlichen Schäden durch berufliche Belastungen abfinden.

Aber das ist eine gefährliche Einstellung, gegen die man angehen sollte. Das vorliegende Buch, das sich auf Erfahrungen aus der Praxis stützt, kann hierbei helfen. Es weist eine Fülle von erprobten und bewährten Möglichkeiten der Streßbekämpfung und des Streßabbaus auf, von denen der Leser zu seinem eigenen Nutzen Gebrauch machen kann. Durch ein Mindestmaß an eigenen Bemühungen kann er den streßfördernden Umweltbedingungen entgegentreten.

Hierbei helfen ihm die Trainingsvorschläge, Tips und Programme dieses Buches, deren Hauptkomponenten die körperliche Bewegung, Ernährung und psychohygienische Maßnahmen sind.

ERSTER TEIL

Streß in unserem Leben

1. Was ist Stress?

Streß ist ein Wort, das unser Leben heute wie kaum ein zweites kennzeichnet. Das der zweiten Hälfte des 20. Jahrhunderts seinen Stempel aufgedrückt hat. Streß – Symbol des Raumzeitalters, aber auch Symbol des Menschen ohne Mitte, des getriebenen Menschen.

The stress, der Streß, le stress, el stress, lo stress, o stress – die meisten Länder der Erde haben das Wort übernommen. Sein Siegeslauf ist unaufhaltsam. Er ist so rasant wie ein Steppenfeuer. Wir gebrauchen das Wort so häufig, daß es fast schon streßt.

Aber so neu wie der Ausdruck Streß für uns ist, so alt ist sein Inhalt. Streß hat es zu jeder Zeit gegeben, und Streß wird es auch so lange geben, wie Leben auf dem Planeten herrscht.

Streß lauert an jeder Ecke

Wenn Streß zum Leben dazugehört, brauchen wir uns gar nicht mit ihm auseinanderzusetzen – könnte man meinen. Das aber wäre falsch. Denn was uns heute bis zur Unerträglichkeit belastet, was in unzähligen Fällen Krankheit und Tod hervorruft, ist das Zuviel, das Übermaß an Streß, dem wir ausgesetzt sind. Das moderne Leben mit seinen vielen unaufschiebbaren Terminen, mit den Dienstreisen auf überfüllten Straßen, mit der unerläßlichen beruflichen Weiterbildung nach Feierabend, mit der Reizüberflutung durch Massenmedien und dem Lärm und Gestank einer verseuchten Umwelt

– das Leben eines aktiven Menschen also scheint ein einziger, anhaltender Streß geworden zu sein. Zahllose Menschen im besten Alter sind sein Opfer geworden. »Unerwartet wurde aus unserer Mitte gerissen mein lieber Mann ...« liest man täglich in den Zeitungen.

Unerwartet? Ist ein solch plötzlicher Tod wirklich unerwartet bei dem heutigen Lebenstempo?

Wer überarbeitet ist, wer sich heruntergewirtschaftet hat, wird ein leichtes Opfer des Streß. Und Streß lauert an jeder Ecke. Im Straßenverkehr zum Beispiel.

Ein junger Referendar kam abends nach einem schwierigen Arbeitstag mit seinem Wagen an eine unübersichtliche Straßenstelle, als eine alte Frau sich unversehens anschickte, die Straße zu überqueren. Nur unter Aufbietung aller körperlichen Kräfte konnte er seinen Wagen abbremsen. Das Fahrzeug kam zwar nach einer halben Drehung zum Stehen, der Fahrer aber erlitt einen solchen Schock, einen solchen Streß, daß er Tage brauchte, um sich wieder davon zu erholen.

Eine Alltagssache. Gewiß. Aber mehrere derartige oder ähnliche Erlebnisse können bei jedem Menschen irreparable Schäden verursachen. Und unser Leben ist gespickt mit solchen Streßsituationen.

Wie man diese Situationen meistert, wie man Streßfolgen überwindet und dadurch seine Leistungskraft erhalten kann, werden wir in diesem Buch erfahren.

Hans Selyes Entdeckung

Die Geschichte des Streß ist im wesentlichen die Geschichte von Hans Selye. 1925 studierte er Medizin an der alten Deutschen Universität Prag. Als er die erste klinische Vorlesung hörte, so berichtet er später selbst, fiel ihm bei der Vorstellung von Kranken »im Frühstadium verschiedener Infektionskrankheiten« etwas auf, über das sein Lehrer, Professor von Jaksch, kein Wort verlauten ließ: Alle diese Patienten zeigten die gleichen Symptome – Fieber, Unwohlsein, belegte Zunge, Appetitlosigkeit, Schmerzen in Muskeln und Gelenken usw.

Da ein Arzt anhand dieser Anzeichen kaum eine Diagnose

stellen kann und da sie nicht auf eine bestimmte Krankheit hinweisen, spricht er von »unspezifischen« Symptomen. Sie treten in der Tat bei sehr vielen inneren Krankheiten auf.

Selye war damals noch sehr jung – er ist Jahrgang 1907. Seine Unvoreingenommenheit ließ ihn über etwas stolpern, das jedem Arzt vertraut war. Warum aber ein Mensch dieses »Syndrom des einfachen Krankseins«, wie er es später nannte, entwickelte, war zu jener Zeit unbekannt.

Zehn Jahre später stieß er wieder auf dieses Syndrom. Er arbeitete damals als Assistent an der biochemischen Abteilung der McGill-Universität in Montreal, Kanada, und zwar war er mit der Untersuchung von Sexualhormonen beschäftigt.

In der Hoffnung, ein neues Hormon zu entdecken, spritzte er Ratten Extrakte aus den Eierstöcken und aus der Nachgeburt ein, um anschließend zu untersuchen, wie die Tiere darauf reagierten. Und in der Tat, es traten immer die gleichen Reaktionen auf: Es kam zu einer Vergrößerung der Nebennierenrinde, zu einer Schrumpfung der Thymusdrüse, der Milz, der Lymphknoten und zur Entwicklung von Geschwüren in Magen und Zwölffingerdarm. Selye zog den naheliegenden Schluß, in seinen Extrakten müßte sich ein bis dahin unbekanntes Hormon befinden.

Aber als er diese Reaktionen auch durch Extrakte der Hirnanhangdrüse und später noch durch Gewebeteilchen von Nieren, Milz oder anderen Organen ausgelöst sah, begann er an seinem Schluß zu zweifeln. In dieser trüben Stimmung fiel sein Blick zufällig auf eine Flasche mit Formalin. Formalin ist eine giftige Substanz, die in jedem Labor und Krankenhaus zu Desinfektionszwecken verwendet wird, aber auch ein Stoff, der in lebenden, für mikroskopische Untersuchungen benötigten Zellen Eiweiß ausfällt. Wenn »sein« Syndrom durch die verschiedensten Gewebeextrakte erzeugt werden konnte, müßte es doch auch durch Formalin zustande kommen können, überlegte Selye.

48 Stunden später fand er seine Vermutung bestätigt. Die Ratten hatten auf Formalin besonders stark reagiert: Wiederum war es zu einer Vergrößerung der Nebennierenrinde,

zu einer Schrumpfung der lymphatischen Organe sowie zu Magen- und Zwölffingerdarmgeschwüren gekommen.

Es fiel Selye anfangs schwer, den Traum von einer neuen Hormonentdeckung aufzugeben. Aber dann dämmerte es ihm: Vielleicht könnte die wissenschaftliche Klarlegung eines Syndroms für die Medizin viel entscheidender sein als die Entdeckung eines neuen Hormons. Plötzlich erinnerte er sich an die Szene im Hörsaal von Prag. Ob zwischen seinen beiden Beobachtungen vielleicht ein Zusammenhang bestand?

Das wäre eine ungeheuerliche Entdeckung. Von solchen Aussichten ermutigt, beschloß Selye, der Frage nachzugehen. So kam er dem Phänomen des Streß auf die Spur.

Ursachen eines Phänomens

Gewebeextrakte und Formalin hatten in Selyes Versuchen das Syndrom des einfachen Krankseins ausgelöst. Wie steht es nun mit anderen Stoffen? fragte er sich. Ist das Syndrom wirklich unspezifisch? In weiteren Experimenten fand er, daß auch Hormone das Syndrom hervorriefen, beispielsweise Adrenalin, ein Hormon des Nebennierenmarks, oder Insulin, ein Hormon der Bauchspeicheldrüse.

Seine folgenden Versuche zeigten, daß es nichts den Körper Schädigendes gab, was dieses Syndrom nicht auslösen konnte. Ob es nun überschwere Muskelarbeit war, ob übergroße Kälte oder Hitze, ob mechanische Verletzungen, Schmerzen, Blutungen – stets reagierte der Körper gleich: mit einer Vergrößerung der Nebennierenrinde, einer Schrumpfung der lymphatischen Organe und Geschwüren im Bereich von Magen und Zwölffingerdarm.

1936 veröffentlichte Selye in der Zeitschrift »Nature« seinen ersten Artikel über dieses Phänomen (»Ein Syndrom, das durch vielerlei schädliche Ursachen hervorgerufen wird«), nachdem er vorher schon in Vorträgen des öfteren darauf hingewiesen hatte. In Fachgesprächen hatte er das Syndrom als »biologischen Streß« bezeichnet, doch stieß dieser Ausdruck – wie übrigens auch sein Artikel – auf heftige Kritik.

Das Drei-Phasen-Prinzip

Jeder Körper reagiert, qualitativ gesehen, gleich auf schädigende Substanzen, quantitativ jedoch sind Unterschiede vorhanden. In seinem ersten Aufsatz bereits erwähnte Selye das oben beschriebene Syndrom als körperlichen »Ausdruck einer allgemeinen Mobilmachung der Verteidigungskräfte im Organismus«. Diese Mobilmachung der Verteidigungskräfte nannte er Alarmreaktion.

Daß der Körper nur eine begrenzte Zeit in diesem Alarmstadium verharren kann, ist selbstverständlich. Das heißt, bei massiver Schädigung kann der Organismus im Alarmstadium auch nach kurzer Zeit zugrunde gehen. Aber wenn die Schädigung nicht tödlich war, gelangt der Körper in das sogenannte Widerstandsstadium, in dem die Symptome der Alarmreaktion wieder zum Verschwinden gebracht werden sollen. Durch diese Widerstandsreaktion wird der Körper besser gegen eine erneute Schädigung gewappnet. »Alles, was mich nicht umbringt, macht mich stärker«, könnte man hier sagen.

Wenn aber das Maß voll ist, wird man nicht stärker, sondern fällt in das Stadium der Erschöpfung.

Diese drei Reaktionsphasen, das Alarmstadium, das Widerstandsstadium und das Erschöpfungsstadium, bezeichnete Selye als »allgemeines Anpassungssyndrom«.

Nicht bei jedem Streß werden diese drei Stadien durchlaufen; nur die wenigsten Reize sind imstande, auch das Erschöpfungsstadium auszulösen; der Grund dafür ist vor allem der, daß wir uns an sie gewöhnen. Gerade diese unterschwelligen Reize sind es, denen wir unsere Anpassung und Widerstandskraft verdanken.

Diese Tatsache spielt auch beim Sport eine Rolle. Ein 10000-Meter-Lauf führt auch bei einem trainierten Sportler zu einem Streßzustand in Muskeln und Kreislaufsystem. Es kommt hier zu einem um so stärkeren und längeren Erschöpfungsstadium, je weniger trainiert der Sportler ist. Da jedoch vorwiegend Muskeln und Kreislauf betroffen werden, ist dieses Erschöpfungsstadium nicht so strapazierend.

Wenn der Sportler wirklich trainiert ist, kann er nach einer kurzen Ruhezeit erneut an den Start gehen.

Das Drei-Phasen-Prinzip beherrscht die meisten unserer Tätigkeiten. Im Alarmstadium kommt man erst so richtig in Schwung, im Widerstandsstadium geht es gut voran, und im Erschöpfungsstadium schließlich ermüdet man. Wenn sich alle Anpassungsreserven erschöpfen, können nicht wiedergutzumachende Schäden entstehen. »Davon hat er sich nie wieder so richtig erholt«, heißt es im Volksmund. Daher forderte Goethe, jeder möge sich auf die ihm von der Natur zugestandenen Möglichkeiten beschränken. Das Mittelmaß ist ihm Garant der Gesundheit. Jede Überforderung trage den Keim der Zerstörung und damit der Krankheit in sich.

Selye ist davon überzeugt, daß jedem Menschen ein bestimmtes Quantum an Anpassungsenergie in die Wiege gelegt wird, das durch das Erbgut bestimmt ist. Von diesem Quantum muß er sein Leben lang zehren. Geht er verschwenderisch damit um, so altert er frühzeitig; gestaltet er dagegen sein Leben einförmig und reizlos, kann er lange von der ererbten Anpassungsenergie zehren. Für die Richtigkeit dieser Annahme spricht, daß besonders langlebige Menschen im allgemeinen in entlegenen Gebieten der Welt wohnen und übereinstimmend angeben, Ärger und Aufregungen, also Streß, hätten sie nie gehabt.

Selye fällt das Verdienst zu, diese früher nur wenig bekannten Tatsachen wissenschaftlich so belegt zu haben, daß die Versuche wiederholbar geworden sind. Und das ist das Wesen einer wissenschaftlichen Entdeckung.

»Was ist ein Name?«

In seinen ersten Veröffentlichungen sprach Selye von »schädlichen Stoffen«, die eine Alarmreaktion hervorrufen können. Im Verlauf seiner Untersuchungen aber erkannte er, daß nicht allein schädliche Agenzien diese Reaktion hervorzurufen vermögen, sondern auch physiologische sowie psychische Erlebnisse. So kann beispielsweise Muskelarbeit die Alarmreaktion in Gang setzen, desgleichen die Einwirkung von Kälte und Wärme.

Wiederum stieß er auf das Wort Streß. Im Englischen wird dieses Wort häufig verwandt. In der Technik wird es übersetzt mit Beanspruchung, Spannung oder Kraft ganz allgemein. Der höchste Streß ist im technischen Bereich dann erreicht, wenn ein zu prüfendes Material kurz vor der Bruchbelastung steht (rupture stress). In der Mechanik bedeutet streßfrei spannungsfrei. Die Unbilden der Witterung heißen im Englischen the stress of weather, die drückende Armut heißt the stress of poverty, und unter dem Druck der Umstände übersetzt man mit under the stress of circumstances. Selbst in der Medizin bediente man sich damals schon dieses Wortes: Man spricht beispielsweise seit langem vom nervous stress, der seelischen Spannung.

Streß ist ein Lehnwort aus dem Lateinischen und leitet sich von stringere, spannen, ab.

Trotz vieler Bedenken wählte Selye schließlich das Wort Streß zur Bezeichnung »der Summe aller unspezifischen Wirkungen von Faktoren, die den Körper beeinflussen können«. Diese Faktoren aber, die das allgemeine Anpassungssyndrom auszulösen vermögen – Muskelarbeit, Kälte, Wärme, Krankheitserreger, Medikamente, Drogen, Verletzungen usw. –, wurden von ihm als Stressoren bezeichnet. Stressoren also sind Reize, die im Körper Streß erzeugen.

Stressoren können natürlich auch psychologischer Natur sein, und sie können so stark sein, daß man sogar »vor Schreck tot umfallen« kann, wie in der schwäbischen Sage der Reiter vom Bodensee, als er vernimmt, er sei soeben ahnungslos über die mit Schnee bedeckte Eisfläche des zugefrorenen Sees gesprengt. Um durch Schreck oder Angst »tot umzufallen«, muß man in der Regel ein vorgeschädigtes Herz haben. Aber ganz selten kommt es auch vor, daß sogar ein gesunder Mensch vor lauter Angst stirbt, wie noch 1989 ein kleiner Bub im Zahnarztsessel.

Jedenfalls läßt sich vom Wort Streß sagen, daß es trotz aller Bedenken glücklich gewählt wurde und daß es sich in aller Welt durchgesetzt hat. Shakespeares Frage »Was ist ein Name?« läßt sich beantworten: Hier war er alles. Selye verdanken wir sicherlich, daß heute alle Welt von Streß spricht.

Die Notfallreaktion

Der Mensch reagiert auf Stressoren wie seine tierischen Vorfahren. Taucht plötzlich eine Gefahr auf, so mobilisieren Mensch und Tier im Nu alle verfügbaren Kräfte für den Notfall. Dem Tier stehen nur zwei Reaktionsmöglichkeiten offen: Kampf oder Flucht, fight or flight. Der Mensch aber hat im Grunde genommen auch nur diese zwei Möglichkeiten zu reagieren, obwohl er selten in der Lage ist, davon Gebrauch zu machen.

Wir alle kennen die Notfallreaktion aus eigener Erfahrung: Das Herz schlägt bei Gefahr augenblicklich schneller und kräftiger, es pocht uns bis zum Halse; wir beginnen schneller zu atmen. Durch diese Reaktionen wird garantiert, daß der ganze Körper rascher mit Sauerstoff versorgt wird.

Gleichzeitig treten im Blut Veränderungen auf, die unter anderem seine Gerinnungsfähigkeit fördern. Der Sinn ist dies: Wenn das Tier verletzt wird, gerinnt das Blut in den Wunden schneller, wodurch der Blutverlust eingeschränkt wird. Beim Menschen ist diese Veränderung insofern nicht ungefährlich, als sie das Herzinfarktrisiko erhöht.

Auch die Blutverteilung im Körper verändert sich in der Notfallreaktion: Das Blut fließt jetzt vermehrt aus Haut und Eingeweiden in die Muskeln. Denn von den Muskeln hängt es zum großen Teil ab, ob das Tier überlebt oder nicht. Die Muskelspannung ist dabei erhöht. Die Aufmerksamkeit ist gesteigert, die Pupillen sind geweitet.

Über das vegetative, das unwillkürliche Nervensystem schütten Nebenniere und bestimmte Nerven in stärkerem Maße die Hormone Adrenalin und Noradrenalin aus, wodurch alle diese Reaktionen ausgelöst werden. Zusätzlich werden Kohlenhydrate mobilisiert, so daß das Blut vermehrt mit Zucker, dem Energiestoff, versorgt wird. Diese fight-or-flight-reaction wurde schon von dem Physiologen Walter B. Cannon (1871–1945) aus Boston beschrieben. Er hatte auch schon entdeckt, daß alle diese Reaktionen bei Wut- und Angstzuständen sowie bei intensivem Schmerz auftreten.

Die weitere und systematische Erforschung dieses Phänomens jedoch geht vor allem auf Selye zurück. Während dieser Reaktionen – so erkannte man später – wird auch Fett aus den Depots mobilisiert, wodurch der Körper ebenfalls auf Muskelaktivität vorbereitet wird.

Örtlicher Streß

Wenn schädliche Stoffe oder ein Dorn in die Haut eindringen, kann es zu einer Entzündung kommen, die als lokales Anpassungssyndrom zu verstehen ist. Die Entzündung ist also die Reaktion auf örtlichen Streß, sie ist »eine örtliche Reaktion auf Schädigung«. In der Entzündung zeigt sich die Abwehrreaktion – der Kampf – des Organismus. Die gestreßten Gewebe senden chemische Alarmsignale ins Blut. Die Hirnanhangdrüse (Hypophyse) sondert sofort ein entzündungshemmendes Hormon (ACTH) ab, das wiederum die Nebenniere veranlaßt, ihrerseits entzündungshemmende Hormone (Cortison u. a.) auszusenden.

Auch bei einer Entzündung kann man die drei Phasen unterscheiden. Auf das Stadium des Alarms folgt das Widerstandsstadium und unter Umständen das Erschöpfungsstadium, in dem es zum Absterben einiger örtlicher Zellen kommt. Starker örtlicher Streß kann natürlich auch allgemeinen Streß erzeugen.

So wie die Entzündung die Reaktion auf lokalen Streß ist, ist der Schock die Antwort auf intensiven allgemeinen Streß. Verschiedenartige Kombinationen dieser beiden Hauptreaktionen sind in vielen Krankheiten zu erkennen.

Streß wirkt bei jeder Krankheit mit

Das Leben ist ein dauernder Anpassungsprozeß. Jedem Reiz versucht sich der Körper anzupassen, jedem Stressor. Ganz gleich, ob ich hungere oder ob ich mich überesse, ob ich mich ärgere oder ob ich mich freue, ob ich eine verkehrsreiche Straße überquere oder ob ich mich mit 170 Stundenkilometern auf der Autobahn an der Geschwindigkeit berausche – »jede Gemütsbewegung und jedes Tätigsein verursacht Streß«, sagt Selye. Die Antwort des Körpers ist stets Mobilisierung von Kräften. Das ist niemals ein rein körperlicher

Vorgang: Jeder Stressor löst körperliche *und* psychische Reaktionen aus. Die Alarmreaktion macht sich auch psychisch bemerkbar; wir haben es alle schon selbst erlebt, wenn wir beispielsweise vor Angst zittern. Der Körper, der Organismus, ist beseelt; eine isolierte Reaktion von Körper oder Psyche auf Stressoren ist nicht möglich.

In diesem Sinn ist Streß als ursächlicher Faktor bei jeder Krankheit nachzuweisen oder »ein jeder Krankheit innewohnendes Element«, wie Selye sich ausdrückt. Sowohl Körper wie Psyche versuchen unter Streß, die gestörte Ordnung wiederherzustellen. Solange Leben in einem ist, spielt diese Selbstheilungstendenz eine wichtige Rolle.

Das Ergebnis aus Streß und Selbstheilungsversuch ist das jeweils vorliegende Krankheitsbild. Krankheit ist also immer auch eine Leistung, wofür die Griechen sogar ein eigenes Wort hatten (pónos). Wenn die Widerstandskraft des Menschen erlahmt, wird der Kampf um die Gesundheit, um die alte Ordnung, schwächer, bis schließlich, beispielsweise im hohen Alter, Krankheiten völlig undramatisch verlaufen und ohne großen Kampf zum Tode führen.

Jedes Leben ist ein überaus komplizierter Balanceakt. Denn es ist nicht so, daß stets nur ein einziger Stressor auf uns einwirkt. Nur allzu oft versuchen verschiedene Stressoren gleichzeitig, das Gleichgewicht zu stören. Es leuchtet ein, daß in solchen Phasen kleine sich aufpfropfende Reize genügen, um Krankheitssymptome hervorzurufen.

Ein Beispiel dafür: Ein Angestellter, 46 Jahre alt, baut sich ein Haus – erster Streß. In seiner Dienststelle wird ihm ein neuer Aufgabenbereich zugewiesen, er ist den neuen Anforderungen noch nicht gewachsen, muß mehr arbeiten, fühlt sich unsicher – zweiter Streß. Er und seine Frau können sich über einige Einzelheiten ihres Bauvorhabens nicht einigen, es kommt zu Auseinandersetzungen – dritter Streß. Aus Zeitknappheit bewegt er sich jetzt weniger als sonst, Bewegungsmangel – vierter Streß. Dafür raucht er jetzt mehr Zigaretten – fünfter Streß. Kurz nachdem er einen kleinen Unfall verursachte – sechster Streß –, bekam er einen Herzinfarkt.

Jeder besonders starke Stressor ist ein Risikofaktor, das

heißt ein Faktor, der für das Auftreten einer Krankheit verantwortlich sein kann.

Gleiche Risikofaktoren lösen jedoch nicht bei allen Menschen die gleichen Krankheiten aus. Jeder Mensch hat sein schwaches Organ, bei dem einen ist es der Magen, bei dem anderen die Lunge, und beim dritten schließlich sind es die Gefäße. Diese Organe sind die schwächsten Glieder in der Kette der Körperteile, die den Organismus des Menschen ausmachen, und sie werden am ehesten durch Streß geschädigt. Soweit wir bis heute wissen, scheint dies für die meisten Krankheiten – auch für Krebs – zuzutreffen.

Vom heilsamen Streß

Nicht jeder Streß aber macht krank. Schon Selye wies darauf hin, daß positiver Streß, der sogenannte Eustreß, die Würze des Lebens sei.

Wenn man Ratten völlig streßfrei aufzieht, indem man sie nicht anfaßt, nicht in andere Käfige verpflanzt und sie automatisch füttert, bleiben sie in ihrer körperlichen und psychischen Entwicklung zurück. Sie legen ein scheues und verstörtes Verhalten an den Tag.

Ein amerikanischer Psychologe bot freiwilligen Versuchspersonen 20 Dollar pro Tag, damit sie an einem Experiment teilnahmen, bei dem sie möglichst frei von Stressoren gehalten wurden. Dabei ergab sich, daß alle Schwierigkeiten hatten, diesen Streß von Nicht- oder Nullstreß zu ertragen. Einer der Freiwilligen hörte vor der Zeit auf, verzichtete auf die 20 Dollar und nahm einen schlechtbezahlten Schwerarbeiterjob an, obwohl er wegen finanzieller Schwierigkeiten dringend mehr Geld benötigte.

Bei einem anderen Versuch wurden Freiwillige für längere Zeit ins Bett gepackt, alle Stressoren wurden von ihnen ferngehalten, sie wurden bestens verpflegt und dennoch: sie erkrankten. Schon nach sechs Wochen waren sie nicht imstande, länger als drei Minuten aus eigener Kraft zu stehen – ihr Kreislauf versagte. Frei von Streß im Sinne des Eustreß sein ist ein negativer Streß, durch den die Regelkreise des Lebensnervensystems aus der Übung kommen.

Streß gehört also zum Leben dazu. Streß ist Leben, sagt Selye. Heilsame Spannungen erzeugen Kraft, eben Spannkraft. Erst durch Streß in »normaler Dosis« können wir uns elastisch halten und uns anpassen. Ohne ein gewisses Maß an Streß können wir nicht gesund sein und gesund werden. Dieses Maß allerdings ist bei jedem Menschen verschieden. Man sollte es jedoch kennen. Wer seine Grenzen kennt, kann gezielt vorbeugen.

Gar nicht selten kommt es vor, daß Streß in einen Behandlungsplan eingebaut wird, beispielsweise wenn alte Menschen nach einer längeren Krankheit wieder fit werden sollen. Wenn solche Senioren sich schonen, wenn sie der eigenen Trägheit und Bequemlichkeit nachgeben, bleiben sie ein Wrack. Nur durch Anforderungen an sich selbst, durch heilkräftigen Streß, kommen sie wieder auf die Beine. Wer rastet, der rostet.

Leben ist kämpfen, schrieb Seneca. Das gilt für Tier und Mensch. Allein wir wünschten uns, daß bei dem Kampf ums Dasein nicht jedesmal erst der ganze Apparat der Notfallreaktion in Gang gesetzt würde.

Vom krankmachenden Streß

Krank macht ein Streß, wenn das allgemeine Anpassungssyndrom versagt, wenn es sich erschöpft. Selye hat vorgeschlagen, für diesen negativen Streß das Wort Disstreß einzuführen. Was der Laie also als Streß bezeichnet, ist im eigentlichen Sinne Disstreß. Das Wort leitet sich von dem lateinischen disstringere, auseinanderziehen, ab. Im übertragenen Sinne heißt es quälen und foltern. Disstreß ist mehr oder minder ein subjektives Gefühl: Wir entscheiden selber, ob und wie stark wir auf ihn reagieren. Das geschieht in der Regel automatisch und ist von unserem Gesundheitszustand, von der Erziehung und vor allem auch von unserer Erbanlage abhängig. Einige Stressoren oder Streßquellen allerdings beeinträchtigen alle Menschen, beispielsweise Lärm.

Sowohl intensiver wie lang anhaltender Streß kann krank machen. Meist wird man aber durch Streßsymptome wie zum Beispiel Nervosität vorher gewarnt. Wenn es so weit gekommen ist, daß solche Warnsignale auftreten, muß man seine Lebensweise umgehend überprüfen.

Jeder Mensch reagiert quantitativ verschieden auf Stressoren, ja, manch einer spürt gar nicht, daß er soeben beleidigt, gestreßt, wurde. Dummheit als Streßschutz. Es gibt aber auch Menschen, durch deren dickes Fell der Pfeil eines Stressors – und hier insbesondere eines psychischen Reizes – gar nicht dringen kann. Indolenz, Gleichgültigkeit als Streßschutz. Und hin und wieder begegnet man auch Menschen, deren psychisches Gleichgewicht zu stabil ist, als daß ein Stressor es stören könnte. Weiter ist es ein großer Unterschied, ob ein Stressor einen Menschen in der stabilen Phase am Ende eines Erholungsurlaubes trifft oder ob der gleiche Reiz kurz vor Antritt des Urlaubs auf ihn einwirkt. Der gleiche Mensch reagiert also auf den gleichen Reiz je nach körperlicher und psychischer Ausgangslage verschieden.

Das Leben stellt Anforderungen an jeden Menschen, die man als normal ansehen muß. Ohne diese Spannungen und Belastungen, ohne einen gewissen Streß – wir haben es schon gehört – wäre kein Leben möglich. Außer Zeit verschenkt das Leben nichts. »Nichts gab das Leben den Sterblichen ohne große Mühe«, wußte man auch schon früher. Wenn man in diesem Sinne bereits erzogen wird, empfindet man den Streß im späteren Leben selten als krankmachend. »Im Schweiße deines Angesichtes sollst du dein Brot essen«, lautet der Fluch, der bei der Vertreibung aus dem Paradies über den Menschen verhängt wurde. Wir vergessen ihn nur manchmal.

Wer von Kindheit an gewohnt ist, auch einmal zu verzichten, dem wird das Blut nicht gleich in Wallung geraten, wenn er später im Leben gestreßt wird. Er wird auch nicht gleich aus der Haut fahren, wenn er später zum Verzicht gezwungen wird. Doch es gibt viele Wege, die Schwelle des krankmachenden Stresses hinaufzusetzen, sich in Frustrationstoleranz zu üben.

Anpassungskrankheiten

Dem Menschen sagt man nach, er sei das Wesen mit dem größten Anpassungsvermögen. Aber hat er sich an die von ihm geschaffene Welt angepaßt? Stadtplaner, Architekten und Techniker haben eine Umwelt geschaffen, die es uns sehr schwer macht, gesund zu bleiben. Doch dieser Mangel an Anpassung ist hier nicht gemeint.

Wenn Stressoren – man kann sie auch Streßfaktoren nennen – auf den Organismus einwirken, kommt es, wie bereits geschildert wurde, über die Hormondrüsen und das vegetative Nervensystem im Organismus zu Reaktionen. Diese Anpassungsreaktionen können gerade ausreichend sein, sie können aber auch falsch gewählt sein, sie können unterschwellig wie überschwellig sein, zu schwach oder zu stark. Das würde bedeuten: die Reaktionen auf die Streßfaktoren können schlimmer sein als der ursprüngliche Streßzustand. Der Körper schadet sich in einem solchen Fall also selbst; es entstehen neue Krankheitsbilder, die Selye Anpassungskrankheiten nennt.

Ein »wandelndes Laboratorium«

Am Beispiel des Magens sei erläutert, wie psychisch ausgelöster Streß im Organismus körperliche Reaktionen hervorruft. Schon der Volksmund hat diese Zusammenhänge erkannt: »Das ist mir auf den Magen geschlagen« oder »Es lag mir wie ein Stein im Magen«, heißt es. Der verstorbene Forscher Harold G. Wolff hat zusammen mit seinem Mitarbeiter Stewart Wolf Versuche an einem Mann angestellt, der als »Tom« in die Medizingeschichte einging. Als Tom neun Jahre alt war, verbrannte er sich durch eine kochendheiße Miesmuschelsuppe so sehr die Speiseröhre, daß er sie nicht mehr gebrauchen konnte. In der Folgezeit kaute er seine Nahrung und spuckte sie dann in einen Trichter, von wo sie über eine Sonde durch eine künstliche Öffnung in seinen Magen gelangte. Als er sich aufgrund einer schweren Blutarmut ins Krankenhaus begeben mußte, erkannten die Ärzte die große Chance, die sich ihnen hier bot, und baten ihn, ihr »wandelndes Laboratorium« zu werden.

Durch die Magenöffnung – das Magenfenster – konnten die Forscher direkt die Magenschleimhaut und Magenbewegungen beobachten. Bei Ärger oder Bedrohung (psychischer

Streß) wurde Toms Magenschleimhaut rot, in die Haargefäße floß mehr Blut, und die Verdauungsdrüsen sonderten vermehrt Säfte ab. Dadurch wurde die dicke Magenschleimschicht, die als Schutzschicht fungiert, dünner. Dauerte der Ärger an, so wurden die Haargefäße brüchig, es kam zu kleinen Blutungen, die auch noch anhielten, als Tom sein inneres Gleichgewicht wiederfand. Daß auf diese Weise ein Magengeschwür entstehen kann, ist klar.

Vermehrte Blutzufuhr und Magensaftproduktion sind jedoch typische Anzeichen dafür, daß sich der Magen auf Essen einstellt. In der Vorgeschichte der Menschheit mag eine solche Reaktion zweckmäßig gewesen sein, nämlich dann, wenn sich das Tier nach einem Kampf, bei dem es seinen Gegner besiegt hatte, anschickte, ihn zu verzehren.

Heute ist eine solche Reaktion auf Streßfaktoren nicht nur wenig sinnvoll, sondern sogar schädlich.

Fühlte sich Tom traurig und nachdenklich, dann verzog sich das Blut aus der Magenschleimhaut, sie wurde blaß und sonderte keine Säfte ab, und nicht einmal der Geruch von Speisen konnte seinen Magen dazu anregen, seine normale Tätigkeit wieder aufzunehmen.

Das Beispiel Tom zeigt, wie sehr seelische Konflikte körperliche Störungen hevorrufen. Es deutet aber auch an, daß Magenkrankheiten sehr viel mit dem Charakter, mit dem Verhalten und mit den Affekten zu tun haben. Wir lernen aus diesem Beispiel: Affekte oder auch Konflikte dürfen uns nicht beherrschen, wir müssen mit ihnen fertig werden – durch Einsicht, Vernunft, Humor usw.

Magengeschwüre und Durchfall durch Streß

Auch Tierversuche haben ergeben, daß bei starkem Streß Magengeschwüre auftreten können. Beim Menschen jedoch verläuft das komplizierter, vor allem muß eine Anlage zu Magen- und Zwölffingerdarmgeschwüren hinzukommen.

Als Komplikation schwerster Krankheitsbilder ist das Magengeschwür nicht selten. Man spricht dann von einem sogenannten »Streß-Ulcus«. Hierbei führt massiver Streß – z. B. schwere Verbrennungen, Blutvergiftung, Unfälle, Operationen – zu Durchblutungsstörungen der Magenwand bei gleichzeitig gesteigerter Magensäureproduktion. Die Wirkung des normalerweise schützenden Magenschleims geht verloren; die Salzsäurebildung nimmt zu, so daß die Magenschleimhaut angedaut werden kann. Es kommt zu Blutungen, und sogar Durchbrüche in die Bauchhöhle – meist ganz »aus heiterem Himmel« – sind dann möglich.

So klar wie die Entstehung des »Streß-Ulcus« ist, so schwierig wird es, wenn man versucht, die Entstehung eines gewöhnlichen Magen- oder Zwölffingerdarmgeschwürs zu erklären. Einig ist man sich darüber, daß psychosoziale Stressoren – bei einer Anlage dazu – die Hauptrolle spielen. Die Ernährung spielt keine wesentliche Rolle. Daher dürfen Ulcus-Kranke essen, was sie wollen, allerdings sollten sie die Tagesration auf fünf bis sechs Mahlzeiten verteilen.

Bei Ulcus-Kranken mit psychosozialem Streß empfiehlt sich eine dreiwöchige Bettruhe. Dadurch wird der unausgesprochene Wunsch des Kranken nach Geborgenheit erfüllt, und seine der Krankheit vorausgegangene Konfliktdynamik wird entschärft. Diese Konfliktsituation wird am besten mit einem Arzt oder Psychologen durchgesprochen, in Wiederholungsfällen allerdings hilft vielleicht eine psychotherapeutische Behandlung.

Auch Angst und Spannung sind Streßfaktoren erster Ordnung. Die Angst kann zu Durchfall führen. Für uns ist interessant, daß nicht nur bestimmte Nahrungsmittel eine »durchschlagende« Wirkung haben können, sondern auch Stressoren – vor allem eben die Angst. Gezielter psychotherapeutischer Streßabbau kann manchmal die Symptome lindern. Ebenso hilft oft eine Diät – doch ist deswegen nicht an der psychogenen Entstehung des Leidens zu zweifeln. Ein Ulcus bekommt man nicht von dem, was man ißt, sondern von dem, was einen frißt.

Die häufigste Streßkrankheit

Eine Streßreaktion ist immer abhängig von der Dauer und Intensität des Reizes, der sie auslöst, sowie von der Persönlichkeit und von der körperlichen Veranlagung des Gestreßten.

Entscheidend dafür, ob sich ein Reiz negativ oder positiv auswirkt, ist das Ausmaß der physiologisch-chemischen Reaktion. Wie viele Reize zusammenwirken können, um ein Krankheitsbild zu erzeugen oder zu verschlechtern, zeigt die Arteriosklerose, die Verkalkung der Gefäße, an der bei uns knapp die Hälfte aller Menschen stirbt.

Das Krankheitsbild Arteriosklerose wird durch die Summe der verschiedensten Reize und Faktoren, die sogenannten Risikofaktoren, hervorgerufen. Zu ihnen gehören

- Rauchen,
- psychosozialer Disstreß,
- Zugehörigkeit zur Gruppe der ehrgeizigen, aggressiven, unruhigen »Typ-A-Menschen«,
- Bluthochdruck,
- Gicht, Diabetes, Unterfunktion der Schilddrüse,
- übermäßiger Verzehr von Fett,
- ein zu hoher Cholesterinblutspiegel,
- spezifische Veränderungen im Elektrokardiogramm,
- Alter sowie unter Umständen auch Übergewicht und Bewegungsmangel.

Treffen bei einem Menschen mehrere dieser Risikofaktoren zusammen, so erhöht sich bei ihm die Gefahr, daß er einen Herzinfarkt bekommt. Allerdings sind hierbei Männer wesentlich gefährdeter als Frauen. Sie erkranken bei gleicher Risikofaktoren-Zahl häufiger an einem Herzinfarkt als Frauen.

Man rechnet in der BRD mit etwa 100000 Herzinfarkttoten jährlich. Abgesehen von den wenigen Fällen, in denen eine erbliche Stoffwechselstörung vorliegt, ließe sich die Erkrankung in den meisten Fällen verhüten – mindestens jedoch hinauszögern.

Wer eine Arteriosklerose-Prophylaxe betreiben will – und das sollte jeder tun, dessen Eltern an Herzinfarkt oder Schlaganfall gestorben sind oder bei dem mehrere Risikofaktoren zusammenkommen –, muß früh beginnen und sollte gegen seine Risikofaktoren etwas unternehmen. Dazu gehört, daß man sich regelmäßig ärztlich untersuchen läßt, um zu erfahren, ob sich der Blutdruck und die Höhe der Blutfettwerte im Bereich der Norm befinden.

Wenn man noch ein übriges tun will, erzieht man schon seine Kinder dazu, sich viel zu bewegen und schlank zu bleiben, und klärt sie rechtzeitig – mit acht bis elf Jahren – über die Gefahren des Rauchens auf. Eine so früh einsetzende Gesundheitserziehung ist unerläßlich, denn ein Drittel der Kinder raucht oder hat bereits einen deutlich erhöhten Blutcholesterinspiegel.

Britische Forscher empfahlen den Piloten, zur Vorbeugung gegen Herz-Kreislauf-Erkrankungen weniger zu essen und zu rauchen und sich mehr zu bewegen. Denn von 236 Piloten, die wegen verschiedener Erkrankungen vorzeitig ihren gutbezahlten Beruf aufgeben mußten, waren allein 111 wegen Herz-Kreislauf-Störungen invalidisiert. Die amerikanische Luftwaffe führt bereits ein solches Vorbeugeprogramm durch – mit bestem Erfolg: Das Allgemeinbefinden der Piloten ist besser geworden, und ihr Cholesterinspiegel hat sich ebenso gesenkt wie ihr Triglyzeridspiegel (freie Fettsäuren), der ebenfalls für die Entstehung von Arteriosklerose mitverantwortlich gemacht wird.

Hochdruck gibt es nicht bei den Mabaans

Wer gespannt ist, wer unter Streß steht, bekommt vorübergehend einen erhöhten Blutdruck. Wenn zu viele Stressoren zu lange auf einen Menschen einwirken, kann es geschehen, daß sein Blutdruck nach einiger Zeit nicht mehr ausreichend sinkt, weil der Betreffende dauernd angespannt ist. Gelegentlich allerdings können starke Stressoren auch einen Blutdruckabfall bewirken, es kommt zur Ohnmacht.

Wie hoch ist nun ein »normaler Blutdruck«? Zu diesem Thema war in der Ärztezeitschrift »Selecta« vom 10. September 1973 ein Beispiel angeführt, das uns weiterhilft, diese Frage zu beantworten: »Wenn ein 35jähriger Mann einen Blutdruck von 130/90 statt 120/80 mm Hg aufweist, so verkürzt sich seine Lebenserwartung statistisch bereits um vier Jahre. Je niedriger der Blutdruck, desto länger die Lebenserwartung: Es hat den Anschein, als ob das menschliche Gefäßsystem überhaupt nur an einen Druck von 100/60 mm Hg biologisch angepaßt ist. Ein um 20 bis 30 mm Hg höherer Druck, der für eine ›mittlere intellektuelle Dauerleistung unentbehrlich‹ ist, verkürzt, an der Statistik ablesbar, bereits die Lebensspanne.«

Früher hieß es, der Blutdruck über 100 dürfe soviel betragen, wie man selbst Jahre zählt. Von dieser Auffassung ist man abgegangen. Daß sie anfechtbar ist, zeigt das Beispiel der Mabaans, eines Volksstammes im südöstlichen Sudan. Sie essen wenig Fett, anstelle von Fleisch gibt es bei ihnen meist Fisch, sie bewegen sich auch im hohen Alter noch viel, und sie kennen keinen Zivilisationsstreß. Daher geht ihre biologische Uhr anders als bei den Menschen in unseren Kulturkreisen. Ihr Blutdruck ist im Alter nicht höher als mit 15 Jahren – also etwa 110/70. Herzinfarkte gibt es nicht. Ihr Hörvermögen ist auch im Alter ausgezeichnet.

Aus diesem Grund muß im allgemeinen schon eine geringe Beeinträchtigung des Gehörs als Alarmzeichen gewertet werden, folgerte ein amerikanischer Ohrenarzt.

Schon bei geringer Beeinträchtigung des Gehörs also muß man schleunigst einen Ohrenarzt aufsuchen und eventuell Präventivmaßnahmen gegen eine bereits »hörbar« gewordene Arteriosklerose ergreifen.

In unserem Kulturkreis nun sieht man einen Blutdruck von 140/90 noch als »normal« für Erwachsene an. Doch selbst bei diesen eigentlich schon hoch angesetzten Werten ist die Zahl der Menschen, deren Werte noch höher sind, sehr groß – etwa jeder dritte Erwachsene dürfte dazu zählen. Das gilt insbesondere für ältere Menschen, bei denen der erhöhte Blutdruck aber manchmal auch von Nutzen sein kann (Erfordernishochdruck).

Hochdruck beschleunigt das Fortschreiten einer Arteriosklerose. Daher bekommen Hochdruckkranke bedeutend häufiger einen Schlaganfall und Herzinfarkt als Menschen, deren Blutdruck nicht erhöht ist. Nach der Großuntersuchung von Framingham in den USA weiß man, daß der obere (systolische) und der untere (diastolische) Wert von gleicher

Bedeutung sind und daß nicht der untere ausschlaggebend ist, wie es früher hieß.

Hochdruck kann man auch auf andere Weise als durch Streß bekommen, zum Beispiel durch Nierenkrankheiten. Die Präventivmediziner weisen darauf hin, daß das Vorkommen des Bluthochdrucks weltweit mit der Aufnahme von Kochsalz zusammenfällt. Je mehr in einem Gebiet Kochsalz gegessen wird, desto höher ist dort der Prozentsatz an Hochdruckkranken. Da dicke Menschen im allgemeinen viel essen, also auch viel Kochsalz zu sich nehmen, steigt bei ihnen der Blutdruck statistisch gesehen ebenfalls an.

Bluthochdruck ist für die Entwicklung eines Schlaganfalls der Hauptrisikofaktor und muß infolgedessen dauernd behandelt werden und unter ärztlicher Kontrolle bleiben. Zum großen Leidwesen der Mediziner jedoch werden – wie mehrere Untersuchungen ergeben haben – längst nicht alle Hochdruckkranken effektiv oder überhaupt behandelt. Hierfür gibt es viele Gründe. Beispielsweise macht der Hochdruck kaum Symptome, so daß der Kranke gar nicht weiß, mit welcher Zeitbombe er lebt. Oder aber der Kranke ist voller unbewußter Widerstände und »vergißt« infolgedessen, die ärztlich verordneten Medikamente regelmäßig einzunehmen. Das aber führt zu einer erheblichen Frühsterblichkeit durch Schlaganfall, Herzinfarkt, Nierenkrankheiten und Brand der Beine. So sterben 35jährige Männer mit einem Blutdruck von 150/100 im Durchschnitt 16,5 Jahre früher als Gleichaltrige mit einem Blutdruck von 120/80. Hochdruckkranke dürfen sich nicht in Sicherheit wiegen, wenn sie keine Krankheitszeichen haben; und Arzt und Patient müssen die Behandlung beharrlich weiterführen. Selbstverständlich muß der Hochdruck-Patient energisch – allerdings immer unter Kontrolle seines Arztes – sein Idealgewicht anstreben; er muß sich viel bewegen, psychohygienisch an sich arbeiten und bestimmte diätetische Maßnahmen ergreifen. Sehr häufig aber muß eine medikamentöse Behandlung – manchmal mit verringerter Dosis – dennoch fortgeführt werden. Die regelmäßige ärztliche Kontrolle bleibt also unerläßlich. Und naturgemäß stellt nur der Arzt die Diagnose »Hochdruck«.

Stoffwechselkrankheiten und Streß

Da starke Streßreaktionen meist mit Appetitlosigkeit einhergehen, verlieren einige Streßgeplagte Gewicht. Daß der Prozeß aber auch umgekehrt verlaufen kann, wissen wir allein schon vom sogenannten Kummerspeck. Manche Menschen greifen in die Kalorienkiste, wenn sie enttäuscht, verärgert, verängstigt oder besorgt sind. Und bei freudigen Ereignissen und Erlebnissen tun sie das gleiche – für sie ist Essen Balsam auf die freudig erregte oder wunde Seele. Übergewicht jedoch führt zu Stoffwechselkrankheiten wie Gicht oder Diabetes – eine entsprechende Disposition vorausgesetzt.

Andere Menschen, die die Anlage dafür besitzen, reagieren manchmal auf Streß mit einer Überfunktion der Schilddrüse; selbst einen Schreck-Basedow gibt es.

Bei einem Kaninchenstamm, der diese besondere Erbanlage besaß, starben die Tiere vor Schreck und Angst und nicht mehr an Krankheiten. Der Schrecktod ist auch bei Menschen möglich, deren Herz-Kreislauf-System erheblich vorgeschädigt ist.

Wenn der Organismus gestreßt wird, kann die Arbeit sämtlicher Organe darunter leiden, auch die der Leber. So überrascht es nicht, wenn gelegentlich autogen Trainierende berichten, ihre schlechten Leberwerte hätten sich gebessert, seitdem sie sich tief entspannen könnten.

Zusammenhänge zwischen Streß und Krebs

Auf der Basis einer chronischen Entzündung, eines durch Stressoren (Reize) verursachten lokalen Anpassungssyndroms, kann Krebs entstehen. Man denke an den Lippenkrebs der Pfeifenraucher, der durch den ständigen Druck des Pfeifenstiels auf der Unterlippe zustande kommt. Oder man denke an den Hautkrebs von See- und Landleuten, der durch die ständige Sonneneinwirkung und die dadurch hervorgerufene chronische Entzündung der Haut verursacht wird. Und schließlich sei als Beispiel noch der Krebs des Gebärmutterhalses oder Muttermundes angeführt, der bei Frauen mit häufig wechselnden Partnern besonders oft auftritt, bei Nonnen dagegen so gut wie nie.

Gegen diese Krebsarten kann man sich zur Wehr setzen: Der Pfeifenraucher sollte die Pfeife weniger lange zwischen den Lippen behalten und weniger rauchen; der Seemann und der Bauer sollten sich nicht stundenlang ohne Schutz der Sonne aussetzen. Und vor dem Gebärmutterhalskrebs kann eine Frau sich schützen, indem sie ihre Partner zur speziellen Hygiene anhält.

Für einige bestimmte Krebsarten ist ein Zusammenhang mit den Hormonen der Nebennieren erkennbar, die im allgemeinen vor den bösartigen Auswirkungen krebserzeugender Stoffe schützen. Streß scheint den Hormonhaushalt durcheinanderzubringen und damit diesen relativen Schutz zu beeinträchtigen. Auch Zusammenhänge zwischen Streß und dem körpereigenen Abwehrsystem, dem Immunsystem, sind – vor allem von Hans Selye – nachgewiesen worden. Streß kann zusammen mit anderen Faktoren bis zu einem völligen Zusammenbruch dieses so wichtigen Systems führen.

Dies alles sind jedoch natürlich nur Teilaspekte der Krebsentstehung, die »ganze Wahrheit« wird sicherlich noch auf sich warten lassen. Einig scheinen sich die Krebsforscher aber darüber zu sein: Krebs ist ein multifaktorielles Geschehen, das heißt, es müssen stets mehrere Faktoren (Streßquellen, Erbanlagen, Umweltgifte etc.) zusammenkommen, um ihn auszulösen. Auch psychische Faktoren (Disstressoren) wie Neid, Ärger, Haß, Hoffnungslosigkeit können unter Umständen unser Abwehrsystem so sehr schwächen, daß wir erkranken, eventuell eben auch an Krebs.

Wohl die schlimmste Quelle chronischen Stresses ist die Hoffnungslosigkeit. Wer – bildlich gesprochen – an der Wand steht und nicht mehr weiß, wohin sein Lebensweg führt, ist armselig dran: Auch sein Abwehrsystem ist deprimiert und arbeitet kaum noch, weil er selber seine Abwehr, seine Gegenwehr, aufgegeben hat. Umgekehrt: Wer sein Immunsystem anregen will, der muß Vertrauen entwickeln – in sein Schicksal, in seinen Lebensweg. Durch moderne Muskeltests kann man das sehr schön nachweisen. Die Hoffnung aufgeben ist eine Sünde wider die Natur, die mit einer tiefen Depression oder sogar mit dem Tode bestraft wird.

Negativer Streß als Heilmittel?

Früher haben Ärzte einer hysterischen Person manchmal kurzerhand einen Eimer kalten Wassers ins Gesicht geschüttet. Eltern machen es zuweilen ähnlich: Wenn ihr Kind »außer Rand und Band« ist, bekommt es einen kleinen Klaps, der es wieder zur Ordnung rufen soll. Bei der massiven Schocktherapie, deren sich bis vor kurzem noch zahlreiche Mediziner bedienten, spielte auf jeden Fall der Streßreiz die entscheidende Rolle. Vor allem in der Psychiatrie arbeitete man früher häufig mit Elektroschocks; beispielsweise setzte man sie bei schwerer Schizophrenie ein.

Ärzte für Naturheilverfahren spritzen Eigenblut oder andere Stoffe in den Muskel, um chronischen Erkrankungen einen Schock, einen Stoß zum Besseren, zu versetzen. Man spricht in diesem Sinne von einer unspezifischen Reiztherapie, deren Bedeutung allerdings durch die modernen Therapeutika reduziert wurde. Der österreichische Nobelpreisträger Wagner-Jauregg führte 1917 die Fiebertherapie mit Malaria ein, um Psychosen und Spätfolgen der Syphilis zu bessern. Heute ist wiederum viel von einer Behandlung mit Fieber die Rede, nämlich von der – allerdings als Glied einer langen therapeutischen Kette zu betrachtenden – Überhitzungstherapie gegen Krebs.

Streßreize, die noch heute von Ärzten für therapeutische Zwecke verwandt werden, sind Hunger (Fastenkuren), Licht, Wärme, Kälte, Massage u. a. Auch der Sport kann an dieser Stelle genannt werden.

Psychosomatische Leiden als Antwort auf Streß

Magen- und Zwölffingerdarmgeschwüre, bestimmte Formen des Hochdrucks, Herzinfarkt, Heuschnupfen, Asthma, Migräne, einige Haut- und Darmerkrankungen u. a. – sie alle gehören im wesentlichen zu den Erkrankungen, die man als psychosomatisch bezeichnet. Diesen Krankheiten schreibt Professor Max Hamilton, England, folgende Kennzeichen zu: Funktionsstörungen treten zusammen mit Organschäden auf; emotionale Störungen und Affekte (Streß) verschlechtern das Krankheitsbild; der Verlauf ist chronisch und phasenhaft; häufig sind weitere psychosomatische Störungen nachweisbar; bestimmte Familien und Lebensabschnitte werden bevorzugt; die Häufigkeit des Auftretens ist bei den Geschlechtern verschieden – so ist beispielsweise Asthma vor der Pubertät bei Jungen doppelt so häufig anzutreffen wie bei Mädchen, und im späteren Leben leiden mehr Frauen daran als Männer.

Bei den sogenannten psychosomatischen Reaktionen spielen Gemütserregungen, Affekte, eine entscheidende Rolle. Affekte sind Zorn, Ärger, Angst, Neid, Eifersucht, aber auch Freude oder Jubel. Sie gehen immer einher mit körperlichen Veränderungen, beispielsweise mit Erblassen oder Erröten, mit Schweißausbruch, starkem Herzklopfen, Sprechstörungen usw. Affekte sind eine Antwort auf Streßsituationen. Da nicht alle Menschen in der gleichen Streßsituation die gleichen Beschwerden bekommen, spielt also die Persönlichkeitsstruktur die entscheidende Rolle. Im allgemeinen ist man auch vorsichtig mit dem Versuch, bestimmten psychosomatischen Krankheiten bestimmte Persönlichkeitsprofile zuzuordnen.

Es ist eine Binsenweisheit, daß jeder Mensch auf Stressoren verschieden antwortet. Solche Antworten oder Reaktionen sind im allgemeinen bei jedem einzelnen festgelegt, und zwar durch Erbanlage und Erziehung.

Mit Streß verbundene Lebensumstellungen und -veränderungen verursachen häufig psychosomatische Reaktionen. Ein Asthmaanfall vor einem Umzug, ein Migräneanfall vor dem Examen, ein Herzanfall während des Hausbaus – auch der Laie kennt diese Phänomene.

Bei der Behandlung und Vorbeugung von psychosomatischen Krankheiten spielen psychohygienische Fragen (»Kann ich das verantworten?«, »Muß ich mich ändern?« u. a.), das Psychohygiene-Training, Meditation, systematische Bewegung und notfalls auch die Psychoanalyse eine wichtige Rolle. Ohne aktive Mithilfe des Patienten kann der Arzt nur auf das Wunder eines spontanen Rückgangs des Leidens hoffen. Oft wäre es am besten, wenn das ganze Umfeld, also die als ursächlicher Faktor der Erkrankung wesentlich beteiligte Umgebung, des Kranken mit saniert werden könnte, besonders bei Störungen im Kindesalter.

Psychosomatische Symptome können hin und wieder eine Schutzfunktion haben, sie sind dann gleichsam ein Mittel zur Aufrechterhaltung des seelischen Gleichgewichts. So gibt es beispielsweise genügend Fälle, in denen Bronchialasthma-Kranke in eine Depression abglitten und ihr Asthma dabei verloren. Besserte sich die Depression, trat das Asthma wieder auf. Das veranlaßte den Berliner Psychoanalytiker Günter Ammon zu der Bemerkung: »Das psychosomatische Symptom schließt gleichsam den das ganze Ich bedrohenden Konflikt in eine Isolierstation ein und bewahrt das Ich vor seiner epidemischen Ausweitung.«

Wie vielfältig die Reaktionsweise des Organismus ist, zeigen die psychischen Störungen, die nach Ansicht mancher Forscher mehr mit Streß zu tun haben als die meisten anderen Erkrankungen.

Stressoren im seelischen Bereich

Der Tod eines geliebten Menschen löst Trauer aus, Kummer, Verstimmung und Desinteresse an der Umwelt. Nach einer gewissen Zeit darf man annehmen, daß solche psychoreaktiven Zeichen wieder abklingen. Tun sie es nicht, so muß eine seelische Störung bei dem Betreffenden vermutet werden. Manchmal hilft dann ein psychotherapeutisches Gespräch mit einem Arzt, Psychologen, Seelsorger, Sozialarbeiter oder auch mit einem anderen verständnisvollen Menschen.

Ähnliche psychoreaktive Symptome stellen sich auch nach der Einwirkung anderer seelischer Stressoren ein, nach Kränkung oder Tadel zum Beispiel. Jeder hat schon in irgendeiner Form heftig auf solche Stressoren reagiert, besonders in der Kindheit oder in der eigenen Familie. Erst wenn die Symptome über Gebühr heftig oder lange auftreten, wenn sie das Verhalten des betreffenden Menschen zu bestimmen beginnen, wenn er immer so reagiert, wird es kritisch. Treten derartige Reaktionen auf einen psychischen Stressor plötzlich und anfallartig auf, so spricht man von Kurzschlußreaktionen.

Bei manchen Menschen beobachtet man, daß sie bei den

geringsten Anlässen beziehungsweise bei der Einwirkung harmloser Stressoren »vor Wut platzen« oder »explodieren«. Solche Explosivreaktionen sind zuweilen mit Gewalttaten oder -entladungen verbunden. Das Autogene Training ist in diesen Fällen mit Erfolg anwendbar. Immer jedoch sind zusätzlich sportliche Betätigungen wie Boxen, Ringen, Judo, große Wanderungen und Dauerläufe zu empfehlen. Die Stabilisierung der psychosozialen Gesundheit ist das Ziel dieser Behandlung.

Dazu ein Beispiel. Ein 27jähriger äußerlich ruhiger Angestellter hatte verschiedentlich schon bei den nichtigsten Anlässen explosionsartig reagiert und dabei seine Fäuste gebraucht. Zweimal war er bereits mit dem Gesetz in Konflikt geraten. Seine Frau hatte es nicht leicht mit ihm. Als sie das Essen zum wiederholten Mal lauwarm servierte, schleuderte er es mitsamt dem Teller gegen die Wand. Und als sie dies in der Nachbarschaft erzählte, zerschlug er zusätzlich ihren Spiegel. Anschließend tat ihm sein Verhalten sofort leid.

Ein anderes Mal warf er einen Blumentopf gegen den Fernsehapparat, weil das Programm unerwartet geändert worden war. Danach bekam er einen Weinkrampf.

Da der junge Mann früher Sport betrieben hatte, erhielt er den Rat, wieder damit anzufangen und systematisch zu trainieren. Er meldete sich daraufhin in einem Judo-Club an und begann außerdem an den Wochenenden regelmäßig mehr als 20 Kilometer zu wandern. Auch seine Frau fand Gefallen am Wandern. Zusätzlich nahmen beide an einem Kursus für Autogenes Training teil, von dessen Wert für ihr Zusammenleben sie überzeugt waren. Das Ergebnis war erfreulich: In den letzten 17 Jahren sind keine explosiven Konfliktreaktionen mehr aufgetreten, und die Ehe ist, wie beide einstimmig erklärten, in jeder Hinsicht besser geworden.

Streß führt zu Fehlgewöhnungen

Im Ersten Weltkrieg jagte das gegnerische Artilleriefeuer einigen Soldaten einen so großen Schrecken ein, daß sie anfingen, am ganzen Leib zu zittern. Bis zu einem gewissen Grad ist eine solche Reaktion normal, nur verselbständigte sich dieses Zittern, so daß sie an der Front nicht mehr zu gebrauchen waren. Vor allem ängstliche Menschen waren davon betroffen.

Ähnlich erging es einem Musiker, den wir während des letzten Weltkrieges in unserer Kompanie hatten: Er zitterte schon in der Etappe bei jedem Streß und kam während des Fronteinsatzes aus dem Zittern nicht mehr heraus. Ansätze zu solchen Störungen kann man auch im Alltagsleben beobachten. In ähnlicher Weise kann man vor Schreck sprachlos werden – auch hierbei kommt es gelegentlich vor, daß die Störung längere Zeit andauert. Überhaupt lassen sich die psychischen Störungen auch als Fehlreaktionen auf Streßzustände ansehen.

Wenn man annimmt, wie der amerikanische Psychiater Karl Menninger, daß Stressoren, vor allem psychischer, aber auch sozialer Art, bei einer gewissen Disposition nahezu alle psychischen Erkrankungen auslösen können – von der vegetativen Dystonie bis zur Schizophrenie –, müßte man auch Psychologen, Sozialarbeiter, Seelsorger und Soziologen viel mehr als bisher zur therapeutischen Hilfe heranziehen. Und selbstverständlich gehören Spiel und Sport und Tanz in jede Therapie psychischer Erkrankungen.

2. Wer steht unter Stress?

Streß hat es in irgendeiner Form immer gegeben. Aber unsere Umwelt sieht heute anders aus als früher. Die Vergiftung von Luft und Erde, von Nahrung und Wasser muß Rückwirkungen im Körper – und damit auch auf die Psyche – haben. Lärm, Strahlen, Drogen, Medikamente, Überflutung mit optischen und akustischen Reizen – an alle diese Dinge kann man sich nicht gewöhnen, ohne Schaden zu nehmen. Die Zivilisation verleitet einerseits dazu, daß man seinen Körper nicht mehr genug fordert, was zu einer Schwächung der Muskulatur, der Organe und der Abwehrkräfte führen kann; andererseits verleitet sie zur Überforderung der geistig-seelischen Kräfte.

Lebenshilfen tun mehr denn je not

Die Frage, wer unter Streß steht, ist müßig: wir alle. Unser Leben ist voller Streßsituationen verschiedenster Art, die alle aufzuzählen ein ganzes Buch füllen würde. Wer aktiv am Leben teilnimmt, gerät zwangsläufig immer wieder unter krankmachenden Streß, von dem hier ausschließlich die Rede sein soll. Wer streßarm lebt, ist meist am Rande der Zivilisation zu finden, zumindest nicht an deren Schalthebeln.

Die Streßempfindlichkeit hängt vom Typ ab, die Streßintensität ebenfalls. Der Beruf als solcher ist im allgemeinen Nebensache. Es gibt jedoch einige Ausnahmen.

Streßreiche Berufe

Streßreich ist der Beruf des Arztes für Allgemeinmedizin, der zu jeder Tages- und Nachtzeit für seine Patienten dasein und praktisch das ganze weite Feld der Medizin beherrschen muß, der ein ungutes Gefühl bekommt, wenn er seine vielen aus Zeitmangel ungelesenen Fachzeitschriften sieht und der seine Urlaubszeit zur Fortbildung nutzen muß. Er stirbt daher im Durchschnitt früher als Ärzte mit begrenzteren Fachgebieten.

Von Natur aus streßreiche Berufe sind auch die des Piloten, der regelmäßig viele Längengrade zu überfliegen hat und dessen biologischer Rhythmus durch die dabei auftretenden großen Zeitunterschiede in Unordnung gerät, des Fluglotsen, der unter zu starkem Zeitdruck ein zu großes Arbeitspensum bewältigen muß (aus amerikanischen Untersuchungen wissen wir, daß Fluglotsen häufiger als durchschnittliche Berufstätige an Bluthochdruck, Zwölffingerdarmgeschwüren und Diabetes leiden und um so mehr – vor allem an Hochdruck – erkranken, je mehr Maschinen sie einweisen müssen), des Busfahrers, der keine Zeit hat, sich zu bewegen, der Kellnerin, die als Nichtraucherin in verqualmten Räumen servieren muß und daher auch häufiger Lungenkrebs bekommt, der Kassiererin im Supermarkt, die konzentriert und verantwortungsvoll nicht immer zimperliche Kunden bedienen muß; alle Berufe, in denen es zu einer sogenannten Berufskrankheit kommen kann sowie viele andere mehr.

Streßreich wird jeder Beruf, dessen Anforderungen man nicht gewachsen ist. Das gilt für manche ältere Menschen, denen ein Arbeitsplatztausch guttäte. Und das gilt auch für Kranke, die meinen, ihren alten Arbeitsplatz nicht mehr ausfüllen zu können, wie dies bei einigen psychisch Erkrankten der Fall ist.

Arbeit und Streß

Fließbandarbeit steht in dem Ruf, eine streßreiche Arbeit zu sein. In Wirklichkeit braucht sie aber keineswegs mehr zu belasten als eine andere Arbeitsform. Nur wenn die Bandgeschwindigkeit zu groß und der Arbeiter monotonieempfindlich ist, wird die Bandarbeit zum Streß.

Im Gegensatz zur Bandarbeit sind Schicht- und Nachtarbeit meist eine Belastung. Durch sie wird der physiologische Rhythmus des Menschen gewaltsam durchbrochen. Außerdem bekommt der Schicht- und Nachtarbeiter – wie man aus Untersuchungen weiß – meist zuwenig Schlaf: Am Tage läßt es sich einfach nicht so gut schlafen wie in der Nacht, auch dann nicht, wenn die häuslichen Gegebenheiten relativ günstig sind. Ein normales Familienleben ist für diesen Arbeiter ohnehin nicht mehr möglich. Auch sozialen Verpflichtungen kann er meist nicht mehr ausreichend nachkommen. Arbeitgeber und Familien müssen viel Verständnis für ihn aufbringen. Noch schlimmer ist die Belastung für ihn, wenn er seine Arbeit nicht bejaht. Wer sich aus bestimmten Gründen freiwillig zur Nachtarbeit meldet, wird weniger gestreßt als jemand, der sie notgedrungen verrichtet.

Viele Menschen laden sich auch unnütze Lasten auf und stressen sich dadurch selbst. Wer für Familie und Hobby keine Zeit mehr zu haben glaubt, sollte seinen Tagesplan umgehend entrümpeln. »Wir wollen eine gediegene gelassene Lebensart kultivieren, die mit der menschlichen Würde in Einklang steht und frei ist von den kleinlichen Begierden des Alltagslebens«, bekennt Selye auf die Frage, woher er »die Kraft zu leben« nehme.

Wer streßreich lebt, lebt meist auch risikoreich – das sollte sich jeder merken, der meint, seine Kraftreserven seien unerschöpflich. Im allgemeinen suchen sich aber hauptsächlich Menschen, die von Natur aus eine hohe Streßtoleranz haben, auch streßreiche Berufe aus: beispielsweise nehmen sie das Risiko auf sich, das selbständige Arbeit birgt.

Wenn es, wie dies in den meisten Berufen gelegentlich der Fall ist, saisonbedingt zu einer Streßüberlastung kommt, verringert sich die Anpassungsfähigkeit des Organismus, und auch andere Streßfaktoren, die bis dahin kompensiert wurden, kommen dann zum Zuge – die Folge ist oft, daß der Organismus erkrankt.

Wer krank ist, empfindet auch seine normale Arbeit als Streß. Um diesem Streß zu entgehen, legte sich ein bekannter Kliniker bei jeder Erkältung ein paar Tage ins Bett. Vielleicht ist das der Grund dafür, daß er Jahre nach seiner Pensionierung immer noch in der Lage war, als Forscher erfolgreich tätig zu sein.

Die Entscheidung darüber, ob man bei einer leichten Erkrankung zur Arbeit gehen soll, liegt im wesentlichen bei einem selbst. Die Vorgesetzten wissen oftmals nicht, in welchem Maß man noch belastungsfähig ist. *Daher sollte sich jeder Arbeitnehmer rechtzeitig prüfen, ob ihm seine Arbeit mehr schadet, als sie dem Arbeitgeber nutzt.* Nötigenfalls wird auch der Arzt raten können.

Gelegentliche Streßreaktionen durch berufliche Arbeit findet man bei Arbeitern ebenso wie bei Professoren, bei Sekretärinnen wie bei Hausfrauen. Am häufigsten trifft man Streß bei kleinlichen und empfindlichen Menschen an sowie bei ehrgeizigen, die vorankommen wollen. Die Gefahren für den Topmanager sind bedeutend geringer, er ist bereits arriviert und kann streßreiche Arbeit delegieren. Außerdem beginnt fast jeder, der einen hohen Posten erklommen hat, eine Unfehlbarkeitsneurose zu entwickeln.

Als außerordentlich hoher Streß werden in der Bundesrepublik schlechte Arbeitsplatzbedingungen empfunden. Sie sehen natürlich für jeden Menschen anders aus. Den einen stört ein kleiner Arbeitsraum wenig, den anderen bedrückt die Enge. Ein Großraumbüro kann für den, der aus einem kleinen Raum kommt, eine Erleichterung sein, für den aber, der vorher einen schönen Arbeitsraum für sich allein zur Verfügung hatte, ein Alptraum etc.

Den Anforderungen nicht gewachsen

»Ganz arme Teufel« sind diejenigen, die sich ihrer Arbeit nicht gewachsen fühlen. Von ihnen hört man Seufzer wie: »Bei dieser Arbeit drehe ich noch durch.« Oder: »Diese Arbeit macht mich noch ganz verrückt« oder: »Bei dieser Arbeit krieg' ich noch Kopfschmerzen.« Ganz gleich, ob man Magenbeschwerden oder Herzschmerzen bekommt – immer spielt die schlechte Anpassung, das Sich-überfordert-Fühlen, die Hauptrolle und nicht die Arbeit an sich.

Auch solche Anzeichen sind oftmals Symptome einer Fehlanpassung. Während sie anfangs unterschwellig und kaum erkennbar sind, ergreifen sie schließlich von dem Betreffenden ganz Besitz, und er dreht durch. Wer psychisch labil ist – und das sind mindestens 15 Prozent der Arbeitnehmer –, sollte sich niemals überarbeiten. Er sollte auch behutsam gelenkt werden, von seinem Ehepartner, von den Mitarbeitern und von seinem Chef. Aber für eine solche individuelle Behandlung wird im Betrieb kaum etwas getan. So bleibt der hilfsbereite und einfühlsame Ehepartner meist allein als Helfer übrig.

Harte Arbeit verlängert das Leben

Harte Arbeit, worunter hier das Sich-selbst-Verwirklichen verstanden werden soll, ist kein krankmachender, sondern ein heilsamer Streß. Hans Selye schreibt über sich, er sei seit Beginn seiner Studienzeit mit 18 Jahren stets morgens um vier Uhr aufgestanden und hätte bis sechs abends gearbeitet. Er wünsche sich nichts anderes und sei glücklich dabei. Unser Ziel müsse es sein, nicht jede Arbeit zu meiden, sondern eine Arbeit zu finden, die zu uns passe. So könnten wir den Zwang ausschalten, uns dauernd anpassen zu müssen – die Hauptursache von negativem Streß, meint Selye. Die Kunst bestünde darin, einen Beruf zu finden, der einem liege und der die Anerkennung mit sich bringe, nach der wir uns sehnten.

In der Tat: Mit Erfolg arbeiten verlängert das Leben, weil es glücklich macht und zu innerer Harmonie führt. Als man tausend 65- bis 70jährige fragte, in welcher Zeit ihres Lebens sie sich am glücklichsten gefühlt hätten, erklärten sie fast einhellig, es seien die Jahre zwischen 25 und 45 gewesen. Es waren die Jahre, in denen sie hart arbeiten und große Verantwortung tragen mußten.

Der Arbeit einen Sinn geben heißt den Streß verringern. Es ist das Nietzsche-Wort, das uns hier mahnt: »Wer ein Warum zum Leben hat, erträgt fast jedes Wie.«

Zur Gruppe derer, die sich mit ihrer Arbeit identifizieren, gehören Journalisten. Gerade sie müssen häufig oder dauernd unter Termindruck arbeiten, oftmals, vor allem abends, haben sie wenig Freizeit. Kein Wunder, daß sie zu 85 Prozent über Streß klagen. Aber im Gegensatz hierzu steht der relativ gute Gesundheitszustand, den sie den Ergebnissen einer 1972 durchgeführten Untersuchung zufolge besitzen. Rührt er daher, daß sie meistens ihre Arbeit signieren dürfen? Zweifellos sind sie auch stolz auf ihre Arbeit, sonst hätte sich der Journalistenstreß schon mehr Opfer geholt.

Wer nicht stolz sein kann auf die Arbeit, die er leistet, weil er keinen Sinn in ihr sieht, dem wird sie leicht zur Fron, und wer zusätzlich noch Angst vor ihr hat, dem ist allein schon der Gedanke an sie ein Streß. So haben denn vor allem jüngere Menschen versucht, neue Lebens- und Arbeitsformen zu finden. Es gibt Gruppen, die – vielleicht beeinflußt durch die Nostalgie-Welle – mitten unter uns Gemeinschaften gegründet haben, von denen das einfache Leben nicht allein gepredigt, sondern auch praktiziert wird – vor allem auf Bauernhöfen. Doch diese Versuche erinnern sehr stark an Experimente aus der Psychiatrie, bei denen lebensschwache Menschen, von der Allgemeinheit getragen und beschützt, ein streßarmes Leben führen. Die Kommune kann unter Umständen auch zum Streßabbau beitragen. Aber letzten Endes lebt auch sie von der Leistungsgesellschaft, von der ihre Mitglieder im Alter aufgefangen werden müssen.

Unter Druck arbeiten

Terminarbeit – vor allem, wenn die Frist zu kurz bemessen ist – wird von den meisten Menschen als schwerer Streß angesehen. Schon junge Mädchen von 15 bis 21 Jahren brechen unter dieser Last zusammen und reagieren mit Herzbeschwerden, Kreislaufstörungen, Konzentrationsunfähigkeit, Nervosität, Magenbeschwerden, Schwindelgefühl, Kopfschmerzen usw. Die Bundesversicherungsanstalt für Angestellte mußte daher schon zwei Sanatorien eröffnen, in die junge Mädchen mit solchen Überlastungssymptomen aufgenommen werden. Man kann nur hoffen, daß die jungen Kurgäste dort auch lernen, wie man mit Streß fertig wird und wie man zu Hause an Streßstabilität gewinnt.

Aber wie soll man Stenotypistinnen, die von morgens bis abends im Eiltempo auf Band diktierte Texte abschreiben, motivieren? Sie müßten sich über ihre Arbeit freuen können, einen Chef haben, der sie lobt, und sich nach Dienstschluß genügend Bewegung verschaffen können.

Berufliche Entlastung als Streß

Für alle, die von Natur aus Hochleistungsmenschen sind, ist Streß ein Lebenselixier. Sie sind Kämpfernaturen und brauchen Spannungen und Schwierigkeiten, um ihre Höchstleistungen zu erzielen. Für sie ist Streß, was für andere die Tasse Kaffee bedeutet. Oft aber sind sie einseitig. In ihrem Fach sind sie hervorragend, doch für Hobbys haben sie wenig Interesse und keine Zeit. Nach der beruflichen Entlastung tritt bei ihnen nicht selten der sogenannte Entlastungsstreß auf: Sie fühlen sich überflüssig und unnütz, es kommt zum »Pensionärsbankrott«, in einigen Fällen sogar zum »Pensionierungstod«. Wenn sie hingegen noch weiterarbeiten, können sie noch lange aktiv und in Gesundheit am Leben teilnehmen. Besonders auffällig macht sich dieser Entlastungsstreß bei Sportlern bemerkbar: Langstreckenläufer, die ein großes Sportlerherz haben, bekommen plötzlich Kreislaufbeschwerden, wenn sie mit dem Training abrupt aufhören. Weniger deutlich, aber dennoch nachweisbar, ist dieses Phänomen auch bei Hockey- und Fußballspielern. Sportler müssen also ihr Training langsam und allmählich reduzieren.

Den Streß des Sports haben sie gut überstanden; die unvermittelt einsetzende Ruhe nach dem Sportleben jedoch führt bei ihnen zu vegetativen (nervösen) Erscheinungen. Der Körper war auf Höchstleistung eingestellt, er hatte sich angepaßt. Jetzt muß er sich wieder an das Normalleben anpassen, und auch das braucht seine Zeit.

Aber derartige Erscheinungen sind auch aus anderen Bereichen bekannt. Beispielsweise haben viele Insassen von Konzentrationslagern, Arbeitslagern oder Gefängnissen die qualvolle Zeit der Haft, der Unfreiheit, bewundernswert überstanden. Nach der Freilassung aber kam es zu psychischen Anpassungsstörungen, die ehemaligen Häftlinge wurden mit sich und der Umwelt nicht mehr fertig.

Auf einem ganz anderen Gebiet sind das Phänomen des Entlastungsstresses und seine Folgen ebenfalls zu beobachten: Der Herzinfarkt tritt bezeichnenderweise oftmals im Urlaub oder an Feiertagen auf. Das gilt auch für seelische Entlastungsreaktionen; so sind – um nur ein Beispiel zu nennen – depressive Verstimmungen nach beendetem Hausbau nicht ganz selten. Auch die Zunahme der Selbsttötung, des Suizides, nach Weihnachten und Neujahr ist seit langem bekannt.

Der gestreßte Großstädter

Ein Streß par excellence ist für den modernen Menschen die Umwelt im weiteren Sinne. Das trifft vor allem für den Großstädter zu. Mehr als ein Drittel der Bundesbürger lebt in der Großstadt. Sie werden in erster Linie von Stressoren wie Straßenverkehr, verschmutzter Luft, langer Anfahrt zur Arbeit, Angst vor Verkehrsunfällen, Lärm, schlechten Wohnverhältnissen, Reizüberflutung usw. attackiert. Diese Stressoren sind mit schuld daran, daß die Männer in der Großstadt deutlich häufiger an Herzinfarkt sterben als in ländlichen und kleinstädtischen Gebieten, obwohl die Zahl der Infarkttoten jetzt auch in ländlichen Gebieten zunimmt.

Mit besonderen Problemen sind die Bewohner von Hochhäusern konfrontiert. Beispielsweise nimmt ihr Bewegungs- und Kommunikationsinteresse in dem gleichen Maße ab, in dem die Zahl der Stockwerke zunimmt, und gleichzeitig nimmt auch ihre körperliche Widerstandskraft ab und ihre Krankheitsanfälligkeit zu. Das kann man sogar schon bei Kindern beobachten.

Sozialhygieniker der Bonner Universität machten vor einiger Zeit noch auf ein anderes Phänomen aufmerksam: 80 Prozent der straffällig gewordenen Jugendlichen stammen aus Großstädten, 71 Prozent stammen aus miserablen Familienverhältnissen, 28 Prozent sind unehelich geboren.

Über die Wohnqualität und ihren Einfluß auf die psychische Gesundheit hat der Wiener Sozialpsychiater Professor H. Strotzka mit seinen Mitarbeitern eine Studie verfaßt, die aufzeigt, daß eine »schlechte« Wohnung als psychischer Stressor wirken und somit zu »Neurosen« führen kann. Wenn jedoch schlechte Wohnbedingungen sozusagen zum normalen Leben der Betroffenen gehören, werden sie auch viel eher ertragen. Kleinstwohnungen belasten am meisten Frauen. Auch Einsamkeit und die Häßlichkeit des Wohngebietes stressen, so daß das Wort eines Berliner Künstlers bestätigt wird: Auch die Wohnung kann einen erschlagen.

Schädigung durch Lärm

Zu den schlimmsten Stressoren, die eine feindliche Umwelt erzeugt, gehört der Lärm. Durch den Lärm fühlen sich unendlich viele Menschen belästigt. Sogar nachts fühlt sich noch rund ein Drittel der Bundesbürger durch Lärm gestört.

Das aber hat auf die Dauer schwerwiegende Folgen. Wer ständig unter Lärm zu leiden hat, wird gereizt, ist leicht ablenkbar, ermüdet schnell, kann sich meist schlechter konzentrieren – kurz, er wird nervös. Das vegetative Nervensystem überträgt die Störungen auf die Organe: Auch das Herz wird »nervös« und beginnt, unregelmäßig zu schlagen; die Atmung wird ebenfalls unregelmäßig und erfolgt stoßweise; die Bewegungen des Darmes verändern sich, und der Blutdruck steigt an.

Lärm trifft also nicht allein auf das Trommelfell, sondern er trifft auch die Organe und macht sie krank. Lärm geht durch Mark und Bein. Lärm tut weh. Selbst den ausgeglichensten Menschen macht er kaputt. Er ist oft der Schuldige, wenn sich im Arbeitsleben die Unfälle häufen und das Familienleben unter zunehmenden Aggressionen leidet. Lärm provoziert Streß wie kaum ein anderer Reiz. Wir alle sollten in jeder Hinsicht lärmbewußter werden.

Wer in Lärmbetrieben arbeitet, muß auf jeden Fall einen Lärmschutz tragen. Die Arbeitgeber müssen alles tun, um unnützen Lärm einzudämmen – etwa durch Doppelfenster. Lärmwälle können Straßenlärm abhalten; sind sie mit Koniferen bepflanzt, wird zusätzlich noch Staub ferngehalten. Und massives Einatmen von Staub ist ein schleichender Streß, der sich meist erst am Lebensende bemerkbar macht oder sich bei einfachen Erkrankungen der Atemwege erschwerend auswirkt.

An Lärm gewöhnt man sich nicht. Selbst im Schlaf reagiert man noch auf ihn. Wenn die Lärmquelle sehr stark ist und sich nicht beseitigen läßt, bleibt einem nichts anderes übrig, als den Arbeitsplatz oder die Wohnung zu wechseln. Sonst wird man nach einer Weile entweder nervös oder schwerhörig.

Doch selbst weniger lauter Lärm schadet der Gesundheit: In den USA haben Ärzte festgestellt, daß sich beim Schrillen des Telefons die Blutgefäße verkrampfen, so daß der Kreislauf nicht mehr normal arbeitet. Außerdem erleidet sofort der Verdauungsvorgang eine Unterbrechung. Bei zu häufigen Anrufen können zu diesen Störungen bei bestimmten Menschen sogar noch Depressionen hinzukommen. Die Mediziner glauben, daß ständiger Telefonstreß das Leben verkürzen kann. Wer also auf das Telefon angewiesen ist, tut gut daran, das Alarmsignal leise zu stellen.

In einem Antistreßkurs für Manager war einer der Teilnehmer ganz stolz darauf, drei Telefone auf seinem Schreibtisch zu haben. Meine Frage, ob ihn das denn nicht nervös mache, verneinte er. Aber er hatte einen viel zu hohen Blutdruck, sein vegetatives Nervensystem war »nervös« geworden und aus dem Gleichgewicht geraten. Auf Streß reagiert der Körper früher als der Verstand.

Abschließend sei zum Thema Lärm erwähnt, daß sich der Bürger gegen zu starken Lärm unter Umständen auch mit rechtlichen Mitteln wehren kann.

Nicht immer ist das Wetter schuld

Auch das Wetter ist ein Umweltfaktor, der häufig als Stressor empfunden wird. Sehr viele Menschen – man rechnet mit einem Drittel der Bundesbürger – sind wetterempfindlich. Schon bei Säuglingen kann man diese Beobachtung machen. Häufig geht aber die Wetterempfindlichkeit mit einer gewissen vegetativen Labilität sowie einer verminderten Abwehrkraft einher.

Was not tut, damit man den Wetterstreß weniger spürt, sind vor allem Abhärtung und systematische Bewegung. Wer das berücksichtigt, braucht weniger Tabletten und weniger Anregungsmittel wie Kaffee oder Tee. Selbstmedikation mit all ihren Gefahren ist bei Wetterfühligen besonders häufig: Jeder vierte wetterfühlige Gesunde nimmt Schmerzmittel, jeder zehnte Beruhigungs-, Schlaf- oder gar Weckmittel.

Aber Wetter und Klima sind nicht immer die Schuldigen, zu denen man sie gern erklären möchte. Wenn beispielsweise in einer Fernsehsendung gesagt wurde, das Klima mache Bonn zur Streßmetropole, so dürfte das nur bis zu einem gewissen Grade stimmen. Was manchen Politiker krank macht, ist nicht der Klimastreß, sondern chronische Überarbeitung. Wäre das Klima in Bonn streßreicher als an anderen Orten, so müßte sich dies in den Statistiken als höhere Frühsterblichkeitsrate niederschlagen, und das tut es offenbar nicht. Im

Gegenteil: früher kamen aus ganz Deutschland Pensionäre nach Bad Godesberg, dem südlichen Stadtteil von Bonn, um dort ihr Alter zu verbringen.

Auch die Leiden und Krankheiten mancher Minister entsprechen denen des Durchschnitts der Bevölkerung. Was also streßt, ist ein »erbarmungsloses Leistungsstreben, unter Bonns Parlamentariern fast bis zur Neurose gezüchtet«, wie die Bonner Journalistin Margret Kämpf gut beobachtet hat. Wenn zum Beispiel ein bayerischer Parlamentarier in sieben Jahren nur ein einziges Mal Urlaub gemacht hat – und das nur, »weil mein Arzt es verlangte« –, dann kann man ihn nur bedauern und ihm etwas mehr Einsicht wünschen.

Der Streß, ein Nichtraucher zu sein

Durch Zigarettenrauch verpestete Luft stellt für die meisten Nichtraucher eine starke Belastung dar. In Artikel 2 Absatz 1 des Grundgesetzes heißt es: »Jeder hat das Recht auf die freie Entfaltung seiner Persönlichkeit, soweit er nicht die Rechte anderer verletzt ...« Doch es scheint, als ob die Juristen im Falle des Nichtrauchers Schwierigkeiten hätten, diesen Paragraphen in die Praxis umzusetzen. So lehnte das Berliner Verwaltungsgericht – um nur eines von mehreren Beispielen zu nennen – noch 1973 den Antrag von zehn nichtrauchenden Referendaren ab, ihre Klausuren in einem nicht verqualmten Prüfungssaal schreiben zu dürfen. Die Referendare wandten sich daraufhin an das Berliner Abgeordnetenhaus, das eine fachliche Stellungnahme erbat.

Derart groteske Situationen, wo Menschen, denen man eine gewisse Vernunft unterstellen möchte, das Grundgesetz mit Füßen treten, erlebt man täglich. Und nicht jeder Nichtraucher ist Jurist und weiß seine Rechte zu vertreten. Wer passiv mitraucht, wird vergiftet – mit stärkeren Dosen als mit homöopathischen. Und wenn sich der Nichtraucher dann noch zusätzlich darüber ärgert, daß ihm das Recht auf Einatmen von reiner Luft nicht zugestanden wird, während man das Rauchen offenbar als Naturrecht ansieht, kommt es bei ihm zu einem doppelten Disstreß. Toleranz hat auch ihre Vorteile, verbunden mit Humor kann sie sogar doppelten Eustreß erzeugen. Manchmal scheint es, als ob wir auf Kleinigkeiten gereizter reagierten, als wäre unser Haus abgebrannt.

Wer raucht, lebt gefährlich

Wenn sich auch einige Raucher mit dem Argument verteidigen, Nikotingenuß führe zu Entspannung, so ist doch eines nicht zu übersehen: Rauchen ist ein Stressor ersten Ranges. Schon wer täglich zehn Zigaretten raucht, verkürzt seine Lebensaussichten statistisch gesehen um vier Jahre. Je mehr man raucht und inhaliert, je früher man damit beginnt und je mehr Jahrzehnte es sind, in denen man raucht, desto gefährdeter ist man.

1988 starben in der Bundesrepublik rund 23000 Menschen an Lungenkrebs, mehr als 10500 Menschen mußte ein »Raucherbein« abgenommen werden, und von den rund 100000 Menschen, die an Herzinfarkt starben, hat sich ein ganz großer Teil diesen frühen Tod durch zu starkes Rauchen selbst zuzuschreiben. Das Inhalieren ist dabei besonders schädlich. Pfeifenraucher können sich daher genau wie Zigarettenraucher verstümmeln, sofern sie inhalieren. Das gleiche gilt für den Liebhaber von Zigarren.

Wer anfängt zu rauchen, sollte sich darüber im klaren sein, daß durch Nikotingenuß zahllose weitere Krankheiten entstehen oder noch mehr verschlechtert werden. Hier nur die wichtigsten: Bronchitis, Lungenblähung, vegetative Dystonie, Magen- und Zwölffingerdarmgeschwüre, Verkalkung (Arteriosklerose) der Blutgefäße, viele Organerkrankungen und vor allem Krebs der Atemwege und der Harnblase. Statistisch gesehen sind starke Raucher auch längst nicht so belastungsfähig wie Nichtraucher. Rauchen ist ein Zeichen innerer Unsicherheit, Raucher neigen eher zu Unfällen, sie haben eher Schlafstörungen, Angstzustände usw. als Nichtraucher. Daß im Alter zwischen 45 und 60 Jahren bei uns doppelt so viele Raucher sterben wie Nichtraucher, sollte zu denken geben. Auch jeder Raucher klammert sich an den Strohhalm, daß er zu den wenigen gehören wird, die trotz chronischen Nikotinmißbrauchs uralt werden. Das wäre ihnen zwar sehr zu gönnen, und es ist auch hin und wieder der Fall, aber garantieren kann ihnen das keiner. Hingegen können Illusionen dieser Art sie das Leben kosten.

Den allmählichen Selbstmord durch Rauchen kann man ab sofort etwas verzögern, wenn man die Zigaretten nur zur Hälfte raucht und den Rest wegwirft. Danach sollte man möglichst schnell das Rauchen ganz aufgeben, beispielsweise nach der Methode, die ich später beschreiben werde.

Unter dem Streß der Diagnose

Für die meisten Menschen ist es ein Schock, ein starker Streß, wenn der Arzt ihnen mitteilt, daß sie an einer schweren Krankheit leiden. Und der Streß ist nicht minder groß, wenn bei ihnen psychische Störungen diagnostiziert werden. Eine solche Diagnose erscheint vielen Menschen wie eine Aburteilung. Das Schlimme ist, daß viele Ärzte nicht genügend Zeit haben, den Kranken auf die Diagnose vorzubereiten oder seine Vorurteile abzubauen. Manchmal wird auch zu schnell von einer seelischen Krankheit gesprochen und vor allem nicht erklärt, daß der größte Teil der psychischen Störungen weitgehend gebessert werden kann.

An einer Diagnose sind schon manche Menschen, sogar Ärzte, zerbrochen. Als ein 28jähriger Kollege von einem Professor die Diagnose Schizophrenie gestellt bekam, wurde er, der bis dahin seine Arbeit zur vollen Zufriedenheit seiner Vorgesetzten verrichtet hatte, erst richtig krank und brauchte nahezu eineinhalb Jahre, bis er sich wieder gefangen hatte. Ähnlich erging es einer Hausfrau, die ebenso wie der Kollege bei mir das Autogene Training erlernte. In einer großen psychiatrischen Klinik teilte die Oberärztin ihr mit, sie sei eine »Psychopathin«. Daraufhin fiel sie in eine reaktive Depression, die mehrere Monate anhielt und aus der sie sich schließlich mit Hilfe eines sehr verständnisvollen Ehemannes und des Autogenen Trainings aus eigener Kraft befreite.

Aber es sind nicht allein die Diagnosen der Psychiater, die zum Stein des Anstoßes werden können, der Glaube an die Allmacht der Technik kann es ebenfalls werden. Wenn der Arzt beispielsweise in einem Elektrokardiogramm, wie dies so häufig der Fall ist, eine kleine Unregelmäßigkeit entdeckt und nicht genügend betont, daß sie keine große Bedeutung hat, kann das für den Patienten die Bestätigung sein: Ich bin herzkrank, schwer krank. Ich muß mich schonen, meine Familie muß Rücksicht auf mein Leiden nehmen etc.

Ähnlich verhält es sich mit einem Röntgenbild der Wirbelsäule. Weist man den Patienten nicht darauf hin, daß gewisse Verschleißerscheinungen als normal angesehen werden müssen, kann man vorübergehende Beschwerden zu dauerhaften machen.

Noch schlimmer ist es mit der Diagnose Krebs. Bei einigen Patienten kann sie zu Panik führen. Daher muß sie meines Erachtens in manchen Fällen verschwiegen werden. Auf jeden Fall aber muß man den Patienten langsam und vorsichtig darauf vorbereiten. Das sollte auch für die Hochburgen der Wissenschaft gelten.

Nicht ganz ungefährlich ist die Ansicht des Bundesgerichtshofes, der Arzt habe die Pflicht, seine Patienten »peinlich genau« aufzuklären. Eine peinlich genaue Diagnose hat schon viele Kranke in den Selbstmord getrieben oder dazu gebracht, daß sie sich gar nicht mehr beim Arzt blicken ließen, »weil es ja doch keinen Zweck mehr hat«.

Ist das Alter ein Streßzustand?

Manche Menschen können sich nicht damit abfinden, daß sie alt sind. Sie betrachten das Alter als eine unerträgliche Last. Schuld daran ist oftmals, daß sie allein oder einsam, behindert oder finanziell schlecht gestellt sind. Manchmal handelt es sich bei ihnen aber auch einfach um Menschen, die es versäumt haben, sich auf das Alter vorzubereiten. Oder es sind Menschen, die das Alter deshalb als Streßzustand empfinden, weil sie in ihrem Leben so viel gestreßt wurden, daß ihre Reserven an Anpassungsenergie verbraucht sind.

Im Grunde hat jede Lebensphase ihr spezielles Maß an Streß, das von denen, die sich in ihr befinden, oftmals als übermäßig stark empfunden werden mag.

Das Ungeborene wird durch die Zigarette der Mutter gestreßt; die Geburt ist ein schwerer Streß; zu strenge, zu gleichgültige oder auch zu großzügige Eltern können ihre

Kinder chronisch stressen. Eine Mathematikarbeit kann stressen, eine Prüfung, die Ausbildungszeit, die ersten Tage an einer neuen Arbeitsstelle, das mühselige Sichemporarbeiten, das Klimakterium – kurz, das ganze Leben ist voller Streßsituationen und nicht allein das Alter. Wenn man aber schon in der Jugend auf diese Dinge vorbereitet wird, hat man später unter den unweigerlich eintretenden Streßsituationen weniger zu leiden.

Das benachteiligte Geschlecht

Ob Krieg oder Frieden – der Mann stirbt früher als die Frau. Diese statistisch belegte Tatsache gilt für alle Industrienationen. Streß heißt die Antwort, allerdings nicht die ganze. Denn schon in der ersten Lebenswoche sterben bedeutend mehr Jungen als Mädchen, manchmal bis zu einem Drittel mehr. Männer erleiden auch mehr Unfälle in der Jugend, in der sie unausgeglichener, wagemutiger und spontaner sind als Frauen.

Aber auch Hormone spielen bei der relativ frühen Sterblichkeit des Mannes eine Rolle. Die Frau hat dem Mann gegenüber den Vorteil, daß sie bis zum Klimakterium durch ihre Östrogene gegen die Entstehung der Arteriosklerose und deren Folgeerscheinung, den Herzinfarkt, an dem so viele Männer in den besten Jahren sterben, ein wenig geschützt ist. Entscheidend aber für die Entwicklung der Arteriosklerose ist der Streß, und den Männern sagt man nach, sie stünden mehr unter Streß als die Frauen, weil sie vor allem durch den noch größeren Zwang zum Geldverdienen und zum Erfolg stärker belastet seien. Daß diese Belastungen des Alltags den Männern stark zusetzen, zeigt sich übrigens auch in der höheren Selbsttötungsziffer.

Dies sind nur einige Gründe, warum das starke Geschlecht in Wirklichkeit und in bezug auf die Streßtoleranz das schwächere Geschlecht ist. Die Folge ist, daß die Frau den Mann beispielsweise in der Bundesrepublik um etwa sechs Jahre überlebt. Wahrscheinlich würde auch die Angleichung des Pensionsalters der berufstätigen Frau an das ihres männlichen Kollegen die geringere Lebenserwartung des Mannes nicht ausgleichen. Der Mann ist in dieser Hinsicht von Natur und Staat zugleich benachteiligt.

Der Streß, eine Frau zu sein, ist also, wenn man den Statistiken Glauben schenken kann, wohl weniger gefährlich; dennoch wird man das Leben der Frau nicht unbedingt als leichter ansehen können. Ihr großer Vorteil ist, daß sie besonders gesundheitsbewußt denkt und handelt, was sich auch auf ihre Langlebigkeit auswirkt.

Ein Held sein strengt an

Wenn die Berichte über die amerikanischen Mondfahrer stimmen, dann scheinen die meisten Astronauten in irgendeiner Form darunter zu leiden, daß sie plötzlich Helden der Nation geworden sind. Warum gerade sie offenbar mit dem Leben nicht mehr richtig fertig werden, hat viele Gründe, die zum Teil in ihnen selbst und zum Teil in der Gesellschaft liegen. Es bedarf einer großen psychischen Stabilität, wenn man den verführerischen Angeboten der Gesellschaft, die häufig Streß bedeuten, nicht verfallen will.

Und daß auch der Besitz zu vielen Geldes Streß bedeuten kann und in unserem Kulturkreis manchmal mehr streßt als der Mangel daran, wird gelegentlich unterschätzt, obwohl natürlich Armut und Arbeitslosigkeit wohl immer eine große Belastung sind, die auch krank machen kann. Aber die Streßsituationen sind Legion, und in diesem Rahmen können nur einige wenige erwähnt werden.

In ständiger Angst vor Unheil

Wir erwarten immer etwas: von uns selbst, von anderen Menschen, vom nächsten Tag. Das ist bis zu einem gewissen Grad völlig normal. Aber nicht wenige Menschen erwarten in ihrer Vorstellung immer das Schlimmste. Wenn sie zu ihrem Chef gerufen werden, überlegen sie, was sie wohl verbrochen haben; wenn sie einen Polizisten in der Ferne sehen, meinen sie, er warte nur auf sie, etc. Bei ihnen wird die normale Erwartungseinstellung zu Erwartungsangst.

Wenn solche von Angst erfüllte Menschen beispielsweise zum Zahnarzt müssen, schlafen sie in der Nacht zuvor schlecht und sitzen in Gedanken schon einige Stunden vorher auf dem Folterstuhl. Erwartungsangst kann man abbauen – durch Konzentration auf etwas Erfreuliches oder auf eine Arbeit, die man besonders gern tut, durch das Psychohygiene-Training mit seiner PT-Atmung (darauf wird später noch eingegangen), durch Autogenes Training, spannende Lektüre, ablenkende Gesellschaftsspiele und vor allem durch Bewegung.

Tod am Spielfeldrand

Informationen über das Tagesgeschehen können für einige Menschen zu Belastungen werden. Was diese Menschen am Tage gesehen, gehört oder erlebt haben, erleben sie im Traum noch einmal. Ob Hungersnot in Indien, Erdbeben in Chile oder Unfall auf der Autobahn, ob Verbrechen oder Todesnachricht – sie träumen davon. Als eine 42jährige Lehrerin in den Tagesnachrichten im Fernsehen eine Feuersbrunst gesehen hatte, sah sie sich nachts im Traum von Flammen umgeben und von einem sicheren Rückzugsweg abgeschnitten. Am folgenden Tage war sie nicht in der Lage, ihren Dienst aufzunehmen, weil dieser Alptraum immer noch in ihr nachwirkte. Das traumhafte Nacherleben als Streß.

Auch das unmittelbare intensive Mit- und Nacherleben von streßreichen Situationen ist Streß.

Wie stark dieser Streß beispielsweise für den Zuschauer von Sportveranstaltungen sein kann, zeigt der Tod am Spielfeldrand, auf der Tribüne oder vor dem Fernseher während eines aufregenden Spieles.

Der Zuschauer reagiert wie der Spieler, ohne jedoch die Möglichkeit des Ausgleiches zu haben. Aus diesem Grund ist der Streß des Mitgehens und Miterlebens beim Sport häufig schwerer als der des Spielens. Das gilt auch für den intensiv mitreagierenden Beifahrer im Auto.

Zuschauer, die ein Herzleiden haben, sollten nach der Veranstaltung wandern oder zu Fuß vom Sportplatz nach Hause gehen. Und ihre Ehefrauen sollten zwischendurch ruhig einmal antippen: »Na, bist du schon auf 80?« Oder: »Soll ich dir Beruhigungstabletten geben?« und ähnliche Fragen stellen.

Vor dem Fernsehapparat kann man zur Abreaktion auf der Stelle laufen oder Kniebeugen machen.

Die Fähigkeit, sich bei Anlässen dieser oder anderer Art zu distanzieren und sich selbst auf die Schippe zu nehmen, wird mit zunehmenden Jahren wichtiger als in der Jugend, wo das Herz noch belastungsfähig ist und die Arterien noch elastisch sind.

Belastung durch Selbstüberforderung

Man muß in der Jugend erst lernen, seine Grenzen abzustekken und sie zu akzeptieren. Aber viele Menschen lernen es nie, sie überfordern sich ständig, laden sich immer mehr Lasten auf und machen Anschaffungen, die in keinem Verhältnis zu ihren Fähigkeiten und Möglichkeiten stehen. Das kann bei einem Wagen beginnen, der zu teuer für sie ist. Und es kann bei einem Eigenheim enden, dessen Kauf so viele Entbehrungen mit sich bringt, daß der damit verbundene Streß nicht durch das Hochgefühl ausgeglichen wird, das eigener Besitz verleihen kann.

Häufig sind vegetative Störungen die Folge. Oder Angst- und depressive Verstimmungszustände, die sogar zu Selbstmordgedanken führen können. Oder Minderwertigkeitsgefühle, die aus der bitteren Erkenntnis heraus entstehen, daß man den hohen Anforderungen, die man an sich selbst stellt, nicht gewachsen ist. Innere Konflikte dieser Art wirken genauso als Streß wie äußere; auch sie können von Natur aus Gesunde umwerfen. Und mehrere solcher belastenden Konfliktsituationen unterhöhlen auch die stabilste Gesundheit.

Existentielle Frustration

Geborenwerden hat bereits ein Ziel, einen Sinn, in sich: die größtmögliche Entfaltung. In der Natur sieht man dieses Prinzip bestätigt. Wer dieses Ziel aber nicht erkennt, wird oftmals unruhig und sucht auf die verschiedenste Art und Weise nach dem Sinn des Lebens. Der Wiener Psychiater Viktor E. Frankl führt dazu aus: »Die Neurose von heute haben wir in vielen Fällen auf eine existentielle Frustration zurückzuführen, auf ein Unerfülltgebliebensein des menschlichen Anspruchs auf ein möglichst sinnerfülltes Dasein.« Man wird an eine kühne Definition des Begriffes Neurose erinnert, die C. G. Jung vor rund 70 Jahren vornahm: Danach ist sie ein Leiden der Seele, »die nicht ihren Sinn gefunden hat«.

Wer sein Leben als sinnlos empfindet, neigt dazu, es für »einen Augenblick voller Seligkeit« wegzuwerfen. Dann werden Drogen interessant, der Rausch der Geschwindigkeit etc. Der Homo faber wird zum Homo ludens oder gar zum Homo »nonsens«.

Schwerkranke sagen nicht selten, sie hätten am Leben vorbeigelebt oder ihr Leben nicht gelebt. Eine derartige Frustration führt zu Streß und wird zum Krankheitsfaktor. Was kann man Menschen empfehlen, die der Ansicht sind, ihr Leben falsch zu leben? Dienst am Nächsten vielleicht, oder den Versuch, sich das Leben liebenswert zu machen – durch Liebe zu einem Menschen, Tier oder Hobby. Man kann nicht genügend betonen, daß Liebe unser Leben verwurzelt und intensiviert. Liebe gibt uns im Streß des Alltags Rückhalt. Liebe ist stets tiefstes Leben.

Im Schockzustand

Ein Bild, das jeder kennt – ein Unfall: Bleich und fahl liegen die Insassen der Fahrzeuge neben den Unglückswagen und warten auf den Abtransport ins Krankenhaus. Ihr Puls ist nicht zu fühlen, das Herz aber schlägt wie rasend, der Blutdruck ist stark abgefallen und nur schwach vernehmbar, Hände und Füße sind kalt. Kalter Schweiß steht ihnen auf der Stirn. Oft erfassen sie ihre Situation gar nicht, manchmal sind sie bewußtlos. Auch wenn die Verunglückten keine äußeren Verletzungen haben, sind sie benommen.

Das sind die Symptome des Schocks. Und Schock ist Streß, durch Schock sterben die meisten Unfallopfer. Schock ist ein Anpassungsversagen; die allgemeine Abwehrkraft des Körpers ist zusammengebrochen.

Einen Schock können nicht allein die Beteiligten an einem Unfallgeschehen bekommen, auch Zeugen eines solchen Geschehens werden davon betroffen – allerdings meist in leichterer Form. Zittern von Händen und Knien, ein flaues Gefühl in der Magengegend, vermehrtes Schwitzen usw. treten bei einigen Autofahrern schon auf, wenn sie langsam an einer Unfallstelle vorbeifahren.

Weiter kann Schock auftreten bei plötzlich einsetzenden Krankheiten, bei starken Schmerzen oder in Schrecksituationen allgemeiner Art. Auch bei Knochenbrüchen, vor allem bei Oberschenkelbrüchen, lassen sich schwere Schockzustände beobachten.

Jeder sollte wissen, wie er in einem solchen Fall helfen kann. In Kursen für Erste Hilfe lernt er es. An erster Stelle steht bei der Schockbekämpfung die Blutstillung – sofern stark blutende Wunden da sind. Dann wird der Geschockte in die sogenannte Schocklage gebracht: Man legt ihn flach auf den Rücken und hebt seine Beine gestreckt bis zur Senkrechten, damit das Blut in den Kopf zurückfließen kann. In dieser Lage hält man die Beine einige Zeit und schiebt später einen geeigneten Gegenstand – bei einem Autounfall beispielsweise ein Kissen oder einen Koffer – unter sie. Ist es kalt, deckt man den Verunfallten zu, um einen zu großen Wärmeverlust zu vermeiden. Ein Notruf muß unverzüglich veranlaßt werden.

Weitere Beispiele für Streßgefährdete

Es wurde bereits erwähnt: die streßreichen Situationen und Stressoren sind Legion, und dementsprechend groß ist die Zahl der Menschen, die zu negativen Streßreaktionen neigen. Sie alle zu nennen wäre eine unlösbare Aufgabe.

Da sind unter anderem die Übersensiblen, die leicht Verletzlichen, denen man eine dickere Haut wünschen möchte, oder die Zögerer und Zauderer, denen ihre eigene Unentschlossenheit Qualen bereitet. Und da sind die Perfektionisten, die an jeder noch so nebensächlichen Arbeit herumfeilen, als ginge es um ihr Leben. Sie machen sich selbst und meist auch ihrer Umgebung das Leben schwer. Häufig handelt es sich bei ihnen um ängstliche Menschen, die nicht unter Zeitdruck zu arbeiten vermögen. Kein Wunder, daß ihnen Aufgaben schnell zum Streß werden. Aber auch den Unkonzentrierten und Flatterhaften wird eine Arbeit leicht zuviel.

Wer zu ehrgeizig und zusätzlich vielleicht noch aggressiv ist, läuft Gefahr, Streßkrankheiten zu bekommen. Das gleiche gilt für den neidischen und eifersüchtigen, den leicht zornigen und wütenden, den anpassungs- und entspannungsunfähigen Menschen.

Unter Streß steht, wer in innere oder äußere Konflikte geraten ist; wer von einem schweren Schicksalsschlag getroffen wurde – Tod oder Krankheit eines nahestehenden Menschen, Scheidung, Vermögensverlust etc. –, wer krank ist – denn ebenso wie Krankheit durch Streß entstehen kann, wird durch Krankheit wiederum Streß verursacht –, wer körperbehindert ist etc.

Leben ohne negativen Streß

Trotz der unendlich vielen Möglichkeiten, in Streßsituationen zu geraten, gibt es offenbar noch einige Menschen, die ohne krankmachenden Streß leben. Sie sind in unzugänglichen Gebirgstälern und auf einsamen Inseln zu finden – nur bei uns nicht.

Denken wir an die Bewohner der Vulkaninsel Tristan da Cunha im Südatlantik. Als 1961 ein Vulkan die einzige Ortschaft der Insel mit Asche zu überschütten drohte, siedelte man die Menschen nach England um. Aber schon wenige Jahre danach hatten sie das moderne Leben satt, und als der Vulkan sich beruhigt hatte, wollten von den 153 Erwachsenen 148 wieder zurück in die Einsamkeit ihres winddurchpeitschten Eilands. Das ungewohnte Leben in Großbritannien hatte sie krank gemacht. Kälte, Nebel, Sturm, einförmige Ernährung, primitive Häuser ohne Zentralheizung – alle diese Nachteile ihrer Heimat empfanden sie nicht als Streß. Auf ihrer kargen Insel waren sie auch weniger oft erkältet als im Mutterland, wo einige von ihnen dauernd grippale Infekte bekamen, die sie nur schwer abzuschütteln vermochten.

Ein anderes Beispiel für Menschen, die pathologischen Streß nicht zu kennen schienen, sind die Eingeborenen, die man 1970 in der Halbwüste Westaustraliens entdeckte. Sie hatten bis dahin völlig abgeschlossen gelebt. Obwohl ihnen nur sieben verschiedene Pflanzenarten und gelegentlich Echsen oder Beuteltiere als Nahrung zur Verfügung standen, waren sie körperlich völlig gesund und machten auch auf die Gruppe von Forschern, die sie entdeckte, einen zufriedenen und glücklichen Eindruck. Wenn man weiß, daß beispielsweise in New York oder Berlin mehr als die Hälfte der Bevölkerung nicht ganz gesund ist, erkennt man, wie stark wir doch von unserer Umwelt beeinflußt werden. Und man erkennt zugleich: wir selbst müssen alles nur Erdenkbare tun, um wieder gesund zu werden oder um gesund zu bleiben.

Nun soll die Devise natürlich nicht heißen »Zurück zur Natur«, sondern zurück zu einer gesunden Lebensweise. Trotz der Stressoren Lärm, Hast, Hetze, Unruhe, überfüllte Straßen, verpestete Luft, mit Chemikalien verseuchte Nahrung – der Weg zu Zivilisationsschäden ist keine Einbahnstraße. Wir können uns gegen die Gefahr solcher Schäden wehren, wir selbst müssen es tun und dürfen es nicht dem Staat, dem Arzt oder der Kasse überlassen, die Initiative zu ergreifen.

3. Testteil: Stehen Sie unter Stress?

Sind Sie streßempfindlich?

Beantworten Sie alle Fragen und geben Sie jeweils nur eine Antwort.

»Ja« bekommt zwei Punkte, »mitunter« einen Punkt und »nein« keinen Punkt.

Die Auswertung finden Sie jeweils im Anschluß an die Fragen.

		Ja	mitunter	nein
1	Ärgern Sie sich leicht?			
2	Sind Sie übersensibel?			
3	Sind Sie in allem sehr genau?			
4	Sind Sie ehrgeizig?			
5	Sind Sie leicht ängstlich?			
6	Sind Sie unzufrieden mit Ihrer Situation?			
7	Werden Sie leicht ungeduldig?			
8	Können Sie sich schwer für etwas entscheiden?			
9	Sind Sie leicht aufgeregt?			
10	Sind Sie neidisch?			
11	Sind Sie eifersüchtig?			
12	Fühlen Sie sich unsicher in Gegenwart Ihres Chefs?			
13	Fühlen Sie sich unentbehrlich auf Ihrer Arbeitsstelle?			
14	Müssen Sie häufig unter Zeitdruck arbeiten?			
15	Leiden Sie an Minderwertigkeitsgefühlen?			
16	Mißtrauen Sie Ihrer Umgebung?			
17	Können Sie sich nicht mehr über Kleinigkeiten freuen?			
	Übertrag:			

Nr.		ja	mit-unter	nein
	Übertrag:			
18	Können Sie Ihre Sorgen nicht vergessen?			/
19	Rauchen Sie mehr als 5 Zigaretten täglich? Rauchen Sie hin und wieder Pfeife oder Zigarren?	/		
20	Rauchen Sie mehr als 20 Zigaretten täglich? Rauchen Sie häufig Pfeife oder Zigarren?			/
21	Rauchen Sie mehr als 30 Zigaretten täglich? Rauchen Sie ständig Pfeife oder Zigarren?			/
22	Schlafen Sie schlecht?		/	
23	Fühlen Sie sich morgens wie gerädert?		/	
24	Sind Sie wetterempfindlich?	/		
25	Beträgt Ihr Puls in Ruhe über 80 pro Minute?			/
26	Haben Sie Übergewicht?			/
27	Sind Sie bewegungsfaul?			/
28	Haben Sie öfter Herzschmerzen?			/
29	Haben Sie dunkle Ringe unter den Augen?		/	
30	Sind Sie lärmempfindlich?			/
31	Haben Sie leicht Kopfschmerzen?			/
32	Haben Sie häufig Magenbeschwerden?			/
33	Schwitzen Sie bei Aufregungen leicht an den Handinnenflächen?			/
34	Essen Sie viel tierisches Fett (Wurst, Eier, fettes Fleisch usw.)?			/
35	Essen Sie oft Süßigkeiten?	/		
36	Fahren Sie mit Ihrem Auto zur Arbeitsstätte?			/
	Summe:	3	3	13

Ergebnis:

1– 6 Punkte: Sie sind wirklich streßstabil, man kann Ihnen nur gratulieren.

7–13 Punkte: Sie haben einige Schwächen, befinden sich jedoch noch im Bereich der Norm. Aber Sie

	sollten etwas gegen Ihre schwachen Stellen tun.
14–20 Punkte:	Der Streß beißt Sie, Sie müssen systematisch an sich arbeiten, um Ihre Streßtoleranz zu erhöhen.
21–30 Punkte:	Sie sind streßempfindlich und sollten zusammen mit Ihrem Arzt überlegen, ob nicht eventuell mehr dahintersteckt. Auf jeden Fall müssen Sie sich ausreichend Bewegung verschaffen und sich um Gelassenheit bemühen.
31 Punkte und mehr:	Sie laufen Gefahr, sich vorzeitig zu verschleißen. Eine Lebensumstellung tut not. Regelmäßige ärztliche Kontrollen scheinen unumgänglich.

Der Wochen-Streß-Test

Kreuzen Sie die entsprechenden Felder abends an. Drei Viertel der Befragten erkannten erst durch diesen Wochen-Streß-Test, daß sie ein streßreiches Leben führen. Häufig kann man den Streß allein schon dadurch reduzieren, daß man streßbedachter lebt.

	Haben Sie	Mo	Di	Mi	Do	Fr	Sa	So	Pkt.
1	schlecht oder zu wenig geschlafen?								
2	sich auf der Fahrt von oder zur Arbeitsstätte geärgert?								
3	bei der Arbeit Ärger gehabt?								
4	unter Druck arbeiten müssen?								
5	unter Lärm gelitten?								
6	mehr als 3 Tassen starken Kaffee getrunken?								
7	mehr als 10 Zigaretten geraucht?								
8	zu viel getrunken?								
								Übertrag:	

		Mo	Di	Mi	Do	Fr	Sa	So	Pkt.
	Übertrag:								
9	zu wenig Bewegung gehabt?								
10	zu fett oder zu viel gegessen?								
11	zu viel Süßigkeiten gegessen?								
12	persönliche Probleme gehabt?								
13	Überstunden gemacht?								
14	zu Hause Ärger gehabt?								
15	Zweifel an Ihrer Arbeitsleistung gehabt?								
16	Kopf- oder Herzschmerzen oder Magenbeschwerden gehabt?								
								Summe:	

Ergebnis:

1–20 Punkte: Gratulation, daß Sie so wenig Punkte haben. Aber wo und wie leben Sie, daß Sie so selten unter Streß stehen? Oder gehören Sie vielleicht zu denen, die es gar nicht merken, wenn sie gestreßt werden? Oder brauchen Sie gar mehr Streß, um voranzukommen?

21–40 Punkte: Im Vergleich zu anderen müssen Sie immer noch wenig Streß hinnehmen. Dennoch sollten Sie vorbeugen, damit es nicht mehr wird.

41–60 Punkte: Passen Sie auf, daß der Streß Sie nicht verzehrt. Sie müssen gezielt Streß abbauen, sonst stellen sich Krankheiten ein. Es wird Sie wenig trösten, daß die Mehrzahl der Befragten so viele Punkte hat wie Sie.

über 61 Punkte: Achtung – Sie sind besonders streßgefährdet. Ändern Sie Ihre Lebensweise sofort, ehe Sie krank werden oder vorzeitig altern. Mit etwas weniger Streß läßt es sich auch leben, vor allem leben Sie dann gesünder. Gehen Sie Frage für Frage durch und überlegen Sie sich, wie Sie den Streß jeweils verringern können.

Das Anti-Streß-Programm bietet Ihnen viele Möglichkeiten dafür.

Sind Sie herzinfarktgefährdet?

In jedem Jahr gibt es in der Bundesrepublik ca. 400000 Herzinfarkte. Mindestens 100000 der Betroffenen sterben daran. Befürchten Sie daher nicht, Sie könnten auch davon betroffen werden?

Prüfen Sie mit Hilfe dieses aus den USA stammenden und von mir erweiterten Standardtests selbst:

	Alter	Punkte	Ihre Punkte
1	20–30	1	
2	31-40	2	
3	41-50	3	
4	51-60	4	4
5	über 60	6	+
	weiblich	1	1
	männlich	2	
	Streß		
1	Ist Ihr Leben streßreich? Nein	0	
2	Ist Ihr Leben streßreich? ein wenig	4	4
3	Ist Ihr Leben streßreich? ja	8	
4	Ist Ihre Arbeit streßreich? nein	0	
5	Ist Ihre Arbeit streßreich? ein wenig	4	
6	Ist Ihre Arbeit streßreich? ja	8	8
		Übertrag:	17

		Punkte	Ihre Punkte
	Übertrag:		17
	Erbfaktoren		
1	Keine Blutsverwandten mit Herzinfarkt	0	
2	1 Blutsverwandter mit Herzinfarkt nach dem 60. Lebensjahr	1	
3	1 Blutsverwandter mit Herzinfarkt vor dem 60. Lebensjahr	3	3
4	2 Blutsverwandte mit Herzinfarkt vor dem 60. Lebensjahr	6	
5	3 Blutsverwandte mit Herzinfarkt vor dem 60. Lebensjahr	8	
	Rauchgewohnheiten		
1	Nichtraucher	0	
2	Zigarre, Pfeife, aber ohne zu inhalieren	1	
3	Zigarre, Pfeife, mit Inhalieren	3	
4	10 Zigaretten tgl. oder weniger mit Inhalieren	2	
5	20 Zigaretten tgl. mit Inhalieren	4	4
6	30 Zigaretten tgl. mit Inhalieren	6	
7	40 Zigaretten tgl. mit Inhalieren	8	
	Ernährungsgewohnheiten		
1	So gut wie kein Verzehr tierischer Fette wie Eier, Wurst, Sahne, Butter	1	
2	Verzehr vorwiegend tierischer Fette, aber in geringen Mengen	3	3
3	Reichlicher Verzehr tierischer Fette	7	
	Blutdruck		
1	Unter 130/80	0	
2	bis 140/90	1	
		Übertrag:	

		Punkte	Ihre Punkte
	Übertrag:		
3	bis 160/90	2	
4	bis 180/90	4	
5	darüber	8	
	Körpergewicht		
1	Idealgewicht (Größe über 100 cm in kg weniger 10%)	0	
2	5 kg über Normalgewicht (Normalgewicht ist die Größe über 100 in kg)	2	2
3	10 kg über Normalgewicht	3	
4	15 kg über Normalgewicht	4	
5	20 kg über Normalgewicht	5	
6	Darüber	6	
	Bewegung		
1	Starke körperliche Betätigung im Beruf; aktiver Freizeitsport	0	
2	Mäßige körperliche Betätigung im Beruf; unregelmäßiger Freizeitsport	1	1
3	Sitzende Berufstätigkeit, aber gelegentliches Wandern oder Arbeiten im Garten	3	
4	Sitzende Tätigkeit und keine Bewegung in der Freizeit	5	
		Summe:	

Ergebnis:

Bis 10 Punkte: Ihr Infarktrisiko liegt ganz klar unter dem Durchschnitt.

11–18 Punkte: Ihr Infarktrisiko liegt noch unter dem Durchschnitt, das sollte Sie aber nicht in Sicherheit wiegen. Überlegen Sie sich, wie Sie vielleicht noch einige Verbesserungen erzielen können.

19–25 Punkte: Durchschnittliches Infarktrisiko.

26–32 Punkte: Etwa jeder sechste Bundesbürger stirbt an einem Herzinfarkt. Wenn Sie nicht dazugehören wollen, sollten Sie sich regelmäßig ärztlich untersuchen lassen. Sehen Sie zu, wie Sie die Punktzahl verringern können.

über 33 Punkte: An Herzinfarkt sterben muß kein Schicksal sein. Mit Ihrem Arzt sollten Sie überlegen, wie Sie Ihre zu hohe Punktzahl reduzieren können.

Was den Bundesbürger streßt

Was empfindet der Bundesbürger als Streß? Was ist für ihn der stärkste Stressor? Wie unterscheiden sich die verschiedenen Lebens- und Berufsgruppen bezüglich der Bewertung einzelner Streßfaktoren voneinander? Was betrachten Raucher und Nichtraucher, Arbeiter und Angestellte, Frauen und Männer als Streß?

Auf diese und ähnliche Fragen eine Antwort zu erhalten war das Anliegen einer Untersuchung, die ich zusammen mit dem Diplompsychologen H. J. Henning und dem Programmierer E. W. Dempewolf von November 1973 bis Anfang Januar 1974 vor allem im Rheinland durchführte. Angeregt zu dieser Untersuchung wurden wir durch die Arbeit von Thomas H. Holmes.

Unsere Untersuchungsergebnisse erheben nicht Anspruch darauf, in jeder Weise repräsentativ zu sein. Da aber 251 richtig ausgefüllte Fragebogen ausgewertet werden konnten, die aus allen Schichten der Bevölkerung eingingen, ist der Aussagewert der Ergebnisse hoch.

Holmes hat den mittleren Wert seiner Untersuchungsergebnisse als »Lebensveränderungseinheiten« bezeichnet. Sie sind mit Streßeinheiten gleichzusetzen. Der Grenzwert beträgt Holmes zufolge 200 solcher Streßeinheiten. Ein Mensch, der diesen Grenzwert erreicht, sollte sein Leben unverzüglich ändern, meint Holmes.

Ein kurzer Vergleich zwischen den Antworten, die Holmes bei seiner Befragung erhielt, und denen, die uns gegeben wurden, zeigt einige Übereinstimmungen, aber auch viele Abweichungen. So sind die von uns Befragten im allgemeinen etwas »streßempfindlicher«, im besonderen fällt dies auf hinsichtlich »Geldschwierigkeiten«, »sexuellen Schwierigkeiten«, »Eheschwierigkeiten« und »Ärger mit dem Chef«.

Bei Holmes war »Tod des Ehepartners« von vornherein mit »100« festgelegt; wir verzichteten auf eine solche Festlegung. Die Ergebnisse seiner Befragung sehen so aus:

	Mittelwert
Tod des Ehepartners	100
Scheidung	73
Eheliche Trennung	65
Gefängnisstrafe	63
Tod eines nahen Familienangehörigen	63
Eigene Verletzung oder Krankheit	53
Eheschließung	50
Entlassung	47
Versöhnung der Ehepartner	45
Pensionierung	45
Krankheit in der Familie	44
Kinder verlassen Elternhaus	29
Ärger mit der angeheirateten Verwandtschaft	29
Persönliche Hochleistung	28
Anfang oder Ende der Berufstätigkeit der Ehefrau	26
Schulbeginn oder -abschluß	26
Änderung des Lebensstandards	25
Änderung persönlicher Angewohnheiten	24
Ärger mit dem Chef	23
Änderung von Arbeitszeit und -bedingungen	20
Wohnungswechsel	20
Schulwechsel	20
Änderung der Freizeitgestaltung	19

	Mittelwert
Schwangerschaft	40
Sexuelle Schwierigkeiten	39
Familienzuwachs	39
Neuanfang im Berufsleben	39
Finanzielle Veränderungen	38
Tod eines guten Freundes	37
Berufswechsel	36
Wachsende Ehestreitigkeiten	35
Hypothek über 100000 Dollar	31
Kündigung einer Hypothek oder eines Darlehens	30
Geänderter Verantwortungsbereich im Beruf	29
Änderung der kirchlichen Aktivitäten	19
Änderung der gesellschaftlichen Aktivitäten	18
Hypotheken oder Darlehen unter 10000 Dollar	17
Änderung der Schlafgewohnheiten	16
Änderung in der Häufigkeit der Familientreffen	15
Änderung der Eßgewohnheiten	15
Urlaub	13
Weihnachten	12
Geringfügige Gesetzesübertretungen	11

Auf dem von uns ausgearbeiteten Fragebogen wurden die häufigsten Streßsituationen angeführt, wobei darauf hingewiesen wurde, daß unter Streß in diesem Zusammenhang alles verstanden werden sollte, was Geist und Körper schädigt oder in (krankmachender) Spannung hält. Den Befragten stand ein Wertebereich von 0 (kein krankmachender Streß) bis 9 (höchste Belastung) zur Verfügung. Sie wurden aufgefordert, jede Situation zu bewerten, auch solche, in denen sie sich nicht befanden.

Hier die Mittelwerte:

Zahl der Befragten: 251

Streß im Beruf

		Mittelwert			Mittelwert
1	Schlechte Arbeitsbedingungen	62	8	Doppelbelastung durch Beruf und Hausarbeit	46
2	Hohen Anforderungen nicht gewachsen	61	9	Nachtarbeit	45
3	Kündigung erhalten	60	10	Arbeitsplatzwechsel	41
4	Akkordarbeit / unter Zeitdruck arbeiten	60	11	Überstunden / Wochenendarbeit	40
5	Ärger mit dem Chef	55	12	Zusätzliche Aufgaben bekommen	35
6	Ärger mit den Mitarbeitern	51	13	Vorträge halten, Mitarbeiter ausbilden	32
7	Berufswechsel	47	14	Arbeitsweg	23
			15	Kantinenessen	15

Streß zu Hause

		Mittelwert			Mittelwert
16	Tod des Ehepartners	86	23	Erb- oder Eheauseinandersetzungen	53
17	Tod eines nahen Angehörigen oder Freundes	73	24	Lärm	51
			25	Geldschwierigkeiten	50
18	Schwere Krankheit / Unfall	72	26	Schlechter Schlaf / Schlaflosigkeit	50
19	Scheidung	70	27	Wohnungskündigung	50
20	Schwere Krankheit von Angehörigen	68	28	Ärger über sich selbst	46
			29	Starkes Trinken (Alkohol)	46
21	Gerichtliche Auseinandersetzung	60	30	Schlecht verbrachter Urlaub	45
22	Einbruch / Überfall / Hausbrand	60	31	Verschlechterung des Lebensstandards	45

		Mittelwert			Mittelwert
32	Sexuelle Schwierigkeiten	44	40	Mieterhöhung	36
			41	Starkes Rauchen	35
33	Unzufrieden mit der Preisentwicklung	41	42	Belastung durch Kinder	33
			43	Familienzuwachs	33
34	Umzug / Wohnungswechsel	40	44	Reparaturen in Wohnung / Haus / am Auto	29
35	Ärger über Verwandte / Kinder	39	45	Ärger über Nachbarn	28
36	Mit starken Rauchern zusammenleben / -arbeiten	39	46	Eheschließung	28
			47	Urlaub mit dem Auto	27
			48	Erkältung / Grippe	27
37	Viel Auto fahren müssen	39	49	Pensionierung	24
38	Zu viel essen	37	50	Familienfest / Ostern / Weihnachten usw.	23
39	Unzufrieden mit Behörden	37			

Um einen Vergleich mit den Ergebnissen der amerikanischen Untersuchung zu ermöglichen, wurden unsere Zahlen auf das Zehnfache erhöht unter entsprechender Bereinigung der Stellenwerte hinter dem Komma.

Ungeachtet der unterschiedlichen Anzahl der Befragten in den einzelnen Gruppen ergab sich bei den Mittelwerten im allgemeinen eine weitgehende Übereinstimmung. Bei der Auswertung der Befragungsergebnisse fiel folgendes auf: Frauen scheinen im allgemeinen streßbewußter zu sein als Männer; die Werte sind bei den Männern geringfügig höher in bezug auf »sexuelle Schwierigkeiten« und in punkto »Familienzuwachs«; außerdem sind die befragten Männer unzufriedener »mit den Behörden«; Nichtraucher – in der Mehrzahl Frauen – sind im Schnitt streßempfindlicher als Raucher. Ebenso sind den Ergebnissen zufolge Angestellte, die keine leitende Stellung haben, meist streßempfindlicher als leitende Angestellte. Als stärksten Streß im Berufsleben betrachtet man nicht die Kündigung, sondern schlechte Arbeitsplatzbedingungen.

Wenn man die Ergebnisse weiter aufschlüsselt, zeigt sich, daß von allen Befragten Arbeiter den Streß, den es bedeutet, eine Kündigung zu erhalten, am geringsten erachten (49), Angestellte (61) und Beamte (62) dagegen deutlich höher.

Was Nachtarbeit betrifft, so empfinden Arbeiter sie als besonders streßreich (55), hingegen messen ihr Beamte den geringsten Wert bei (37).

Ärger mit dem Chef regt Frauen mehr auf (57) als Männer (52), Nichtraucher (58) mehr als Raucher (49), Angestellte (55) mehr als Arbeiter (52), nicht leitende Angestellte (56) mehr als leitende Angestellte (53).

Einem Arbeitsplatzwechsel geben Rentner die höchste Streßnote (51), für Selbständige ist er viel weniger belastend (35), für Frauen bedeutet er mehr Streß (42) als für Männer (39), für Nichtraucher (42) mehr Streß als für Raucher (38).

Ein Berufswechsel stört Beamte am meisten (54) und Arbeiter am wenigsten (45) – in der Gruppe der Angestellten liegt der Mittelwert bei 48 –, Nichtraucher (51) mehr als Raucher (42).

Hohen Anforderungen nicht gewachsen zu sein, wird allgemein als großer Streß empfunden: Hausfrauen stehen hier an der Spitze (69), es folgen Selbständige (64), Arbeiter (62), Angestellte (60), Beamte (57). Die Gruppe der Frauen (64) liegt hier vor der der Männer (57), die der Nichtraucher (63) vor der der Raucher (57).

Schlechte Arbeitsplatzbedingungen werden – wie schon erwähnt – offenbar als der höchste Streß im Berufsleben betrachtet: Die Werte betragen bei Arbeitern 69, Hausfrauen 69, Angestellten 63, Beamten 49, nicht leitenden Angestellten 66, leitenden Angestellten 56; in der Gruppe der Nichtraucher liegen sie bei 63 und bei den Rauchern bei 60.

Der Weg zum Arbeitsplatz ist für Frauen streßreicher (24) als für Männer (22); weitere Werte sind: 24 für Angestellte, 18 für Arbeiter, 17 für Beamte, 16 für Selbständige, 24 für Nichtraucher und 21 für Raucher.

Der Tod des Ehepartners wurde nur von den befragten Arbeitern bis zu 42 Jahren sowie von den Rentnern durchweg mit 90 bewertet; Frauen (88) bewerteten ihn höher als Männer (83), Nichtraucher (87) höher als Raucher (83); bei den Angestellten ergab sich als Mittelwert 86, bei den Beamten und Selbständigen jeweils 85 und bei den Arbeitern 83.

Schwere Krankheit und Unfall treffen Rentner (80), Arbeiter und Hausfrauen (jeweils 77) härter als Angestellte (72) und Selbständige (63); der Wert für Frauen beträgt 76, für Männer 69, für Nichtraucher 73 und für Raucher 72.

Den Streß einer Scheidung fürchten am meisten Rentner und Beamte (jeweils 78), am wenigsten Arbeiter (69) und Selbständige (62); andere Werte sind: Nichtraucher 71 und Raucher 69, Frauen 72 und Männer 69.

Eine Mieterhöhung belastet Rentner (57) mehr als Selbständige (43), Arbeiter und Angestellte (jeweils 36) mehr als Beamte (29).

Eine Wohnungskündigung streßt ebenfalls die Rentner am meisten (62), es folgen Selbständige (57), Angestellte (50), Arbeiter (49), Beamte (47); der Wert für Nichtraucher liegt bei 51, der für Raucher bei 48.

Starkes Rauchen ist wie folgt verpönt: Rentner 56, Hausfrauen 40, Beamte 39, Selbständige 35, Angestellte 34, Arbeiter 28; Frauen 38 und Männer 33, Nichtraucher 39 und Raucher 28; die Gruppe der jungen Menschen bis 29 bewertet den Streß starken Rauchens am niedrigsten (23).

Groß sind die Differenzen in der Streßbewertung, wenn es darum geht, mit starken Rauchern zusammenzuleben oder zusammenzuarbeiten: Hausfrauen 53, Rentner 52, Selbständige 43, Beamte 40, Angestellte 37 und Arbeiter 35; Frauen (43) erweisen sich hierbei als empfindlicher als Männer (36), Nichtraucher (48) sind – wie nicht anders zu erwarten – sehr viel empfindlicher als Raucher (25).

Kaum weniger auffällig sind die Differenzen bei der Beantwortung der Frage nach der Streßbewertung starken Trinkens: Hausfrauen 61, Rentner 60, Beamte 47, Selbständige 42, Angestellte 45, Arbeiter 39; bei den Nichtrauchern beträgt der Wert 48, bei den Rauchern 44; bei den Frauen insgesamt ist er mit 52 sehr viel höher als bei den Männern (41). Junge Menschen bis 29 haben hier – wie auch schon beim Rauchen – die niedrigsten Werte notiert (Mittelwert 34).

In bezug auf starkes Essen haben Hausfrauen am empfindlichsten reagiert (54), gefolgt von Rentnern (45), Angestellten (37), Arbeitern und Beamten (jeweils 34) und Selbständigen (26); Frauen (41) unterscheiden sich hierin wenig von Männern (37), Nichtraucher (38) kaum von Rauchern (37).

Die Werte hinsichtlich sexueller Schwierigkeiten sind ziemlich einheitlich, allerdings: je jünger die Befragten, desto eher neigen sie dazu, höhere Werte einzutragen.

Lärm wird ebenfalls als starker Streß empfunden, die Unterschiede zwischen den einzelnen Gruppen sind hierbei gering: Arbeiter 62, Hausfrauen 53, Beamte 52, Angestellte 50, Selbständige 48.

Über sich selbst ärgern ist kein geringer Streß: Beamte können es am besten (52), ihnen folgen Angestellte (47), Selbständige und Arbeiter (jeweils 40); weitere Werte bei der Beantwortung dieser Frage sind: in der Gruppe der Nichtraucher 47 und bei Rauchern 46, bei Frauen 48 und bei den Männern 45.

Weitergehende Schlußfolgerungen zu ziehen – etwa wie Professor Holmes es tat –, scheint mir nicht berechtigt zu sein. Dazu müßte man mehr über den Gesundheitszustand der Befragten und ihre seelische und körperliche Belastbarkeit wissen.

ZWEITER TEIL

Das Anti-Streß-Programm

Streßbekämpfung durch Ausgleich

Gesundheit, Wohlbefinden, Leistungsfähigkeit – wir können sie meist nur durch eigene Kraft erreichen und bewahren. Wer seine schwerverdiente Pension im Alter genießen möchte, kann das nur, wenn er nicht nur finanziell, sondern vor allem auch gesundheitlich vorsorgt. Sobald im Körper Streßreaktionen auftreten, sollte man gegen sie angehen. Es muß zum Reflex werden, sie umgehend zu bekämpfen. Die meisten Menschen jedoch tun nichts; sie lassen die durch Streß ausgelösten chemischen Veränderungen im Körper bestehen und unterstützen den auf lange Sicht gefährlichen Prozeß vielleicht sogar noch, indem sie sich die Streßsituation in unbewußt selbstquälerischer Weise noch einmal vergegenwärtigen. Das Nacherleben von Streßsituationen aber ist erneuter Streß, wie wir bereits wissen.

Die folgenden Trainingsvorschläge, Tips, Tages- und Wochenprogramme erfordern ein Mindestmaß an eigenen Bemühungen, vor allem auch an eigenem Willen, dem Streß vorzubeugen oder seinen Auswirkungen zu begegnen. Jeder sollte selbst entscheiden und ausprobieren, welche Vorschläge für ihn am geeignetsten sind. Dabei ist zu berücksichtigen, daß die Anregungen aus den drei Bereichen körperliche Bewegung, Ernährung und Psychohygiene einander *ergänzen*.

Sinnvoll ist es also, sich mit *allen* angeschnittenen Themen auseinanderzusetzen und dann eine persönliche Auswahl des Nachzuvollziehenden zu treffen. Erst dann ist ein optimaler Anti-Streß-Programm-Erfolg gewährleistet.

1. Mehr körperliche Bewegung

Streß mobilisiert – wie schon erwähnt – bei Mensch wie Tier alle Kräfte: Kampf oder Flucht heißt die Entscheidung. Die Muskeln spielen dabei eine wichtige Rolle. Sie sind einsatzbereit, in Alarmstellung, für sie ist Streß ein Signal zur Mobilmachung. Aber im Gegensatz zum Tier kann der gestreßte Mensch im allgemeinen weder fliehen noch angreifen. Und wenn auch der Alarm wieder abgeblasen wird – so schnell wie die Bereitstellung der Kräfte erfolgte, so langsam normalisiert sich der Zustand an sich.

Man hat den treffenden Vergleich gefunden, ein solcher Mensch reagiere wie ein Weitspringer, der mit voller Kraft und Konzentration zum Weitsprung ansetzt, dann aber nicht abspringen darf.

Die zwangsläufige Folge ist, daß etwas Schlimmes geschieht. Es besteht darin, daß sich die bereitgestellten Kräfte jetzt gegen den eigenen Körper richten. Denn Streßreaktionen kann man nicht einfach abstreifen – sie haften, sie durchdringen den ganzen Körper. Denken wir also den Gedanken mit dem Weitspringer zu Ende und springen tatsächlich ab, wenn auch mit Verzögerung. Tun wir es nicht, so handeln wir etwa so, als ob wir unseren Wagen mit laufendem Motor vor dem Haus stehen lassen. Je schneller wir den Motor abstellen, desto besser. Ebenso ist es mit dem Streß, er arbeitet in uns, also müssen wir ihn auch »abstellen«. Das aber geschieht mit Hilfe der Bewegung, der körperlichen Betätigung.

Wer gestreßt wurde, muß sich bewegen, nach Möglichkeit sofort. Bewegung nach Streß ist unumgänglich. Sie ist das billigste, normalste und wohl auch wichtigste Antistreßmittel. Wer sich nach Streß nicht bewegt, versündigt sich gegen seinen Körper. Bewegung ist weit mehr als Streßabbau, sie ist das einzige komplette Entstressungsmittel: Sämtliche Streßreaktionen im Körper werden auf natürliche Art und Weise abgebaut.

Auf den Alltag bezogen, müßte die praktische Schlußfolgerung lauten: Wenn sich ein Arbeitnehmer zu Unrecht von seinem Chef getadelt fühlt, läßt er sofort seine Arbeit liegen und macht erst einmal eine Streß-Entspannungsrunde um den nächsten Block.

Aber spontane Streßentladungen können auch anders aussehen: Man läuft in seinem Arbeitsgebäude schnell die Treppen herauf und herunter oder macht in seinem Zimmer soviel Kniebeugen wie möglich.

Zur Aktivität verurteilt

Worin unterscheiden sich Mensch und Maschine, wenn sie nicht laufen? Der Mensch verkommt, die Maschine hingegen wird geschont.

Die Muskeln sind das größte Organ des Menschen. Und ein Organ kann nur dann normal arbeiten, wenn es gefordert wird. Würdigt man das »Lauftier« Mensch ganz wider seine Natur zum »Sitztier« herab, zum Homo sedens, dann reagieren die Muskeln wie alle anderen Organe mit Rückschritt: Sie verkümmern. Und jeder »unterdrückte Fluchtreflex«, jede Streßreaktion, bewirkt zusätzlich, daß sich die Muskeln verspannen und verkrampfen.

Wer in Gesundheit alt werden will, sollte sich täglich wenigstens etwas bewegen, um die Streßreaktionen aus seinem Körper zu treiben. Alter ist kein Hinderungsgrund, im Gegenteil: Es verpflichtet sogar dazu. Im Alter sollte man vernünftig genug sein, einzusehen, daß der beste Weg zur Gesundheit der Fußweg ist, wie der Dichter G. Seume es formulierte. Es gibt kaum einen Methusalem, der sich nicht regelmäßig und maßvoll körperlich bewegt hätte.

Selbst im Weltraum wird die körperliche Bewegung als Streßtraining eingesetzt.

Die erste Besatzung des Weltraumlabors Skylab litt nach ihrem Raumflug von 28 Tagen unter gesundheitlichen Störungen, die vorwiegend auf den Bewegungsmangel und die Schwerelosigkeit zurückzuführen waren. Sie hatte sich täglich nur 30 Minuten körperlich belastet. Die Folge war unter anderem, daß die Wadenmuskulatur der Männer schrumpfte, daß sie »Storchenwaden« bekamen. Aber auch die Herzmuskulatur schrumpfte geringfügig. Die zweite Besatzung mußte daher 60 oder 90 Minuten täglich körperlich trainieren; ihr Tagesplan hatte darauf Rücksicht zu nehmen. In erster Linie wurde jetzt der Kreislauf geübt, und zwar durch ein Spezialtraining auf einem Tretrad. Aber auch auf ein Krafttraining wurde Wert gelegt, damit die Muskeln nicht schrumpften.

Daher mußte die Besatzung Expanderübungen und Übungen gegen einen Widerstand machen.

Der Mensch – ein Bewegungstier

Von Hunden weiß jedes Kind, daß sie laufen müssen. Sperrt man sie zu lange in einer Stadtwohnung ein und läßt sie dann heraus, so sind sie vor »Freude« kaum zu bändigen. Sie suchen instinktiv ihren Drang nach Bewegung zu befriedigen. Bei Pferden ist es ebenso. Wenn sie während einer Regenperiode im Stall bleiben müssen, überkommt sie der Stallmut: Sie werden unruhig, »als ob sie der Hafer gestochen hätte«.

Sicherlich wäre ein Vergleich mit dem Verhalten mancher Menschen nicht problemlos. Aber was denn anderes tun jüngere Schulkinder in den Pausen, wenn sie nach Schluß der Unterrichtsstunden auf den Schulhof stürmen? Es bedarf eines langen Erziehungsprozesses, ehe der Schüler sich angepaßt hat und würdig, gesetzten Schrittes, in den Pausen daherspaziert, ehe also sein Bewegungsdrang gezähmt ist. Und wenn man gesehen hat, wie alte Menschen, selbst über 80jährige, begeistert Gymnastik betreiben, dann möchte man glauben, der Vergleich mit dem Stallmut der Pferde habe doch seine Berechtigung.

Was geschieht, wenn man den natürlichen Bewegungsdrang unterdrückt? Bei Tieren ging man der Frage nach. Man ließ eine Gruppe von Ratten schwimmen und holte sie nach einer bestimmten Zeit wieder aus dem Wasser; eine andere Gruppe blieb in einem engen Käfig. Hunde mußten Tretmühle laufen, und Enten bekamen freien Auslauf – als Kontrolle ließ man Artgenossen im Käfig eingesperrt zurück. Was nicht anders zu erwarten war, trat ein: Die aktiven und sich bewegenden Tiere blieben kerngesund und überlebten ihre zu Untätigkeit gezwungenen Artgenossen, die vor allem eine typische Bewegungsmangelkrankheit entwickelten: Kreislaufbeschwerden.

Auch beim Menschen, insbesondere beim jungen Menschen, gibt es Hinweise dafür, daß es nicht jedem gelingt, ohne Störung den natürlichen Bewegungsdrang zu unterdrücken. Bewegungsmangel wird zum Stressor. Menschen, die an Bewegungsmangel leiden, fühlen sich frustriert. Und Bewegungsmangel-Frustration ist nicht der geringste negative Stressor im Leben.

In Südamerika, beispielsweise in Buenos Aires, der Hauptstadt Argentiniens, findet man Sportstadien, in denen nicht nur die Profis, sondern auch die jungen Menschen aus der ganzen Nachbarschaft schwimmen sowie Tischtennis, Tennis, Volleyball usw. spielen können. Dort fühlt sich die Jugend aus der Umgebung des Stadions zugehörig, weil sie selbst Gelegenheit hat, sich durch Sport abzureagieren. Infolgedessen ist die Kriminalität in solchen Vierteln geringer als in anderen Teilen dieser Stadt. Aktiv betriebener Sport als Ventil für Frustrationen, Aggressionen und Streßreaktionen.

Wer eine Dreistundenwanderung hinter sich hat, ein Fußballspiel oder harte Gartenarbeit, dessen Muskeln signalisieren dem Nervensystem das Verlangen nach Ruhe, nach Entspannung und Gelassenheit. Wer sich auf diese Weise bewegt, betreibt beste Psychohygiene. In zahlreichen Büchern über Psychohygiene oder über Streß wird das Thema Bewegung gar nicht erwähnt. Bewegung aber ist meist der Zentralpunkt jeder Art von Abreaktion. »Herrlich ist's, auf grünen Pfaden die Seele rhythmisch zu entladen.«

Bewegungsmangel macht krank

Wer sich nicht bewegt, hat es außerordentlich schwer, körperlich und psychisch im Gleichgewicht zu bleiben. Schon ein Hauch von Streß wirft ihn um. Er entwickelt vegetative Störungen wie Schlaflosigkeit, Müdigkeit, Abgespanntheit, Nervosität usw. Kreislaufbeschwerden stellen sich ein; es kommt zum Bild der vegetativen Dystonie. Auch der Blutdruck steigt oftmals an. Arteriosklerose und Fettsucht werden gefördert. Bewegung wirkt beiden entgegen. Wer sich nicht bewegt, bekommt häufiger einen Herzinfarkt als der ständig Sporttreibende oder körperlich Arbeitende.

Genau das gleiche Bild zeigt sich auch bei dem Kranken, der einen Herzinfarkt gehabt hat. Wenn die Ärzte ihn nicht zur Bewegung »antreiben«, ihn nicht richtig motivieren, kann er »sich zu Tode schonen«.

Wer bewegungsfaul und dick ist, riskiert, sich im Alter einen Diabetes zuzuziehen. Durch Bewegung dagegen stabilisiert sich das Erscheinungsbild des Diabetes; wenn der Betreffende dann noch schlank wird, kann er oftmals selbst die Symptome eines jahrelang bestehenden Diabetes völlig zurückdrängen.

Die Haltungsschwächen werden bei Bewegungsträgen zu Haltungsschäden, die an Knochen, Bändern und Muskeln auftreten und vor allem die Wirbelsäule, aber auch den gesamten übrigen Körper ungünstig beeinflussen. Rückenschmerzen sind eine Zivilisationserscheinung, deren Ursache meist im vielen Sitzen und im Bewegungsmangel zu suchen ist.

Vielleicht kann man sogar so weit gehen, das frühe Sterben eine zum großen Teil auf Bewegungsmangel zurückzuführende schlechte Gewohnheit zu nennen. Befragungen besonders alter Menschen im Kaukasus, im Himalaja und in den Anden ergaben, daß sie von früher Jugend bis ins späte Alter in Bewegung waren. Sie haben sich noch auf ihre beiden Ärzte verlassen, das linke Bein und das rechte Bein, wie eine englische Redensart sagt. »Laufend länger leben« lautet ein bewährtes Gesundheitsrezept. Wenn wir uns nicht mehr ausreichend bewegen, leiden wir doppelt unter Streß und beginnen zu altern. Ein arbeitender Muskel hingegen hat keine Zeit zum Altern.

Wer also beim Treppensteigen schnell außer Atem gerät, wer leicht bei der Arbeit ermüdet, unter Kopfschmerzen, Nervosität oder Verstopfung leidet, wer abends mit kalten Füßen vergeblich auf den Schlaf wartet, der sollte sich ernsthaft überlegen, ob für ihn nicht ein Ausdauertraining das Richtige wäre.

Haß, Ärger, Frustrationen sind die schlimmsten Stressoren, fand schon Selye.

Unterdrückter Ärger und nicht ausgelebte Frustrationen

machen krank, weil sie als Dauerstreß wirken. Und weil man den Ärger hinunterschluckt und in sich hineinfrißt, anstatt ihn durch Bewegung abzuschütteln.

Jedes Bewegungstraining ist daher ein Anti-Streß- und Gesundheitstraining.

Es ist aber auch ein Krankheitsverhütungstraining: Bei Sportlern ist der Krankenstand niedriger als bei Nichtsportlern, und sie leben – wie jetzt endlich auch statistisch nachgewiesen ist – länger als Nichtsportler. Was Beten und Meditieren für die geistige Gesundheit ist, ist die Bewegung für die körperliche Gesundheit.

Das Wandern ist des Deutschen Lust

Im alten Griechenland glaubte man, durch Laufen eine bessere Gehirndurchblutung erzielen und infolgedessen auch philosophische Probleme leichter lösen zu können. Diese antike Weisheit hat sich besonders Kant zunutze gemacht.

Nach einer langen Wanderung kommt auch ein Nervöser ruhig und entspannt nach Hause. Schlechte Laune verfliegt durch Bewegung; ebenso wird das Beschwerdendickicht psychosomatischer Krankheiten wie Asthma, Magengeschwür, Darmstörungen etc. gelichtet. Selbst depressive Verstimmungen, vor allem reaktiver Art, hellen sich auf.

In Deutschland ist das Wandern ein Sport mit alter Tradition. Jetzt scheint dieser Sport eine neue Blüte zu erleben. Wo gibt es sonst noch eine solche Fülle von organisierten Wanderungen? Wandertage an Schulen sind eine feste Einrichtung, und die Betriebsräte sind gut beraten, wenn sie den Betriebsausflug zu einem Wandertag machen.

In den meisten Sprachen der Welt fragt man »Wie geht es dir?« Einige Völker fragen auch direkt: »Wie gehst du?« Wer nicht mehr gehen kann, ist schlecht dran. Und dennoch: Vielerorts ist der Fortschritt zum »Fortsitz« geworden. Wenn es so weit gekommen ist, kann der Wandersport »Arzt am Krankenbett des deutschen Volkes« werden, wie Konrad Adenauer sagte, den u. a. die mehr als 70 Stufen zu seinem Haus in Rhöndorf bis ins hohe Alter fit hielten.

Man sollte sich rechtzeitig, das heißt in der Jugend, an das

Wandern gewöhnen, damit es später zu einer lieben Gewohnheit wird. Wandern hat den Vorteil, daß man es auch im Alter je nach Stimmung, Wetter und Zeit dosiert praktizieren kann.

Viele Menschen haben an sich selbst erfahren, daß sich Krampfaderleiden durch das Wandern in Grenzen halten und die Thromboseanfälligkeit zurückgeht.

Einseitiger Sport als Streß

Bisher war nur von der heilsamen Wirkung des Sports oder der Bewegung in Streßsituationen die Rede. Aber wir wissen, daß auch die Bewegung zu einem Stressor werden kann: wenn sie unter Zwang erfolgt, wenn man sie nicht mag oder wenn sie im Übermaß durchgeführt wird. In solchen Fällen bietet sich zur Streßabreaktion keine neuerliche, wenn auch andersartige Bewegung an: Streß durch Bewegung wird im allgemeinen nicht durch Bewegung ausgeglichen. Eine Ausnahme bilden körperliche Belastungen, bei denen eine gezielte Entspannungsgymnastik ausgleichend wirkt.

Jedes Zuviel an Bewegung kann also Streßreaktionen im Körper auslösen. Aber auch relativ maßvolle körperliche Betätigung kann Streß hervorrufen, wenn der Organismus vorgeschädigt ist. So wird beispielsweise Sport zum Stressor, wenn man sich nicht wohl fühlt. Wer nach einer abgeklungenen Virusgrippe zu früh wieder mit dem Sport beginnt, riskiert sein Leben. Andererseits sind auch schon phantastische Rekorde von Läufern aufgestellt worden, denen noch eine gewöhnliche Erkältung im Körper steckte. Daher muß im Einzelfall der Arzt entscheiden, ob und wieviel Sport betrieben werden kann.

Einer Sondergruppe gehören jene jungen Menschen an, die bei starker körperlicher Betätigung plötzlich und unerwartet an akutem Herzversagen sterben. Fast immer trifft ein solcher Herztod Menschen, bei denen sich Verkalkungsherde, arteriosklerotische Veränderungen an den Gefäßen, nachweisen lassen. Jedenfalls läßt sich mit größter Sicherheit sagen, daß diese Art von massivem körperlichem Streß jedes vorgeschädigte Herz schwer und manchmal auch tödlich belasten kann.

Dieses Beispiel zeigt auch, daß Gesundheitserziehung niemals isoliert gesehen werden darf: Eine vernünftige Lebensweise umfaßt Körper – Ernährung, Bewegung – und Psyche – Lebensführung – zugleich. Wer das eine vom anderen trennt, kann Schaden stiften. Mit anderen Worten: wenn ich zu fett esse, kann mich manchmal auch aktiver Sport nicht vor einem Herzinfarkt retten; wenn ich mich dauernd hetzen lasse, kann ich u. U. auch durch eine herzfreundliche Kost nicht an einer Angina pectoris vorbeikommen.

Es ist das Sportleben, was wir als Streßprophylaxe suchen, nicht die einzelne Sportart. Denn Sport im Sinne eines Wettkampfes oder -spieles ist oftmals nicht nur körperlicher, sondern auch psychologischer Streß. Gerade die Zeit vor dem Wettkampf ist für viele Sportler Streßzeit. Wenn die psychische Belastung nicht zu groß ist und wenn der Sportler sie richtig einsetzt, kann die Streßreaktion allerdings auch Höchstleistungen begünstigen.

Massive Überschreitungen der eigenen Leistungsgrenze können – bei außergewöhnlicher Leistungsbereitschaft – zum totalen Zusammenbruch führen. Erinnern wir uns an die Schlacht von Marathon 490 v. Chr., als die an Zahl weit unterlegenen Athener unter Miltiades die Perser entscheidend besiegten. Die Siegesbotschaft nach Athen sollte der schnelle Philippides überbringen. Nachdem er die 42,2 km von Marathon nach Athen in schnellstem Tempo zurückgelegt hatte, brach er mit dem Ruf »Wir haben gesiegt« auf dem Marktplatz tot zusammen.

Wenn man wohl auch kaum für die Wahrheit dieser Geschichte bürgen kann, so hätte sie doch passieren können: Sobald die Leistungsreserven aufgebraucht sind, zählt jede Verausgabung von Kraft als »doppelter« Streß.

Ähnlich ist es auch im Fall der zum Glück seltenen angeborenen Fettstoffwechselstörungen. So ist ausgerechnet der »Vater des Jogging«, J. Fixx, während des Laufens an einem Herzinfarkt gestorben. Sein Vater, der ebenfalls an dieser Erkrankung litt, starb, als er noch keine 50 Jahre alt war. Er jedoch wurde rund zehn Jahre älter, und das ist unter diesen Umständen ein schöner Erfolg des Jogging.

Wie Churchill sich selbst streßte

Die Verantwortung, die Churchill im letzten Krieg zu tragen hatte, war bestimmt nicht beneidenswert. Unter ihrer Last wären sicherlich sehr viele Menschen zusammengebrochen. Aber Churchill fühlte sich den Anforderungen gewachsen und hatte keine gesundheitlichen Störungen. Eines Tages jedoch ließ er seinen Arzt rufen, weil er unter Herzschmerzen litt: Er hatte versucht, sein Schlafzimmerfenster zu öffnen, und diese vorwiegend statische Muskelbeanspruchung von geringer Stärke brachte sein Kreislaufsystem so durcheinander, daß er das Herz schmerzhaft spürte. Wahrscheinlich war nicht genügend Sauerstoff zum Herzmuskel gelangt.

Tatsächlich belasten statische oder isometrische Anstrengungen Herz und Kreislauf oftmals mehr als dynamische. So ist Stillstehen für die meisten schwerer als Gehen. Man setzt den Körper beim Tragen eines schweren Koffers, beim Heben einer ungewohnten Last, aber auch bei einem schweren Stuhlgang so unter Druck, daß der Blutdruck ganz erheblich ansteigt. Wer ein Kreislaufsystem mit leichten Schäden hat – deren man sich oftmals gar nicht bewußt ist –, kann auf diese Weise wie Churchill einen Herzanfall provozieren. Daher sei davor gewarnt, sich zu schnell und zu intensiv ungewohnten statischen Belastungen zu unterziehen.

Belastungen dieser Art sind Stressoren. Einer ähnlichen Belastung »verdankt« ein 44jähriger Arzt eine Störung seiner Schilddrüsenfunktion. Er wollte einen Steingarten anlegen. Da er sportlich war und sich auch ausreichend bewegte, mutete er sich selbst den Transport der Erde von einem Ende seines Gartens zum anderen zu. Mit einer Schubkarre brachte er mehrere Kubikmeter Mutterboden an den gewünschten Ort. Je mehr Erde er abtransportierte, je mehr der gewünschte Steingarten Form annahm, desto nervöser, zittriger und unruhiger wurde er. Sein Gesundheitsgleichgewicht war dahin: Er hatte durch sein Verhalten einen Schub einer Schilddrüsenüberfunktion ausgelöst.

Einseitige und ungewohnte körperliche Belastungen – selbst solche, an denen man Freude hat – können also das gesundheitliche Gleichgewicht erheblich stören.

Ausdauertraining als Streßprophylaxe

In der Sportmedizin heißt es: »Übung stärkt, Nichtüben schwächt, Übertraining schadet, dosierte Übung heilt.« Was wir als Antistreßmittel suchen, ist die Übung oder das Training, das darauf abzielt, die Leistungsfähigkeit auf einem bestimmten Gebiet beziehungsweise eines bestimmten Organs zu steigern. Voraussetzung dafür ist das systematische Wiederholen, in unserem Falle das Wiederholen allgemeiner oder bestimmter Bewegungsabläufe.

Die Trainingswirkungen lassen sich vergleichen mit dem auch beim Streß eine große Rolle spielenden Phänomen der Anpassung, von dem schon die Rede war. Anpassung heißt hier nichts weiter, als daß die Leistung eines Organs von der Anforderung abhängt, die an das Organ gestellt wird. Intensives Training führt zu gesteigerter Organfunktion. Wenn dagegen die Reize zu schwach sind, bleiben sie unterschwellig, und eine Anpassung kann nicht erfolgen.

Maximale Leistungen sind für unser Training nicht unbedingt erforderlich. Leichte Trainingsauswirkungen lassen sich bereits nachweisen, wenn man 30 % seiner eigenen Maximalkraft einsetzt; optimale Wirkungen zeitigt ein Training, bei dem der Trainierende über 60 % seiner Maximalkraft einsetzt.

Was wir brauchen, ist ein Ausdauertraining, denn ausschließlich dieses dient der Streßprophylaxe. Ausdauertraining wirkt sich ganz besonders günstig auf den Kreislauf und damit auch als Mittel gegen den Herzinfarkt aus. Der frühere langjährige Leiter des Instituts für Leistungsmedizin in Berlin, Professor H. Mellerowicz, schreibt dazu, man müsse täglich entweder mindestens 2000 Meter laufen oder 800 Meter schwimmen oder 10 km Kanu fahren oder 2 km rudern oder 5 km eisschnellaufen, um einen solchen Trainingseffekt zu erzielen.

Natürlich kommen intensives Radfahren, Fußballspielen (Handball, Hockey, Basketball usw.), Skilanglauf etc. ebenfalls in Frage.

Wer »keine Zeit dazu« hat oder keine Gelegenheit, sollte wenigstens abends zu Hause zehn Minuten lang die Treppen herauf- und herunterlaufen. Am Anfang nicht zu schnell; allmählich Tempo steigern.

Der Eilige kann sich auch ein Standfahrrad in sein Zimmer stellen und während der 15 oder 20 Minuten, die die Fernsehnachrichten dauern, radeln. Man findet einen solchen »Heimtrainer« immer häufiger in »guten Zimmern« – offensichtlich wächst in der Öffentlichkeit das Gesundheitsbewußtsein, was auch die zunehmende Beliebtheit der Fitneßstudios zeigt, die allerdings in erster Linie dem Muskel- und weniger dem Herztraining dienen.

Damit das Training auch kreislaufwirksam wird, muß der Puls bei allen diesen Belastungen auf bestimmte Werte ansteigen. Eine Faustregel besagt, daß er sich etwa zehn Minuten lang auf 180 minus die Zahl der Lebensjahre erhöhen soll. Dieser Wert sollte selbstverständlich – das sei nochmals betont – erst erreicht werden, nachdem man langsam begonnen und regelmäßig trainiert hat.

Natürlich kann man auch mit den Bewegungsübungen anfangen, wenn man schon älter ist. Aber bereits jeder, der die 40 überschritten hat und sich noch trimmen will, sollte sich vorher mit seinem Arzt besprechen. Das gilt auch für alle, die an irgendeiner Krankheit leiden. Der Arzt wird ihnen sagen, ob und wie stark sie sich belasten dürfen. Meist ist selbst bei chronischen Krankheiten – vor allem des Herzens – ein sich vorsichtig steigerndes Training ratsam. Man sollte sich aber nach Absolvieren eines solchen Bewegungsprogramms niemals völlig erschöpft fühlen. Wenn man danach andauernd gähnen muß und Kopfschmerzen bekommt, hat man des Guten zuviel getan. Wer nicht trainiert ist, sollte ganz langsam beginnen. Das kann nicht oft genug betont werden. Es zählt nicht die Leistung aus unseren besseren Tagen, als wir noch aktiv Sport betrieben, sondern die jetzige Leistung; sie ist der Maßstab, nach dem wir uns richten.

Für Anfänger und Eilige, die gern Gesundheitskarriere machen wollen und durch Bewegung fit und streßgefeit werden möchten, habe ich ein Kurzprogramm entworfen, das sich in der Praxis schon bestens bewährt hat. Machen Sie mit bei diesem Anti-Streß-Training.

Ein 14-Tage-Minimumprogramm mit Maximaleffekt

	Zimmerprogramm:	In frischer Luft:
1. Tag:	Im Sportdreß 2 Minuten langsam auf der Stelle laufen – auf zwei übereinandergelegten Teppichen, um die Nachbarn nicht zu stören. Der Puls sollte dabei um nicht mehr als 30 Schläge pro Minute steigen. Oder: Standfahrrad: Gegen geringen Widerstand 2 Minuten radeln. Oder:	15 Minuten lang schnell gehen.
2. Tag:	5 Kniebeugen machen und anschließend sofort 2 Minuten auf der Stelle laufen. Oder: Standfahrrad: 3 Minuten gegen leichten Widerstand radeln. Oder:	15 Minuten gehen, etwas schneller als gestern.
3. Tag:	6 Kniebeugen und gleich darauf 3 Minuten auf der Stelle laufen. Oder: Standfahrrad: 4 Minuten radeln, aber nicht zu schnell. Oder:	20 Minuten zügig wandern.
4. Tag:	Auf den Rücken legen und 5mal mit dem Oberkörper aufrichten, ohne die Beine vom Boden zu heben; sofort daran anschließend 7 Kniebeugen und dann 3 Minuten auf der Stelle laufen. Oder: Standfahrrad: 4 Minuten gegen leichten Widerstand radeln Oder:	Zügigen Schrittes 20 Minuten gehen.
5. Tag:	10 Kniebeugen und 3 Minuten auf der Stelle laufen. Oder:	25 Minuten zügig gehen (oder radfahren). Kleine

	Zimmerprogramm:	In frischer Luft:
	Standfahrrad: 5 Minuten radeln. Oder:	»Spurts«, indem man zwischendurch schneller geht (oder läuft) oder radfährt, erhöhen den Wert des Trainings.
6. Tag:	Auf den Teppich legen, 7mal mit dem Oberkörper hochkommen, ohne die Beine zu heben. Anschließend sofort 10 Kniebeugen machen sowie 5 Minuten auf der Stelle laufen. Oder: Standfahrrad: 6 Minuten radeln. Oder:	30 Minuten schnell wandern (radfahren).
7. Tag:	10 Kniebeugen und sofort daran anschließend 5 Minuten auf der Stelle laufen. Oder: Standfahrrad: 6 Minuten radeln bei etwas mehr Widerstand. Oder:	30 Minuten zügig wandern (radfahren).
8. Tag:	8mal aus dem Liegen mit dem Oberkörper hochkommen, ohne die Beine zu heben, daran anschließend 10 Kniebeugen und 5 Minuten auf der Stelle laufen (oder hüpfen). Oder: Standfahrrad: 6 Minuten radeln. Oder:	35 Minuten zügig wandern (radfahren).
9. Tag:	10 Kniebeugen und 6 Minuten auf der Stelle laufen. Oder: Standfahrrad: 7 Minuten radeln. Oder:	40 Minuten in flottem Tempo wandern.

	Zimmerprogramm:	In frischer Luft:
10. Tag:	10 Kniebeugen und 6 Minuten auf der Stelle laufen. Oder: Standfahrrad: 7 Minuten gegen etwas mehr Widerstand radeln. Oder:	40 Minuten in flottem Tempo wandern.
11. Tag:	9mal aus dem Liegen mit dem Oberkörper hochkommen, ohne die Beine zu heben, 10 Kniebeugen und 6 Minuten auf der Stelle laufen. Oder: Standfahrrad: 7 Minuten radeln. Oder:	40 Minuten im Eiltempo wandern.
12. Tag:	10 Kniebeugen und sofort daran anschließend 7 Minuten auf der Stelle laufen. Oder: Standfahrrad: 8 Minuten radeln. Oder:	40 Minuten rasch, aber immer gelockert gehen.
13. Tag:	10 Kniebeugen und 8 Minuten auf der Stelle laufen. Oder: Standfahrrad: 8 Minuten radeln. Oder:	45 Minuten stramm wandern.
14. Tag:	10mal aus dem Liegen mit dem Oberkörper hochkommen, dabei die Fersen am Boden lassen, sofort daran anschließend 10 Kniebeugen und 8 Minuten auf der Stelle laufen, mal schneller, dann wieder langsamer. Oder: Standfahrrad: 8 Minuten so schnell radeln, daß Sie am Schluß angenehm ermüdet sind. Oder:	45 Minuten schnell und gelöst und ohne Pausen gehen.

Fahren Sie danach fort, wie am 13. und 14. Tag zu trainieren. Geben Sie nicht auf: Gesundheit ist eine Leistung, die täglich neu errungen werden will. Man kann sie nicht rezeptiert bekommen, man muß sie sich erarbeiten – mühsam verdienen. Versuchen Sie, dieses Bewegungstraining systematisch durchzuführen. Darüber hinaus bemühen Sie sich, während der Arbeit, in den Pausen, nach Dienstschluß, vor dem Fernseher etc. soviel Bewegung zu bekommen wie nur irgend möglich.

Denken Sie immer daran: wenn Sie nur wenige Tage mit dem Üben aussetzen, erleiden Sie einen Trainingsverlust. Was hier angegeben wurde, ist ein Minimumprogramm. Sofern Sie genügend Zeit und Lust haben, können Sie täglich alle drei Übungen machen (Laufen auf der Stelle, Standfahrrad und Bewegung in frischer Luft). Entscheidend ist jedoch die Regelmäßigkeit, mit der Sie sich bewegen.

Wann üben wir? Es empfiehlt sich die Zeit nach dem Aufstehen oder der Abend. Wer nach dem Üben nicht einschlafen kann, sollte das Training zeitlich etwas vorverlegen. Hauptsache: täglich üben, nach Streßeinwirkung möglichst noch mehr als sonst.

Der Erfolg in Gestalt von Ausdauerleistungen wird nicht auf sich warten lassen. Und auch trainierte ältere Menschen können noch solche Leistungen vollbringen – man denke nur an den Lauf der alten Herren in Bad Brückenau, an dem auch über 80jährige teilgenommen haben. Oder an die Tatsache, daß selbst 60jährige noch Marathonstrecken in hervorragenden Zeiten zurücklegen.

Trainingswirkungen

Es gibt viele Menschen, die einem ehrlichen Herzens zu verstehen geben, sie hätten bei bestem Willen keine Zeit, ein solches Programm durchzuführen. Sie sollten umdenken lernen und ihre Werte umgruppieren, denn im allgemeinen hat man sogar Zeit für Dinge, die gänzlich überflüssig sind. Für Gesundheit muß einfach Zeit da sein, sonst ist bald Zeit für Krankheiten da.

Wenn der ehemalige britische Premierminister Heath

selbst während seiner Amtsperiode Zeit hatte, sich durch Hochseesegeln fit zu halten, wenn der frühere Generalbevollmächtigte der Krupp-Werke, Berthold Beitz, Zeit hat, durch Sport seinen Streß abzureagieren – ob es Ihnen dann nicht auch gelingt, ein paar Minuten für Ihre Gesundheit zu erübrigen? Sehen Sie sich die folgende Liste der positiven Auswirkungen unseres systematischen Anti-Streß-Trainings an: Sicher erkennen Sie auch für sich die Vorteile. Dabei ist diese Liste noch längst nicht vollständig. Wenn Sie mit dem Fitneß-Programm fortfahren, können auch Sie in den Genuß der Trainingswirkungen kommen. Hier sind sie in Stichworten:

1. Herz und Kreislauf

Durch das Ausdauertraining arbeitet das Herz ökonomischer, der Herzschlag sinkt ganz erheblich, so daß Sie dem Herzen pro Tag 20000 bis 50000 Schläge ersparen. Vor allem der obere (systolische) Blutdruck wird niedriger. Es bilden sich kleine Kapillargefäße, die das Herz besser mit Blut versorgen; dadurch ist die Überlebenschance größer, falls wirklich einmal ein Herzinfarkt auftreten sollte. Aber auch die Blutgefäße bleiben elastischer. Und die Leistungsreserven sind größer.

2. Blut

Es kommt zu einer Vermehrung der roten Blutkörperchen, des roten Blutfarbstoffs (Hämoglobin) und damit auch des Blutvolumens. Stoffwechselprodukte werden besser neutralisiert – eine Voraussetzung dafür, daß man nicht so schnell ermüdet. Hinzu kommt, daß der Milchsäurespiegel niedriger wird. Erhöhte Cholesterin- und Triglyzeridwerte sinken ein wenig, was für die Arteriosklerosebekämpfung wichtig ist. Sport ist Gefäßgymnastik. Und man ist so alt wie seine Blutgefäße.

3. Atemapparat

Bei Jugendlichen wird der Brustkorb breiter und tiefer. Aber auch bei Erwachsenen wird das Atemvolumen größer, man spricht von einer Leistungslunge. Dadurch kann mehr Sauerstoff aufgenommen werden. Die Lungen arbeiten ökonomischer. Bewegung ist ein sehr gutes Mittel zum Abhusten von Schleim oder Schmutz aus Bronchien und Lungen sowie zur Vorbeugung einer Blählunge (Altersemphysem).

4. Hormondrüsen

Der ganze Körper wird beeinflußt durch den Sport, auch die Hormondrüsen profitieren davon. Die Nebenniere – und zwar die Rinde – vergrößert sich, infolgedessen ist der Körper besser gegen Streß geschützt, Dauerleistungen lassen sich leichter erzielen. Der Stoffwechsel des Zuckerkranken stabilisiert sich, sein Insulinbedarf sinkt, seine Anfälligkeit für Arteriosklerose wird damit geringer.

5. Muskeln und Skelettsystem

Durch das Ausdauertraining wird der Muskel besser mit kleinen Blutgefäßen versorgt, die Blutversorgung wird besser, und auch der Abtransport von Stoffwechselprodukten wird gefördert. Es kommt zu einer Sauerstoffanreicherung im Muskel, ebenso zu einer Zunahme von Glykogen, das als zusammengesetzter Zucker dem Muskel während der Bewegung als Nahrung dient. Auch die Ökonomie der Bewegungsabläufe bessert sich. Außerdem kräftigt Übung die Knochen, und das ist im Alter außerordentlich wichtig.

6. Vegetatives Nervensystem (Lebensnervensystem)

Die vegetativen Regulationen werden ökonomisiert, was sich durch eine Stabilisierung von Herz-Kreislauf- und Atmungsfunktion bemerkbar macht. Streß heißt sympathicotone Einstellung des Körpers oder Konzentrierung aller Kräfte; Ausdauertraining dagegen unterstützt die Aufbauphase des Körpers. Auch die Magen-Darm-Tätigkeit wird normalisiert. Weiter wirkt das Ausdauertraining beruhigend und ausgleichend, das Einschlafen wird gefördert.

7. Erfolgserlebnis

Nehmen Sie sich anfangs nicht vor, eine bestimmte Leistung zu erzielen, sondern beginnen Sie so vorsichtig, wie dies im

Trainingsprogramm vorgeschlagen wurde. Dann nämlich freuen Sie sich über jede Verbesserung Ihrer Leistung. Wenn Ihre Erwartungen zu groß sind und Sie sich ein Ziel stecken, das Sie dann nicht erreichen, tritt ein Mißerfolgserlebnis auf, das wir vermeiden wollen. Gehen Sie daher systematisch vor, auch wenn Sie sicher sind, daß Ihr Leistungsniveau höher ist als das im Programm geforderte. Stellen Sie Ihr Inneres ganz auf »Ich schaffe es« ein, auf Freude an der Bewegung.

8. Entstressung
Nachdrücklich möchte ich noch einmal darauf hinweisen, daß intensive Bewegung, von der hier die Rede ist, alle Streßreaktionen im Organismus auf natürliche Art und Weise abbaut. Diesen Vorgang habe ich Entstressung genannt. Streßabbaumethoden wie das Autogene Training oder auch wie die Hobbytätigkeit sind dazu nicht in der Lage; sie haben andere Vorteile.

Streßreaktionen austanzen

Wie sehr Bewegung Freude machen kann, erlebt man beim Tanzen, einer wunderbaren Ergänzung und Alternative zum Ausdauertraining. Tanzen ist ein vorzügliches Mittel, Spannungen auszugleichen, Verkrampfungen zu lösen und Körper und Geist wieder in Schwung zu bringen.

Beim Streßabbau durch Tanzen spielt nicht nur die Bewegung, sondern auch die körperliche Berührung eine Rolle. Je mehr man mit Streß »aufgeladen« ist, desto mehr wird man zur Streßableitung rein instinktiv körperlichen Kontakt suchen. Die Berührung ist im Sinne der Abreaktion von Streß-Frustrationen ein wesentliches Element.

Natürlich hat Tanzen nur dann die Vorteile des Sports, wenn es intensiv betrieben wird. Wer den ganzen Abend lang nur ein- oder zweimal auf die Tanzfläche geht – wie das viele Männer zum Leidwesen ihrer Partnerin und zum Schaden ihrer Gesundheit tun –, wird oder bleibt dadurch natürlich nicht körperlich fit. Nur wenn man ohne längere Pausen tanzt und sich dabei körperlich verausgabt, kann man sich in Form bringen. Und nur dann ist Tanzen ein echter Ersatz für gezieltes Ausdauertraining. Wer also abends unermüdlich das Tanzbein schwingt, erleidet keinen Trainingsverlust, wenn er am gleichen Tag nicht auch sein gewohntes Ausdauertraining absolviert.

Schwimmtage einlegen

Zum Ausdauertraining und damit als Streßprophylaxe und -therapie geeignet ist auch das Schwimmen. Es gehört zu den empfehlenswertesten Sportarten und kann, da öffentliche Schwimmbäder heute auch in kleinen Gemeinden vorhanden sind, von jedem praktiziert werden. Aber wie bei allen Programmen dieser Art ist auch hier Vorsicht geboten: Schwimmen ist sehr anstrengend, es belastet das Herz, und man darf die Leistung daher nur langsam steigern. Wer völlig neu mit systematischem Schwimmen beginnt, sollte vorher seinen Arzt fragen, ob sein Herz-Kreislauf-System einer solchen Anstrengung gewachsen ist.

Wünschenswert ist, daß man mit gut 50 Prozent seines Leistungspotentials trainiert, weil man nur so in den Genuß der

Schwimm-Anti-Streß-Programm	
1. Woche:	10 Minuten lang ununterbrochen und gleichmäßig im Becken hin- und herschwimmen. Dreimal pro Woche.
2. Woche:	Wiederum dreimal in der Woche 10 Minuten lang gleichmäßig »Bahnen ziehen«; jetzt schon etwas zügiger.
3. Woche:	10 Minuten zügig schwimmen, dreimal in der Woche.
4. Woche:	15 Minuten schwimmen, zwischendurch nicht pausieren.
Ab 5. Woche:	Machen Sie es sich zur Gewohnheit, mindestens zweimal pro Woche jeweils 15 Minuten stramm durchzuschwimmen. Wechseln Sie während des Schwimmens ab zwischen Kraulen, Rücken- und – sofern Ihre Wirbelsäule es zuläßt – Brustschwimmen. Das Brustschwimmen ist wegen der einseitigen Belastung von Hals, Nacken und Wirbelsäule nicht für jedermann das Richtige; wer Rückenbeschwerden hat, wird oft einen anderen Schwimmstil vorziehen.

Vorteile des Ausdauertrainings gelangt: Herz, Kreislauf, Atmung, Muskulatur, Stoffwechsel und nicht zuletzt auch das vegetative Nervensystem werden günstig beeinflußt. Und wer Gewichtsschwierigkeiten hat, kann durch zügiges Schwimmen viele Kalorien verlieren.

Gymnastik – nicht nur für Frauen

Zu den Möglichkeiten, die Muskeln zu lockern und damit physische und psychische Verkrampfungen zu lösen, gehört die Gymnastik. Darüber hinaus regt sie den Kreislauf an und ist bei richtiger Zusammenstellung und Durchführung der Übungen sogar als Ausdauertraining zu gebrauchen.

Männer unterschätzen ihre Anwendungsbreite häufig. Dabei können sie sich mit täglich zehn Minuten Frühgymnastik nicht nur fit halten, sondern sogar durchtrainiert wie ein Sportler werden.

Nehmen Sie Ihre Gymnastik ernst. Treiben Sie sie an frischer Luft – auf dem Balkon oder bei offenem Fenster – und in Sportkleidung. Stellen Sie sich vor, aus jedem Fenster Ihrer Nachbarschaft würden Sie beobachtet. Daher strengen Sie sich an, ziehen Sie ruhig Ihre Morgenschau ab – Hauptsache, Sie wissen, warum Sie es tun. Machen Sie Ihre Übungen barfuß, suchen Sie sich eine geeignete Unterlage, auf der Sie auf der Stelle laufen oder hüpfen können. Die Unterlage sollte auf die Fußsohlen einen gewissen Reiz ausüben, was insofern von Nutzen ist, als in den Fußsohlen viele Nervenfasern zusammenlaufen, die in Verbindung mit den Organen stehen.

Üben Sie bei jedem Wetter und jeden Tag, auch sonntags. Wer über 50 Jahre alt ist, sollte seine Gymnastik gezielt zusammenstellen, damit er seine körperlichen Schwächen, die ganz erheblich stressen können, ausgleichen lernt. Nötigenfalls kann hierbei auch eine Krankengymnastin helfen.

Gymnastik-Anti-Streß-Programm für eine Woche

Hier nun ein Gymnastik-Wochenplan (von Seite 96–102), von dem alle Körperteile und Muskelpartien profitieren. Wie bei jeder Gymnastik beginnen wir stets mit Lockerungsübungen zum Warmmachen.

Wenn Sie alle diese Übungen intensiv und in schneller Folge durchführen, können Sie damit Ausdauerleistungen erzielen. An Ihrer Pulszahl können Sie feststellen, ob Sie sich so stark belastet haben, daß der Trainingseffekt einsetzen kann. Wenn das nicht der Fall ist – und das wird es häufig nicht sein –, sollten Sie nach Möglichkeit zusätzlich Ausdauerübungen anderer Art machen.

Sonntag:

1 2 Minuten auf der Stelle laufen, Arme und Beine dabei ausschütteln.

2 Beine grätschen – Knie durchdrücken – Rumpf beugen – Arme seitlich ausstrecken – mit den Fingerspitzen in Richtung Füße tippen – rechte Hand zum linken Fuß, linke Hand zeigt dabei nach oben – dann linke Hand zum rechten Fuß, rechte Hand nach oben. Jeweils 10mal.

3 Füße nebeneinander stellen – Arme parallel zueinander nach vorn strecken – mit den rechten Fußzehen die rechte Hand zu berühren versuchen – mit dem linken Fuß die linke Hand – dabei Knie des Standbeins möglichst durchgestreckt lassen. Insgesamt 20mal.

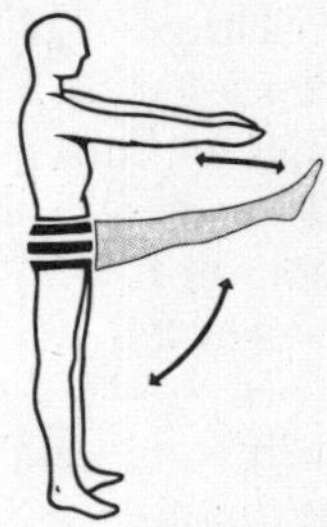

4 Hinsetzen – Beine spreizen – mit den Fingern der rechten Hand den linken Fuß berühren – der linke Arm schwenkt dabei nach hinten – dann mit den Fingern der linken Hand den rechten Fuß berühren – der rechte Arm schwenkt dabei nach hinten – Knie gestreckt halten. Jeweils 10mal.

5 Laufen Sie zum Schluß wieder auf der Stelle und schütteln Sie dabei immer wieder Arme und Beine aus. Etwa 2 Minuten.

Insgesamt kommen Sie zu Beginn Ihres Übens auf etwa 10 Minuten. Wenn Sie die Übungen später besser beherrschen, sind es nur noch knapp 8 Minuten, was bei intensiver Bewegung völlig ausreicht.

Montag:	**1** 2 Minuten auf der Stelle laufen – dabei aber das rechte oder linke Knie jeweils so hoch wie möglich bringen. **2** Beine weit grätschen – mit den Händen (Fingern und Handflächen) den Boden berühren – mit gestreckten Armen wieder aufrichten. 10mal.  **3** In den Liegestütz gehen – mit dem rechten Fuß nach vorn springen – dabei das Becken hochschnellen lassen – dann mit dem linken Fuß. Jeweils 10mal.	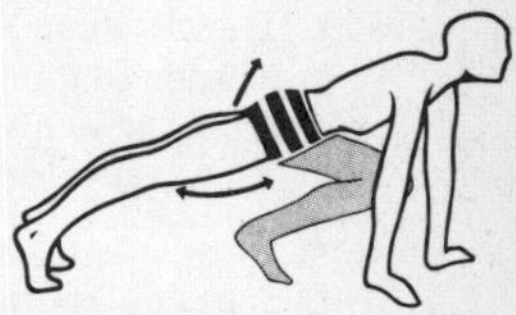 **4** Auf den Rücken legen – ohne die Beine zu heben mit dem Oberkörper hochkommen. 10mal. 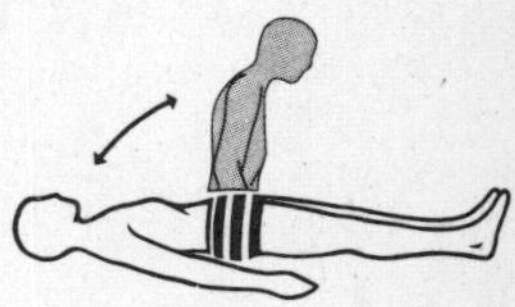 **5** Laufen Sie wieder 2 Minuten auf der Stelle und schütteln Sie alle Müdigkeit aus Ihren Gliedern.

Dienstag:

1 Immer abwechselnd auf jedem Bein 2–4mal hüpfen – wechseln Sie 2 Minuten lang auf diese Weise vom linken Fuß auf den rechten und vom rechten auf den linken. Falls die Anstrengung noch zu groß ist, wippen Sie nur 2–4-mal, ehe Sie auf den anderen Fuß überwechseln. Gerade ältere Menschen können so ihren Gleichgewichtssinn wieder etwas stärken.

2 Aufrecht hinstellen – tief Luft holen – beim Ausatmen in die Hockstellung fallen – schnell wieder aufrichten und dabei tief Luft holen und die Arme nach oben und hinten strecken. 10mal.

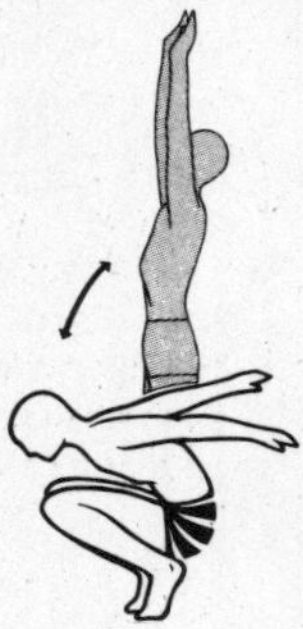

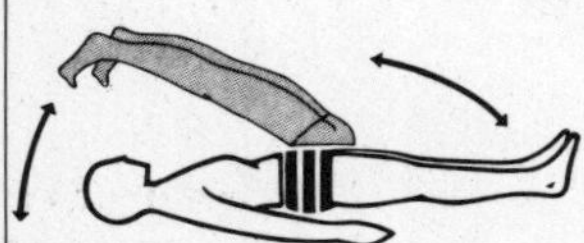

3 Beine grätschen – Arme über den Kopf strecken und dabei einatmen – danach den Oberkörper nach vorn fallen lassen – Arme durch die Beine schwingen lassen und dabei die Lungen völlig entleeren – hochkommen und tief einatmen – laut ausatmend wieder den Oberkörper nach vorn fallen lassen. 10mal.

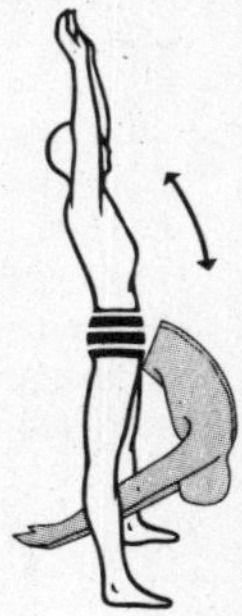

4 Legen Sie sich auf den Rücken – Beine heben bis zur Senkrechten und weiter über den Kopf hinwegführen, bis die Zehen den Boden berühren – mit gestreckten Beinen wieder in die Rückenlage zurück. 2–5mal.

5 Zum Abschluß 2 Minuten auf der Stelle laufen und dabei die Glieder wieder ordentlich ausschütteln.

Mittwoch:

1 Hüpfen Sie hoch und landen Sie mit gegrätschten Beinen – wieder hochhüpfen und in gewöhnlicher Standstellung landen – die Füße parallel zueinander. 2 Minuten lang.

2 Mit einem Buch (Ball o. ä.) in der rechten Hand beugen Sie sich stehend nach vorn und strecken das rechte Bein nach hinten aus, bis Körper und rechtes Bein eine Waagerechte bilden – das Buch 10mal hinter und vor dem Standbein von einer Hand in die andere wandern lassen – anschließend Beinwechsel. 10mal.

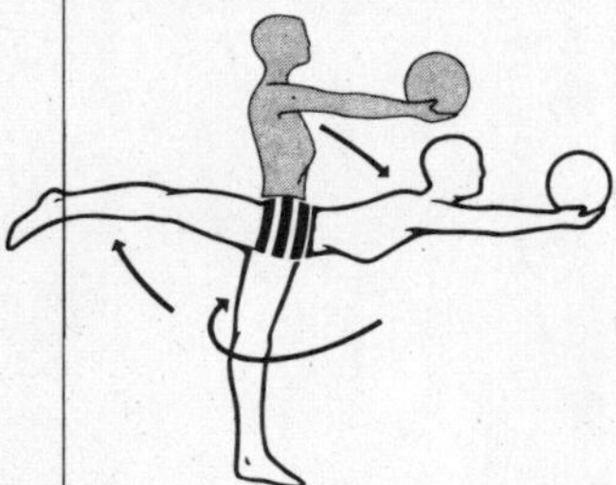

3 Gerade hinstellen – Beine grätschen – Arme angewinkelt bis in Schulterhöhe heben – die Fingerspitzen berühren sich unter dem Kinn – jetzt die Schulterblätter mit einem Schwung nach hinten zusammenzuführen versuchen – die Ellenbogen bleiben beim ersten Versuch spitzwinklig gebeugt – beim zweiten Versuch werden die Arme gestreckt. Insgesamt 20mal.

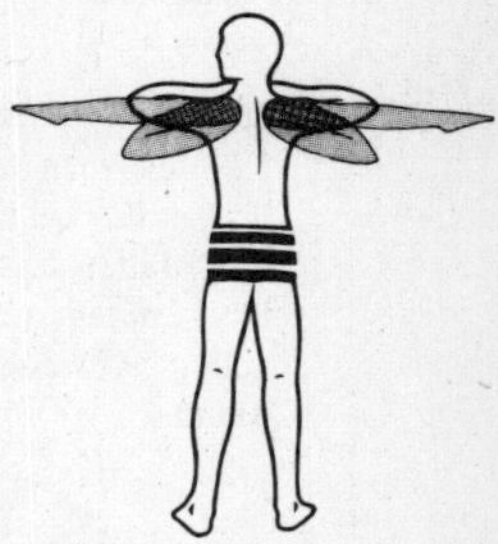

4 In den Liegestütz gehen – mit beiden Beinen gleichzeitig anhocken – dann wieder beide Beine nach hinten strecken – Beinwechsel stets mit viel Schwung vollziehen. 10mal.

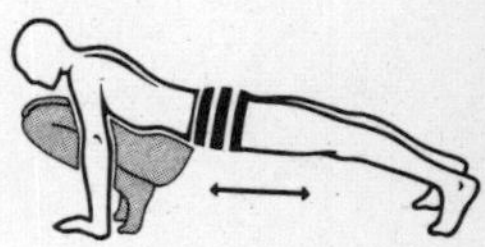

5 2 Minuten auf der Stelle laufen, die Knie dabei ordentlich hochbringen.

Donnerstag:

1 Auf der Stelle laufen und dabei die Fersen – wenn möglich – ans Gesäß schlagen. 2 Minuten.

2 Geradestehen – Kinn auf Brustbein fallen lassen – aufrichten – Kopf in den Nacken, so weit wie möglich. Aufrichten. 2 mal. Rechtes Ohr in Richtung rechte Schulter senken, dann linkes Ohr in Richtung linke Schulter. Jeweils 2mal. Kopf nach rechts drehen, dann nach links. 2mal.

3 Hinknien – mit beiden Händen vorn aufstützen – Katzenbuckel machen und Kopf fallen lassen – Hohlkreuz machen und Kopf heben. Abwechselnd. 10mal.

4 Hinsetzen – Fersen nahe ans Gesäß bringen – Hände umfassen die Knie – jetzt nach hinten fallen lassen und wieder mit Schwung in die Sitzstellung zurückkehren. 10mal.

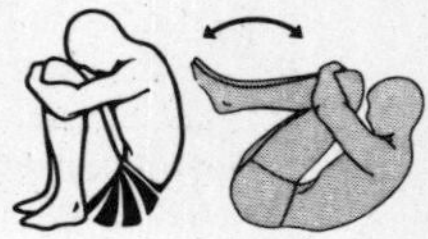

5 Wie immer 2 Minuten auf der Stelle laufen und hüpfen.

Freitag:

1 Auf den Rücken legen – Beine heben, Knie anwinkeln – jetzt möglichst schnell »radfahren«. 2 Minuten lang.

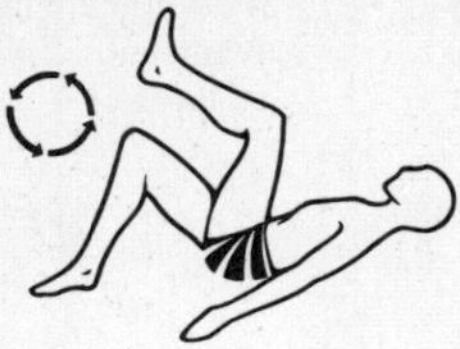

2 Aufsitzen – die Beine lang ausstrecken – beide Arme eng am Körper aufstützen – zwischen die Füße ein Buch (Kissen o. ä.) klemmen – jetzt beide Füße so hoch wie möglich führen. 10mal.

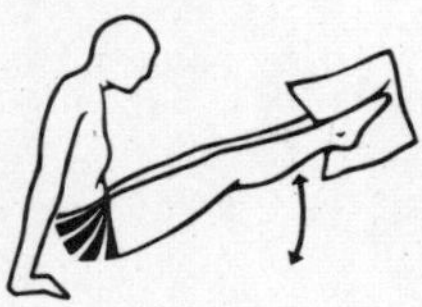

3 Auf den Rücken legen – Beine leicht spreizen – Arme auf dem Boden ausbreiten – jetzt beide Beine gleichzeitig 10–15 Zentimeter anheben und gegeneinander kreisen lassen. Beine wieder auflegen und ausruhen. 10mal.

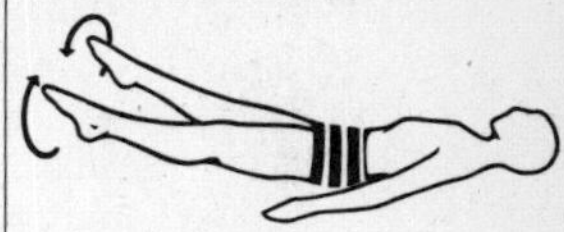

4 Aufstehen – Arme in Schulterhöhe ausstrecken – Knie beugen, bis Gesäß auf die Fersen kommt – wieder aufrichten. 10mal.

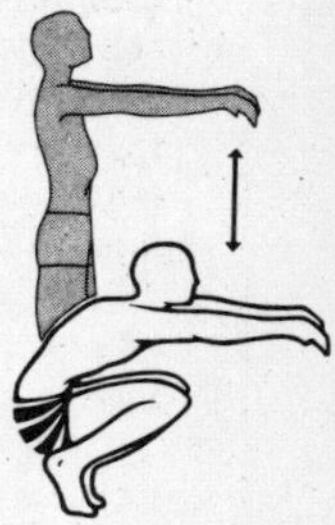

5 Erneut auf der Stelle laufen und Glieder ausschütteln. 2 Minuten lang.

Samstag:

1 Beidbeinig auf der Stelle hüpfen – einmal einige Zentimeter vor und wieder zurück – dann nach hinten und zurück – nach links und zurück und nach rechts und zurück. Vorsichtig: nur auf einer festen Unterlage und mit gleitsicheren Turnschuhen (besser barfuß)! 2 Minuten lang.

2 Hinstellen – Füße parallel zueinander – Arme hoch – laut ausatmend in sich zusammenfallen, die Arme dabei weit nach hinten schwingen, die Knie beugen und ordentlich nachfedern – wieder aufrichten – einatmen – die Arme über den Kopf – erneut ausatmend in sich zusammenfallen etc. 10mal.

3 Auf den Bauch legen – mit dem Kinn aufstützen – rechtes Bein hochheben und rechte Wange auf den Boden legen – linkes Bein hochheben und linke Wange auf den Boden. 5–10mal.

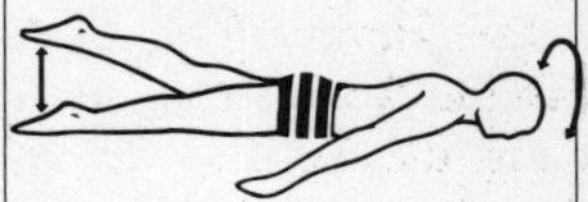

4 Aufrecht hinstellen – Arme seitwärts bis in Schulterhöhe heben – Beine leicht grätschen – langsam in die Hocke gehen – dabei aber die Wirbelsäule kerzengerade halten – langsam wieder aufrichten und auf eine stockgerade Wirbelsäule achten. 10mal.

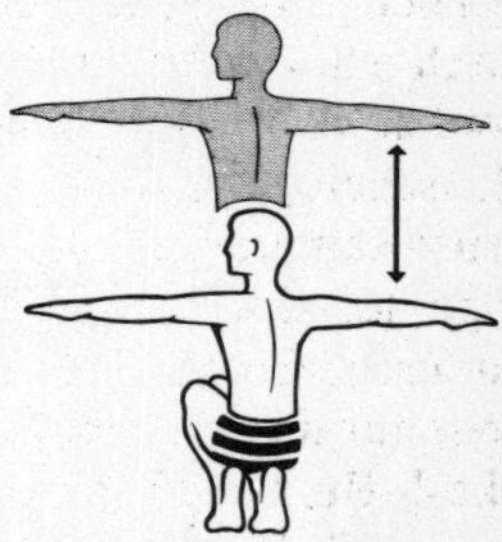

5 2 Minuten auf der Stelle laufen und die Glieder dabei ordentlich ausschütteln.

Hatha-Yoga – heilsame Bewegung im Zeitlupentempo

Eine der besten Entspannungsmethoden ist der Yoga. Er schöpft seine Wirkung aus anderen Quellen als der Sport oder die Gymnastik. Yoga ist ein logisch aufgebautes System zur Persönlichkeitsentfaltung, das den ganzen Menschen, Körper und Geist, erfaßt.

Der Hatha-Yoga, die Körperschulung, von der hier lediglich die Rede sein soll, führt zu einer körperlichen Entspannung, die sich auch auf die geistige Haltung auswirkt und auf die höheren Stufen des Yoga – Versenkung und Meditation – vorbereitet. Von der Gymnastik unterscheiden sich diese Körperübungen dadurch, daß sie nicht in schneller Bewegung und nicht mit Schwung durchgeführt werden – der Bewegungsablauf geht im Zeitlupentempo vor sich. Auf die Bewegungsphase folgt die statische Phase, das regungslose, etwa 15 Sekunden und länger anhaltende Verharren in der jeweiligen Körperstellung oder -haltung (Asana). Auch die Rückführung zur Ausgangsstellung wird wieder so langsam wie möglich vollzogen. Jede Übung wird nur bis zu dem Punkt durchgeführt, der ohne Schmerzen und Anstrengung erreicht werden kann. Deshalb ist Yoga auch oft für alte und leidende Menschen noch anwendbar. Die Asanas sind zu Übungsserien zusammengestellt, die hinsichtlich Auswahl und Reihenfolge der einzelnen Übungen in den diversen Yoga-Schulen variieren. Entscheiden Sie sich für eine von ihnen, beispielsweise für die im Aschram von Swami Sivânanda gelehrte Rishikesh-Reihe – Totenstellung, Schulterstand, Pflug, Fisch, Zange, Kobra, Heuschrecke, Bogen, Drehsitz, Kopfstand, Baucheinziehung, Atmung, Totenstellung –, bei der sich die einzelnen Stellungen wie bei allen anderen Reihen in ihrer Wirkung gegenseitig ergänzen. (Diese Reihe ist in dem Yoga-Buch von André van Lysebeth, »Yoga für Menschen von heute«, Mosaik Verlag, genau beschrieben.)

Nach jeder Übung muß der ganze Körper entspannt werden – die Wirkung des Yoga beruht zum großen Teil auf dem Wechsel von Anspannung und Entspannung. Man nimmt zu diesem Zweck die sogenannte Totenstellung ein:

In völliger Ruhe und Gelöstheit auf dem Rücken liegen – die Beine ganz leicht gespreizt – Fußspitzen nach außen gerichtet – Augen geschlossen – Arme liegen locker neben dem Körper – Handinnenflächen zeigen nach oben und leicht nach innen – Finger sind ein wenig gekrümmt.

Gelingt es einem am Anfang nicht, versucht man durch Hindenken zu den einzelnen Teilen des Körpers die Muskeln zu lösen (Fußspitzen, Fußgelenke, Waden, Knie etc. bis hinauf zur Stirn; anschließend Fingerspitzen, Arme, Schultern und wieder hinauf zur Stirn).

Wer die Totenstellung gut beherrscht, kann in Sekunden alle Muskeln lockern und einen Zustand völliger Entspannung erreichen – ein Vorgang, den man als Blitzentspannung bezeichnet. Man kann die Blitzentspannung auch im Sitzen oder in einer anderen bequemen Stellung durchführen, also auch im Büro oder unauffällig während einer Konferenz. Auf jeden Fall muß nach jeder Übung auf die eine oder andere Weise entspannt werden. Die Entspannung nach der Übung führt zu einem Gefühl körperlichen Wohlbehagens, das man lange auskosten kann.

Die Asanas bewirken zusammen mit der speziellen Yogaatmung eine bessere Durchblutung und somit auch eine bessere Ernährung und Funktionsfähigkeit des gesamten Körpers. Selbst bestimmte organische Schwächen und Krankheiten lassen sich mit ihrer Hilfe beseitigen, wenn sie nach Rücksprache mit dem Arzt gezielt eingesetzt werden. Außerdem rufen sie im Laufe der Zeit durch Dehnung der Muskeln eine Geschmeidigkeit hervor, die den Übenden wie einen Akrobaten erscheinen läßt.

Führen Sie die Übungen – in bequemer Kleidung, in gut durchlüftetem und angenehm temperiertem Raum – möglichst immer zu einer ganz bestimmten Zeit des Tages durch – etwa nach Ihrer Rückkehr von der Arbeit – und nie nach einer Mahlzeit. Konzentrieren Sie sich auf die Übungen und schalten Sie Ihre Alltagssorgen und -gedanken völlig ab. Bei Zeitmangel genügt es, zwei bis vier Übungen am Tag zu machen.

2. Vernünftige Ernährung

Wer gestreßt wird, neigt fatalerweise dazu, aus Frustrationsgefühlen begehrlich zu den Dingen zu greifen, die er besonders gern ißt – ähnlich wie der Raucher zur Zigarette. Aber das kann zum Bumerang werden: Nur zu häufig kehrt der Streß dann zurück – in Gestalt von Übergewicht, Arteriosklerose, Hochdruck, Gicht, Herzinfarkt und vielen anderen Krankheiten.

Die durch Streß aufgetretenen biologischen Veränderungen im Blut dürfen nicht durch falsche Ernährung noch verstärkt werden. Daher sollten wir, wenn wir Streß erwarten oder uns in schweren Konfliktsituationen befinden, unsere Eßgewohnheiten danach ausrichten.

Ernährungsratschläge für Streßgeplagte

Wer schlank ist und sich täglich ausreichend bewegt, braucht seine Eßgewohnheiten kaum zu ändern. Für alle anderen jedoch gelten die folgenden Hinweise.

1 Lassen Sie sich stets Zeit beim Essen. Konzentrieren Sie sich darauf, lesen Sie nicht dabei die Zeitung und sehen Sie auch nicht fern. Stressige »Großkampftage« können ihren Abschluß mit einem Abendessen bei Kerzenlicht finden – der Gourmet in Ihnen ist gefragt, nicht der Gourmand. Wer unter Streß steht, hat es verdient, daß jede Hauptmahlzeit festlich aufgeheitert wird.

2 Essen Sie fettarm, knapp (unterkalorisch) und abwechslungsreich, und nehmen Sie keine großen Mahlzeiten zu sich.

3 Essen Sie vitaminreich. Die Vitamine C und A sind in abwechslungsreicher Kost meist in ausreichendem Maße enthalten. Hingegen ist die Vitamin-B-Zufuhr gelegentlich schon problematischer. Die Vitamine der B-Gruppe werden häufig als Anti-Streß-Vitamine bezeichnet – ob zu Recht, bleibe dahingestellt. Jedenfalls kann es der Gesundheit sicherlich nur förderlich und dem Geldbeutel durchaus nicht abträglich sein, wenn man täglich zwei

Teelöffel Hefepulver, das reich an B-Vitaminen ist, in seinen Joghurt rührt. In den Joghurt – weil der nicht sonderlich gute Geschmack des Hefepulvers sich darin verliert.

4 Salzen Sie Ihr Essen nicht nach, sondern ziehen Sie salzfreie oder salzarme Gewürze vor. Bedienen Sie sich reichlich frischer Kräuter.

5 Beschränken Sie Ihren Verbrauch an Eiern auf wöchentlich etwa zwei, da schon ein einziges Eigelb so viel Cholesterin enthält, wie normalerweise pro Tag zulässig ist. Streß – um nochmals daran zu erinnern – läßt den Blutcholesterinspiegel ansteigen. Essen Sie daher viel Zwiebeln, die auch gekocht, gedünstet oder gebraten ihre wissenschaftlich nachgewiesene Wirksamkeit behalten. Die Volksmedizin ging davon aus, daß Zwiebeln (und Knoblauch) das Blut »dünnflüssig« machen. In der Tat verbessern beide die Fließfähigkeit des Blutes, die unter Streß verschlechtert wird. Daß es noch heute zahlreiche Herzkliniken gibt, in denen der uralte Hippokrates-Satz »Deine Nahrung sei dein Heilmittel, und dein Heilmittel sei deine Nahrung« nicht angewendet wird, zeigt, wie wenig ganzheitlich gedacht und gehandelt wird.

6 Wenn Sie gern Alkohol trinken, werden Sie Ihre Streßreaktionen auch gern durch Alkohol betäuben. Solange Sie sehr maßvoll trinken, ist dagegen nichts einzuwenden. Wer ein Freund des Kaffeetrinkens ist, sollte sich erinnern: starker Kaffee regt an und kann somit Streßsymptome wie die Nervosität deutlich verstärken. Daß sich bei Schwangeren die Wirkung von Drogen, Alkohol und Kaffee auch auf das Ungeborene überträgt und es außerordentlich stark streßt, dürfte allgemein bekannt sein.

7 Nehmen Sie täglich so viele Gramm Eiweiß und Fett zu sich, wie Ihr Gewicht in Kilogramm beträgt. Wenn Sie also 70 kg wiegen, verzehren Sie täglich mindestens 70 g Eiweiß und höchstens 70 g Fett – die versteckten Fette (in Käse, Kuchen, Nüssen etc.) eingeschlossen.

8 Welche Fette (Fettsäuren) sollen wir unter Streß oder bei

Herzinfarktgefährdung bevorzugen? Die Antworten darauf waren in den letzten 40 Jahren sehr unterschiedlich, weil auch die Wissenschaft, bedingt durch neueste Forschungsergebnisse, immer wieder ihre Meinung ändern mußte. Das letzte Wort dazu ist mit Sicherheit auch heute noch nicht gesprochen.

Im Augenblick empfehlen die meisten Wissenschaftler folgende Aufteilung: ein Drittel der Fettsäuren sollte gesättigt sein, ein Drittel einfach ungesättigt und das letzte Drittel mehrfach ungesättigt.

Vom Blickpunkt des Streßgeschehens gehört die Stearinsäure, die im Fett des Fleisches enthalten ist, zu den wertvollsten gesättigten Fettsäuren. Man wußte schon seit einiger Zeit, daß bei gleicher Fettmenge Fleisch den Cholesterinspiegel nicht so stark anhebt wie vergleichbare Mengen von Butter.

Zu den einfach ungesättigten Fettsäuren gehört das Olivenöl, das offenbar von allen Fetten und Ölen am wenigsten cholesterinsteigernd wirkt.

Das letzte Drittel bilden die mehrfach ungesättigten Fettsäuren: Soja-, Maiskeim-, Sonnenblumen-, Färberdistel-, Erdnußöl sowie verschiedene Margarinesorten u. a. Hierher gehören aber auch die sogenannten Omega-3-Fettsäuren, die vor allem in Fischen aus kalten Gewässern vorkommen, sowie der Lebertran, der jedoch nur dann von großem Wert ist, wenn nicht zu viele Schadstoffe in ihm enthalten sind und wenn man sich vor Überdosierung hütet.

Gelegentlich wurde die Schokolade verteufelt. Aber wer gerne Schokolade ißt, darf dies nach den neuesten Erkenntnissen (des Center of Human Nutrition, University ofTexas, SWMed. C. Dallas) ruhig tun, wenn er dadurch die Gesamttagesmenge an Fett nach Möglichkeit nicht überschreitet. Was den Cholesterinspiegel ansteigen läßt, ist weniger die Schokolade an sich, also die Kakaobutter, als vielmehr der Zusatz von Sahne, Nüssen u. a.

9 Den Cholesterinspiegel kann man etwas senken, wenn man jeden Tag Pektine zu sich nimmt entsprechend dem

englischen Motto: An apple a day keeps the doctor away (ein Apfel am Tag hält den Doktor fern). Pektine sind aber auch in Zitrusfrüchten, in Karotten u. a. enthalten. Einige andere Ballaststoffe wirken ähnlich.

10 Wiegen Sie sich abends, damit Sie sofort etwas unternehmen können, wenn Sie Ihr gewünschtes Gewicht überschreiten.

11 Eine für die meisten Menschen besonders geschätzte Mahlzeit kann für einige Kinder zu einem allmorgendlichen Streß werden: das Frühstück. So wichtig es für die Abendmuffel ist, so stressig wird die Aufforderung zu einem frühen Frühstück für den Typ des echten Morgenmuffels. Zahlreiche Menschen können erst gegen zehn Uhr morgens Nahrung mit einigem Genuß zu sich nehmen; sie zu zwingen, schon um sieben Uhr in der Frühe zu essen, bedeutet Ärger am frühen Morgen. Sorge und Angst versperrt manchen Eltern die Einsicht. Medizinisch gibt es keinen triftigen Grund, warum alle Menschenkinder zu einer bestimmten Zeit eine bestimmte Menge essen sollten.

Streß und Magnesium

Schenken Sie Ihre Aufmerksamkeit dem Magnesium, das eine wichtige Rolle im Streßgeschehen spielt. Es ist in mehr als 300 Enzymreaktionen die entscheidende Substanz, darunter in zahlreichen, die unmittelbar mit dem Streßgeschehen zusammenhängen. Seine Wirkungen erstrecken sich auf die Kapillardurchlässigkeit der Zellwände, auf den Stoffwechsel von Eiweiß und Kohlenhydraten, den Cholesterinspiegel, die Muskelentspannung; es wirkt krampflösend, beruhigend, blutdrucksenkend etc. 85 Prozent der Herzinfarkt-Patienten haben einen Mangel an Magnesium, so daß ein bekannter Ernährungsforscher einmal sagte: Wer ausreichend Magnesium mit seiner Nahrung zu sich nimmt, kann kaum einen Herzinfarkt bekommen.

In folgenden Lebensmitteln ist reichlich Magnesium enthalten: Vollkorngetreide, Sojamehl, Nüsse, getrocknete Hülsenfrüchte, Muscheln, Krabben, Grünkohl und Schokolade.

Obst enthält noch weniger Magnesium als Gemüse. Das Kochwasser sollte daher stets für Suppen mitverwendet werden.

Unter Streß wird Magnesium vermehrt ausgeschieden, vor allem mit dem Schweiß. Da überdies die landwirtschaftlichen Produkte aufgrund von Magnesiumarmut der Böden oftmals nicht genügend Magnesium enthalten, können in der Tat hier und dort schleichende Magnesium-Mangelsymptome auftreten. Deswegen dürfte es für Streßgefährdete von Vorteil sein, wenn sie darauf achten, daß in ihrem Mineralwasser ausreichend Magnesium enthalten ist (mindestens 100 mg in einem Liter, wie dies zum Beispiel in verschiedenen Mineralwasser-Sorten aus der Eifel der Fall ist). Beim Schwitzen verliert man neben dem Magnesium noch andere Mineralstoffe; daher ist es eine Selbstverständlichkeit für Sportler und Schwerarbeiter, diesen Verlust durch mineralstoffreiches Wasser wieder auszugleichen. Aber ansonsten gilt natürlich das gleiche wie für die Vitaminzufuhr; wer sich »vollwertig« und abwechslungsreich ernährt, benötigt ebensowenig zusätzliche Vitamine wie Mineralien.

Vollwertnahrung zur Streßprophylaxe

Als die hippokratische Schule im alten Griechenland einige hundert Jahre vor unserer Zeitrechnung empfahl, unsere Nahrung solle unser Heilmittel sein, dachte sie an andere Probleme als an eine mögliche Vitamin- und Mineralstoff-Unterversorgung. Zu knappe, einseitige und – für einzelne Familien – überreichliche Kost sind aber auch heute noch für manche unter uns ein krankheitsfördernder Distreß.

Vollwertnahrung enthält noch möglichst viele gesunde Bestandteile der Ausgangsnahrungsmittel, ist also weitgehend »naturbelassen«. Lagerung und Zubereitung der Nahrung können zu erheblichen Verlusten an Vitaminen, Mineralien und Enzymen in den Lebensmitteln führen, so daß aus ihnen »tote« Nahrungsmittel werden. Landwirtschaftliche Produkte von ausgeplünderten oder falsch gedüngten Böden sind sicher nicht »vollwertig«. Strenggenommen ist der Begriff Vollwertnahrung eine Wunschvorstellung. Für viele

Menschen war der letzte Tag, an dem sie ganz und gar vollwertige Nahrung erhielten, der letzte Stilltag.

Daß wir trotzdem so alt werden wie nie zuvor in der Geschichte der Menschheit, zeigt nur, wie großzügig die Natur uns versorgt und wie gut der Stoffwechsel des Menschen im allgemeinen die »defizitäre« Kost auszugleichen vermag. Vollwertkost oder Vollwerternährung ist also niemals absolut vollwertig. Dennoch ist sie, sofern sie vertragen wird, als ein Mittel der Streßprophylaxe zu empfehlen. Sie ist reich an nicht raffinierten Erzeugnissen wie Vollgetreide, ungeschältem Reis, faserreichem gedünstetem Gemüse, frischem Obst, Samenfrüchten und frischen Salaten, dagegen arm an Feinmehlgebäck, Eiscreme und anderen Süßigkeiten. Sie bevorzugt hochwertiges Eiweiß aus Milch und fettarmen Milchprodukten, Soja, Kartoffeln, Hülsenfrüchten, magerem Fleisch und Fisch und begrenzt Koch- und Aufstrichfette, fette Saucen etc. Auf reichliche Zufuhr von Flüssigkeiten wie Kräuter- und Früchtetees, Mineralwasser, Molke und – falls trinkbar – reinem Wasser wird geachtet. Für die Vollwertkost gilt natürlich auch das Motto: knapp und abwechslungsreich essen sowie zu jeder Mahlzeit etwas Rohkost servieren.

Am besten ist es vielleicht, sich einen Plan aufzustellen, nach dem man vorgehen will. Ersetzen Sie beispielsweise Weißbrot durch vollwertige Produkte, die Ihnen besonders gut schmecken (bestimmte Arten von Vollkorn-, Mehrkorn-, Käsebrot etc.). Unter Umständen läßt sich Ihr Öl durch kaltgepreßtes Olivenöl veredeln, das aber niemals zum Braten oder Backen verwendet werden darf: Aus den ungesättigten Fettsäuren entstehen bei großer Hitzeeinwirkung auch giftige Substanzen. Für hohe Temperaturen ist zum Beispiel gehärtetes Pflanzenfett geeignet. – Kartoffeln schmecken als Pellkartoffeln viel besser als die faden Salzkartoffeln. Nudeln lassen sich durch Vollkornteigwaren ersetzen. Haben Sie schon einmal bewußt den Unterschied zwischen Reis und dem ursprünglichen Vollreis gekostet?

Das Kantinenessen ist in der Regel weit entfernt von dem, was wir unter Vollwertkost verstehen. Durch frische Kräuter kann man es aufwerten. Viel gesünder und kalorienärmer können Sie essen, indem Sie beispielsweise einen Bioghurt mit jeweils einem Eßlöffel Sojamehl (oder Sojaeiweiß, das kalorienreduziert ist), Hefepulver, Honig und Magermilchpulver zu sich nehmen. Ernährungswissenschaftler halten zwar nicht viel vom Bienenhonig unter dem Aspekt der Vollwertkost. Die Volksmedizin ist da ganz anderer Meinung. In diesem besonderen Falle lassen Sie sich von Ihren Geschmacksknospen leiten: Auch die Freude am Essen, am Geschmack, trägt zur Vollwertigkeit bei – wenigstens für sehr viele von uns.

Der Jahreszeit angepaßte kalorienarme Salate vor dem Essen stillen den Appetit und füllen unter Umständen kaum nachweisbare Vitamin- und Mineralstoffdefizite auf. In jedem Falle sind sie gesünder als alkoholische Aperitifs. Wie schon angedeutet gibt es zahlreiche Möglichkeiten, sein Essen aufzuwerten. Lassen Sie gelegentlich auch einmal Getreide oder Samen der verschiedensten Art keimen, dadurch kommt es zu einer wundersamen Vermehrung einiger Vitalstoffe. Mahlen Sie aus biologischem Anbau stammendes Getreide selber und backen Sie daraus Ihr eigenes Brot oder bereiten Sie daraus Ihr Frischkornmüsli zu. Jedem seine ureigenste Vollwertkost. Vergessen Sie dabei bitte nicht: Die Geschmäcker sind unterschiedlich, die Därme aber auch ...

Schmackhafte Vollwerternährung ist eine Frage der Erfindungsgabe, der kenntnisreichen Zubereitung, des Einkaufens und der Lagerung, nicht zuletzt aber auch der Hingabe und Begeisterung.

Ihre Motivation für eine gesunde Lebensführung können Sie durch psychohygienische Vorsätze stärken wie: »Ich lebe stets gesund; ich esse stets gesund; ich denke stets gesund; ich bleibe stets gesund.« Solche Vorsätze verleibt man sich mit gefühlvoller innerer Beteiligung mehrfach am Tage ein, bis sie schließlich in Fleisch und Blut übergegangen sind.

Krebs und Ernährung

Nahrung ist stets ein Fremdstoff und in diesem Sinne ein kleiner Stressor, auch noch »so gesunde« Nahrung. Daher gibt es keine absolut gesunde Kost. Sie muß abgebaut und dann wieder zu körpereigenen Baustoffen (Eiweiß, Fett, Kohlehydraten) aufgebaut werden. Jede Diätform muß auf das Individuum und seine Eigenheiten abgestellt sein, so daß diätetische Pauschalempfehlungen, auch wie sie hier gegeben werden, im Grunde ein Notbehelf sind.

Die »richtige« Diät oder »richtige« Kostform gibt es somit nicht. Manche Krebsforscher sind der Ansicht, daß in etwa zwei Dritteln aller Fälle eine nicht ausgeglichene Ernährung zum Entstehen der Krebserkrankung entscheidend beiträgt. Aber ob diese Annahme stimmt, ist natürlich kaum zu beweisen, weil einfach zu viele Faktoren am Krebsgeschehen beteiligt sind.

Von den Mormonen und Adventisten ist durch verschiedene Untersuchungen bekannt, daß ihr Krebsrisiko sehr gering ist. Sie trinken keinen Alkohol, keinen Tee und Kaffee, sie rauchen nicht und nehmen keine Drogen. Sie essen sehr gesund – das wird als wissenschaftliche Begründung angegeben. Aber ist es nicht auch so, daß ihr psychosozialer Streßpegel vermutlich viel niedriger liegt als der der Durchschnittsbevölkerung? Mit Sicherheit beten sie besonders viel und wahrscheinlich auch konzentriert. Und Beten ist einer der besten Wege für eine Gesundheitsvorsorge: Der Lebensenergiestrom wird ausgeglichen und das Abwehrsystem angeregt, was man durch kinesiologische Untersuchungen sehr schön nachweisen und reproduzieren kann.

Ungeachtet dieser Bedenken kann kein Zweifel darüber bestehen, daß eine durch externe oder interne Bedingungen unausgeglichene Nahrung zusammen mit anderen Faktoren Krankheiten und unter Umständen auch Krebs provozieren kann. Das Unheilbringende an der Diagnose Krebs ist meist weniger die Erkrankung an sich als ein erstarrtes Denk- und Handlungsschema, innerhalb dessen sich der Kranke wie ein haitianischer Zombie bewegt. Er stirbt lieber, als daß er sich ändert, oder besser: Er ist total blockiert und benötigt dringendst psychotherapeutische oder andere Hilfestellung, damit der widerspenstige Knoten des »Denn das Gute, das ich will, das tue ich nicht; sondern das Böse, das ich nicht will, das tue ich« langsam aufgelöst wird.

Hier einige Beispiele dafür, daß eine unausgeglichene Ernährung manchmal auch zu Krebs führen kann. Speiseröhrenkrebs tritt dort häufiger auf, wo viel selbst hergestellter Apfelschnaps getrunken wird wie zum Beispiel in der Bretagne; seine Häufigkeit vervielfacht sich, wenn gleichzeitig stark geraucht wird.

In einigen Gegenden der Welt ist Magenkrebs heute noch so häufig anzutreffen wie früher bei uns. Ursache ist vor allem die Vorliebe für Geräuchertes und Gesalzenes (Fisch, Wurst, Fleisch). Dabei spielt die Nitrosaminbildung aus Nitriten und Aminen im sauren Milieu des Magens eine Hauptrolle. Die Umwandlung von Nitraten über Nitrite in das krebserregende Nitrosamin und Nitrosamid wird durch Vitamin-C-reiche Kost vermindert.

Wenn sowohl Selen (enthalten in Fleisch, Meerestieren, Vollkorn) wie Vitamin E (enthalten vor allem in Ölen und geringfügig in nahezu allen Nahrungsmitteln) im Körper vermindert sind, steigt die Krebsmortalität deutlich an. Ein Vitamin-E-Mangel allerdings ist bei abwechslungsreicher Kost extrem selten. Andererseits ist die Selenzufuhr überall dort herabgesetzt, wo auch der Boden an Selen verarmt ist, wie es in weiten Teilen der Bundesrepublik der Fall sein soll.

Vom Vitamin A ist seit langem bekannt, daß es das Schleimhautepithel schützt, so daß z. B. auch Raucher gut daran tun, täglich zusätzlich eine Karotte zu essen, weil ihr Vitamin-A-Spiegel in der Regel um etwa 25 Prozent niedriger liegt als in Kontrollgruppen von Nichtrauchern. Raucher verbrauchen auch mehr Vitamin C als Nichtraucher. Bevölkerungsgruppen mit einem deutlichen Mangel an Vitamin C sollen britischen Untersuchungsergebnissen zufolge ein höheres Risiko haben, an Krebs zu erkranken, als Menschen mit hoher Vitamin-C-Zufuhr. Da eine ausreichende Zufuhr der Vitamine A und C das Abwehrsystem des Körpers stabilisiert, wird man schon aus Eigenverantwortung für seine Gesundheit bemüht sein, durch abwechslungsreiche Rohkostbeigaben sein Immunsystem und damit die Krebsabwehr zu stärken.

Ein starker Fettkonsum korreliert mit dem Auftreten von Mastdarmkrebs, vor allem wenn auch noch der Anteil an Ballaststoffen in der Nahrung herabgesetzt ist.

Tierversuche zeigten, daß einseitige Ernährung eine höhere Krebsrate zur Folge hat, während eine ausgeglichene »Unterernährung« mit genügend Vitaminen und Mineralien die Krebsrate deutlich senkt und die Langlebigkeit erhöht.

Eine Basistherapie für viele Erkrankungen, darunter auch Krebs, könnte vom Blickpunkt der Ernährung so aussehen:

- Knapp essen und abwechslungsreich,
- stets frische Kost bevorzugen,
- nicht zuviel Fett und Fleisch, zweimal pro Woche Fisch,
- täglich Rohkost und Vollkornprodukte,
- täglich zweimal etwas Magermilch und -käse,
- wenig Alkohol, keinen schwarzen Kaffee auf leeren Magen,
- mit Genuß, Freude und Dankbarkeit essen und sich dabei bildhaft vorstellen, wie »Ihre gesunde Kost« Sie stärkt und die Krankheit zum Verschwinden bringt.
- Daß zu jeder Behandlung auch Bewegung an frischer Luft und ein geistiges Umdenken gehört, wurde schon betont. Auf jeden Fall wird Ihr behandelnder Arzt genauere Hinweise geben können. Vergessen Sie bitte nicht: Nur Ärzte sind dafür ausgebildet, Krebskranke zu behandeln, alle anderen Heilberufe können in besonderen Fällen auf ärztliche Empfehlung hin tätig werden.

Kampf gegen den Streß des Übergewichts

Etwa die Hälfte der über 45jährigen weist heute ein deutliches Übergewicht auf. 1947 waren es nur zwei Prozent, 1951 bereits elf. Übergewicht ist ein Streß, der das Leben unter Umständen verkürzen kann. Obwohl die Frühsterblichkeit bei Schwergewichtigen mit 30 Prozent Übergewicht bereits um mehr als 60 Prozent höher ist als bei Normalgewichtigen, sind noch viel zu wenige geneigt, energisch etwas gegen ihr Zuviel an Pfunden zu tun. Übergewicht aber macht nicht nur krank, es verdirbt auch Ihre Chancen. Es läßt den Fettleibigen aussehen, als gäbe er seinen Eßgelüsten hemmungslos nach. Daß dies aber nicht immer der Fall ist, glauben viele Menschen nicht.

Nahezu alle Nahrungsmittel können »dick« machen, wenn man zuviel davon ißt oder trinkt. Dicke Menschen essen im allgemeinen nicht »heimlich oder unheimlich viel«, wie man es früher in Fachbüchern lesen konnte. Denn wer täglich nur einen halben Liter Bier oder einen drittel Liter Milch mehr trinkt, als der Körper braucht, nimmt pro Tag bereits 21,5 g zu. Das summiert sich im Verlaufe eines Jahres zu 8 kg. Allerdings ist dies eine oberflächliche Rechnung.

Wer als Kleinkind dicklich ist, wird u. U. sein ganzes Leben lang Sorgen mit seinem Gewicht haben. Daher ist die Fettsucht eines Kleinkindes ein Mangel an psychohygienischer Einstellung des Umfeldes.

Eltern sollten den Kindern schon in jungen Jahren ein Gewichtsbewußtsein beibringen, denn übergewichtig wird man nur ganz allmählich. Tägliche Gewichtsschwankungen in bescheidenem Maße (u. U. bis zu 2 kg) sind normal: Sie können durch Wasserverlust oder durch zu stark gesalzene Speisen verursacht sein.

Gewöhnen Sie sich daran, sich selbst und Ihre Kinder nie mit Eßwaren für irgendwelche Leistungen zu belohnen; sonst stopft man vielleicht später in jeder Streßsituation Essen in sich hinein. Ein gutes Essen sollte nicht zur Streßabreaktion mißbraucht werden.

Je länger Sie übergewichtig sind und je größer Ihr Gewicht ist, desto häufiger und schwerwiegender werden Komplikationen wie Diabetes, Arteriosklerose, Herzinfarkt, Schlaganfall, Bluthochdruck, Gicht, Herzversagen, Haltungsbeschwerden, Gelenkveränderungen, psychische Störungen usw.

Übergewicht ist also kein Problem des Aussehens, sondern ein Gesundheitsproblem – und natürlich Charaktersache. Und starkes Übergewicht ist *immer* ein Risikofaktor.

Wenn Sie übergewichtig sind, haben Sie für *Ihre* Verhältnisse zuviel gegessen. Und wahrscheinlich haben Sie auch nicht genügend Kalorien durch Bewegung ausgegeben. Finden sie heraus, wo *Ihr* Fehler liegt. Nehmen Sie zuviel Alkohol, Fett, Brot, zu viele Kartoffeln oder Süßigkeiten zu sich? Essen Sie am späten Abend zu reichlich? Oder essen Sie dreimal am Tage eine relativ große Mahlzeit? Jeder macht seine kleinen Fehler, die jedoch schwerwiegende Folgen haben können.

Wenn Sie wirklich abnehmen wollen, besprechen Sie sich mit Ihrem Partner oder mit der ganzen Familie. Alle sollten Sie bei Ihrem Plan unterstützen und Sie nicht mit Kalorien verführen oder ostentativ reizen. Übereilen Sie nichts, nehmen Sie nur ein Pfund pro Woche ab. Gewaltkuren sind oftmals Streß und damit gefährlich. Langsames Abnehmen läßt sich über Monate durchführen, man kann sich an das knappe Essen gewöhnen und es dann auch über Jahre hinweg beibehalten. Wer schnell abnehmen möchte, sollte dies mit seinem Arzt besprechen, der auch für Fastenkuren zuständig ist.

Fasten, Saftkuren, Buttermilchkuren, Schrothkuren, Weizengel-Kuren, Fisch-Diät, Nerven-Schonkost, Punkt-Diät, Mayo-Diät, Brigitte-Diät, Haysche Trennkost, fit-ess-Schlankheits-Diät, Schlank-im-Büro-Diät, 1000-, 1500-Ideal-Diät und wie die Abmagerungskuren auch sonst noch alle heißen mögen – wenn Ihnen Ihre eigene Kost gut schmeckt, bleiben Sie dabei und reduzieren Sie sie einfach, vor allem Fett, Alkohol und Süßigkeiten. Vermeiden Sie einseitige Abmagerungskuren. Nehmen Sie keine Medikamente, um abzunehmen oder um das Hungergefühl zu betäuben oder sich selbst zu beruhigen.

Viele »gewichtige« Menschen essen nur dreimal am Tage. Das aber führt eher zu einem erhöhten Blutcholesterinspiegel und zu Übergewicht, als wenn man die *gleiche* Kalorienmenge auf fünf Mahlzeiten verteilt. Die letzte Mahlzeit nicht zu spät abends essen.

Setzen Sie sich mit Ihrer Familie Zwischenziele. Für jedes verlorene Pfund oder Kilogramm Gewicht erhalten Sie oder Ihr Partner beispielsweise ein Buch. Kleine Aufmerksamkeiten erhöhen den Spaß an der Askese.

Wenn Sie ein »Hungergefühl« verspüren, prüfen Sie erst, ob es nicht einfach auf Ihre Gewohnheit zurückzuführen ist, zu dieser Tageszeit dieses oder jenes zu essen. Hungergefühle kann man oft überspielen durch eine positive Einstellung, durch das Autogene Training oder durch Ironisieren. Wer auch zu den Zwischenmahlzeiten etwas Eiweiß (z. B. Joghurt, nötigenfalls angereichert mit einem Eßlöffel Magermilchpulver oder Sojamehl) ißt, sollte im allgemeinen von Hungergefühlen verschont bleiben.

Am Einfluß des Übergewichts auf die Sterblichkeit bei 45- bis 50jährigen erkennt man, wie gefährlich es ist, dick zu sein (siehe Tabelle).

Sein Wunschgewicht zu erreichen und dann auch zu halten, ist für die meisten Menschen außerordentlich schwer. Man muß in der Regel weniger essen und sich zusätzlich auch noch mehr bewegen. Aber die Mühe lohnt sich. Wer schier unüberwindbare Schwierigkeiten oder Widerstände bewältigen muß, sollte sich einer der vielen Selbsthilfegruppen der Weight-Watchers anschließen, in deren Gemeinschaft es meist erheblich leichter ist abzunehmen, als wenn man als Einzelkämpfer ganz auf sich allein gestellt bleibt.

Übergewicht in kg	Zunahme der Sterblichkeit über den Durchschnitt der Altersklasse in %
4,5	8
9,0	18
13,6	28
18,6	45
22,6	56
27,2	67
31,8	81
36,2	116

Nach Heinrich Kasper, in: »Krankenernährung«, 1973

Kalorienverbrauch durch Bewegung

Warum gehen Sie nicht zu Fuß zur Arbeit oder wenigstens eine Teilstrecke? Dadurch geben Sie mehr Kalorien aus. Zusätzlich gelangen Sie entstreßt zur Arbeit und zurück zur Familie.

Durch mehr Bewegung erzielen Sie zwar nur einen geringen Gewichtsverlust – man muß rund 100 Kilometer gehen oder 16 Stunden tanzen, um ein Kilogramm Fettgewebe zu verlieren –, doch sollten Sie sich trotzdem bewegen, wo Sie nur können. Im Sitzen verbrauchen Sie mehr Kalorien als im Liegen, im Stehen mehr als im Sitzen. Wenn Sie täglich nur 30 Minuten spazierengehen, verbrauchen Sie zwar bloß 150 Kalorien, doch ergibt das in einem Jahr rechnerisch 7 kg Gewichtsverlust. Natürlich sollten sie nach einem Spaziergang unter keinen Umständen mehr essen als sonst. Damit Sie einen Überblick darüber haben, wieviel Kalorien man durch Bewegung verlieren kann, sei der Kalorienverbrauch für jeweils 30 Minuten körperliche Betätigung in der Tabelle angeführt.

	Kalorien/ 30 Minuten		Kalorien/ 30 Minuten
Schnelles Laufen, Bergsteigen	450	Langsames Rudern, Schwimmen, Schlittschuhlaufen	200
Treppen herauf- und heruntergehen, schnelles Schwimmen	400	Federball, Faustball	190
Handball, Fußball	325	Tennisdoppel, Tanzen	175
Dauerlauf, schnelles Radfahren und Schlittschuhlaufen, schwere Gartenarbeit und sportliches Tanzen	300	Langsames Radfahren, Tischtennis	160
Sportliche Gymnastik, Sägen, Schaufeln	250	Autowaschen	140
Skifahren, Tennis (turniermäßig)	225	Reiten, Golf, Kegeln	130
Zügiges Wandern	210	Leichte Gartenarbeit	125
		Spazierengehen	100
		Kochen, Baden, Bügeln	50
		Schreibmaschine schreiben, Autofahren	28
		Im Sitzen telefonieren, fernsehen, lesen, Karten spielen	25

Der Kalorienbedarf eines 30jährigen 70 kg schweren Erwachsenen beträgt bei leichter Bewegung etwa 2500. Mit zunehmendem Alter kann er um ein Viertel bis zu einem Drittel sinken.

Wenn Sie abnehmen und körperlich nicht tätig sind, kann es passieren, daß Sie außer Kohlenhydraten (Glykogen) und Fett auch Muskelsubstanz (Eiweiß) verlieren. Wer dagegen

Sport treibt oder sich sonst viel bewegt, wird eher sein Muskelprofil behalten.

Kalorien kann man auch durch Sexualverkehr ausgeben, jeweils zwischen 30 und 200. Er ist als Streßabreaktion nicht unwichtig – sofern es sich dabei nicht um einen Seitensprung handelt, denn dann wird Liebe durch Schuldgefühle zum Streß.

Durch Sauna und Massage gibt man dagegen keine Kalorien aus, es sei denn, man massiert selbst.

Getränke als Kalorienfallen

Mißtrauen Sie den Getränken, meist enthalten sie mehr Kalorien, als Sie ahnen. Nur Tee, Gesundheitstee, Kaffee und Mineralwasser dürfen ohne Berechnung genossen werden. Milch ist kalorienreich; Mager- und Buttermilch sind wegen ihres geringeren Kaloriengehalts vorzuziehen. Damit Sie sehen, wieviel Kalorien einige der üblichen Getränke enthalten, sei ihre Zahl hier angeführt: In jeweils 100 g sind enthalten

	Kalorien		Kalorien
Apfel-, Orangen-, Ananassaft	ca 50	Sekt, süß	110
Pampelmusen-, Zitronensaft	36	Schankbier	45
Traubensaft	67	Weißbier	35
Magermilch, Buttermilch	36	Exportbier, Nährbier	56
Kuhmilch (3% Fett)	61	Bockbier	66
Kaffeerahm (10% Fett)	124	Wermutwein, Madeira	116
Schlagrahm (30% Fett)	302	Portwein	141
Coca-Cola	45	Malaga	163
Limonaden im Schnitt	48	Weinbrand	220
Apfelwein	43	Kognak, Kirschwasser, Whisky	340
Deutsche Weißweine im Schnitt	60	Sherry Brandy	258
Deutsche Rotweine im Schnitt	65	Kümmel	302
		Absinth, herb	337
Sekt, trocken	80	Curacao	414

Neuerdings gibt es im Angebot kleiner und großer Läden zahlreiche kalorienreduzierte Getränke, so daß sicherlich für jeden Geschmack etwas zu finden sein dürfte. Die angegebene Tagesmenge der Multivitamin-Säfte sollte man nicht für längere Zeit überschreiten, da die fettlöslichen Vitamine sonst unter Umständen die Leber stressen.

Kalorienarme Nahrungsmittel

Wenn Sie sich einmal wieder »so richtig satt essen« wollen, tun Sie es mit folgenden Salaten: Kopfsalat, Feldsalat, Chicorée, Endivien, Radieschen, Brunnenkresse. Als Salat wie als Gemüse sind für diesen Zweck verwendbar: Gurken, Sauerampfer und Tomaten. An Gemüsesorten sind zu empfehlen: Busch- und Stangenbohnen, Sauerkraut, Rotkohl, Weißkohl, Blumenkohl, rote Rüben, Kohlrüben, Karotten, Kohlrabi, Paprika, Mangold, Spargel, Champignons, Pfifferlinge, Lauch. Kalorienarme Getränke sind Zitronen- und Grapefruit-Saft und (100 Kalorien in 300 g) Butter- oder Magermilch.

Schon beim Obst muß man vorsichtig sein. 100 Kalorien sind enthalten in 200 g Ananas, Aprikosen, Apfelsinen, Äpfeln, Birnen, Brombeeren, Erdbeeren, Pampelmusen, Pfirsichen, Preiselbeeren, Stachelbeeren, Himbeeren, Heidelbeeren, Johannisbeeren und sauren Kirschen.

Im übrigen sind 100 Kalorien enthalten in 100 g Huhn, Krebs, Austern, Dorsch, Garnelen, Seezunge, Heilbutt, Schellfisch, Scholle, Hecht, Magerquark, grünen Erbsen, Kartoffeln, Bananen und Weintrauben.

Wer streßgeplagt ist und gleichzeitig abnehmen möchte, kann das immer noch am einfachsten und gesündesten, wenn er insgesamt weniger ißt (F. d. H.). Nochmals: Radikalkuren sollte man nur unter ärztlicher Anleitung durchführen.

3. Psychohygiene als Stressabbau

Nicht nur die »leibliche« Beeinflussung der Körperfunktionen wirkt sich positiv bei der Streßbekämpfung aus. Auch psychohygienische Maßnahmen tragen wesentlich dazu bei. Sie entspannen den verkrampften Körper. Sie können wesentlich bei der Bekämpfung der psychosomatischen Störungen helfen.

Nervosität, vegetative Dystonie, Hypertonie, Asthma, Magengeschwüre, Sexual- und Schlafstörungen, Heuschnupfen, Migräne, aber auch Angstzustände, Zwangsverhalten und Süchtigkeit sind in der Regel streßbedingt und können oftmals mit psychohygienischen Maßnahmen vollständig abgebaut oder wenigstens stark gemindert werden.
Die folgenden Ratschläge und Methoden wurden in meiner Praxis vielfach mit Erfolg erprobt. Sie sind so einfach, daß jeder sie ohne weiteres selbst anwenden kann.

Lachen, Weinen, Fluchen, Schreien zur Abreaktion

»Lachen ist die beste Medizin«, heißt es. Wer viel lacht, ist meist umgänglich und versöhnlich; er bejaht das Leben, wie es ist. Lachen wirkt entspannend, vor allem im Magen-Darm-Bereich, wo es aufgrund der damit verbundenen Zwerchfellbewegung verdauungsfördernd wirken kann. Lachen ist aber auch Entladung von angestauter Aggressivität, der psychischen Komponente nicht ausgelebten Stresses. Daher sind Witz und Humor so bedeutsam für die ganzheitliche (körperliche, psychische und soziale) Gesundheit. Das Immunsystem wird gestärkt, Lebensenergien werden wachgerufen und Endorphine (morphiumähnliche Substanzen) im Körper gebildet, so daß sich das Wohlbefinden steigert und Schmerzen gelindert werden. Lachen ist in der Tat ein Streß- und Lebensbewältigungsmechanismus, der einem das Leben erheblich erleichtern könnte. Lachen Sie sich gesund und betrachten Sie das Leben als eine Komödie, in der auch wir unsere Rolle zu spielen haben.

Auch wenn das Lachen an sich keine Probleme lösen kann – es überträgt sich auf den gesamten Organismus.

Also lachen Sie ruhig laut (auch über sich selbst oder über die Situation), wenn Sie gerade aus der Haut fahren wollen. Oder lächeln Sie denjenigen an, der Sie ärgert oder zu ärgern versucht. Das kann verblüffende Reaktionen zur Folge haben. Oder sehen Sie sich nach einem streßreichen Tag einmal ein Lustspiel an, und lachen Sie ruhig über Gebühr laut – die Künstler werden Ihnen sicher dankbar sein.

Aber auch das Weinen ist für unser seelisches Gleichgewicht manchmal außerordentlich wichtig. Wer sich noch ausweinen kann, entledigt sich unseliger Spannungen und baut auf diese Weise Streßreaktionen ab. So weinte sich eine Teilnehmerin eines Kurses über Autogenes Training zu Beginn ihrer Übungen manchmal erst ordentlich aus, als sie zufällig entdeckt hatte, daß ihr das Realisieren der Übungen dann leichter fiel, wie sie mir sagte. »Dampf ablassen« – auch durch Weinen ist es möglich.

Vom Fluchen weiß man seit eh und je, daß es von Spannungen befreit. Mit dem Fluchen sei es wie mit den Pickeln, schrieb einmal ein kluger Amerikaner: »Es ist besser, daß es herauskommt, es reinigt das System. Der Mensch, der Selbstkontrolle übt, muß eine Unmenge von Flüchen in seinem Blutstrom haben.«

Der erste Mensch, der seinen Mitmenschen beschimpfte, anstatt ihm den Schädel einzuschlagen, habe, so wurde gesagt, damit die Grundlage der Zivilisation gelegt. Wer also stark gestreßt wurde, fluche ruhig einmal laut heraus.

Ähnlich wie mit dem Fluchen ist es mit dem Schreien. Wer einmal Kinder beobachtet hat, weiß, wie schnell sie ihren Ärger, ihre Frustrationen, aus dem Körper herausschreien. Das aber tun offenbar auch Erwachsene, vor allem während des Autofahrens, wie z. B. die Aufsätze ihrer Kinder verraten. Schreien ist in der Tat ein beliebtes und wirksames Mittel, seinem Ärger, seinem Streß, Luft zu machen. Wer es sich leisten kann, beispielsweise wenn er allein ist, sollte es ruhig anwenden.

Es gibt natürlich noch zahlreiche andere Möglichkeiten, den Streß psychologisch abzubauen. Einige seien hier genannt.

Streßabbau mit anderen psychologischen Maßnahmen

Sichaussprechen bringt Entlastung von Sorgen und Ängsten durch Mit-teilen. Mit-geteiltes Leid ist halbes Leid, oder mitgeteilter Streß ist halber Streß.

Ein Gespräch mit Fachleuten kann Störungen und Krankheiten, die durch Streß entstanden sind, günstig beeinflussen. Solche Fachleute sind der Arzt, Psychologe, Seelsorger, Soziologe, Sozialarbeiter und die Gemeindeschwester; in schweren Fällen sind Psychotherapeuten heranzuziehen.

Hoffnung auf Besserung der Gesundheit, auf Lösung von Konfliktsituationen usw. ist ein wichtiger Punkt der Streßentlastung. Umgekehrt: Ausweglosigkeit und Hoffnungslosigkeit sind schwere Stressoren, die krank machen und das Leben erheblich verkürzen können. Ironisieren Sie Ihren Konflikt oder Ihr Verhalten, beispielsweise Ihre Ängste. Versuchen Sie, Ihr angstvolles Verhalten von der humorvollen Seite zu betrachten. Schon Luther wußte: »Das beste Mittel, den Teufel auszutreiben, ist, ihn auszulachen.«

Nachbarschaftspflege oder jede andere Form von Altruismus kann unter Umständen auch zur Harmonisierung des Innenlebens dienen und damit Streß vermeiden helfen.

Wenn Ihr Partner gestreßt wurde, sollten Sie versuchen, sein Selbstbewußtsein wieder aufzubauen, indem Sie ihn besonders liebevoll behandeln. »Liebe geht durch die Haut« – wir beobachten es auch beim Kampf gegen den Streß: wer von seinem Partner gestreichelt wird, vergißt schnell den durchlebten Streß. Mangelnde Liebe ist Streß.

Liebe und Zuwendung bauen den Streß von kleinen und größeren Kindern am besten ab. Wenn sich Schüler mit einem schlechten Zeugnis nicht nach Hause wagen, was natürlich ein schwerer Streß ist, so zeugt das von einer falschen Einstellung der Eltern und von Lieblosigkeit. Kinder in Liebe aufwachsen lassen ist Streßprophylaxe und -therapie.

Auch für Erwachsene gilt: In einer liebevollen Familienatmosphäre ersticken Streßreaktionen. »Liebe ist der höchste Grad der Heilkunst«, hieß es schon im Mittelalter.

Hunderte von Millionen Menschen bedienen sich auch

heute noch eines uralten erprobten Mittels, sich von ihren Sorgen und Nöten, vom Streß zu befreien: des Gebets. Warum sollte es nicht auch Ihnen in besonders streßbeladenen Situationen helfen? Versuchen Sie es. Nichts kann mehr und schneller beruhigen als ein tiefes Gebet.

Die Familie als Streßkiller

Bemühen Sie sich um ein gesundes Familienleben, in dem Streßreaktionen schmelzen.

Wie sehr das Familienleben auch das Verhalten der Kinder beeinflußt, zeigt eine Studie von Richard H. Blum von der Stanford University in den USA. Danach kamen Kinder, die nur gelegentlich Suchtstoffe benutzten, in der Regel aus Familien mit einer Atmosphäre gegenseitigen Vertrauens und Respektes, mit vorherrschenden Merkmalen wie Toleranz, Humor, Mitmenschlichkeit und Gemeinschaftssinn.

Dagegen gehörten drogenabhängige Kinder Familien an, deren Zusammenhalt nur lose war. Die Eltern waren »permissiv«, sie versuchten, die Kinder allzustark zur Unabhängigkeit zu erziehen und überforderten sie dadurch. Die übergroße Freiheit, die sie ihnen gewährten, wurde von den Kindern als Streß empfunden; sie fühlten sich vernachlässigt und waren frustriert. Das hatte zur Folge, daß die Eltern viel Ärger mit ihren Kindern hatten und daß es ständig zu Konflikten kam. Die später drogenabhängigen Kinder waren auch oft krank, wobei sie offenbar ihre Rolle als Patient genossen. Ihre Eltern waren häufig selbst drogenabhängig.

Für Blum steht fest: sowohl die ungefährdeten wie auch die gefährdeten Kinder spiegeln in ihrem Verhalten nur das elterliche Verhalten wider. Das Zusammenleben ist oftmals ein Streß. Wenn es gutgeht – ein heilsamer, wenn es schlechtgeht – ein krank machender Streß. »Erzogene Eltern« können den Kindern das beste Lebensfundament schaffen; ist jedoch ein Elternteil neurotisch – oder sind es beide Teile –, kann sich leicht eine Familienneurose entwickeln. In solchen Familien wird Alltagsstreß oft nicht mehr bewältigt, sondern mit Krankheiten, meist mit Neurosen, beantwortet. In diesen Fällen muß die ganze Familie behandelt werden.

Hier einige Hinweise für Familien, die sich aus den verschiedensten Gründen ihrer Möglichkeiten als Streßkiller gar nicht bewußt sind.

1 Persönliche Probleme (Streß) besprechen, auch die der Kinder. Wenn man glaubt, gewisse Probleme nicht in der Familie besprechen zu können, sollte man es mit Freunden tun.
2 Wenn sich ein Familienmitglied – beispielsweise der Hausherr – das Rauchen oder Trinken oder zu vieles Essen abgewöhnen will, sollte die ganze Familie dies in jeder Weise unterstützen.
3 Feste bewußt zusammen feiern und zu Höhepunkten des Lebens machen.
4 Öfter einmal etwas gemeinsam unternehmen: Theater oder Museen, Galerien oder Ausstellungen, Messen oder Veranstaltungen besuchen.
5 Eventuell gemeinsam in der Volkshochschule Kurse belegen.
6 Hobbys gemeinsam pflegen. Auch Gemeinschaftsspiele bauen Streß ab.
7 Wenn Fehler begangen wurden, nicht verurteilen, sondern helfen, sie in Zukunft zu vermeiden. Sich in stressigen Situationen gegenseitig beistehen und stützen kann vor lebenslangem Schaden bewahren.
8 Bei Katastrophen und in Kriegen, in Not- und Elendszeiten hat sich die Familie bewährt; in Luxus und Wohlstand dagegen sind viele Ehen zerbrochen oder haben den Zusammenhalt verloren. Die Partner sollten sich dieser Gefahr bewußt werden und durch gegenseitige Offenheit versuchen, diese Klippe zu umschiffen.
9 Eine gesunde Familie pflegt Freundschaften und unterstützt schwächere Angehörige.

Uralte Methoden in neuem Glanz

Meditieren stammt aus dem Lateinischen und heißt nachdenken und nachgedacht werden.

Meditieren besagt, daß man erst innerlich aktiv sein muß,

ehe ein Prozeß in Gang gebracht wird, bei dem man selbst vorwiegend passiv ist.

Für Platon war das Meditieren das Endziel allen menschlichen Strebens, das absolut Schöne.

Den christlichen Lehrern bedeutete die Meditation über Jesus und Gott höchstes Glück, ein beseligendes Empfinden.

Wenn sich der Meditierende selbstvergessen dem Objekt seines »Insichgehens« widmet, wenn er in ihm aufgeht und mit ihm eins zu werden scheint, spürt er ein wenig von jenem Glücksgefühl, das sogar der Skeptiker Schopenhauer als Endziel des Menschen ansah. Aber im allgemeinen können wir es nur in seltenen Augenblicken des Entzückens und Entrückens erreichen.

Auch die Meditation des Yoga und Zen-Buddhismus wirkt streßlösend. Im Westen will man sich durch Yoga und Zen fit halten oder fit machen, um auf diese Weise das Leben besser bewältigen zu können.

Im Osten dagegen sieht man das Ziel der Meditation darin, aus dem Alltagsleben auszusteigen.

Meditation contra Streß

Ob es das meditative Psychohygiene-Training ist, die Oberstufe des Autogenen Trainings oder irgendeine andere Meditation – der primäre Effekt ist immer mehr oder minder der gleiche: Man muß sich konzentrieren, entfernt sich von seinen Alltagssorgen, mit der Zeit werden die Streßreaktionen abgebaut, und man kommt zur Ruhe. Das Ziel der meditativen Übung ist in der Regel nicht die Entspannung, sondern das »Erkenne dich selbst« durch besondere meditative Aufgabenstellungen: Wanderung durch ein unbekanntes Gelände; Wanderung auf einen Berg/Hügel; Jogging durch einen Wald; Schwimmen auf eine nahe Insel; Wanderung auf dem Meeresgrund; Fliegen wie ein Vogel; Radfahren durch eine Großstadt usw. Kursleiter tun stets gut daran, einige Vorgaben zu geben, sei es, daß jedem, der will, ein Zauberring zur Verfügung steht, sei es, daß eine Notwehrwaffe gewählt werden kann. In jedem Kurs erlebt man es, daß nicht nur aggressive Waffen, sondern häufig auch Liebe und Zuneigung mit überraschendem Erfolg zur Streßbewältigung eingesetzt werden. Solche meditativen Erlebnisse bleiben haften und ermutigen dazu, auch im Alltagsstreß so vorzugehen.

Wenn man passiv in seinen geistigen Innenraum gleitet, kommt es zu einer Umschaltung vegetativer Funktionen. Die Atmung wird ruhiger, der Puls niedriger, die Schweißabsonderung geringer, die Muskeln entspannen sich und werden schwer, die Gefäße entkrampfen sich; man hat den Eindruck, als ob der Körper wärmer würde; die Bauchorgane werden ruhiggestellt, die Hirnzellen arbeiten jetzt anders, was sich in der Hirnstromkurve in Form von Alpha-Wellen nachweisen läßt – kurz, diese Symptome, die wir auch vom Autogenen Training her kennen, zeigen an: der Körper hat sich umgestellt, er ist auf Erholung eingestellt. Erst wenn dieser tiefe Ruhezustand erreicht ist, beginnt die eigentliche Meditation.

Wer zur Ruhe gekommen ist, kann den Kurs seines Lebens neu abstecken – vorher ist das nicht möglich. Nun gibt es auch Teilnehmer, die der Ansicht sind, sie könnten das gleiche durch bloßes Ausruhen erreichen. Aber Wissenschaftler haben eindeutig nachgewiesen, daß sich die Regeneration in der Meditation viermal schneller vollzieht als beim bloßen Ausruhen.

Wichtig ist auch die Steigerung der Lebensfreude, die der Meditierende erfährt. Echte Freude kann nur aus der Tiefe kommen. Sie ist ein Streßtöter ersten Ranges.

Man sieht sich nach dem Meditieren mit anderen Augen und betrachtet dadurch oft auch die Stressoren mit anderen Augen – beispielsweise regt man sich nicht mehr so leicht auf. Eine solche »Resonanzdämpfung der Affekte« (Schultz), die wir aus dem Autogenen Training kennen, ist zugleich eine Dämpfung oder ein Zurückdrängen krank machender Streßreaktionen. Vor allem jedoch bewirkt der neue Standpunkt, die gewonnene Gelassenheit, daß die Streßreaktionen bei den »ATisten« und den PT-Übenden nicht mehr so stark sind.

Dies sind nur einige wenige von vielen Wirkungen des Meditierens. Sie zeigen, daß Meditation ein ausgezeichnetes Mittel zum Streßabbau sein kann, das nahezu für jedermann geeignet ist.

Auch der Anfänger wird schon innerhalb weniger Wochen nachweisbar positive Wirkungen spüren.

Meditation ist also keine »kontemplative Weltflucht«, sondern sie hat durchaus einen praktischen Nutzen.

Wer meditiert und sich über das Ergebnis oder die Folgen seines Tuns unklar ist, sollte mit seinem Arzt darüber sprechen. Denn gar nicht selten ist der Meditierende auf ärztliche oder psychologische Hilfe und Absicherung angewiesen. Das gilt ganz besonders für Menschen, die zu Psychosen wie Schizophrenie oder endogener Depression neigen. Durch das Meditieren kann bei ihnen unter Umständen ein neuer Schub ausgelöst werden. Auch schwere Neurotiker sind gefährdet. Darum ist es wichtig, daß der Leiter von Meditationskursen, die solche Menschen besuchen, Arzt oder Psychologe ist und nicht ein in Kurzlehrgängen ausgebildeter Laie, der niemals in Berührung mit verhaltensgestörten oder psychotischen Patienten gekommen ist.

Wie wird meditiert?

1 Essen Sie zwei Stunden vor dem Meditieren nichts mehr.

2 Meditieren Sie möglichst immer während der gleichen Zeit des Tages, zum Beispiel gleich nach der Rückkehr von der Arbeit.

3 Meditieren Sie jeweils etwa 15 Minuten, als Anfänger vielleicht etwas mehr. Je konzentrierter Sie üben, desto kürzer darf die Dauer sein. 10 Minuten allerdings scheinen in jedem Falle notwendig zu sein.

4 Der Raum, in dem Sie meditieren, sollte ruhig sein und nicht zu warm. Die Familienmitglieder sollten Bescheid wissen, damit sie nicht versehentlich stören.

5 Die Kleidung muß leicht sein, sie darf an Hals und Leib nicht beengen.

6 Viele meditieren am liebsten im Sitzen, andere im Liegen, andere in der klassischen Stellung, dem Lotossitz, der den Vorteil hat, daß man in ihm kaum einschläft.

7 Auf einem Segelboot können Sie ebensogut meditieren wie im Wald, am Strand, auf einer Wiese, in der eigenen Kammer oder in einer Kirche.

8 Vor dem Meditieren körperlich vollkommen entspannen; in Gedanken kontrollieren, ob auch wirklich alle Glieder schwer, das heißt entspannt sind.

9 Die Zwerchfellatmung ist die beste Atmung. Lassen Sie »es« in sich atmen.

10 Wollen Sie über einen Begriff wie Ruhe meditieren, richten Sie die Gedanken – natürlich stets mit geschlossenen Augen – auf diesen Begriff, und überlassen Sie sich den sich einstellenden Bildern oder Assoziationen. Wenn die Gedanken abschweifen, konzentrieren Sie sich erneut auf Ihr Ziel. Das kann man innerhalb kurzer Zeit lernen.

11 Wenn beunruhigende Bilder auftreten – wie es gelegentlich vorkommt –, hören Sie sofort auf. Nötigenfalls beraten Sie sich mit Ihrem Arzt. Die Meditation soll beruhigen, nicht beunruhigen. Sie erfüllt einen schon nach ganz kurzer Übungszeit mit einem angenehmen Gefühl der Genugtuung, der Zufriedenheit, der Erleichterung und vor allem der ganz tiefen Ruhe.

12 Manche finden es hilfreich, kurz vor dem Meditieren zu beten.

13 Wenn es Ihnen schwerfällt, sich von Ihren Alltagssorgen zu lösen und sich der Meditation hinzugeben, können Sie sich vorstellen, Sie kämen von einer langen Wanderung zurück und seien angenehm ermattet. Noch besser ist es, Sie wandern vorher tatsächlich eine oder mehrere Stunden lang.

14 Meditieren lernen Sie am besten bei einem Fachmann. Wer psychisch nicht völlig gesund ist, sollte es nur bei einem Arzt oder Psychologen lernen.

Meditation ohne Bilder

Wesentlich komplikationsärmer – aber ähnlich positive Wirkungen erzeugend – ist das Meditieren ohne Bilder. Auch diese Meditation ist ein Durchdringen zum wirklichen Kern unseres Selbst, ein Sich-in-die-Mitte-Begeben.

Wiederum werden die ersten neun Punkte des vorhergehenden Kapitels beachtet. Hinzu kommen folgende Hinweise:

1 Halten Sie Ihren Finger etwa 15 Zentimeter von der Nasenwurzel entfernt und fixieren Sie ihn. Schließen Sie jetzt die Augen und lassen Sie sie während des Meditierens in dieser Stellung.
2 An gar nichts denken, alle auftauchenden Gedanken streichen.
3 Erwarten Sie nichts als wohltuende Ruhe, als Stille, die – wie es in der Zen-Meditation heißt – »allen Lärm durchbricht«.
4 15 Minuten genügen.

Das Alter spielt keine Rolle

Die Fähigkeit zu meditieren ist altersunabhängig. Meine jüngsten Kursteilnehmer waren neun Jahre jung. Sie lernten es besonders schnell. Hier zwei Beispiele aus ihren Protokollen: Ein neunjähriger Schüler: »Mein Gott, war das ruhig und schön in mir. Ich wußte gar nicht, daß so etwas auch in einem Kind sein kann.« Und ein elfjähriger Junge: »Sonst bin ich immer gleich so zappelig, hier habe ich gemerkt, daß ich auch ruhig sein kann. Hoffentlich kann ich das zu Hause auch.«

Die älteste Teilnehmerin war 79 Jahre alt. Sie erlernte das Meditieren nicht so gut wie die jungen Teilnehmer, aber aus ihrem Protokoll ergibt sich doch, daß sie ganz erheblichen Nutzen daraus zog: »Auch in meinem Alter habe ich noch Probleme. Das Zusammenleben mit den Kindern ist nicht immer leicht. Aber wenn ich meditiert habe, kann ich alles besser ertragen.« Im Kurs spürte sie nur die große Wohltat der Ruhe, die sich während des Übens jedesmal in ihr ausbreitete.

Autogenes Training als Streßprophylaxe

Eine gute Streßprophylaxe und -therapie sind das Autogene Training und das Psychohygiene-Training (PT). Das AT ist eine Art Selbsthypnose durch Autosuggestion, eine »konzentrative Selbstentspannungsmethode«, die sich für Gesunde und Kranke eignet.

»Autogen« heißt selbst erzeugt, und das Wort Training besagt, daß man methodisch vorgehen und üben muß.

Der Schöpfer des AT ist Professor J. H. Schultz. Bei Hypnose-Experimenten hatte er – wie vor ihm schon andere Forscher – festgestellt, daß der Körper des Patienten beim Eintritt in die Hypnose schwer und warm wird und die Organe ruhiger arbeiten. Das sind Symptome einer zentralen Umschaltung, die auch das Ziel des AT ist.

Die »organismisch leibseelische Umschaltung« – wie Schultz sie nennt – erreichen wir durch Denkvorstellungen. Denkvorstellungen haben die Tendenz, sich im Körper zu verwirklichen. Anfangs sprach Schultz den Patienten die Symptome von Schwere und Wärme vor – woraufhin sie in den gewünschten hypnotischen Zustand fielen.

Schließlich kam er auf die geniale Idee, die Patienten zu bitten, sich die Symptome in Gestalt von Formeln selbst vorzusagen. Und auch damit wurde die beabsichtigte Wirkung erzielt. Das war die Geburtsstunde des Autogenen Trainings.

»Arm ganz schwer«

In der sogenannten Droschkenkutscherstellung, viel häufiger jedoch in passiver oder aktiver Sitzstellung sagt sich der autogen Trainierende einmal »Ich bin vollkommen ruhig und gelassen«, um sich dann etwa sechsmal auf die erste Übungsformel »Arm ganz schwer« zu konzentrieren. Diesen Turnus wiederholt man drei- bis viermal.

Rechtshänder wählen den rechten Arm, weil sie in ihm die Schwere (und später natürlich auch die Wärme) leichter spüren als im linken Arm. Der rechte Arm ist bei ihnen der »ichnähere«. Man konzentriert sich vor allem auf den rechten Unterarm und läßt den übrigen Körper völlig außer acht. Linkshänder nehmen den linken Arm.

Je besser man sich mit seinen Gedanken in den rechten (oder linken) Arm versetzen kann, je konzentrierter man dabei ist, desto leichter fällt einem die Realisierung der Schwere. Und Schwere bedeutet Muskelentspannung.

Eine Hilfestellung für Anfänger: Drücken Sie vor der Schwereübung beide Arme mit aller Kraft auf die Oberschenkel. Die anschließend eintretende reaktive Muskelentspannung wird jetzt ganz deutlich als Schwere empfunden.

Im allgemeinen kann jede Woche eine neue Übung erlernt werden.

Das Zurücknehmen nicht vergessen

Durch das Vorsagen der Vorstellung »Arm ganz schwer« treten Veränderungen im Arm und später auch im ganzen Körper auf, die wieder zurückgenommen werden müssen. Das Zurücknehmen erfolgt stets in der gleichen Weise:

»Arme fest – tief atmen – Augen auf«

Bei »Arme fest« werden die Hände mehrfach mit aller Kraft zur Faust geballt; danach werden die Arme wieder entspannt. Man kann die Arme auch kräftig strecken und beugen. Auf jeden Fall muß der Übende hier ganz energisch vorgehen, sonst kann es passieren, daß ein leichtes Gefühl der Schwere zurückbleibt, das für längere Zeit, gelegentlich sogar eine Woche lang, anhält. Das ist zwar nicht gefährlich, doch ist es auch nicht gerade angenehm.

Anschließend wird man »tief atmen« und erst dann die Augen öffnen. Das Zurücknehmen muß gewissenhaft durchgeführt werden. Wenn in meinen Kursen bei einigen Übenden tatsächlich einmal Symptome der Schwere fortbestanden, war dies stets auf falsches Zurücknehmen zurückzuführen. Schon wenn man sehr nachlässig und ohne Muskelanstrengung – gleichsam symbolisch – zurücknimmt, treten unter Umständen Nachwirkungen auf.

Wer abends während des Trainierens einschläft, braucht nicht zurückzunehmen.

Auch wenn man zu Beginn des AT-Kurses noch keine Schwere oder Wärme empfindet, sollte man energisch zurücknehmen. Denn es kommt gelegentlich vor, daß sich die Symptome erst nach dem Üben zeigen. Manchmal spürt man sie nur deshalb nicht, weil es sich ja um völlig neue Körpergefühle handelt.

»Hand ganz warm«

Die zweite Formel lautet: »Hand ganz warm«. Man beginnt stets mit der Ruhetönung und baut sich auch diese Formel im gleichen Rhythmus wie die erste ein. Die Übungen sehen jetzt also folgendermaßen aus:

»Ich bin vollkommen ruhig und gelassen«
»Arm ganz schwer« (Arm ganz schwer, ganz schwer, schwer, 2 ×)
»Ich bin vollkommen ruhig und gelassen«
»Arm ganz schwer« (Arm ganz schwer, ganz schwer, schwer, 2 ×)
»Ich bin vollkommen ruhig und gelassen«
»Hand ganz warm« (Hand ganz warm, ganz warm, warm, 2 ×)
»Ich bin vollkommen ruhig und gelassen«
»Hand ganz warm« (Hand ganz warm, ganz warm, warm, 2 ×)
»Ich bin/bleibe vollkommen ruhig und gelassen«
Zurücknahme: »Arme fest – tief atmen – Augen auf«

Wärme bedeutet Gefäßentspannung; die häufig verkrampften Blutgefäße entkrampfen sich, der Blutdruck sinkt während des Trainierens. Gelegentlich kann es auch passieren, daß bei dieser Übung ein leichtes Schwindelgefühl entsteht, doch ist diese Nebenwirkung nicht gefährlich. Wenn man im Liegen übt, wie das zu Hause gewöhnlich der Fall ist, treten solche Symptome kaum auf.

Manche Übende spüren die Wärme oder ein Kribbeln in den Händen vor der Schwere. Manchmal spürt man auch Schwere oder Wärme im »ich-fernen« Arm zuerst oder zugleich in beiden Armen.

Es gibt hierbei viele Reaktionsmöglichkeiten, und jeder Übende wird die Verwirklichung der Formeln natürlich anders empfinden.

Ziel des Übens ist, daß der ganze Körper schwer und warm wird. Nach einer gewissen Zeit des Übens tritt die »Generalisierung«, wie Schultz dieses Phänomen nannte, von allein auf. Wer unter kalten Füßen leidet, kann mit Hilfe der Wärmeübung seine Füße auch ohne ein heißes Fußbad wieder warm bekommen. Ebenso kann der Trainierte auf diese Weise bei einem Winterspaziergang Wärme in seine Ohren oder Hände hineindirigieren. Das AT ist also auch im Gehen möglich.

Physiologische Veränderungen

Wir versuchen, uns in der rechten/linken Hand Wärme »einzubilden« und diese Eigenwärme zu fühlen. Einbildung bedeutet hier jedoch nicht, daß im Arm nichts geschieht und alle Sensationen auf einer Illusion, einer Selbsttäuschung, beruhen. Denn das ist keineswegs der Fall. Wärme in der Hand und im Arm heißt: die Gefäße haben sich entspannt, ihr Lumen ist größer geworden, in den Arm ist mehr Blut geflossen. Je nach der Ausgangstemperatur der Hand kann die Temperatur bis zu fünf Grad oder auch mehr ansteigen.

Umgekehrt bedeuten kalte Füße oder Hände, daß zuwenig Blut in ihre Haut gelangt. Das kann psychische Gründe haben, aber auch Kreislaufstörungen können die Ursache sein. Jedenfalls gehört es zu den leichtesten Übungen des AT, die »innere Zentralheizung« anzustellen, sich also Wärme in die Gliedmaßen zu konzentrieren.

Wie lernt man das AT am leichtesten?

Man muß davon überzeugt sein, daß man imstande ist, das AT zu erlernen, wie Hunderttausende vor einem es schon erlernt haben. Zweifel am Gelingen darf man gar nicht erst aufkommen lassen. Außerdem sollte man einen Grund, ein Motiv, für das Erlernen dieser Methode haben. Sie haben das Motiv: Streßabbau. Das AT sollte jeder beherrschen, der sich selbst beherrschen will. Wer auf dem Gebiet des AT ein Könner ist, wird es auch schnell auf anderen Gebieten. Glauben Sie an sich und die Methode, und Sie erlernen sie im Handumdrehen.

Wer systematisch übt, eignet sich das AT ebenfalls leicht an. Den meisten Menschen ist es nicht gegeben, systematisch zu trainieren – tun Sie es dennoch: Es erleichtert das Lernen ganz erheblich. Üben Sie fünf bis zehn Minuten in der Mittagspause und abends noch einmal – so gelangen Sie schnell zum Erfolg.

Die Atemübung

Die Atemformel lautet: »Atmung ganz ruhig (und gleichmäßig).« Die Übungsfolge hat damit jetzt diesen Wortlaut:

»Ich bin vollkommen ruhig und gelassen«
»Arm ganz schwer, ganz schwer, schwer« (2 ×)
»Ich bin vollkommen ruhig und gelassen«
»Hand ganz warm, ganz warm, warm« (2 ×)
»Ich bin vollkommen ruhig und gelassen«
»Atmung ganz ruhig und gleichmäßig« (etwa 3 ×)
»Es atmet mich – es atmet in mir«
»Ich bin vollkommen ruhig und gelassen«
»Arme und Beine entspannt und angenehm warm« (etwa 3 ×)
»Atmung ganz ruhig und gleichmäßig« (etwa 3 ×)
»Es atmet mich – es atmet in mir«
»Ich bleibe vollkommen ruhig und gelassen«
Zurücknahme: »Arme fest – tief atmen – Augen auf«

Ziel der Atemübung im AT ist die Passivierung der Atmung; es soll automatisch in uns atmen (»Es atmet in mir«), was bedeutet, daß wir nicht aktiv oder bewußt atmen, sondern die Atmung sich selbst überlassen. Diese Passivierung der Atmung ist besonders für Asthmakranke wichtig, obwohl die Schwereübung im Anfall für diesen Personenkreis die wichtigste AT-Übung darstellt.

Wie sollen wir atmen? Es gibt keine Methode, die allen in gleicher Weise zu empfehlen wäre. Worauf wir achten müssen, ist, daß wir die Zwerchfellatmung bevorzugen: Beim Einatmen wölben sich Leib, Flanken und sogar der Rückenbereich in Höhe des Zwerchfellansatzes leicht oder deutlich vor.

Darf man das AT allein lernen?

Unendlich viele Patienten haben das AT aus Büchern gelernt. Wenn einige damit keinen Erfolg hatten, so lag das häufig an den Büchern: Manche sind nicht klar und verständlich genug geschrieben. Ich bin durch zahlreiche Übende, die sich das AT selbst beigebracht haben und durch die Ausbildung von vielen tausend Menschen davon überzeugt worden, daß man ruhig raten kann, die drei erwähnten Übungen – das Grundtraining des AT – allein zu lernen. Davon gehe ich in meinem Buch über das AT im Mosaik-Verlag aus, das als Heyne-Taschenbuch erschienen ist.

Das gilt jedoch nur für Menschen, die sich gesund fühlen. Verhaltensgestörte – mit dem verstaubten Namen Neurotiker bedacht – sollten das AT auf jeden Fall in einem Kurs eines Fachmannes oder einer Fachfrau lernen; das gleiche gilt für vegetativ Labile.

Die drei anderen Übungen des AT – Herz-, Leib- und Kopfübung – sollten unter ärztlicher Aufsicht erlernt werden, weil bei ihnen vor allem bei unbewußter Erwartungsangst leicht kleine Störungen auftreten.

Mit den drei ersten Übungen – Ruhe-, Schwere- und Wärmeübung – kann man im großen und ganzen das gleiche positive Ergebnis erzielen wie mit allen sechs Übungen zusammengenommen. Sie genügen auch zum Einbau der formelhaften Vorsätze.

Formelhafte Vorsätze

Am Ende des Trainierens, wenn man in die autogene Versenkung geglitten ist, verleibt man sich Autosuggestionen, formelhafte Vorsätze, Visualisierungen mindestens zehn Minuten lang in die tieferen seelischen Schichten ein. Man sagt sich seine Vorsätze vor dem Zurücknehmen (leise oder in Gedanken) zehn- bis zwanzigmal möglichst genau und intensiv vor und koppelt sie am besten mit dem Atemrhythmus oder dem Herzschlag, indem man sich beispielsweise mit jedem Herzschlag eine Silbe oder besser noch ein ganzes Wort einprägt. Je intensiver man sich den Inhalt der Vorsätze vorstellt, desto sicherer ist ihre Wirkung.

Sie wirken je nach Motivation und autogenem Trainingseffekt innerhalb von Sekunden oder Tagen. Der Übende steht dann gleichsam unter dem Zwang, daß sich die Vorsätze verwirklichen. Von meinen Kursteilnehmern wird die Ruheformel »Ich bin vollkommen ruhig und gelassen« am häufigsten als autogener Vorsatz verwendet. Das ist auch erklärlich, denn viele Menschen haben etwas mehr Gelassenheit bitter nötig.

Die Vorsätze müssen zum jeweiligen Leiden passen, sie müssen zur Person passen, sie sollten kurz, humorvoll, rhythmisch und vor allem positiv formuliert sein. Wer also seine Angst zurückdrängen will, darf sich nicht sagen: »Ich habe keine Angst« oder »Angst stört nicht«, sondern »Angst ist ganz gleichgültig«. Lärmempfindliche wählen beispielsweise den Vorsatz: »Lärm ganz gleichgültig« usw. Daß gelegentlich auch lange, negative und unrhythmisch abgefaßte Vorsätze eine positive Wirkung haben können, ist selbstverständlich.

Man muß die autogenen Vorsätze erst einmal schriftlich fixieren, ehe man beginnt, sie sich einzuverleiben. Am besten ist es, wenn man die Vorsatzbildung in einem Kurs erlernt, nötigenfalls bespricht man sich mit seinem Arzt. Denn die Gefahr, durch eine unkontrollierte und nicht distanzierte Anwendung ein eingebildeter Gesunder zu werden, ist hin und wieder sicherlich einmal gegeben. Wenn man zum Beispiel den günstigsten Zeitpunkt für eine Krebsoperation verpaßt, kann ein nicht wiedergutzumachender Schaden die Folge sein.

Vorsätze, Vorstellungen und Visualisierungen, die tief verankert werden, haben den Drang, sich auf geheimnisvolle Art und Weise zu verwirklichen. Als ich 1956 den Atlantik in einem gewöhnlichen Serienfaltboot überquerte, half mir diese Tatsache entscheidend: Die Vorsätze wirkten selbst dann noch, wenn ich drohte einzuschlafen; sie durchbrachen sogar illusionäre Verkennungen und Halluzinationen. Wer das AT beherrscht, darf also seine persönliche Leistungsgrenze gelegentlich auch einmal überschreiten.

Wie lange und wie häufig üben?

Alle drei Übungen zusammen dauern nicht länger als fünf Minuten. Gibt man sich zusätzlich Vorsätze, so benötigt man unter Umständen etwas mehr Zeit. Aber länger als zehn Minuten sollte man nicht üben. Das kurze Üben hat den Vorteil, daß man zwangsläufig lernt, sich sehr intensiv zu konzentrieren, und infolgedessen kann man das AT auch in Notfällen oder in kurzen Arbeitspausen einsetzen. Denn wer dafür eine halbe Stunde benötigt, kann mit dem AT beispielsweise in der Mittagspause, während einer Tagung oder sogar während einer Diskussion kaum etwas anfangen.

Wie häufig man üben soll, ist von verschiedenen Faktoren abhängig, vor allem vom Alter. Kinder erlernen das AT sehr schnell, sie brauchen im allgemeinen auch zu Beginn des Trainierens nur ein- oder zweimal täglich zu üben. Je älter man wird, desto regelmäßiger und häufiger sollte man üben, am besten dreimal am Tag.

Die Wirkungen des AT

Bei Befragung von 400 Teilnehmern meiner Kurse gaben nur zwei an, sie seien generell nicht ruhiger und gelassener geworden. Man darf also annehmen, daß durch die autogen erzielte Ruhe die Streßtoleranz steigt und daß bei aufgetretenem Streß die Ruhe auch schneller wieder zurückkehrt.

Durch das Trainieren wird man im Nu wieder fit, besonders, wenn man sich daran gewöhnt, autogene Vorsätze zu verwenden. Man schläft mit Hilfe des AT schnell ein und kann insgesamt besser schlafen; man lernt sich besser konzentrieren, wovon auch das Gedächtnis profitiert. Die Leistungen auf vielen Gebieten – unter anderem im Beruf, im Sport – können gesteigert werden. Das AT führt zu einer tiefen Entspannung und Entkrampfung, psychisch wie körperlich.

Man wird in allem, was man tut, etwas gelassener, die Affekte verlieren an streßerregender Wirkung. Das Ich ist nicht mehr so empfindlich, und schon allein dadurch fällt so mancher Streß weg.

Das Psychohygiene-Training

Wer mit dem AT nicht zurechtkommt, sollte es einmal mit dem von mir entwickelten Psychohygiene-Training versuchen, einer »autosuggestiven konzentrativen Atmungs- und Entspannungsmethode«, die leichter zu erlernen ist und intensiver wirkt als vergleichbare Methoden. Die leichtere Erlernbarkeit ist einmal darauf zurückzuführen, daß beim PT mehr Wert auf das Körpergefühlstraining gelegt wird, und zum andern darauf, daß die Übungen mit der Ausatmung kombiniert werden. Zahlreiche Leser haben die Methode aus meinem Buch »Einfach Entspannen, Psychohygiene-Training« gelernt oder Übungen, die sie mit dem AT nicht realisieren konnten, mit Hilfe der PT-Atmung zum ersten Mal verwirklichen können. Das gilt insbesondere für die Wärmeempfindung in den einzelnen Bauchorganen oder in deren Bereich.

Überdies ist es mit Hilfe des PT leicht möglich, durch gezieltes und leicht verzögertes Ausatmen Kontakt zu den Schwachstellen des Körpers aufzunehmen, so daß es dort zu wesentlichen Besserungen kommt. Hier werden Ähnlichkeiten mit dem Yoga erkennbar. Ferner läßt sich die PT-Atmung im Gegensatz zu allen anderen Entspannungsmethoden auch während des Streßgeschehens unbemerkt für Beobachter anwenden.

4. Das tägliche Anti-Stress-Training für den beruflichen Alltag

Was können Sie außer den bereits angeführten Dingen tun, um Ihren beruflichen Alltag streßarm zu gestalten? Ein ausgewogener Tagesrhythmus trägt viel zu einem gesunden Lebensrhythmus, dem »Biorhythmus«, bei. Wichtig ist ein gut abgestimmter Wechsel zwischen Arbeit und Pause, Spannung und Entspannung.

Im folgenden gebe ich Ihnen einige Hinweise und Ratschläge, die Ihre physische und psychische Stabilität fördern sollen.

Plötzliche Rhythmusänderung wird zum Streß

Unser biologischer Rhythmus ist vorprogrammiert. Jahrtausendelang lebte der Mensch im Rhythmus der Natur. Dann kam die Zivilisation und brachte ihn »aus dem Rhythmus«, aus dem Takt. Künstliche Beleuchtung, Zentralheizung, Nachtarbeit und andere Faktoren wirken ganz erheblich auf den biologischen Rhythmus ein.

Im allgemeinen erreicht unsere Leistungsfähigkeit zwischen acht und elf Uhr einen Höchstwert, um dann bis etwa 14 Uhr abzusinken. Etwa zwischen 15 und 21 Uhr ist wiederum ein Leistungsanstieg zu verzeichnen, der allerdings geringer ist als in den Morgenstunden. Danach fällt die Kurve jedoch steil ab und erreicht gegen drei Uhr morgens ihren Tiefpunkt, um dann erneut anzusteigen.

Während physiologischer Tiefpunkte ist die Unfallgefahr größer, Fehlleistungen werden vor allem bei Nachtarbeitern häufiger.

Aber es gibt auch Menschen, deren Rhythmus anders verläuft. Der »Morgenmuffel« wird erst am späten Vormittag richtig wach, er versäumt zwar den morgendlichen Anstieg der Leistungsfähigkeit, zeigt dafür jedoch am Nachmittag und Abend eine Leistungskraft und -lust, die seinen Gegentyp, den »Morgensänger«, immer wieder in Erstaunen versetzt. Bei vielen anderen Menschen hingegen läßt sich kaum ein Unterschied zwischen morgendlicher und abendlicher Leistungsfähigkeit feststellen, sie können sowohl morgens wie abends Besonderes leisten.

Jeder sollte sich so weit kennen, daß er sagen kann, wann seine Leistungskurve am tiefsten ist. Denn dann kann er seine Pausen danach einrichten und braucht seinen Rhythmus nicht zu vergewaltigen und sich selbst nicht zu stressen. Abends sollte man danach trachten, seine Einschlafzeit dem persönlichen Rhythmus entsprechend zu fixieren.

Es scheint neuesten Untersuchungen zufolge aber doch so zu sein, daß viele »Morgenmuffel«, durch Not oder Pflicht motiviert, ihren Rhythmus den Gegebenheiten anpassen können. Sie sollten dies allerdings nicht zu plötzlich und nicht unvermittelt tun, sonst wird der Streß zu groß.

Für den Rhythmus im besonderen und die Lebensführung im allgemeinen spielt das Pausemachen eine wichtige streßmindernde Rolle.

Pausieren – die Kunst der Streßminderung

Wer hin und wieder eine kurze Pause einlegt, ist deshalb noch kein Zeitverschwender. Oft schafft er letzten Endes mehr als der Geschäftige. Allzu große Geschäftigkeit ist meist ein Symptom mangelnder Reife und Distanz. Wer schöpferisch tätig ist, muß die Kunst der sinnvollen Pause beherrschen: In ihr gewinnt man Abstand zu vielen Problemen, die einen bestürmen, und findet eine Lösung für sie.

Zur rechten Zeit Pausieren bedeutet jedoch auch Erholung vom Streß. Mehr noch: Pausen können Streßreaktionen so weit abschwächen, daß sie nicht mehr Belastung, sondern nur noch Anregung sind.

In der Arbeitspause sollte man zur Ankurbelung des Kreislaufs frische Luft schnappen oder Treppen hinunter- und schnell wieder herauflaufen oder mit dem Baligerät ein bis drei Minuten lang Übungen machen. Manchmal genügt es auch, zur Abwechslung ein paar Sekunden aus dem Fenster zu schauen und vielleicht die Vögel zu beobachten oder sich über die verschiedenen Farben in der Natur zu freuen.

Die Pause ist zur Entmüdung da, die Freizeit zur Entspan-

nung und der Urlaub zur Erholung. Die Entmüdung sieht natürlich bei einem Arbeiter anders aus als bei einem Büroarbeiter; er wird einen kleinen Imbiß zu sich nehmen, sich unterhalten oder die Zeitung lesen wollen. Der Büroarbeiter dagegen braucht Bewegung.
Wer den ganzen Abend fernsieht, sollte zwischendurch seinen Kreislauf durch ein paar gymnastische Übungen anregen. Er sollte aber auch seinen Augen einmal Gelegenheit geben, sich zu »erholen«, indem er sie während bestimmter Szenen schließt und sich nur auf die Worte konzentriert.

Insgesamt müssen wir alle »pausenbewußter« werden, unser Körper wird es uns danken.

Schlafstörungen durch Streß

Wenn man eine streßreiche Aufgabe vollendet hat, kann man bekanntlich gut schlafen. »Nach getaner Arbeit ist gut ruhn.« Die Spannung fällt weg, die Entspannung bricht durch – Ruhe nach dem Sturm.

Ganz anders hingegen ist es, wenn man eine streßreiche Arbeit noch nicht beendet hat: Die Spannung hält einen wach, man schläft weniger oder schlecht. Das aber hat seinen Grund: Im Streß werden Hormone ausgeschieden, die zu Höchstleistungen anregen und jede Müdigkeit vertreiben. Wer spätabends über einer geistigen Arbeit sitzt, wird also von seinem eigenen Schwung mitgerissen, doch kommt es häufig vor, daß er dann einem anderen Stressor zum Opfer fällt – den Schlafstörungen. Es bildet sich ein Teufelskreis, den zu durchbrechen oftmals schwierig ist. Man bleibt am Morgen schläfrig und greift zu starkem Kaffee und bisweilen auch zu Tabletten, die wach halten sollen. Manche Abhängigkeit von Suchtstoffen ist so entstanden.

Aber außer der geistigen Arbeit bis spät in die Nacht gibt es noch andere Faktoren, die als Stressoren wirken können und einen nicht einschlafen lassen: Wein etwa oder zu spät getrunkener Kaffee, zu große Hitze oder Kälte, ein schweres Abendessen etc. Jeder sollte wissen, welche dieser Faktoren ihn persönlich stressen, und sie ausschalten. Zusätzlich hilft Autogenes Training. Zahlreiche Trainierende haben an sich selbst erfahren, wie sich die konzentrative Selbstentspannung des Autogenen Trainings durch leichteres Einschlafen und Durchschlafen bemerkbar macht.

Ferner wird man abends den Tag ausklingen lassen und sich beispielsweise einem entspannenden Hobby widmen oder einen erholsamen Spaziergang machen. Wer dennoch schlecht schläft, sollte zusammen mit seinem Arzt nach den Ursachen fahnden.

Vielleicht arbeitet sein Herz schlecht, oder die Hirngefäße sind verkalkt, oder es steckt ein anderes körperliches Leiden hinter den Schlafstörungen. Auch Bewegungsmangel ist manchmal der Grund und Streßarmut: Ja, Mangel an Streß, Einförmigkeit des Alltags, kann unter Umständen zu Schlafstörungen führen. Die psychischen Faktoren werden leider häufig nicht genügend berücksichtigt, und ein schlechtes Gewissen ist eben auch ein schlechtes Ruhekissen.

Selbstverständlich gibt es auch Lebenskünstler, die sogar unter Streß einen »gesunden« Schlaf haben. Ihnen kann man nur gratulieren. Es sind meist Menschen, die schnell und vollkommen abschalten und sich auch besonders gut konzentrieren können. Aber seine Streßreaktionen auszuschlafen ist nicht jedem gegeben. Gutes Zureden hilft gar nichts, dagegen schon eher ein Besprechen der Probleme und das Sichselbstberuhigen. Auf jeden Fall sollte man versuchen, ohne Schlafmittel auszukommen, die häufig nicht nur Nebenwirkungen haben, sondern auch den Schlafrhythmus stören.

Bewegung ist ein bewährtes Mittel zum Einschlafen. Wenn man sich einen Heimtrainer, ein Standfahrrad, anschafft, kommt das meist der ganzen Familie zugute. Vor allem im Winter, wenn es draußen regnet oder schneit und man keine Lust zum Wandern hat, ist es von großem Nutzen.

Schlafregeln

1 Ruhe und Entspannung erreichen Sie, wenn Sie die Muskeln systematisch entspannen, beispielsweise nach der Methode der progressiven Muskelentspannung von Professor E. Jacobson in Chicago. Sie ballen erst einmal

kräftig die Fäuste und merken dabei, wie sich die Muskeln spannen. Wenn Sie die Hände dann allmählich öffnen, spüren Sie sofort ein Gefühl der Entspannung. Das gleiche praktizieren Sie mit dem Gesicht: Kneifen Sie die Augen fest zu und pressen Sie die Lippen zusammen, um die Muskeln anschließend wieder zu entspannen. Danach kommen die Beine und die Füße an die Reihe. Auf diese Weise lösen sich die Spannungen im Körper, die vor allem ein Zeichen von Nervosität und Angst sind und sich bei den meisten Menschen nachweisen lassen. Entspannung der Muskeln ist die Via regia zum Schlaf.

2 Wenn Sie abends zuviel essen, riskieren Sie unter Umständen, unruhig zu schlafen und schlecht zu träumen. Auch Käse, Wein und koffeinhaltige Getränke können der Grund für Schlafstörungen sein, obwohl viele durchaus gut danach schlafen.

3 Menschen mit psychischen Störungen schlafen im allgemeinen schlechter als psychisch Gesunde. Wenn Sie meinen, daß Sie zur ersten Gruppe gehören, sollten Sie zusammen mit Ihrem Arzt überlegen, wie solche Störungen, hinter denen beispielsweise eine latente Depression stecken kann, auszuschalten sind.

4 Wenn Sie den ganzen Abend geistig tätig waren, sollten Sie von vornherein vor dem Zubettgehen eine Übergangszeit einplanen, in der Sie sich auf den Schlaf vorbereiten. Bewegung, leichte Lektüre usw. kommen hier in Frage.

5 Die günstigste Schlafzimmertemperatur ist individuell sehr verschieden, für viele liegt sie zwischen 15 und 18 Grad Celsius. (Die optimale Luftfeuchtigkeit soll angeblich etwa 45 Prozent betragen.) Wenn Sie jedoch zu Infekten der Atmungsorgane oder zu Rheumatismus neigen oder sich bei dieser Temperatur nach einer Eingewöhnungszeit von vier Wochen immer noch nicht wohl fühlen, dürfen Sie ruhig ein etwas wärmeres Zimmer wählen.

6 Die Matratze sollte nicht zu weich, aber auch nicht extrem hart sein.

7 Sorgen Sie vor dem Zubettgehen für warme Füße. Das geschieht durch Laufen auf der Stelle, durch ein heißes Fußbad, durch Kneippsche Anwendungen oder indem Sie sich die Füße ganz einfach durch die Kraft der Vorstellung (Autogenes Training) warm machen.

8 Der Mensch ist, was das Schlafen betrifft, ein Gewohnheitstier: Je regelmäßiger er zu einer bestimmten Zeit ins Bett geht, desto leichter schläft er ein.
Versuchen Sie also, möglichst immer zur gleichen Zeit schlafen zu gehen. Jeder hat seinen eigenen Schlafrhythmus, den er – über längere Zeit gesehen – einhalten sollte.

9 Gewöhnen Sie sich an ein bestimmtes Einschlafritual. Ein Glas Milch direkt vor dem Zubettgehen hat schon vielen das Einschlafen erleichtert.

10 Eines dürfen Sie niemals tun: unbedingt einschlafen wollen. Der Schlaf muß sich in den Körper einschleichen; wer ihn ergreifen will, greift ins Leere und vertreibt ihn.

11 Sind Sie nachts aufgewacht, so können Sie am schnellsten wieder einschlafen, wenn Sie sich erneut auf die Entspannung konzentrieren. Natürlich gibt es auch andere Methoden. Benjamin Franklin wechselte in einem solchen Fall in ein zweites Bett über. Andere zählen bis 1000 oder sagen Gedichte auf. Auch Beten für andere Menschen ist für viele ein sicherer Weg, schnell wieder einzuschlafen; man konzentriert sich dadurch von sich selbst und von seinen Sorgen weg. Auf keinen Fall jedoch darf man sich über den unterbrochenen Schlaf ärgern.

12 Wenn Sie tatsächlich nachts einmal eine Zeitlang wach liegen, sollten Sie sich damit trösten, daß Ihr Körper dann im Schongang arbeitet und sich auf diese Weise dennoch etwas erholt. Wer übrigens glaubt, er habe nachts »kein Auge zugemacht«, irrt sich: Versuche ergaben, daß auch solche schlechten Schläfer ein paar Stunden geschlafen haben. Sie wissen es nur nicht mehr, weil sie zwischen den Schlafperioden – schon durch leiseste Geräusche geweckt – lange wach waren.

Wieviel Schlaf benötigt der Mensch überhaupt? Mit sechs Jahren schläft man gut elf Stunden, mit 15 Jahren etwa neun, mit 20 ungefähr acht; mit 60 Jahren schließlich schläft man durchschnittlich sieben Stunden.

In Einzelfällen weicht das Schlafbedürfnis natürlich von dieser Regel ab.

Den Streß »ausatmen« mit der PT-Atmung

Ein wirksames Mittel bei der Bekämpfung von Streßreaktionen, dessen man sich auch unauffällig am Arbeitsplatz bedienen kann, ist die Veränderung des Atemrhythmus. Atmen Sie besonders tief ein und langsam wieder aus. Bevorzugen Sie dabei die Zwerchfellatmung: Beim Einatmen wölbt sich der Leib vor, beim Ausatmen flacht er sich ab. Lassen Sie »es« in sich atmen, geben Sie sich diesem Vorgang hin, denken Sie dabei an nichts – höchstens an Ru-he. Sie atmen sich damit frei von kleinen Ängsten und vegetativen Störungen.

Auch Lampenfieber können Sie in dieser Form wunderbar bekämpfen. Jedoch sollte man nicht länger als etwa zwei Minuten auf diese Weise ausatmen und stets darauf achten, daß nach der verlängerten Ausatmung eine kurze Pause folgt, damit es nicht zur Überatmung kommt. In dem schon erwähnten Buch »Einfach Entspannen, Psychohygiene-Training«, bin ich sehr ausführlich auf die PT-Atmung eingegangen. Daß man immer dann, wenn Streß zu erwarten ist, sein Vegetativum ganz schnell durch die PT-Atmung in den Griff bekommen kann, ist wohl der größte Vorteil dieser Methode.

Ebenso wie sich Angst auf ein erträgliches Maß »ausatmen« läßt, kann man auch aufkommende Müdigkeit durch einen – allerdings unnatürlichen – veränderten Atemrhythmus verscheuchen, beispielsweise während eines Vortrages oder während einer Konferenz.

Dazu atmet man tief und langsam ein und läßt die Atemluft dann relativ schnell wieder entweichen. Betonung der Einatmung bedeutet Anspannung, Verlängerung der Ausatmung bedeutet mehr Entspannung. Müdigkeit wird auch etwas vertrieben, wenn die Ausatmungsluft stoßweise durch den Mund entlassen wird.

Durch Abhärtung zu größerer Streßstabilität

Zu einer gesunden Lebensführung gehören auch Abhärtungsmaßnahmen. Sie entscheiden mit darüber, wie streß- und krankheitsanfällig man ist. Daher sind sie von alters her immer wieder empfohlen worden. Jede Epoche hat sozusagen ihren Pfarrer Kneipp.

Die Abhärtung ist eine Anpassung an milde oder kräftige Reize, die wie leichte Stressoren wirken. Sie dient dem Zweck, die Anpassungsmechanismen des Körpers zu verbessern, wodurch es zu einer Steigerung der Widerstandskraft gegenüber Stressoren wie Infektionen, Kreislaufbelastungen usw. kommt. Wer dauernd kränkelt, sollte sich auf jeden Fall durch verschiedene Maßnahmen abzuhärten versuchen. Im weiteren Sinn gehören zu den Abhärtungsmitteln sowohl Bewegung wie Ernährung, im engeren Sinn Wasser- und Luftanwendungen.

Wie bei allen streßabbauenden Maßnahmen geht man auch bei der Abhärtung am Anfang lieber zu langsam als zu schnell vor. Und vor allem: man geht systematisch vor und achtet auf Regelmäßigkeit.

Abhärtung ist für Pfarrer Kneipp »die Hauptsache; wo diese fehlt, da fehlt auch die richtige Gesundheit und Kraft«. Wenn Sie mit dem Abhärten beginnen, sollten Sie auf jeden Fall auch »tautreten«. Auf einem Rasen am frühen Morgen ein, zwei Minuten lang barfuß laufen. Für Kinder mit dauernden Angina-Schüben ist dies besonders nützlich. Aber selbst indem Sie zu Hause auf dem Teppich, auf den Fliesen, auf dem Balkon oder auf der Terrasse barfuß laufen, können Sie sich ein wenig abhärten.

Den Streß wegbürsten

Zu den wirksamsten Abhärtungsmaßnahmen, die besonders für den Anfänger geeignet sind, zählt das Trockenbürsten. Es regt den Kreislauf an und führt durch seinen Abhärtungseffekt zu größerer Streßstabilität.

Man benötigt hierzu eine Naturborstenbürste oder einen Sisalmassagehandschuh. Im allgemeinen nimmt man die Bürstung morgens vor. Man beginnt mit dem rechten Bein und bürstet mit leicht kreisenden Bewegungen von den Zehen (erst die Fußsohle, dann den Fußrücken) zur Hüfte. Es folgt das linke Bein, der rechte Arm – die Bürste wird von den Fingerspitzen bis zur Schulter geführt –, der linke Arm. Anschließend werden Rücken (Stielbürste), Bauch und Brust behandelt, auch hier wird stets zum Herzen hin gebürstet. Beim Bauch beginnt man rechts unten und führt die Bewegung mit kleiner werdenden Kreisen im Uhrzeigersinn aus. Die weibliche Brust und die vordere Halsregion werden nicht gebürstet.

Kunststoffbürsten sind härter und in der Regel für Unempfindliche geeignet. Zwischen Nylon- und Naturborstenbürsten stehen hinsichtlich ihrer Reizwirkung die Gummibürsten. Selbstverständlich kann man auch naß mit kaltem Wasser bürsten. Je mehr Fett unter der Haut sitzt, desto stärker muß der Druck sein, den man beim Bürsten ausübt. Wenn sich die Haut rötet, hatte die Bürstenmassage den richtigen Erfolg. Kratzspuren dürfen nicht entstehen. In vier bis sechs Minuten ist die Prozedur beendet.

Kneippen im Badezimmer

In jedem Badezimmer kann eine erfolgreiche Kneippkur durchgeführt werden:

1 Der Körper muß zu Beginn warm sein. Ist er es nicht, so bewegen Sie sich, bis Sie warm werden. Oder Sie bürsten sich warm. Wenn Sie kalte Füße haben, nehmen Sie zuerst ein warmes Fußbad.

2 Morgens lassen Sie nur kurze Kaltwasserreize auf sich wirken, beispielsweise waschen Sie nur den Oberkörper mit kaltem Wasser kurz nach.

3 Oder nehmen Sie morgens eine kalte Ganzwaschung mit anschließendem Trockendämpfen im Bett vor.

4 Wenn Sie am Morgen kalt duschen, tun Sie es nur sehr kurz.

5 Wertvoller als morgendliches kaltes Duschen sind meistens Güsse (Wechsel- oder kalte Güsse) mit dem Duschschlauch (Duschkopf von der Handbrause abschrauben). Am Anfang stehen kalte Kniegüsse für etwa 20–30 Sekunden, von denen Menschen mit Krampfadern und Kreislaufbeschwerden besonderen Nutzen haben. Später kann man die Güsse auf die Oberschenkel ausdehnen.

6 Wechselbäder haben sich bei Durchblutungsstörungen der Herzkranzgefäße gut bewährt.

7 Wassertreten in der Badewanne, knöchel- bis wadentief, bei 10–15 Grad Celsius und 30–50 Sekunden lang, wirkt besonders gut bei Krampfaderleiden, Einschlafstörungen, Kreislaufbeschwerden und Nervosität. Sie können es auch sofort nach der Rückkehr von der Arbeit durchführen.

8 Nach jedem warmen oder heißen Bad ist ein aktivierender kalter Abguß mit dem Duschschlauch notwendig. Eine Nachruhe im Bett verstärkt die Wirkung.

9 Badezusätze können medizinische und streßausgleichende Wirkungen entfalten: Fichtennadelextrakt bei Nervosität und Schlafstörungen u. a.; Haferstroh, Heublumen bei rheumatischen Erkrankungen; Hopfen, Baldrian bei Nervosität und Schlafstörungen; Rosmarin bei Überanstrengung, Kreislaufbeschwerden u. a.

10 Ein heißes Bad von 38–39 Grad beruhigt, jedoch ein zu heißes Bad regt manchmal an. Auf keinen Fall den nachfolgenden kurzen kalten Abguß vergessen.

11 Je kälter das Wasser bei den Anwendungen ist, desto mehr wird der Kreislauf angeregt. Es hat sich bewährt, mehrmals zwischen heiß und kalt zu wechseln (Wechselduschen, -güsse).

Die Nackengegend wird bei kalten Wasseranwendungen am besten ausgespart, da es dort – vor allem bei Büroarbeitern – häufig zu Verspannungen kommt.

Andere Abhärtungsmaßnahmen

1 Bei der Sauna wird der Abhärtungseffekt durch den Wechsel zwischen dem trockenen Heißluftbad, dessen Temperatur bis zu 100 Grad betragen darf, und dem anschließenden kalten Abduschen oder Baden erzielt. Saunieren entspannt und beruhigt vorzüglich. »In der Sauna verraucht der Zorn«, sagen die Finnen.

2 Auch Luftbäder im Halbschatten sind bei vorsichtiger Dosierung ein gutes Mittel zur Abhärtung. Die Widerstandsfähigkeit des Organismus gegen Krankheiten steigt.

3 Höhensonne kann ebenso wirken. Von Bergarbeitern, die systematisch Ultraviolett-Bestrahlungen erhielten, wurden bei einer Erkältungsepidemie nur 3,5 Prozent krank, im Gegensatz zu 10,3 Prozent Ausfall bei den nicht Bestrahlten. Aber gerade hier ist zu warnen: Jede Überdosierung ist schädlich. Die Haut wird alt, und bei empfindlicher Haut kann sich später Hautkrebs bilden. Bei vorsichtiger Bestrahlung dagegen werden unter anderem vegetatives Nervensystem und Kreislauf günstig beeinflußt.

4 Massage kann zur Entkrampfung beitragen und somit Streßreaktionen abbauen helfen.

5 Zu den Abhärtungsmaßnahmen zählt auch die Stärkung der Widerstandskraft durch Vertrauen in den eigenen Lebensweg, durch positive Vorsätze, Beten, Lachen, tiefes Atmen, abwechslungs- und vitaminreiche Frischkost und vieles andere mehr.

Anti-Streß-Programm für einen Arbeitstag

1 Stehen Sie so früh auf, daß Sie sich in Ruhe auf den Tag vorbereiten können. Waschen Sie sich von den Zehen bis zum Kopf kalt ab. Morgengymnastik wie angegeben.

2 Vergessen Sie beim Frühstück nicht das tierische Eiweiß (Magerquark, -milch oder -käse, Magerschinken).

3 Wenn Sie Autofahrer sind, fahren Sie rechtzeitig zur Arbeit ab, fahren Sie defensiv und singen oder pfeifen oder summen Sie während der Fahrt. Retten Sie die gute Laune über den Arbeitstag hinweg.

4 Wenn möglich, gehen Sie zu Fuß zur Arbeit, selbst kilometerweit. Dabei kann man eine Minute lang zügig gehen – ähnlich den marschierenden Soldaten mit weitausladenden Armbewegungen; dadurch wird das Im-

munsystem nachweisbar angeregt. Verstärkt wird dieser Effekt noch, wenn man sich gleichzeitig im Rhythmus des Gehens Vorsätze gibt wie »Ich bin jung und gesund, voller Schwung« o. ä.

5 Nutzen Sie die Pausen während der Arbeitszeit für Bewegung oder Autogenes Trainieren aus.

6 Verrichten Sie kleine Gänge in Ihrer Dienststelle selbst, meiden Sie Fahrstühle, wo Sie nur können.

7 Denken Sie an das zweite Frühstück – Sie erinnern sich: die gleiche Kalorienmenge auf vier, besser fünf Mahlzeiten verteilen.

8 Falls Sie sich morgens gegen elf Uhr müde fühlen, eine Minute lang Bewegungsübungen zur Anregung machen (Übungen mit dem Baligerät, Kniebeugen, Treppensteigen usw.)

9 Nehmen Sie zum Mittagessen Kräuter mit (Petersilie, Dill o. a.). Auf belegten Broten sollten neben dem Aufschnitt Salatblätter und Kräuter nicht fehlen.

10 Wenn Sie vormittags gestreßt wurden, tun Sie gut daran, sich in der Mittagspause körperlich zu betätigen. Wenn Sie Streß erwarten, sollten Sie vielleicht das Autogene Training mit seinen formelhaften Vorsätzen vorziehen.

11 Wer sich nach dem Essen bewegt oder autogen trainiert hat, ist »wach« geworden, angeregt, so daß er unter Umständen auf seinen gewohnten Tee oder Kaffee verzichten oder diese Getränke auch zu einer späteren, besser zum Tagesrhythmus passenden Zeit einnehmen kann.

12 Wenn Sie »nervös« sind, sollten Sie Bohnenkaffee lieber meiden und evtl. Tee oder koffeinfreien Kaffee vorziehen. Meist ist aber ein »Gesundheitstee«, beispielsweise Pfefferminztee, mit Honig und Zitrone angebrachter.

13 Zum Nachmittagskaffee Obst oder fettarmen Kuchen essen, Joghurt oder ein Milchmixgetränk – nur: stets an die Kalorien denken.

14 Wenn Sie nach Beendigung der Arbeit noch einkaufen oder etwas anderes erledigen müssen, gehen Sie genau nach Plan vor: Das spart Nerven und hält negativen Streß in Grenzen.

15 Trainieren Sie vor dem Abendessen autogen oder bewegen Sie sich etwas, der Magen dankt es Ihnen.

16 Essen Sie abends nicht zu spät und nicht zuviel.

17 Verbringen Sie den Abend erholsam; nicht den Beruf mit nach Hause nehmen. Oft ist es besser, abends im Büro etwas länger zu arbeiten, als zu Hause geschäftliche Arbeiten zu verrichten.

18 Die Pläne für den nächsten Tag mit der Familie kurz durchsprechen – Familienkonferenz, falls Sie, Ihr Partner oder Ihre Kinder sie für nötig halten.

19 Gehen Sie rechtzeitig schlafen, lesen Sie sich müde oder trainieren Sie autogen. Auf keinen Fall im Bett Probleme wälzen – alle belastenden Gedanken jetzt von sich weisen.

5. Bestmögliche Nutzung von Freizeit und Urlaub

Der Weg zur 40-Stunden-Woche war weit. Mußezeit war dem einfachen Volk früher praktisch unbekannt. Sind wir dank der vielen freien Zeit, über die wir heute verfügen, gesünder geworden? Wohl kaum. Das liegt nicht etwa daran, daß der Mensch sich verändert hätte oder daß er anfälliger geworden wäre, vielmehr setzt er seine Freizeit häufig nicht richtig ein.

Richtiges Freizeitverhalten muß man lernen, im Elternhaus und in der Schule. Gerade weil so viele Menschen es nicht gelernt haben, ist der Krankenstand so hoch.

Die Mehrzahl der Menschen verhält sich in der Regel freizeit- und damit auch gesundheitswidrig und streßt sich selbst, und das, obwohl Freizeitforscher ganz klar nachweisen konnten: es ginge uns allen viel besser, wenn wir freizeitbewußter lebten.

Individuell die Freizeit gestalten

Das Wort Freizeitgestaltung sollte immer bedeuten, daß sich jeder seine Freizeit selbst gestaltet. Das fällt nicht schwer, wenn man einige Regeln beachtet.

Es fängt schon damit an, daß wir auch in unserer Mußezeit bestimmte Aufgaben zu erfüllen haben, beispielsweise für die Familie, im Haushalt etc. Man sollte sie rechtzeitig einplanen, damit sie nicht zur Last, zum Streß, werden. Denn gerade derartige Pflichten sind für viele eine Belastung. Ein planmäßiges Vorgehen jedoch nimmt ihnen den krankmachenden Stachel, und hat man sie dann absolviert, kann man sich selbst belohnen, indem man sich um so intensiver seinem Hobby widmet.

Zu den Pflichtaufgaben der Freizeit gehört für zahlreiche Menschen die berufliche Fortbildung. Aber unter ihr sollte natürlich nicht das Familienleben leiden. Manchmal ist das Problem nicht die berufliche Fortbildung, sondern eine Arbeitsneurose.

In seiner Freizeit muß man etwas für seine Gesundheit tun. Das sieht naturgemäß für jeden von uns anders aus. Wer während der Arbeit stark gestreßt wird und körperlich nicht tätig ist, sollte sich am Feierabend auf jeden Fall bewegen. Ob er sich einer Gymnastikgruppe anschließt, abends Tischtennis spielt oder im Wohnzimmer auf der Stelle läuft, spielt keine Rolle.

Wichtig ist nur, daß man sich bewegt und daß danach die gewünschte Entspannung eintritt. Oder man macht es wie ein bekannter Unternehmer: Jeden Morgen und jeden Abend – bei jedem Wetter – geht er die 5,6 Kilometer zwischen seiner Wohnung und der Arbeitsstätte zu Fuß, 11,2 Kilometer pro Tag. An seinem 80. Geburtstag praktizierte er das ebenso wie an jedem anderen Tag.

Was man darüber hinaus noch tut, muß man natürlich selbst entscheiden. Schachspielen zum Beispiel ist eine gesunde Anstrengung, weil man es freiwillig tut. Wer jedoch ungern verliert, sollte das bei der Auswahl seiner Partner berücksichtigen.

Familienspiele können ungemein unterhaltsam sein und besonders für Kinder zum Höhepunkt des Tages werden (Karten- und Brettspiele aller Art, Tischkegeln etc.).

Schon früh sollte man sich um ein Hobby bemühen. Die Eltern sollten die Entwicklung von Steckenpferden bei ihren Kindern unter allen Umständen fördern: Wer im späteren Leben nichts hat, was er als Ausgleich zur Arbeit besonders gern tut, kann leicht ein Spielball seiner Stressoren werden. Menschen ohne Hobby neigen auch eher dazu, medikamenten-, nikotin- oder alkoholabhängig zu werden oder andere Suchtstoffe zu nehmen. Wer nichts hat zum Lieben, hat dann auch wenig zum Leben.

Hobbys machen einen Menschen erst zum Individuum. Malen, Kneten, Schreinern – man muß es früh lernen, um im Erwachsenenalter wirklich Freude daran zu haben. Das Sammeln von Briefmarken, Steinen, Münzen, Schmetterlingen, Pflanzen, Buch-Erstausgaben, Antiquitäten usw. kann einen Streßgeplagten wieder zur Konzentration und damit zum Streßabbau führen.

Möglichkeiten zur Selbstentfaltung

Selbständige und Topmanager arbeiten oft zwölf bis 16 Stunden am Tag und werden im allgemeinen dennoch wesentlich weniger gestreßt als Menschen, die ihre Acht-Stunden-Arbeit als Belastung oder nur als Broterwerb ansehen.

Wer sich zu Höherem berufen fühlt, sich aber nie so richtig entfalten konnte, gründet am besten einen Klub, dessen Präsident oder Vorsitzender er werden sollte. Meist sind auch noch andere wohlklingende Titel und Posten zu verteilen. Vom psychohygienischen Standpunkt betrachtet, haben solche Klubs – zum Beispiel Kegel-, Schieß-, Schach-, Sportklubs oder -vereine der verschiedensten Art –, die man übrigens im Ausland mindestens ebenso häufig findet wie bei uns, durchaus ihren gesundheitlichen Wert. Und sie haben auch einen hohen Freizeitwert.

Das gleiche gilt für ehrenamtliche Tätigkeit bei karitativen Organisationen; sie ist nicht nur für die Gesellschaft heilsam, sondern auch für den, der sie ausübt – ein psychohygienisch stabilisierender Faktor.

Sich um den Hilflosen oder Kranken, den Alten oder Einsamen kümmern ist für viele eine solche Genugtuung, daß ihre Gesundheit dadurch gefördert wird.

Die Freizeit ist heute nahezu das einzige Gebiet, auf dem wir nicht nur selber planen dürfen, sondern sogar planen müssen, wenn wir zu uns selbst kommen wollen. Dazu ist es allerdings nötig, daß wir die übliche Konsumenteneinstellung aufgeben.

Auf die Frage, wie sie ihre Freizeit verbringen, antworten die meisten, nämlich 64 Prozent: mit Fernsehen. Eine Selbstentfaltung kann durch intensives Fernsehen allerdings kaum erfolgen, und die Gesundheit wird sicherlich auch nicht verbessert oder stabilisiert, wenn man mehrere Stunden am Tag in die Röhre starrt.

Sucht man sich dagegen nur ganz bestimmte Sendungen aus, so kann man damit die Fernsehstunden zu einem Höhepunkt des Tages machen.

Wer am Tage gestreßt wurde, wird am besten vor – oder während – einer Fernsehsendung sein Pensum an Bewegungsübungen absolvieren, denn auf den Tagesstreß direkt den Abendstreß eines Fußballänderspiels folgen zu lassen, ist bestimmt nicht das Richtige.

Der medizinische Sinn der Freizeit ist die Entspannung. Die Aufgabe des Urlaubs ist die Erholung.

Urlaub – unsere große Chance

Trotz der mindestens 130Tage, die die meisten Arbeitnehmer im Jahr frei haben, tritt die Berufsunfähigkeit bei Arbeitern im Durchschnitt heute mit 55 Jahren ein, bei den Angestellten mit etwa 58 Jahren, also auch nicht sehr viel später.

Und das trotz aller medizinischen Erfolge der letzten 100 Jahre, trotz des allgemeinen Altersanstieges.

Unsere Gesundheit ist heute mehr gefährdet denn je – durch uns selbst. Wer sie in seiner Freizeit nicht stabilisiert, wird bald urlaubsreif. Und wenn dann auch noch der Urlaub falsch verbracht wird, können aufgetretene psychovegetative Störungen nur schwer behoben werden. Nach vielen Jahren falscher Lebensplanung kommt es schließlich zu funktionellen Organerkrankungen. Herz-Kreislauf-Störungen sind hierbei am häufigsten, aber auch die Haut, das Gehirn, die Sexualorgane oder der Atmungs- und Verdauungstrakt können betroffen werden.

Wenn man urlaubsreif ist, treten folgende Symptome besonders häufig auf: Schlafstörungen, Nervosität (vegetative Dystonie), Herzjagen oder hohe Pulszahl, die nachts etwas geringer wird. Konzentrationsschwäche, dauernde Müdigkeit, vermehrte Schweißbildung an den Handinnenflächen und in den Achselhöhlen.

Wer dann nicht radikal etwas unternimmt und in seiner Freizeit den Streß abzubauen versucht, riskiert zwar nicht sein Leben, aber er läuft Gefahr, den letzten Rest seines Wohlbefindens einzubüßen. Der Urlaub ist besonders geeignet zur Neugestaltung des Lebens.

Hier einige allgemeine Hinweise, wie man am besten erreicht, daß der Urlaub wirkliche Erholung von einem streßreichen Leben bringt.

Das große Ziel: Der Erholungseffekt

1 Ein Jahresurlaub sollte mindestens drei volle Wochen dauern. Wenn Sie nur zwei Wochen Urlaub machen, hat der Körper nicht genügend Zeit, sich umzustellen. Das vegetative Nervensystem braucht für diese Umstellung in der Regel volle drei Wochen.

2 Sie müssen sich rechtzeitig darüber klar werden, was für ein Urlaub für Sie und Ihre Familie am besten ist: ein Erholungs-, Bildungs-, Kur-, Arbeits-, Reise- oder Erlebnisurlaub. Manchmal kann man seine Situation selbst schlecht beurteilen, der Partner sieht sie vielleicht anders und besser.

3 Wenn Sie sich nicht gesund fühlen oder wenn Sie bereits in ärztlicher Behandlung sind, besprechen Sie am besten mit Ihrem Arzt, wohin Sie im Urlaub fahren können und was Sie dort alles tun oder nicht tun dürfen. Das ist vor allem wichtig, wenn Sie den Urlaub in einem Reizklima (Hochgebirge, Nordsee) verbringen wollen.

4 Wer aus Küstengegenden kommt, hat oft mehr vom Urlaub, wenn er ihn nicht gerade im Hochsommer nimmt; denn mit schwülen und heißen Tagen wird er manchmal nicht so gut fertig wie der Binnenländer. Reizbarkeit und Schlaflosigkeit sind dann deutliche Warnzeichen. Das gilt insbesondere für ältere und vorgeschädigte Menschen.

5 Wer im Winter in den Süden fährt, erwartet von seinem Körper eine Anpassungsfähigkeit, die er häufig nicht so ohne weiteres besitzt, vor allem mit zunehmendem Alter nicht mehr. Die Folge sind Erkältungskrankheiten und andere Leiden. Bewegung und Abhärtung vor dem Urlaub können diesen Anpassungsstreß auffangen.

6 Wer in tropische Länder fährt, muß sich vorher bei der Reiseleitung oder beim Hausarzt erkundigen, ob Malariatabletten zu nehmen sind und welche Impfungen und anderen medizinischen Prophylaxen in Frage kommen.

7 Wenn Sie mit Ihrem Wagen Marathonfahrten unternehmen wollen, überlegen Sie sich vorher, ob Sie jung genug

sind, um solche Kilometerfresserei ohne Schaden zu überstehen. Genügend viele Bewegungspausen sind dann unerläßlich, sonst ergeht es Ihnen wie kürzlich einem Spanienfahrer, der am Steuer seines Wagens zusammenbrach und geistig verwirrt in ein Krankenhaus eingeliefert wurde. Kleinkinder mögen Dauerfahrten gar nicht, so daß die Eltern doppelt belastet werden.

8 In einem Urlaub werden drei negative Phasen durchlaufen. Sie sollten sie schon bei der Planung berücksichtigen· Etwa drei Stunden nach der Ankunft am Urlaubsort kommt es zu sogenannten Sofort- oder Anpassungsreaktionen, die sich in allgemeiner Nervosität äußern. Diese Phase, in der man unfallgefährdeter ist als sonst, kann bis zum nächsten Tag andauern. Es ist also möglich, daß Sie in der ersten Nacht schlecht schlafen. Nehmen Sie daher gleich nach der Ankunft ein heißes Bad oder eine heiße Dusche, ruhen Sie sich anschließend aus und bummeln Sie erst dann durch die Umgebung. Am dritten Tag läßt sich wiederum eine negative Phase nachweisen, Sie fühlen sich nicht recht wohl und klagen über dieses und jenes. Auch hier ist Vorsicht vor allzu strapazierender Betätigung geboten. Eine weitere negative Phase der Anpassung setzt am Ende der dritten Woche, etwa um den 20. Tag, ein. Jetzt endlich stellt sich der Körper – insbesondere das vegetative Nervensystem – auf die gewünschte Erholungsphase um.

9 Sie erholen sich nicht, wenn Sie während der ganzen drei oder vier Wochen faulenzen. Ein gewisser Grad an sportlicher Aktivität ist erforderlich; er hängt vom Beruf und vom jeweiligen Trainingszustand ab. Tanzen kann fehlenden Sport ersetzen; nicht zuletzt deswegen geben neuerdings einige Krankenkassen ihren Mitgliedern einen Zuschuß für Tanzkurse.

10 Wichtig ist, daß Sie langsam beginnen und die Leistungen dann systematisch steigern. Das kann alles ungezwungen und gleichsam spielend geschehen, wie es im Kapitel über körperliche Bewegung beschrieben wurde. Ihre Leistungen richten sich nicht nach denen der Nachbarn oder Miturlauber, sondern einzig und allein nach Ihren eigenen Fähigkeiten.

11 Seien Sie maßvoll im Essen und Trinken. Maßhalten ist das A und O im Urlaub. »Nichts im Übermaß« hieß die zweite Empfehlung in Delphi.

12 Einen Fehler begehen Sie, wenn Sie nach dem Urlaub wieder in Ihren alten Trott verfallen, anstatt sich weiterhin um ein streßarmes Leben zu bemühen. Und stürzen Sie sich auch nicht mit solcher Vehemenz wieder in die Arbeit, daß Sie nach wenigen Wochen erneut »kaputt« sind. Hier sollte die Ehefrau eingreifen und ihren Mann zum Maßhalten bewegen.

Anti-Streß-Training im Kurlaub

Während man früher Kuren zur Festigung der Gesundheit in eigens dafür bestimmten Badeorten machte, lassen sie sich heute, sofern ihr Ziel ein Training des Kreislaufs ist, in anderer Form auch andernorts – etwa in geeigneten Hotels – durchführen. Sie sind dann oft keine Kuren im strengen Sinn, sondern eher Trimm-dich-fit-Programme und zur Streßbekämpfung bestens geeignet.

Vorwiegend im deutschsprachigen Raum gibt es zahllose Sporthotels: Häuser mit Hallenbad, Sauna, Solarium und Massageräumen. Über ähnliche Einrichtungen verfügen aber auch viele andere Hotels. In ihnen kann sich der streßgeschädigte Zeitgenosse wieder richtig fit trimmen – sofern er vorsichtig zu Werke geht. Andernfalls kann er auch im Wartezimmer eines Arztes landen. Vorsicht ist also vor allem dann geboten, wenn man ohne ärztliche Betreuung kurlaubt.

Im allgemeinen sind »wilde Kuren« aber nur für Gesunde und Robuste zu empfehlen. Wer vorgeschädigt ist und wer die 40 überschritten hat, tut gut daran, unter ärztlicher Aufsicht zu kuren. Es gibt neuerdings einige mit modernsten Einrichtungen ausgerüstete Sanatorien, die jedem Kurlauber einen individuellen Kurlaubsplan aufstellen. Wer gesundheitsbewußt ist, wird den anfänglichen Streß des Trainierens auf sich nehmen und bald spüren, wie gut es ihm tut. Derartige Häuser sind sehr zu empfehlen. Man wird dort auch gesundheitserzieherisch unterwiesen und vor allem motiviert, so daß man sein Programm auch zu Hause fortsetzt.

Wer sich gewissenhaft an seinen Kurlaubsplan hält, dem kann Streß nur noch wenig anhaben.

Der Arzt wird sagen, wo ein solcher Kurlaub ratsam ist und ob er von einem Versicherungsträger oder von der Krankenkasse übernommen wird.

Heute werben zahlreiche Länder um (K)Urlauber: u. a. Bulgarien, Griechenland, Italien, Jugoslawien, Österreich, Rumänien, die Schweiz, Spanien (dort auch Mallorca und die Kanarischen Inseln), die Tschechoslowakei und Ungarn. Wem der Arzt dazu rät, der kann zu geriatrischen (»Verjüngungs«-)Kuren fahren. Aber jeder sollte sich darüber im klaren sein, daß das beste Verjüngungsmittel ein aktives und sportliches Leben ist.

Das Wichtigste an einer Kur und einem Kurlaub ist, daß die Patienten veranlaßt werden, das Erlernte auch noch zu Hause anzuwenden.

6. Spezialprogramme

... für Autofahrer

Autofahren ist immer ein mehr oder minder großer Streß. Was müssen Sie beachten, damit der Streß sich bei Ihnen in Grenzen hält?

Vor der Fahrt:

1 Stets ausreichend Zeit vorsehen.
2 Wenn nötig, vorher genügend schlafen. Ausgeruht an den Start gehen.
3 Kurz zuvor nicht zuviel und nicht zu fett essen.
4 Keinen Alkohol trinken.
5 Vorsicht vor bestimmten Medikamenten, die auch ohne zusätzlichen Alkohol gefährlich werden können:
a) Schlaf-, Narkose- und Beruhigungsmittel
b) Psychopharmaka
c) Arzneien gegen Epilepsie
d) Mittel gegen Allergie und Reisekrankheit
e) Anregungsmittel
f) Muskelentspannungsmittel
g) Mittel zur Senkung des Blutdrucks
6 Wenn Sie nicht genau wissen, ob Ihre Medikamente Sie beim Autofahren stören können, fragen Sie Ihren Arzt.
7 Stets gemischte Trockenfrüchte und Kaugummi vorrätig haben, vor allem aber frisches Obst und Mineralwasser.
8 Für längere Fahrten: Ziehen Sie auf jeden Fall vorher bequeme Kleidung und Schuhe an.
9 Brille und Sonnenbrille parat halten.
10 Hat Ihr Sitz die für Sie richtige Stellung?
11 Ist die Straßenkarte erreichbar?
12 Regenkleidung und Handschuhe für den Fall von Reparaturen bereitlegen.

Während längerer Fahrten ist zu beachten:

1 Alle 200 km eine Pause einlegen, dann Kreislauf durch Bewegung anregen.

2 Bevor man müde wird, Kaugummi kauen.
3 Bei Appetit etwas Obst essen, damit der Blutzuckerspiegel nicht absinkt.
4 Bei großer Müdigkeit kurz schlafen; Terminaufwachen durch Autogenes Training und Vorsatzbildung.
5 Tee und Kaffee halten nur für kurze Zeit wach. Vorsicht, die Müdigkeit kann danach plötzlich und unerwartet einsetzen und viel stärker sein als zuvor.
6 Falls Medikamente genommen werden, regelmäßig und zeitgerecht einnehmen.
7 Wenn Sie tatsächlich einmal in größere Autoschlangen geraten, machen Sie Ihrem Streß durch isometrische Übungen (Muskeln an- und entspannen), Singen oder Fluchen Luft, oder sammeln Sie Kraft durch Singen, Witze erzählen, Lachen, Spiele usw.

… für Fernsehzuschauer

Die Amerikaner verbringen – wie eine Untersuchung ergeben hat – etwa zehn Jahre ihres Lebens vor dem Fernseher. Bei uns dürfte es kaum anders aussehen. Zehn Jahre vor dem Bildschirm und etwa 20 Jahre im Büro stillsitzen, dazu circa 25 Jahre schlafen – für Bewegung bleibt dann nicht mehr viel Zeit übrig. Fernsehen kann zum Streß werden oder aber eine wunderbare Sache sein – je nachdem wie hoch die »Dosis« ist. Daher seien einige Ratschläge für diejenigen angeführt, die zu einer Überdosierung neigen.

1 Wählen Sie für sich und Ihre Kinder (und mit ihnen) nur wirklich interessierende Sendungen aus, und bleiben Sie konsequent: Wenn die Sendung beendet ist, ausschalten.
2 Wenn Sie tatsächlich einmal zwei stundenlange Sendungen hintereinander sehen, legen Sie eine Bewegungspause ein; für Ihre Kinder gilt das noch mehr. Es genügt nicht, wenn man sich nur ein wenig die Beine vertritt. Etwa zwei bis fünf Minuten auf der Stelle laufen hat sich bewährt.
3 Besprechen Sie nach einer Sendung mit Ihrem Partner, was Sie eben gesehen haben; tun Sie dies auch mit den

Kindern: mit kleinen Kindern, um Spannungen abzubauen, mit größeren, damit sie lernen, sich selbst eine Meinung zu bilden.

4 Naschen Sie beim Fernsehen nicht und essen Sie auf keinen Fall Ihr Abendbrot dabei: Der Magen macht nur widerwillig mit.

5 Lassen Sie im Zimmer eine Lampe brennen: Sie schonen Ihre Augen.

6 Der Abstand zum Fernseher sollte etwa fünfmal größer sein als die Diagonale der Mattscheibe.

7 Das Bild soll sich ungefähr in Augenhöhe befinden.

8 Augen auch einmal in die Ferne schweifen lassen.

9 Je spannender eine Sendung war, desto ratsamer ist es, sich vor dem Schlafengehen oder gleich nach der Sendung so lange zu bewegen, bis man ein wenig schwitzt oder warm wird (Entstressung).

... für Menschen mit hohem Blutdruck

Wenn Sie angespannt sind und unter Streß stehen, steigt Ihr Blutdruck an. Können Sie sich anschließend nicht wieder entspannen und stehen Sie immer »unter Druck«, so laufen Sie Gefahr, mit der Zeit einen ständig erhöhten Blutdruck zu entwickeln. Daß bei der Entstehung des Hochdrucks noch andere Faktoren mitwirken, ist klar. Vor allem hoher Salzverbrauch und Übergewicht spielen hierbei eine Rolle.

1 Lassen Sie Ihren Blutdruck regelmäßig kontrollieren; ein Hochdruck ist die Vorstufe von Herzinfarkt, Schlaganfall und anderen Krankheiten.

2 Besprechen Sie sich mit Ihrem Arzt; im allgemeinen muß ein hoher Blutdruck lebenslang behandelt werden. Nehmen Sie den Hochdruck ernst, auch wenn Sie keine Beschwerden haben. Wenn Sie Medikamente nehmen müssen, achten Sie auf regelmäßige Einnahme.

3 Seien Sie sehr zurückhaltend beim Verzehr von salzreichen Nahrungsmitteln wie Wurst, Brot, Käse, Schinken, Sauerkraut etc. Ihr Arzt sagt Ihnen, inwieweit Sie Ihren Kochsalzverbrauch einschränken müssen. Manchmal

normalisiert sich der Blutdruck schon, wenn man generell wenig ißt, weil man damit meist auch wenig Kochsalz aufnimmt. Viel Gemüse essen.

4 Bewegen Sie sich täglich und regelmäßig. Ihr Arzt kann Ihnen raten, wie stark Sie sich belasten dürfen. Empfehlenswert ist, am Tage zweimal etwa jeweils 15–30 Minuten lang zügig zu gehen.

5 Nichts einzuwenden ist gegen den Genuß von Tee oder Kaffee – solange er sich in Grenzen hält. Von Fachleuten wird empfohlen, täglich etwa einen Liter kalzium- und magnesiumreiches Mineralwasser zu trinken. Der behandelnde Arzt wird Ihnen geeignete Produkte nennen können, die es auch im Supermarkt gibt.

6 Rauchen ist in jedem Falle schädlich. Vielleicht können Sie es drastisch einschränken oder besser ganz aufgeben.

7 Streben Sie nach Ausgeglichenheit sowohl im psychischen (Psychohygiene-Training, Yoga, AT, Meditation, Beten usw.) wie im körperlichen Bereich (regelmäßige Bewegung, ausreichender Schlaf, fünf Mahlzeiten täglich und stets sehr kalorienbewußt sein).

8 Pro Tag nur ein Gramm Fett pro Kilogramm Körpergewicht zu verzehren ist gerade für diesen Personenkreis wünschenswert. Das Verhältnis von ein Drittel gesättigten, ein Drittel einfach ungesättigten und ein Drittel mehrfach ungesättigten Fettsäuren sollte nach Möglichkeit berücksichtigt werden. Zwei- bis dreimal pro Woche Fisch aus kalten Gewässern essen.

9 Würzen Sie reichlich mit Zwiebeln (Wissenschaftler empfehlen 600 g pro Woche); ob gekocht, gedünstet, gebraten, roh – die therapeutische Wirkung bleibt erhalten; verwenden Sie Knoblauch, Kräuter, und essen Sie nach Möglichkeit zu jeder Mahlzeit etwas Rohkost, beispielsweise morgens eine halbe Apfelsine, mittags Paprikasalat mit Oliven(öl) und Zwiebeln und abends Blattsalat. Als Zwischenmahlzeit bietet sich Joghurt mit frischem Obst oder ein Milchmixgetränk mit frischen Früchten an, das allerdings dann sofort getrunken werden muß, weil sonst viele Vitamine verlorengehen.

10 Auch für Hochdruck-Patienten gibt es Selbsthilfegruppen und entsprechende Zeitschriften.

… für Herzinfarktgefährdete

Arteriosklerose und ihre schwerwiegende Komplikation, der Herzinfarkt, sind Streßkrankheiten ersten Ranges. Doch Herzinfarkt ist kein Schicksal:

1 Den Blutdruck regelmäßig kontrollieren lassen. Einen Blutdruck, der über 140/90 beträgt, auf Lebenszeit ärztlich behandeln oder überwachen lassen.
2 Rauchen verschlechtert die Prognose deutlich.
3 Das persönliche Wunschgewicht anstreben.
4 Die Blutfettwerte in regelmäßigen Abständen vom Arzt kontrollieren lassen.
5 Falls Sie die Anlage zu Gicht, Diabetes oder Unterfunktion der Schilddrüse haben, sind jährlich Kontrollen erforderlich.
6 Nach psychischem Gleichgewicht streben, nach positiver Einstellung zum Leben, nach Wertschätzung des Augenblicks u. ä.
7 Ausreichend schlafen, den Tagesablauf durch kurze Pausen auflockern.
8 Fettarm essen; auf versteckte Fette in Wurst, Käse, Kuchen usw. achten. Im übrigen gelten auch hier die Hinweise wie unter Punkt 8 »… für Menschen mit hohem Blutdruck« angegeben. Viel Obst/Gemüse essen.
9 Durch Bewegung einmal täglich den Puls für etwa zehn Minuten auf eine Höhe von 180 weniger Lebensjahre bringen – dieser Ratschlag gilt für Herzgesunde. Ein Herzinfarktgefährdeter muß natürlich vorher mit seinem Arzt besprechen, ob für ihn nicht (auch) eine Koronarsport-Selbsthilfegruppe in Frage kommt.
10 Als Vorsätze kommen in Betracht:
»Ich bin vollkommen ruhig und gelassen.«
»Ich akzeptiere mich und die anderen.«
»Ich bin ganz Liebe und Freude.«
»Ich liebe und vergebe« usw.

… für Magen-Darm-Kranke

Bei vielen Erkrankungen des Leibraumes ist Streß ein deutlich nachweisbarer begünstigender Faktor. Aus Selyes Untersuchungen ergab sich: Streß bei Tieren führt unmittelbar zu Magen-Darm-Geschwüren. Freilich verläuft der Vorgang beim Menschen komplizierter – dennoch, auch bei ihm zeigt sich eindeutig: psychische Streßfaktoren begünstigen die Entstehung von Magen-Darm-Geschwüren.

1 Entspannung und Harmonisierung durch Autogenes Training und PT haben schon vielen Magen-Darm-Kranken geholfen. Das psychische Gleichgewicht muß nicht nur als Ziel anerkannt, es muß tief im Unbewußten verankert werden. Leistungsstreben und -druck sollten durch Beschäftigung mit meditativen Methoden auf ein vernünftiges Maß zurückgedrängt werden.

2 Nikotin ist ein Gefäßgift. Also das Rauchen einstellen.

3 Jede Krankheit ist ein Notruf, die Situation, in der man steckt, zu überdenken. Entstressen Sie Ihren Tageslauf, machen Sie Pausen, schlafen Sie ausgiebig.

4 Bauen Sie körperliches Training in Ihren Tageslauf ein. Vielleicht haben Sie dann den gleichen Erfolg wie eine hessische Gemeindeschwester, deren jahrelang bestehendes Magengeschwür sich sofort verlor, als sie begann, regelmäßig Dauerläufe über fünf und zehn Kilometer zu machen. Sie können diesen Effekt u. U. auch mit Hilfe unseres Bewegungsprogramms erzielen.

5 Besondere Diätformen werden im allgemeinen bei Magengeschwüren kaum mehr empfohlen. Lassen Sie Nahrungsmittel, gegen die Sie einen Widerwillen haben, und blähende Speisen weg, und verzichten Sie auf konzentrierten Alkohol. Nehmen Sie regelmäßig kleine und knappe Mahlzeiten ein.

6 Die Zwerchfellatmung bringt Beruhigung.

7 Folgende Vorsätze haben sich bewährt:
»Ich bin zufrieden; alles ist gut.«
»Ich fühle mich ganz wohl in meiner Haut.«
»Ich bleibe vollkommen ruhig und gelassen.«

Wie gewöhne ich mir das Rauchen ab?

Rauchen ist ein heimtückischer Streß. Schon durch eine einzige Zigarette wird Fett aus den Fettdepots freigesetzt: Der Körper empfindet aufgrund seiner in Vorzeiten angelegten Reaktion den inhalierten Rauch als Bedrohung und mobilisiert Kräfte für eine Muskelbetätigung. Da die Fette (Fettsäuren) nicht benutzt, d. h. nicht verbrannt werden, bleiben sie im Blut und werden später irgendwo abgelagert.

Professor Gotthard Schettler aus Heidelberg, einer der besten Arteriosklerose-Experten, vermutet, daß dieser Vorgang als Risikofaktor für diese Krankheit anzusehen ist. Daß Rauchen auch den Blutzuckerspiegel erhöhen kann, ist ein weiterer Risikofaktor.

Anti-Rauch-Training

1 Gehen Sie nach Möglichkeit zu einem Arzt, der selbst nicht raucht.

2 Wenn Sie es schaffen – viele Raucher konnten es –, dann geben Sie das Rauchen von heute auf morgen auf. Dazu gehört sehr viel Willensstärke, vielleicht besitzen Sie sie. Wenn Sie nicht so stark sind, beachten Sie die nächsten Punkte.

3 Sagen Sie allen in Ihrer Umgebung, daß Sie das Rauchen langsam, aber sicher einschränken werden. Schließen Sie ruhig Wetten ab, daß Sie es schaffen. Rauchen Sie ab sofort die Zigaretten nur noch bis zur Hälfte.

4 Rauchen Sie ab sofort nicht mehr am Arbeitsplatz, kauen Sie notfalls lieber Kaugummi, wenn Sie sich dadurch besser fühlen.

5 Wickeln Sie Ihre Zigaretten einzeln in Seidenpapier ein.

6 Wenn Sie geraucht haben, tragen Sie jeweils in Ihr Notizbuch ein, wie Ihnen die Zigarette geschmeckt hat. Bedienen Sie sich dabei der Noten 1–6: 1 heißt »sehr gut«, 2 »gut«, 3 »ungenügend«, 4 »mäßig«, 5 »ausgesprochen mäßig«, 6 »schlecht«. Sie werden bald merken, daß Sie nur sehr wenige Zigaretten mit Genuß rauchen. Beschränken Sie sich auf diese wenigen.

7 Übergeben Sie in der zweiten Woche die Zigaretten Ihrer Frau oder einem anderen Familienmitglied zur »Verwaltung«. Wenn Sie unbedingt rauchen wollen, lassen Sie sich immer nur jeweils eine Zigarette aushändigen. Auch Ihre Kinder können gute Sachverwalter sein.

8 Am Ende der dritten Woche sollten Sie auf diese sehr einfache und bewährte Weise Ihren Zigarettenverbrauch auf drei bis fünf reduziert haben. Überlegen Sie sich nun, ob es diese wenigen Zigaretten noch lohnen, das Risiko einzugehen, häufiger krank zu werden und früher zu sterben als Nichtraucher.

9 Geben Sie sich mehrmals in der Stunde Vorsätze wie: »Ich bleibe vollkommen ruhig und gelassen; kein Interesse am Rauchen; ich bleibe konsequent abstinent; ich bin mutig und frei; ich habe Vertrauen.«

10 Rechnen Sie damit, daß Sie zunehmen, wenn Sie das Rauchen aufgegeben haben, denn dann wird Ihr Stoffwechsel nicht mehr von den Giftstoffen der Zigarette angeregt. Schränken Sie daher den Verzehr von Fett und Kohlehydraten ein. Meiden Sie Süßigkeiten und kalorienhaltige Getränke, vor allem Alkohol.

11 Bewegen Sie sich ausreichend in frischer Luft.

12 Stellen Sie sich jedesmal, wenn Sie rauchen möchten, die Standardfrage aus dem PT: KANN ICH ES VERANTWORTEN, daß ich (jetzt) rauche?

Literaturauswahl

Achterberg, J.: Die heilende Kraft der Imagination. Scherz, München 1987

Angelé, K. H.: Deine tägliche Kneipp'sche Gesundheitspflege. Sanitas, Bad Wörishofen 1972

Baranowsky, W.: Mensch und Gesundheit. Bertelsmann Lexikon-Verlag, Gütersloh/München 1973

Bitter, W.: Magie und Wunder in der Heilkunde. Kindler, München

Bitter, W. (Hg.): Abendländische Therapie und östliche Weisheit. Klett, Stuttgart 1968

Bitter, W. (Hg.): Evolution. Fortschrittsglaube und Heilserwartung. Klett, Stuttgart 1970

Bühler, Ch.: Psychologie im Leben unserer Zeit. Droemer Knaur, München 1972

Cermak, I.: Ich klage nicht. Amalthea, Wien 1972

Cooper, K. H.: Bewegungstraining. Fischer Bücherei, Frankfurt 1970

Delius, L., Fahrenkrug, J.: Psychovegetative Syndrome. Thieme, Stuttgart 1966

Dittmar, F.: Zivilisation und Nervenkrankheiten. Nicolai, Herford 1969

Fromm, E.: Die Revolution der Hoffnung. rororo 6887, 1974

Gesundheit und Krankheit. Time-Life International 1966

Halhuber, M. J., Milz, H. P. (Hgg.): Praktische Präventiv-Kardiologie. Urban & Schwarzenberg, München 1972

Heipertz, W.: Sportmedizin. Thieme, Stuttgart 1972

Hittmair, A.: Der richtige Urlaub. Residenz, Salzburg 1972

Holtmeier, H.-J.: Diät bei Übergewicht und gesunde Ernährung. Thieme, Stuttgart 1972

Horney, K.: Der neurotische Mensch unserer Zeit. Kindler, München

Iranschähr, H. K.: Wie sollen wir meditieren? Bauer, Freiburg 1964

Lepp, I.: Hygiene der Seele. Herder-Bücherei, Freiburg 1967

Levi, L.: Society, Stress and Disease. Vol. I, Oxford University Press, London, New York, Toronto 1971

Levi, L. (Ed.): Emotional Stress. S. Karger, Basel, New York 1967

Lindemann, H.: Autogenes Training, 45. A., Mosaik Verlag, München 1989

Lindemann, H.: Suchtstoffe. v. d. Linnepe, Hagen 1971

Lindemann, H.: Allein über den Ozean. Ein Arzt in Einbaum und Faltboot. Delius & Klasing, Bielefeld 1990

Lindemann, H.: Einfach Entspannen, Psychohygiene-Training. 2. A., Mosaik Verlag, München 1985
Lindemann, H.: Das Autogene Training in extremen Situationen. In H. Binder: Zwanzig Jahre praktische und klinische Psychotherapie. Lehmanns Verlag, München 1973
Luce, G. G., Segal, J.: Schlaf Dich gesund. Goldmann, München 1972
Luchs, E.-M.: Yoga für jung und alt. Goldmann Nr. 9036, München 1973
Lu K'uan Yü: Geheimnisse der chinesischen Meditation. Rascher, Zürich und Stuttgart 1967
Lysebeth van, A.: Yoga für Menschen von heute. Bertelsmann Ratgeberverlag 1970
Maeder, A.: Selbsterhaltung und Selbstheilung. Kindler, München 1970
Mangoldt v., U.: Meditation und Kontemplation aus christlicher Tradition. Barth, Weilheim 1966
Mangoldt v., U.: Meditation, Heilkraft im Alltag. Barth, Weilheim 1966
Mangoldt v., U. (Hg.): Wege der Meditation heute. Barth, Weilheim 1970
Mellerowicz, H., Meller, W.: Training. Springer, Berlin 1972
Minsel, B. u. W.-R.: Seelische Gesundheit. Kölnische Verlagsdrukkerei, Köln 1972
O'Neill, D. (Ed.): Modern Trends in Psychosomatic Medicine. Butterworth & Co., London 1955
Roessler, R., Greenfield, N. S.: Physiological Correlates of Psychological Disorder. The Univ. of Wisconsin Press, Madison 1962
Richter, H.-E.: Eltern, Kind und Neurose. Klett, Stuttgart 1972
Richter, H.-E.: Flüchten oder Standhalten. rororo, Reinbek 1984
Schottstaedt, W. W.: Psychophysiologic Approach in Medical Practice. The Year Book Publ. Inc., Chikago 1960
Schultz, J. H.: Das autogene Training. Thieme, Stuttgart 1973
Selye, H.: Einführung in die Lehre vom Adaptionssyndrom. Thieme, Stuttgart 1953
Selye, H.: Streß beherrscht unser Leben. Econ, Düsseldorf 1957
Wohl, M. G., Goodhart, R. S.: Modern Nutrition in Health and Disease. Lea & Febiger, Philadelphia 1960
Wolff, H. G.: Stress and Disease. C. C. Thomas, Springfield 1953
Wöllzenmüller, F., Grünewald, B.: Die Gesundheitskarriere durch Ausgleichssport. Bertelsmann Ratgeberverlag, München 1973
Ziskind, E.: Psychophysiologic Medicine. Lea & Febiger, Philadelphia 1954

Register

A

B

C

D

Mona Rausch

Meine *verfickte* Reise

Mona Rausch

Meine *verfickte* Reise

Wie ich einmal die Welt umrundete, um bei mir selbst anzukommen

mvgverlag

Bibliografische Information der Deutschen Nationalbibliothek:
Die Deutsche Nationalbibliothek verzeichnet diese Publikation in der Deutschen Nationalbibliografie; detaillierte bibliografische Daten sind im Internet über http://d-nb.de abrufbar.

Für Fragen und Anregungen:
info@mvg-verlag.de

Originalausgabe
1. Auflage 2015

Nymphenburger Straße 86
D-80636 München
Tel.: 089 651285-0
Fax: 089 652096

Redaktion: Caroline Kazianka
Umschlaggestaltung: Maria Wittek unter Verwendung von Abbildungen von Shutterstock
Satz: Carsten Klein, München
Druck: CPI books GmbH, Leck
Printed in Germany

ISBN Print 978-3-86882-565-7
ISBN E-Book (PDF) 978-3-86415-740-0
ISBN E-Book (EPUB, Mobi) 978-3-86415-741-7

Inhalt

Mona reist aus

Der Typ zu meiner Rechten ist der absolute Traummann. Markantes Gesicht und klare, blaue Augen, die verträumt in die Ferne schauen. Blonde Haare, durch die ich gerne mit allen fünf Fingern wuscheln möchte. Sehnige Unterarme, die aus dem hochgekrempelten Hemd herausragen. Wunderschöne Muskeln, die man aber unter dem locker sitzenden Hemd nur erahnen kann oder ertasten könnte. Wenn nur der Typ zu meiner Linken nicht wäre. Kopf im Nacken, aus seinem geöffneten Mund dringt ein Gemisch aus Schnarchgeräuschen und Spuckerasseln. Zwischen den beiden sitze ich. Eingekeilt im Mittelsitz. Warum bekomme ich eigentlich immer einen Mittelsitz? Es ist wie im richtigen Leben. Die einen sitzen am Gang, stets an der Quelle und mit allen Bewegungsfreiheiten. Die anderen genießen die schöne Aussicht. Und dann gibt es die Leute auf dem Mittelsitz, zwischen zwei Stühlen. So wie ich.

Mein Blick geht zurück nach rechts, zu meinem Traummann. Unter seinen langen Wimpern blickt er nach draußen. Plötzlich ertönt eine laute Stimme: »Ladies and Gentlemen, we're about to land in a couple of minutes. Please make sure your seatbelts are fastened.« Jeder setzt sich unwillkürlich gerade, auch wenn er den Sitz gar nicht nach hinten gestellt hat, Tabletts werden hochgeklappt, Becher ineinandergestapelt. Ich nestele in Hüfthöhe an meinem Gurt und berühre dabei den Traummann, der freundlich lächelt. Natürlich lächele ich zurück und werfe dann meinen Becher in den Müllsack, den die Stewardess mir hinhält. Ich kann es kaum erwarten, auf dem Boden zu sein. Mittelsitz hin oder her. Endlich mal bin ich nicht zwischen den Stühlen, sondern habe mich für etwas entschieden, was ich wirklich will. Eine Weltreise.

Dabei hatte ich noch vor wenigen Wochen gedacht, dass ich ein für alle Mal sicher bei meinem Mann Paul in Hamburg landen würde. Nach unserem Trennungsjahr, das ich in Köln verbracht hatte, gab es zunächst eine Versöhnung. Paul hatte mich überraschend in Köln besucht, und wir hatten eine Wiederaufnahme der Beziehung beschlossen. Die Wiedersehensfreude war dann auch tatsächlich so groß gewesen, dass wir Sex hatten. Das erste Mal seit Jahren. Zumindest bewusst wahrgenommenen Sex. Sex ist die schönste Nebensache der Welt und Versöhnungssex toppt das Ganze noch, da sind wir uns sicher alle einig. Daher ist es wohl gut nachvollziehbar, dass uns dieser erste Sex in einen Rausch versetzte, der uns glauben ließ, wir könnten an unsere besten Zeiten anknüpfen.

Ich kehrte also nach Hamburg zurück und wir lebten wieder in der alten Wohnung. Schritt für Schritt eroberte ich mir mein altes Leben. Genug Zeit hatte ich jetzt ja, denn meine Stelle in Köln hatte ich verloren und ich war zu ausgelaugt, um mich gleich in den nächsten Job zu stürzen. Ich hatte das Gefühl, wie nach langer Krankheit zunächst einmal eine Regenerationszeit zu benötigen.

Mit Paul lebte ich wie im Rausch. Wir entdeckten uns neu und zunächst war dies ein erstaunlich gutes Gefühl: Sex mit jemandem, den man kennt, dem man vertraut, und trotzdem aufregend neu. Dazwischen kochten wir, aßen und führten Gespräche über die Zukunft. Über die Vergangenheit weniger. Bis zu dem einen Abend, als der Moment kam, vor dem ich mich gefürchtet hatte. Paul und ich saßen am Kamin, den

Gaumen rau vom Rotwein, und sahen dem prasselnden Feuer zu. Irgendwann rückte Paul näher, sodass ich schon dachte, wir würden in die Horizontale übergehen, doch er blieb sitzen. Offenbar war das seine Art, mir zu signalisieren, dass er bereit war für ein intimes Gespräch.

»Erzähl doch mal«, sagte er in Gönnerlaune, »was hast du denn so erlebt in unserem Trennungsjahr?« Ich zuckte mit den Schultern und versuchte, möglichst harmlos auszusehen. Dazwischen stahl sich jedoch immer wieder ein Grinsen auf mein Gesicht, das Paul nur neugierig machte. »Erzähl schon«, insistierte er und gab mir einen Puff. Also begann ich mit dem, was ich für am wenigsten heikel hielt, und erzählte von meinen Treffen im Pornokino. Paul machte ein Gesicht, als hätte er einen gewaltigen Klumpen Weinstein in der Kehle. »Du meinst, du hattest Sex in der Öffentlichkeit?«, fragte er entsetzt. Ich war mir nicht sicher, ob man ein Pornokino wirklich als »Öffentlichkeit« bezeichnen konnte, beschloss aber, Themen wie Parkplatzsex oder den Sex am See gänzlich auszuklammern. Das Pornokino stellte ich dar wie eine harmlose Kabine. »Es ist eine Art öffentliche Toilette für Sex, nur mit Polstermöbeln«, erklärte ich. Obwohl ich das Gefühl hatte, dass Paul eigentlich bereits bedient war, bohrte er weiter.

Also erzählte ich von der Liaison mit »Apoll« und »Merlin« in der Annahme, gegen eine Dreiecksgeschichte könne er nichts einzuwenden haben, da hier ja keine Zweisamkeit aufkommen konnte. »Du hattest zwei Männer auf einmal? Mein lieber Mann!«, rief er und versuchte, seine Erschütterung zu verbergen. Okay, dachte ich, jegliche Gangbang-Erlebnisse sind ebenfalls aus der Historie gestrichen. Nun überlegte ich angestrengt, was von den Dingen, die ich erlebt hatte, ich ihm überhaupt erzählen konnte. Zunächst hatte ich geglaubt, seine größte Angst sei, dass ich mich hätte verlieben können. Stattdessen rührte seine Angst aber daher, dass ich zu abenteuerlustig war. Weil ich spürte, dass das Gespräch eine falsche Richtung nahm, versuchte ich, das Thema auf seine Studentinnen zu lenken. Vergeblich. Er hatte Blut geleckt und wollte mehr wissen. Also kam ich auf die Aphrodisiaka zu sprechen beziehungsweise mein indisches Viagra.

Darauf reagierte er zunächst recht positiv. Ich erklärte ihm, dass die Tabletten, von denen sich noch einige in einer meiner geheimen Schubladen befanden, Männern einen sanften Support bieten und keine steinharte Latte zur Folge haben. Und dass das erotisierende Mittel auch bei mir seine Wirkung zeigt. Er fragte so interessiert nach, dass ich vorschlug, gleich eine Portion zu teilen, doch er winkte ab. »Lass mal, das geht zu sehr aufs Herz.« Dagegen wagte ich nichts einzuwenden, denn der Mann, mit dem ich das Mittel getestet hatte, war immerhin gut zehn Jahre jünger gewesen als Paul und ich wollte natürlich kein Risiko eingehen. Unser Gespräch versiegte dann allmählich, da ich das unbehagliche Gefühl hatte, gar nichts mehr erzählen zu können.

Was für eine Zukunft hatten wir vor uns, wenn wir nicht über meine Vergangenheit sprechen konnten? Insgesamt kann ich sagen, dass ich Paul nur etwa zehn Prozent dessen, was ich tatsächlich erlebt hatte, offenbart habe, und schon das fand Paul hanebüchen. Ein anderer Streitpunkt war meine Kollektion an erotischer Unterwäsche. Hatte ich angenommen, ihm damit ein textilgewordenes Paradies bieten zu können, lehnte er meine »Pornoverkleidungen«, wie er es nannte, strikt ab. Es kostete mich mehrere Streits und hartnäckiges Nachbohren, um zu erfahren, dass es auch hier die Eifersucht war, die ihn trieb. Er hatte einfach keinen Bock auf Klamotten, mit denen ich schon andere beglückt hatte. Da nutzte es auch nichts zu beteuern, dass ich noch nicht mal die Hälfte der edlen Textilien bisher jemals getragen hatte. Mit meinem damaligen Einkauf im Kölner Erotikshop für Frauen hatte ich mich ja mit einer Menge an Reizwäsche eingedeckt, die locker bis zur Rente reichen würde. Und so, wie die Sache gerade lief, auch bis dahin ungenutzt im Schrank vor sich hinmodern würde. Von Motten heimgesucht, wenn die Motten daran überhaupt etwas zu knabbern hatten. Paul blieb hart: Meine Wäsche erinnerte ihn an meine Vergangenheit und war damit tabu. Genau, Sie haben richtig gelesen. Mein Mann redete von »meiner Vergangenheit«, als hätte ich ein Jahr auf dem Straßenstrich hinter mir.

Kurz gesagt, ich stand unter Zensur. Er dagegen wartete mit ein paar Geschichten von Studentinnen auf, die bei mir nicht mehr als ein Gähnen verursachten. Absprachewidrig hatte sich eine von ihnen gar in Paul verliebt, und nur in einem langwierigen Briefverkehr konnte er sie davon überzeugen, dass er sie nicht heiraten wollte. Mein Mann wollte mir die Briefe sogar zeigen, doch ich winkte ab. Wenn das der einzige Verkehr war, für den sich mein Mann noch begeistern konnte, sah ich schwarz für unsere erotische Zukunft.

Tja, und dann schlich sich wieder etwas ein, das ich schon zur Genüge von uns kannte: Langeweile. Ich hatte im letzten Jahr viel schlechten Sex gehabt, aber auch so manchen guten. Und in Bezug auf Paul keimte in mir nun die deprimierende Erkenntnis: Er war nicht nur verklemmt, er war auch enorm schlecht im Bett. Ober besser ausgedrückt, er behalf sich nach kurzer Zeit schon wieder mit Routine. Bald hatten wir erneut den Sex, den man absolviert wie eine notwendige Untersuchung, bei der man überprüft, ob noch alle Funktionen intakt sind. So eine Art TÜV der Körperflüssigkeiten. Und ich hasse Routine. Nicht nur beim Sex. Ich werde schon nervös, wenn die Freundin, die ich alle paar Monate sehe, mich immer in dasselbe bezaubernde Tapas-Restaurant schleppen will. Oder der Freund, mit dem ich einmal an der »Strandperle« war, mir fortan immer dieses Programm aufdrücken möchte. Beim Essen mag es hilfreich sein, wenn man beim ersten Gang schon weiß, was später noch kommt. Einfach, um den nötigen Stauraum freizulassen. Beim Sex finde ich es allerdings wenig erbaulich, vorher schon zu wissen, was nachher serviert wird.

Hey, ich hatte fast ein Jahr lang Sex mit Typen, von denen ich vorher noch nicht einmal wusste, wie sie aussahen. Und die ich verließ, bevor sich irgendeine Routine einschleichen konnte. Da konnte Paul mit seiner antrainierten Routine natürlich nicht mithalten. »Aber du mochtest doch sonst immer Cunnilingus«, erwiderte er erstaunt, als ich ihm mittelte, er könne sein erotisches Angebot durchaus variieren.

Kann bitte mal jemand Männern beibringen, dass es »sonst immer« beim Sex nicht gibt? Dass das auf keiner Karte steht? Wenn ich gestern noch Cunnilingus mochte, heißt das noch lange nicht, dass mich das heute befriedigt. In Sachen Sex sind Frauen menstruierende Zicken. Sie wollen stets neu erobert werden, überrascht und auf immer neue Weise verwöhnt. Mit der Zeit wurden unsere Gespräche über Sex mehr und mehr zum sexuellen Krisenmanagement und verlangten nach einer Intervention.

Aber ich hielt aus. Monatelang verharrte ich in meinem imaginären Mittelsitz, weil ich dachte, hier sei mein Platz. Eingekeilt, aber an der Seite meines Mannes Paul. Happy war ich allerdings nicht. Und ich begann zu überlegen, was mich glücklich machen könnte. Klassisch im Sinne eines Motivationstherapeuten dachte ich nach. Was hatte ich früher gerne gemacht? Bei Brieffreundschaften hatte ich in der Rubrik Hobby Lesen, Reiten, Sport angegeben. Überhaupt besaß ich eine große Leidenschaft für Tiere jeder Art. Als junge Erwachsene war Reisen mein Faible gewesen. Mit meiner besten Freundin Merit war ich zum Beispiel durch Spanien getrampt. Mit der Fähre waren wir nach Marokko übergesetzt und dann unser Geld in Tanger verjubelt. Zurück in Südeuropa, hatten wir uns in Lissabon von der deutschen Botschaft die Rückflugtickets bezahlen lassen. In der Türkei hatten wir uns von windschiefen Autos durch die Wüste Kappadokiens kutschieren lassen. In Antalyas Teegärten hatten wir Apfeltee geschlürft, lange bevor die Küstenregion vom Massentourismus eingeölt worden war. Heiße Nächte mit südländischen Lovern hatten ebenfalls dazugehört, allerdings war damals nicht mehr passiert als heiße Zungenküsse unter dem Sternenhimmel. Der Geruch von Sommernacht, fremdem Parfüm und Schweißfüßen liegt mir noch heute in der Nase und erinnert mich an die vergangenen Heldentaten. Später folgten dann gesetzte »Erholungsreisen« mit Paul: Kanarische Inseln oder, wenn wir beide besonders wagemutig waren, Mauritius. Keine Spur von Abenteuer. Warum hatte ich das aufgegeben?

Und was hielt mich eigentlich davon ab? In den nächsten Wochen wälzte ich unermüdlich Reiseliteratur. Gedanklich überquerte ich die Erde vom Nordpol bis zum Südpol und einmal entlang des Äquators. Nordafrika, Südafrika oder lieber doch die Durchquerung des ganzen Kontinents? Australien, Neuseeland oder beides? Kolumbien, Ecuador, Brasilien oder Karibik? Die Entscheidung fiel mir unermesslich schwer. Ich fand so viele interessante Orte, dass es mir unmöglich schien, die Reise in weniger als einem Jahr zu absolvieren. Im Gegenteil, ich stellte fest, wie wenig Welt in ein einziges Jahr Weltreise passt. Oder lag es daran, dass der *Lonely Planet*, die Mutter aller Reiseführer und Bibel aller Reisenden, inzwischen jedes Land der Erde erobert hat und touristengemäß in seine Einzelteile filetiert? Irgendwann hatte ich dann doch die Reiseroute festgelegt und war happy. Das war die Erfüllung meiner Träume, mein Fensterplatz zum Leben.

Als ich Paul meine Pläne mitteilte, fiel er aus allen Wolken. Eine Weltreise mit Rucksack hielt er für zu gefährlich und auch meinem Alter nicht angemessen. Die Scheidung nahm somit ihren Lauf, allerdings gelang es uns, uns als Freunde zu trennen. Wir sind es bis heute, er reservierte mir sogar ein Zimmer, in dem ich meine Habe verstauen konnte und er die Souvenirs aus aller Welt aufbewahren würde, die ich ihm von unterwegs schickte.

Vor jede große Reise hat der liebe Gott die Reiseausrüstung gestellt. Ich tourte durch die Outdoorshops Hamburgs und musste feststellen, dass sich die Ausstattungsindustrie seit meinen letzten Reisen enorm weiterentwickelt hatte. Hochleistungsmaterialien, so weit das Auge reichte, Wanderschuhe, die von allein den Kilimandscharo emporklettern. Rucksäcke, die sich zum Zelt umfunktionieren lassen, dabei nur wenige Gramm wiegen und den Träger zur Not gleich mittransportieren. Astronautenfood, das es dem Reisenden erlaubt, selbst im tiefsten afrikanischen Dschungel Beaujolais Primeur zu trinken, wenn er sich nicht an der Tatsache stört, dass er ihn aus Pulver anrühren muss. Abenteuerreisen sind im Vergleich zu früher das reinste Schlaraffenland. Und jeder Tourist kann sich problemlos ausrüsten wie für eine Durchquerung der Arktis.

Mein Zimmer sah bald aus wie ein Survival Camp. »Sind Rucksackreisen nicht ein bisschen retro?«, fragte mein Mann, nachdem er mein Zimmer in Augenschein genommen hatte. »Absolut nicht«, gab ich zurück. Als ihm klar wurde, wie ernst es mir mit der Reise war, begann er, sich Sorgen zu machen. Ich musste ihm in die Hand versprechen, dass ich nicht nach Afghanistan reisen würde, nicht nach Syrien oder in andere aktuelle Krisengebiete. Das konnte ich noch zusagen. Als er jedoch begann, mir Reiseorte wie Kenia, Marokko oder Brasilien madig zu machen, schmiss ich ihn raus. Das fehlte mir noch, dass er mir nicht nur den Sex zensierte, sondern auch noch meine Reise. Außerdem ist in meinem Alter der Gegenwert an Kamelen nicht mehr so hoch, dass sich eine Entführung ins Serail wirklich lohnen würde.

Dennoch besteht mein Gepäck zur Hälfte aus Verhütungsmitteln. Verhütung von Sonnenbrand, Verhütung von Mückenstichen, Verhütung von Malaria für Afrika und Indien. Verhütung von Durchfall in Form von Kohletabletten. Verhütung von Demineralisierung durch Elektrolytpulver und ja, ich führe auch einen guten Vorrat an reißfesten Kondomen mit mir. Denn mit Kondomen verhält es sich ähnlich wie mit Flugzeugen, Bergsteigerseilen und Medikamenten. Wenn die Haltbarkeit in Europa überschritten ist, werden sie in die Dritte Welt verschachert. Ich verlasse mich daher lieber auf Produkte, die nach europäischem Standard geprüft sind.

Wir setzen äußerst sanft auf, das Publikum applaudiert, der Pilot heißt uns auf der Sonneninsel Ibiza willkommen. Ich habe zwar wieder den klassischen Mittelsitz erwischt, aber das trübt meine Stimmung nicht, denn ich bin auf dem Weg zu einem großen Abenteuer. Und der Weg dahin muss ja nicht komfortabel sein.

Zugegeben, Ibiza ist keine klassische Weltreisedestination und schon lange kein Land mehr für Rucksackreisende, aber

Freunde von mir haben über den Sommer eine Finca gemietet und mich eingeladen. Für mich ist das der ideale Beginn einer Reise, um warm zu werden und mich etwas vorzubräunen. Jetzt befinde ich mich also im Survival-Outfit im Flieger zwischen Menschen, die Urlaub mit Strandliege gleichsetzen und für die die Sonne niemals untergeht, was am nussartigen Solariumsteint und an der Sonnenbrille zu erkennen ist, die niemals abgenommen wird. Eine Ausnahme bildet da nur der Traummann, der jetzt neben mir seine Tasche aus dem Fach holt und den ich vermutlich nie mehr wiedersehen werde. Außer vielleicht auf einer der frivolen Inselpartys.

Ibiza. Fuck me, I'm fabulous

Wer auf Ibiza landet und vom Flughafen in sein Domizil gebracht wird, wird von den vielen Hinweisplakaten der Clubs entlang der Straßen schier erschlagen. Ibiza ist ja nicht nur das größte Freiluftsolarium mit Drogen, es steht für Feiern mit pornösem Touch. Das »Pacha«-Logo etwa, bei dem sich zwei glänzend rote Lippen um eine feuchte Kirsche stülpen, wirkt anstößiger als ein Nacktfoto der Cicciolina. Die dazugehörige Party trägt den Namen »Fuck me, I'm famous«. Das »Space« bewirbt sein Event »In Bed with Space« mit einem Slip, der bis zu den Knöcheln heruntergelassen ist. »Amnesia« wirbt mit einer frivolen Transenparty namens »La Troya«. Ich weiß nicht, ob es mein Entzug ist, der mich überall erotische Anspielungen erkennen lässt, aber Ibiza ist nun mal die Hauptstadt der Freizügigkeit in jeder Hinsicht. Ob sich das auf Sex, Drogen oder das Feiern als solches bezieht. Hier ist nach der Party vor der Party. Ich werde also ganz sicher auf meine Kosten kommen.

Unsere Finca ist eine zweistöckige, weiß getünchte Villa inmitten von Feldern, ich erkenne Oliven und irgendwelche pflaumenartigen Früchte, die sofort meine Fantasie anregen. Nachdem ich die anderen Anwesenden begrüßt habe, verstaue ich mein Jahresgepäck in meinem Zimmer. Nach einer erfrischenden Dusche springe ich in den wasserblauen Pool. Es ist herrlich. Da ich von der Reise erschöpft bin, lege ich mich auf eine der Liegen. Als ich wieder aufwache, glaube ich zu träumen. Im Garten am anderen Ende des Grundstücks erntet ein wunderschöner Gärtner allem Anschein nach gerade die pflaumenähnlichen Früchte. Es ist wie im Traum von Charlotte in *Sex and the City*. Ich setze meine Riesensonnenbrille auf, um ihn ungestört zu beobachten. »Der kommt jeden Tag und macht hier Gartenarbeit. Anscheinend ist das eine richtig bewirtschaftete Finca«, erklärt meine Freundin Klara. Kein schlechtes Geschäftsmodell, finde ich. Man baut sich eine Villa mit ein paar Bäumen drum herum und schaut mal, wie man sich bei den schönen Touristinnen als Erntehelfer und Besamer gleichzeitig positionieren kann.

Gelegentlich werde ich ihn mir mal genauer ansehen, aber erst einmal steht ein Ausflug an. Zunächst nach Santa Eulària, einer wunderschönen, in Weiß gehaltenen Stadt, wo wir beim Eisessen einen himmlischen Blick über die blaue Meeresbucht genießen. Dann fahren wir weiter nach San Antonio und beobachten den Sonnenuntergang bei Chill-out-Musik im »Café del Mar«. Anschließend essen wir Tapas in der Innenstadt. So vergehen mehrere Tage, unser Frühstück nehmen wir immer auf der Plaza Central ein, wo uns ein dicklicher Kellner bedient, der für mich außer meinem Karottensaft und dem Energiefrühstück immer auch ein Augenzwinkern übrighat. »Wow, Mona hat schon eine Eroberung gemacht«, bemerkt mein Freund Michael. Aber ich finde, dass ein dicklicher Kerl im Poloshirt einem Ibiza-Flirt absolut nicht angemessen ist. Meine Freunde besuchen abends die gängigen Clubs, doch ich habe das Gefühl, noch ein paar Tage zu brauchen, um mich zu akklimatisieren und Abstand davon zu gewinnen, was hinter mir liegt. Meine Abende verbringe ich daher lieber auf der Terrasse mit den Freunden, die ebenfalls nicht feiern wollen. »Der Gärtner kommt übrigens nur tagsüber«, bemerkt einer meiner Freunde scherzhaft, als ich mich der Partymeute wieder einmal nicht anschließen will.

Wer wartet schon auf den Gärtner, denke ich, wenn das Libidoglück nur einen Mausklick entfernt ist. Denn Börsen für Casual Contacts, also Sexdates, sind, wie ich weiß, inzwischen weltweit verbreitet, um sexhungrige Skandinavier, Engländer, Spanier, Franzosen, Argentinier, Australier mit grenzübergreifenden Sexkontakten zu locken. Auf der Seite Blendr.com etwa loggt man sich ein, checkt, wer gerade in der Nähe ist, und verabredet sich. Selbstverständlich besitze ich hier längst ein Profil. Warum also nicht mal vor Ort mein Glück versuchen?

Als ich die Villa mal wieder für mich allein habe, logge ich mich ein und bin sofort begeistert, welches Angebot mir die moderne Technik frei Haus liefert. Sexhungrige Menschen aller Länder, vereinigt euch, so könnte hier die Devise lauten. Und ich bin die Botschafterin dieser »United Nations« unterhalb der Gürtellinie.

»Libido statt Liebe« lautet auch diesmal mein Schlachtruf und im Nu habe ich ein ganzes Netz voller toller Fänge, die mir auch wesentlich knackiger erscheinen als das Angebot auf Wikipop. Liegt wahrscheinlich am Urlaubslook und Urlaubsteint, in dem sich die Jungs präsentieren. Ich chatte eine Weile mit einem netten Spanier, der sich »Fuck me, I'm fabulous« nennt. Eigentlich sind derlei hochgestochen-selbstbeweihräuchernde Namen für mich ein Grund, den Betreffenden sofort zu blockieren, aber in diesem Fall finde ich es raffiniert: Die Anspielung auf die berühmte Party lässt dahinter einen feinsinnigen Partyinsider vermuten, und das ist genau das, was ich suche. Und es wird noch besser. Mein Chatpartner teilt mir mit, dass er eine Suite im »Pacha-Hotel« bewohnt. Das »Pacha-Hotel« gehört zur gleichnamigen Disco und ist ein zum Teil von Philipp Stark eingerichtetes Luxushotel. Das macht mich natürlich neugierig. Ob ich nicht Lust hätte, spontan vorbeizukommen, fragt er. Selbst wenn ich gewollt hätte, das Hotel liegt eine halbe Stunde Autofahrt entfernt – dumm, wenn alle Autos gerade unterwegs sind. Ich verabrede mich also für den nächsten Abend, einer meiner Freunde wird mich schon fahren. Den nächsten Tag verbringe ich mit Vorfreude und entsprechender Geilheit. Sogar dem dicklichen Kellner zwinkere ich diesmal zu, so gut gelaunt bin ich.

Meine Freunde haben vor, heute Abend in den »Pacha-Club« zu gehen, das trifft sich gut. Ich werde etwas früher mit einem der Autos dorthin fahren, mir die Zeit nehmen, die ich brauche, und später frisch gevögelt zu den anderen stoßen. Bei den Frauen in der Villa löse ich mit meinen Aktivitäten Bewunderung, aber auch eine gewisse Ablehnung aus. Sich einfach so für Sex treffen? Das ist für viele Frauen noch ein Tabu. Nicht für mich. Ich kenne ja bereits die Gepflogenheiten. Nur dass ich meine Aktivitäten jetzt global ausweite. Drei Stunden benötige ich, um meinen Körper auf Vordermann zu bringen. Rasur und sonstiges hatte ich in den letzten Wochen etwas vernachlässigt, nicht wie zu meinen besten Datingzeiten, als ich stets top rasiert, gepeelt und leicht gebräunt durch die Gegend gelaufen bin, jederzeit bereit für einen Spontanfick.

Das kosmetische Ritual lässt fast sentimentale Gefühle hinsichtlich der guten alten Datingzeiten in mir aufsteigen. Ich bin in Topform und in Toplaune. Als es an der Zeit ist, steige ich in eines der Autos und fahre nach Talamanca, wo sich das »Pacha-Hotel« und der »Pacha-Club« befinden. Ich betrete die Lobby und setze mich an die Bar. Dort bestelle ich einen Sex on the Beach, das scheint mir das richtige Getränk, um auf meinen feurigen Spanier zu warten. Sex on the Beach vor dem

Sex im Hotel, das entbehrt nicht eines gewissen Witzes. Ich freue mich auch darauf, das berühmte Designhotel mal so richtig von innen kennenzulernen – und dann gleich eine Suite ...

Als mein Glas leer ist, ist von meinem Galan immer noch weit und breit nichts zu sehen. Mist. Ich habe wieder einmal einen eklatanten Fehler begangen. Kein Telefoncheck. Bei einem feurigen Spanier schien mir das allerdings überflüssig. Die wollen doch immer, oder? Nun, dieser Spanier offensichtlich nicht, denn auch den zweiten Drink nehme ich allein zu mir. Nachdem ich auch damit durch bin, erhebe ich mich und gehe nach draußen, um nicht als alleinreisende betrunkene Touristin an der Bar zu enden. Draußen entschließe ich mich zu einem kleinen Spaziergang am abendlichen Strand, um mich in meinem Frust etwas zu zerstreuen. Da der Strand von Talamanca eher ein Familienstrand ist und die Familien jetzt, um 20 Uhr, ihr Abendbrot verzehren, sitzen nur ein paar Hippies im Sand, die auf ihren Gitarren klampfen. Nachdem ich mich auf einer freien Liege niedergelassen habe, spüre ich den Boden leicht beben. Ich schaue nach oben, um sicherzugehen, dass mir nichts auf den Kopf fallen kann, sollte es sich um ein Erdbeben handeln. Dann blicke ich aufs Wasser, um mich zu vergewissern, dass kein Tsunami im Anrollen ist. Fehlanzeige. Was allerdings im Anrollen ist, ist der dickliche Kellner aus dem Frühstückslokal. Huch, was will der denn? Meine Zeche habe ich bezahlt, da bin ich mir sicher. Dennoch bleibt er vor mir stehen, atemlos und verschwitzt in seinem Polohemd. »Entschuldige, ich hab mich nicht getraut, dich anzusprechen«, keucht er in einem atemlosen Spanisch. Dann lass es auch jetzt, denke ich und schaue angestrengt aufs Meer.

»Es ist nämlich so, wir hatten eine Verabredung.«

Nun muss ich ihn doch anschauen.

»Ich arbeite hinten an der Bar, ich hätte nicht gedacht, dass du tatsächlich kommst.«

Ich seufze lautlos. Du lieber Pimmel, ist das Männerangebot auf Ibiza so begrenzt, dass man mittags wie abends dieselben Typen trifft? Nach der Suite frage ich gar nicht erst. Ich mache ihn auch nicht darauf aufmerksam, dass ihn von dem Foto auf seinem Profil zehn Jahre und 20 Kilo trennen. Und mindestens zehn Solariums- oder Strandbesuche. Ich nicke ihm nur kommentarlos zu und er zieht ab. Kein feinsinniger Partyinsider. Einfach ein blöder, kleiner Bluffer.

Ich mache mich auf in Richtung Marina, dort werde ich in einem der Hafencafés auf meine Freunde warten. Selbstredend, dass von da ab das Frühstück bei mir gestrichen ist.

Als meine Freunde später kommen, nehmen wir noch einen Drink, dann gehen wir ins »Pacha«. Bezeichnenderweise findet heute Abend die berüchtigte »Fuck me, I'm famous«-Party statt. Ein DJ legt House Music vom Feinsten auf. Das Publikum ist auf den ersten Blick jedoch desillusionierend: Die Männer trage ihre weißen Hemden bis zum Nabel offen und stellen gegerbtes Brusthaar zur Schau, ganz nach Gunter-Sachs-Manier. Die Mädels tragen überwiegend kurze Glitzerhängerchen, als wären wir beim Finale von *Let's Dance*. Nach zwei Gin Tonic hat sich meine Laune dennoch gebessert und die Erinnerung an das geplatzte Date verblasst allmählich. Als ich meinen dritten besorgen will, spricht mich ein Typ an der Bar an und lädt mich ein. Ich nehme an, denn er trägt ein T-Shirt und ist immerhin echter Spanier, eine Seltenheit hierzulande.

Er ist zwar ganz untypisch rothaarig, allerdings kein helles Boris-Becker-Rotblond, sondern eher ein dunkles, das bei einer bestimmten Schattierung der Scheinwerferlichter fast braun rüberkommt. Froh, dass ich meine rudimentären Spanischkenntnisse anwenden kann, versuche ich ein Gespräch, was allerdings angesichts der lauten Musik fast unmöglich ist. Auf Ibiza ist die Musik etwas lauter als sonst wo, möglicherweise wegen der vielen Drogen- und Discogeschädigten, die sich hier aufhalten. So ist ein Gespräch nur mit viel Nachfragen und Gesten möglich, ziemlich schnell wird jedoch klar, dass unser Gespräch nur das Vorspiel ist. Dass noch etwas folgen wird. Ich hatte auch ausreichende Gelegenheit, seinen Körper zu begutachten, und der lässt nichts zu wünschen übrig. Bald befinde ich mich erneut am Strand von Talamanca, diesmal jedoch in Begleitung eines vielversprechenderen Kandidaten. Wir knutschen und steuern auch sonst schnell an die Grenze des öffentlich Erlaubten, selbst hier im zügellosen Ibiza. Ich kann es fast nicht glauben, kaum unterwegs und schon darf ich die erste Liebesnacht genießen. Und dann noch unter dem Sternenhimmel am Meer mit einem feurigen Spanier. Der perfekte Auftakt für eine Weltreise.

Am Ende des Strandes befinden sich Felsen, die einen gewissen Sichtschutz versprechen. »Dahinten«, sage ich und deute auf die Felsen, »da sind wir ungestört.« Er sieht mich verwundert an. »What u'd' say?«

»Alla, vamos«, erwidere ich in bestem Spanisch.

»I dno 'nderstand«, lacht er.

Ich zögere, denn ich verstehe kein Wort. »Bist du nicht spanisch?«, frage ich dann vorsichtig.

»No, Irish«, antwortet er. Da kann man mal sehen, wie sinnvoll Gespräche in einer lauten Disco sein können. Na ja, anscheinend funktioniert die Kommunikation auch so, wenn man sich sympathisch ist. Oder geil.

Zu meiner Verteidigung muss ich sagen, dass die Musik wirklich sehr laut war. Und dass sein Irish-Englisch auch hier draußen ohne Musikuntermalung so abgehackt klingt wie eben die Iberersprache. Und dass ich durch seinen Akzent sogar jetzt am ruhigen Strand rein gar nichts verstehe. Aber egal. Unsere Kommunikation ist ohnehin auf einem nonverbalen Level angelangt und Sex ist bekanntlich eine international verständliche Sprache.

Wir lassen uns in einer der windgeschützten Felsennischen nieder. Nur wenige Sekunden später wälzen wir uns im Sand, mein spanischer Ire fackelt nicht lange und wir entledigen uns unserer Kleidung. Soweit ich das im Dunkeln beurteilen kann, hat mein Lover nicht nur im Gesicht, sondern auch am ganzen Körper Sommersprossen. Ich schwöre, sogar sein Schwanz ist gepunktet. Aber sonst besitzt er eine super Ausstattung und nach sachgemäßem Einsatz eines Kondoms geht es ordentlich zur Sache. Oder vielmehr rau. Denn mit jedem Stoß, den ich von meinem Lover bekomme, scheuert mein Körper über den Sand. Und der ist gar nicht so weich, wie es uns die Ferienkataloge glauben machen wollen. Außer einer ordentlichen Dosis Sex bekomme ich daher an diesem Abend auch noch ein Ganzkörperpeeling verabreicht. Als ich das Gefühl habe, meine Haut sei genug gepeelt, und ich kurz davorstehe, auch ein Muschi-Peeling zu erhalten, beenden wir die Sache. Sex on the Beach ist, in flüssiger Form genossen, doch wesentlich zivilisierter, denke ich, während ich mir den Sand aus allen möglichen Körperöffnungen pule und meine Kleider zusammensuche. Na ja, zumindest hat die Party gehalten, was ihr Motto versprach. Wir kommen gerade noch rechtzeitig zurück zum »Pacha«, damit ich mit meinen Freunden zurückfahren kann. Unterwegs erzähle ich ihnen von meinem kulturellen Austausch. »Da kommt die spanische Nacht uns spanisch vor«, zitiert meine Freundin Klara den berühmten Schlager von Cindy und Bert: *Wenn die Rosen erblühen in Málaga.*

Der beliebte Schlager des 70er-Jahre-Gesangsduos begleitet mich auch durch die nächsten Tage, denn meine Zeit in Ibiza neigt sich allmählich dem Ende zu und meine nächste Station ist tatsächlich Málaga. Von dort werde ich die Fähre nach Marokko nehmen, um endlich mein großes Reiseabenteuer anzutreten.

Schließlich packe ich meinen Rucksack. Klara, die mir zuschaut, fragt, ob ich auch alles Notwendige dabeihätte. Ich führe ihr meinen Vorrat an Verhütungsmitteln vor. »Du scheinst das mit dem Fremdenverkehr ja ziemlich wörtlich zu nehmen«, sagt sie lachend und ich stimme zu. Die Dinge wiegen ja nichts und ich ziehe es eben vor, immer gut vorbereitet zu sein. Meine Freunde bringen mich zum Flughafen und winken zum Abschied, nicht ohne mir Unmengen guter Ratschläge mit auf den Weg zu geben. Als ich endlich das Flugzeug betrete, überkommt mich eine unbändige Freude. Ein Jahr lang werde ich jetzt die Freiheit haben, alle Dummheiten dieser Welt zu tun. Mein Weg führt mich zunächst nach Málaga und von dort in den Hafen. Meine Reise nach Afrika werde ich auf dem Seeweg absolvieren, ganz im Stil von Tania Blixen. Die Überfahrt mit der Fähre nach Marokko geschieht entweder mit einem feudalen Luftkissenboot nach Tanger oder mit einem Lastkahn für Autos und einige Passagiere nach Ceuta, der spanischen Enklave auf dem afrikanischen Kontinent. Ich entscheide mich aus sentimentalen Gründen für die zweite Variante. So bin ich schon einmal gereist, vor vielen Jahrzehnten. Und so soll es wieder sein.

Die Straße von Gibraltar ist so schmal, dass man nachts bei gutem Wetter die Lichter auf dem anderen Kontinent mit bloßem Auge erkennen kann. Ich weiß noch genau, wie ich auf der spanischen Seite stand, die Lichter von Marokko betrachtete und von der geheimnisvollen Welt gegenüber geträumt habe. Dann habe ich diese Welt kennengelernt.

In Málaga gehe ich an Bord eines Kahns, an dem seit meiner letzten Überfahrt keine erkennbaren Reparaturen durchgeführt worden sind. So bin ich froh, nach zwei Stunden Fahrt, in denen ich mir an Deck den Wind um die Nase habe wehen lassen, wohlbehalten im Hafen von Ceuta anzukommen.

Marokko. 1001 nackt

Zunächst lande ich noch auf spanischem Boden. Erst bei der Ausreise aus Ceuta fällt eine Passkontrolle an. Während ich am Zoll vorbeigehe, hoffe ich, dass niemand den Inhalt meines Rucksackes prüfen will, was auch Gott sei Dank nicht geschieht. Dann fahre ich mit dem Bus weiter nach Tétouan. Der Busbahnhof ist die veritable Hölle – eine riesige Garage, in die alle anwesenden Busse ununterbrochen ihre Abgase blasen, denn den Motor auszuschalten hält hier keiner für notwendig. Zwischen den Bussen laufen Gestalten herum, die aussehen, als würden sie in dieser Hölle wohnen. Sie tragen Körbe mit Dingen mit sich, die sie verkaufen wollen, hauptsächlich gebackene Teigtaschen und anderer Proviant. Nur widerwillig steige ich aus. Wie alle anderen ausländisch anmutenden Fahrgäste werde auch ich alsbald von einer Horde »Touri-Boys« umschlossen, die aggressiv um meine Aufmerksamkeit buhlt.

Denn Touristen am Busbahnhof sind immer Freiwild. Kann man am Flughafen geschäftig tun und sich im Zweifel in die Arme der nächstgelegenen Tourismusinformation werfen, ist man am Busbahnhof den Wegelagerern hilflos ausgeliefert. Da man seine gesamte Habe am Körper festgeschnallt hat, kann man sich auch nicht mit Ausreden wie »no money« behelfen. So schart sich also um mich eine Horde Boys, die mir wahlweise Gebäck oder einen Teppich verkaufen will, als stünde mir nach einer zweistündigen Busfahrt in der Hitze der Sinn danach, mir ausgerechnet jetzt einen Teppich zu kaufen. Andere wollen sich mir als Touristenführer anbieten. Brauch ich nicht, denke ich und marschiere, mich taubstumm stellend, in die Richtung, in der sich meinem 300-Seiten-Tourist-Guide nach die Medina befindet. Doch ich habe nicht mit der Ausdauer der Marokkaner gerechnet.

Der Marokkaner bleibt hartnäckiger an seinem Objekt dran als jeder Fahnder an der Zielperson. So laufe ich mit einem Tross schimpfender, palavernder Männer im Schlepptau durch die Straßen. Am Eingang zur Medina erwartet mich ein weiterer Pulk hoffnungsfroher Anwärter auf den Golden-Touri-Guide-Award und ich muss feststellen, dass es tatsächlich noch etwas gibt, das schlimmer ist, als mit Touri-Boy durch die Straßen zu ziehen. Ohne Touri-Boy, denn der eine hält einem zumindest die anderen vom Leib. Ich bleibe also stehen und suche einen aus, der meinem Alter am ehesten zu entsprechen scheint. Denn erstens gehen mit dem Alter eine gewisse Lebenserfahrung und Mäßigung einher, zweitens will ich ungern Mutter-Sohn-Assoziationen hervorrufen. Meine Wahl fällt daher auf einen mittelalt aussehenden Typen mit dunklen Locken und manierlichem T-Shirt. Der Auserwählte stellt sich als Hassan vor und verscheucht sofort rüde seine Landsmänner aus meiner Umgebung. So hat er schon mal sein erstes Bakschisch verdient. Zügig bringt er mich danach zu dem Hotel, das er bereits für mich auserkoren hat, bevor er mich überhaupt kannte. Er bietet mir an, meinen Rucksack zu tragen, aber so weit geht die Freundschaft dann doch noch nicht. Das Hotel ist untere Klasse, kostet dafür auch nur umgerechnet sechs Euro pro Nacht, was zwar nicht meine Nerven schont, aber meine Reisekasse.

Nachdem ich mein Gepäck verstaut und mich frisch gemacht habe, ist es an der Zeit, die Stadt zu erkunden. Mein

Touristenführer erwartet mich bereits unten. Das gehört hier sicherlich zu den Gepflogenheiten. Wen man einmal am Haken hat, den lässt man nicht so schnell los, so lautet bestimmt ein marokkanisches Sprichwort. Ich beschließe, mich den Landessitten anzupassen, und lasse mich von ihm durch die engen mittelalterlichen Gässchen führen. Tétouan ist bekannt als die »weiße Stadt« und verfügt über einen komplett mittelalterlichen Kern. In der Tat scheint sich in den engen Gässchen seit dem Mittelalter nicht viel getan zu haben. Die Männer tragen Kaftane und spitze, orientalische Schlappen, in den Nischen befinden sich die Geschäfte der Händler. Gemischtwaren aus dem Sack, aufgetürmte Gewürze oder bunte Schlappen werden feilgeboten. Dazwischen gibt es Miniaturküchen, in denen köstlicher Couscous zubereitet wird, und Teestuben, in denen Männer den berühmten Minzetee trinken. Der Duft ist herrlich. Mit Ausnahme von einigen Frauen, die in ähnlich seltsamer Konstellation wie ich unterwegs sind, begegnet man auf den Straßen ausschließlich Männern. »Wo sind die Frauen?«, frage ich meinen Begleiter. »Im Haus«, entgegnet Hassan. Auf meine Bemerkung, dass das ja nicht die angemessene Aufteilung sei, erklärt er mir, dass die Männer Herren der Straße seien und die Frauen die Herrinnen im Haus. Wie zum Beweis führt er mich in eines der typischen orientalischen Stadthäuser. Von außen wirken sie schmucklos und unauffällig, drinnen aber liegt oft ein schmucker Innenhof, das Zentrum des Hauses, von dem die Wohnräume abgehen. Die Frauen sind damit beschäftigt, zu kochen und Wäsche zu waschen, hier ist wiederum kein Mann zu erblicken. Vermutlich, weil diese gerade im Teehaus hocken. Ich bin mir ziemlich sicher, dass mir diese Art der Arbeitsteilung nicht gefällt, verzichte aber auf eine Diskussion darüber.

Zurück in den Gassen, fällt mir noch etwas anderes auf: Erstaunlich viele Männer gehen Hand in Hand. »Ist Marokko etwa das neue Gay Country?«, frage ich Hassan. Aber weit gefehlt. Hassan erklärt mir, dass zwischengeschlechtliche Berührungen vor der Ehe nicht gestattet sind. Berührungen unter Männern sind dagegen erlaubt und davon wird rege Gebrauch gemacht. Mittags essen wir in einer kleinen Kaschemme Couscous und trinken anschließend einen Tee, der mehr Zucker als Pfefferminze enthält und wie ein flüssiges Hustenbonbon schmeckt. Mein Begleiter schlägt vor, dass ich beim nächsten Mal »sans sucre« verlange, man habe sich auf den europäischen zuckerfreien Geschmack inzwischen eingestellt.

Eigentlich ist er ganz angenehm, mein Begleiter. Was ich ihm besonders zugutehalte, ist, dass er mir nicht dauernd etwas anzudrehen versucht. Laut eigenen Aussagen ist er nicht verheiratet, lebt bei seiner Mutter, ist als ehemaliger Lehrer arbeitslos und verdingt sich daher als Führer für Touristen.

»Ich organisiere auch Touren in die Wüste oder ins Gebirge«, erzählt er. Als ich ihm mitteile, dass ich weiter Richtung Marrakesch möchte, bietet er an, mich zu begleiten. Ich finde das ein bisschen übertrieben, doch er hat offenbar das große Potenzial in mir entdeckt und legt sich jetzt mächtig ins Zeug. Nach dem Essen steht der Besuch eines Basars auf dem Programm. Er führt mich in ein dunkles, mehrstöckiges Gebäude, das so mit Waren vollgestopft ist, dass jeder Laut verschluckt wird. Hier drinnen herrscht totale Stille. Teppiche sind bis zur Decke gestapelt, die Wände mit Tüchern verhängt, davor Bretter mit ziseliertem Schmuck. Tische, die unter der Last von silbernen Kannen, geschnitzten Kästchen und Figuren fast zusammenbrechen. Laut Auskunft meines Führers bestehen sie aus Kamelknochen. Ich suche mir einige Stücke aus, die mir gefallen, vor allem bei den Ohrringen fällt es mir schwer, mich zu entscheiden. Ich greife dennoch zu, bin ich mir doch dessen bewusst, dass mein Führer hierfür eine kleine Kommission gezahlt bekommt. Dann möchte ich wieder gehen, doch da habe ich die Rechnung ohne den Basarbesitzer gemacht. Ich werde zum Tee eingeladen, und der Besitzer plaudert mit mir. Zwischendurch kommt immer wieder ein Boy, um mir ein Tuch vorzuführen, einen Teppich oder andere wertvolle Stoffe. Offenbar bin ich jetzt im hochpreisigeren Segment angekommen und tatsächlich ist ein Stück schöner als das andere. Der Besitzer sieht, dass ich zögere. »Very chip prais«, betont er immer wieder. Das Wort »billig« beherrscht er in fünf Sprachen. Ich nicke, habe aber natürlich nicht vor, den Rest meiner Reise einen Teppich mit mir herumzuschleppen. »No problem«, ruft der gewiefte Geschäftsmann, »we send home, no problem.« Es besteht also die Möglichkeit, das gute Stück per Post, DHL oder einem anderen internationalen Lieferservice nach Hause zu schicken.

Letztendlich bin ich stolze Besitzerin von zwei Tüchern, einem Teppich und einen Schrankkoffer voller Kamelknochen, dazu tütenweise Blätter und Rinden, die angeblich heilsame Teesorten darstellen. Der glückliche Basarbetreiber verspricht, meine Habe Richtung Hamburg aufzugeben. Mein Zimmer dort wird sich vom Outdoorparadies schnell in eine Andenkenhölle verwandeln. Ich bezahle und gehe auf die Straße, wo Hassan auf mich wartet. Er will mich zu einem zweiten Basar führen, der angeblich noch mehr »chip prais« hat, aber ich schaffe es, mich dem zu widersetzen.

Abends lade ich meinen Führer zum Essen ein, wir sitzen auf dem Boden an kleinen, runden Tischen, wobei sich unsere Knie immer wieder berühren. Wie es wohl ist mit einem Orientalen? Wir haben ja diese romantische Vorstellung von 1001 Nächten im Serail, Geschichten der Scheherazade. Der Marokkaner jedoch klärt mich auf und entwirft ein wesentlich realistischeres Szenario. Das Bild der westlichen Frau ist hierzulande hauptsächlich durch Pornos geprägt. Man schreibt uns eine gewisse Offenheit zu. Auch sei der Sextourismus im Land sehr hoch. Es gibt entweder Männer, die hier junge Mädchen kaufen, oder homosexuelle Touristen, die sich einen Boy suchen. Gerade in Marrakesch sei die homosexuelle Prostitution stark gestiegen, obwohl dies laut Gesetz verboten ist. Ich verwerfe meinen Gedanken an Sex mit meinem Führer daher sofort, da ich ihn dadurch zum Sexarbeiter machen würde und mich zur Sextouristin.

Zum Nachtisch gibt es wieder den Pfefferminztee, ich lehne zunächst ab, da mein Magen schon allein beim Gedanken an diesen Süßeschock rebelliert, doch mein Begleiter bestellt diesmal ohne Zucker. So schmeckt der Tee tatsächlich köstlich. Anschließend kaufe ich ein Busticket, nur für mich, und verabschiede Hassan mit einem Händedruck im Hotel.

»Ich komme mit rauf«, sagt er.

»Du, ich bin nicht wie die Frauen im Film«, versuche ich ihm zu erklären.

»No problem«, erwidert er. »Ich schlafe auf dem Boden. Aber es ist schon spät und ich will meine Familie nicht wecken.«

Da er einen friedfertigen Eindruck macht und ich schließlich schuld daran bin, dass er so spät unterwegs ist, willige ich ein. Wie versprochen, legt er sich hin, und als ich gleichmäßige Atemzüge höre, schlafe auch ich ein. Als ich am nächsten Morgen aufwache, ist er bereits wach, sitzt auf einem Stuhl und starrt mich an. Ich frage ihn nicht, wie lange er das schon tut, taste nur unauffällig nach meinem Bauchgürtel und seinem Inhalt. Alles noch da.

Wir frühstücken Fladenbrote in einem der nahe gelegenen Cafés, dann ist es auch schon Zeit für mich, an die Weiterreise zu denken. Dass ich allein weiterfahren werde, habe ich Hassan gründlich klargemacht, er sieht es ein, verweist mich allerdings an einen Cousin, der in Marrakesch lebt. Das sei sicherer, er habe ihn auch bereits informiert und er erwarte mich am Busbahnhof. Ich bin etwas verärgert, dass er einfach so über meinen Kopf hinweg entschieden hat. Entsprechend fällt der Abschied auch frostiger aus, als es mein Begleiter verdient hat. Schließlich nehme ich meinen Sitzplatz ein und fahre los.

Um von Tétouan nach Marrakesch zu gelangen, muss man das Atlasgebirge durchqueren. Es geht über endlose Serpentinen, und wenn ich nicht absolut reisefest wäre, ginge es mir wie den restlichen Reisenden, die einen intensiven Dialog mit ihren Plastiktüten führten. Nachdem wir das Gebirge hinter uns gelassen haben, durchqueren wir ein Stück Wüste, und als ich schon glaube, am Ende der Welt angelangt zu sein, kommen wir am Busbahnhof von Marrakesch an. Hier zeigt sich dasselbe Bild wie bei meiner Ankunft in Tétouan. Ein Pulk von Touri-Boys buhlt um sein Glück, nur wirkt hier alles noch viel weniger vertrauenserweckend als in Tétouan. In Gedanken schicke ich Hassan einen Gruß und eine stille Abbitte, denn schon vom Busfenster aus erblicke ich einen Hassan nicht unähnlichen Typen, der ein Blatt mit meinem Namen in den Händen hält. Souverän schüttele ich die anderen Bewerber ab und gehe auf ihn zu. Er stellt sich mir als Mohammed vor und heißt mich im Namen seines Cousins willkommen. Nach der langen Reise bin ich so gerädert, dass ich einfach nur froh bin, dass sich jemand um meinen weiteren Verbleib kümmert, und folge ihm anstandslos.

Wir müssen ein Stück mit dem Taxi fahren. Dann überqueren wir zu Fuß den berühmten Gauklerplatz mit seinen Schlangenbeschwörern und Wasserträgern. Allerdings bin ich zu müde, um ihnen meine Aufmerksamkeit zu schenken. Wir biegen in eine Seitengasse ein, wo sich mein Hotel befindet. Hinter der unauffälligen Tür offenbart sich ein traumhafter Innenhof, und mein Zimmer liegt an einer ruhigen Straße. Momo, wie ich ihn nennen soll, hat seinen Job gut gemacht. Ich will ihm ein Trinkgeld geben und ihn wegschicken, denn ich brauche dringend Schlaf. Doch Momo überredet mich zu einem Abendessen, das wir in einem nahe gelegenen Restaurant einnehmen. Er ist witziger als sein Cousin, geistreicher und sieht wesentlich besser aus. Ich weiß nicht, ob es daran liegt oder an dem schweren marokkanischen Rotwein, jedenfalls können wir die Finger nicht voneinander lassen. »You are my Scheherazade«, flüstert er mir ins Ohr. »Be my 1001 nights«, gebe ich zurück und merke, dass ich betrunken bin. Schließlich nehme ich ihn mit aufs Zimmer. Selbstverständlich schläft Momo später in dieser Nacht nicht auf dem Boden, sondern in meinem Bett.

Nachdem wir aufs Bett gefallen sind, lässt Momo nach kürzester Zeit seinen Aladdin aus der Wunderlampe, der allerdings beachtlich ist. Und beschnitten, wie ich zu meiner Freude feststelle. Ich öffne also meinen Sesam und sein schwarz behaarter Körper entführt mich ins Land der Märchen. Er ist besessen von meinen Nippeln. Gehört das zum orientalischen Vorspiel, frage ich mich. Er kommt im Nullkommanichts und ich muss ihn von mir herunterstoßen, damit er nicht auf mir einschläft. Obwohl ich todmüde bin, lasse ich mich noch zu einem Joint überreden. Gleich darauf bin ich weg.

In dieser Nacht schlafe ich wie eine Tote. Am nächsten Morgen erwache ich mit schmerzenden Knochen, was der Busreise geschuldet ist. Und mit schmerzendem Kopf, den ich dem Rotwein zuschreibe. Dass ich nur mühsam wach werde, schiebe ich dem Joint zu. Wohlig erinnere ich mich an die Liebesnacht und in der Hoffnung auf eine Wiederholung taste ich neben mich. Ins Leere. Ich drehe mich zur Seite und lächele. Vermutlich ist mein Momo-Boy schon draußen, um ein Frühstück zu organisieren. Oder seinem Cousin von seiner Eroberung zu berichten. Ich springe aus dem Bett und stelle mich unter die Dusche. Als ich fertig bin, wickele ich mir das Handtuch um und bemerke zunächst, dass meine Toilettensachen fehlen. Hatte ich die gestern nicht auf die Ablage gestellt? Dann suche ich meinen Rucksack, doch im Zimmer ist keiner. Ich bin wie vor den Kopf gestoßen. Bin ich im falschen Zimmer aufgewacht? Wohl kaum, denn ich habe meines ja nicht verlassen. Mein Begleiter dagegen schon. Meine Handtasche ist ebenfalls weg. Du lieber Himmel, ich habe die Nacht nicht mit Momo verbracht, sondern mit Ali Baba und den 40 Räubern. Auch hat mir keiner erzählt, dass man nach 1001 Nacht splitterfasernackt dasteht. Was für ein Desaster. Zum ersten Mal auf meiner großen Reise sehne ich mich nach meinem vertrauten Mittelsitz. Statt mich festgeklemmt und damit sicher durchs Leben zu bewegen, bin ich auf den ältesten Trick des Orients hereingefallen.

Doch schnell rufe ich mich zur Räson. Ich bin zwar splitternackt, aber nicht bereit aufzugeben. Wütend sause ich durchs Zimmer und überlege, wie es weitergehen kann. Da ich das Hotel so nicht verlassen kann, gehe ich hinaus auf den Gang und rufe nach der zum Glück weiblichen Rezeptionistin. Nach meiner eindringlichen Erklärung leiht sie mir ein paar Anziehsachen, sodass ich zumindest zur Polizei gehen kann. Dort macht man mir erst mal klar, wie unglaublich naiv ich gewesen bin. Die Beamten tippen sich regelrecht an die Stirn, als ich zugebe, einen Fremden in mein Zimmer gelassen zu haben. »Aber ich kenne doch seinen Cousin aus Tétouan«, rufe ich verzweifelt. Daraufhin muss ich mich darüber aufklären lassen, dass einige Banden so arbeiteten. Einer erarbeitet sich das Vertrauen, ein anderer nimmt die gutgläubigen Touristen dann aus.

Am schlimmsten ist die Tatsache, dass er mich gevögelt hat, bevor er mich bestohlen hat. Erst begatten, dann berauben, so lautet scheinbar die Devise der einschlägigen Banden.

Zumindest unterstützt mich die Polizei dabei, meine Kreditkarten und Euroschecks umgehend sperren zu lassen. Im Zuge dieser Aktion lasse ich auch die Bestellung im Basar, die ich mit der Kreditkarte bezahlt habe, stornieren. Rache ist süß! Ein Telefonat mit der Bank ergibt, dass noch nicht viel Geld abgehoben worden ist, auch die Kreditkarte wurde noch nicht benutzt. Vermutlich hat mein Galan damit gerechnet, dass mich das Marihuanazeugs länger ausknocken würde. Zum Glück habe ich an diesem Joint nur zwei- oder dreimal gezogen und nicht inhaliert. Mit ein wenig Bargeld, das man mir im Hotel leiht, kann ich ein paar Klamotten kaufen. Und schon nach wenigen Tagen besitze ich wieder eine neue Karte und Euroschecks. Das wenige Geld, das bei meinem Abenteuer draufgegangen ist, kann ich verschmerzen. Allerdings ärgert mich der Verlust meiner sorgfältig zusammengestellten Reiseapotheke richtig. Klar, man kann alles ersetzen, aber nur mühsam. Die Lust am Fremdenverkehr ist mir auf jeden Fall erst mal gründlich vergangen. Aber ich habe nicht vor, mir meine Reise von diesem Vorfall vergällen zu lassen. Die nächsten Tag verbringe ich auf der Terrasse von »Ricks Café«, einem sicheren Ort, von dem aus ich das Treiben auf dem Gauklermarkt beobachten kann.

Nach wenigen Tagen lerne ich dort einen Engländer kennen. Dave ist gut trainiert, Ende 40, grau meliert, ein erfahrener Traveller, der schon aller Herren Länder bereist hat. Auch er ist so manches Mal beklaut worden. »Die sind einfach zu schlau und skrupellos für uns Wohlstandsmenschen«, versucht er mich zu trösten. Ich nicke und nippe an meinem Tee. »Ich finde es unglaublich, dass sie wirklich alles mitgenommen haben«, sage ich dann.

»Die machen alles zu Geld, den Rest verschenken sie an ihre großen Familien«, entgegnet Dave. Dass wir auch noch Sex hatten, verschweige ich. Das ist mir dann doch zu peinlich.

Nach einigen Tagen habe ich endlich neue Reisepapiere, und in einem Outdoorladen habe ich wieder einen Rucksack und Ausrüstung erworben. Als Dave mich einlädt, ihn nach Essaouira, ein Städtchen am Atlantik, zu begleiten, zögere ich zunächst. Eigentlich will ich das Land auf schnellstem Wege verlassen. Doch Dave meint, ich solle Marokko noch eine Chance geben. Wir mieten also einen Jeep und kommen nach zwei Stunden an. Die Schönheit von Essaouira versöhnt mich tatsächlich wieder mit dem Land. Die Stadt ist bekannt für ihre tolle Medina und ihren Wind, der weltweit die Kite-Surfer anzieht. Wir steigen in dem Hotel ab, in dem in den 1960ern einst Jimi Hendrix während eines Musikfestivals übernachtet hat. Getrennte Zimmer, versteht sich.

Essaouira ist wirklich bezaubernd. Man kann sich in den verwinkelten Gassen der alten Medina wunderbar verlaufen, findet nach ein paar Straßen aber immer wieder entweder zum Hafen oder landet an der Stadtmauer, wo man sich leicht orientieren kann. Die Händler bieten ziselierten Silberschmuck, Gewürze, Tees an und wieder will man mich in die Basare locken, doch ich winke ab.

Vor den Toren, am riesigen Strand, weht ein kräftiger Wind. Wir laufen zu den Bars der Kite-Surfer, wo sich ein ganz anderes Bild bietet. Braun gebrannte Surfer mit weiß getünchten Nasen schlürfen Cocktails oder lassen sich über dem Wasser in die Luft tragen. Da man am Strand auch Pferde mieten kann, galoppieren wir bald schon durch die Gischt. Abends essen wir in einem der vielen traditionellen Restaurants. Nach jedem Gang fegen Bauchtänzerinnen zwischen den Tischen herum und wedeln mit ihren Hüften.

»Sag mal«, frage ich Dave, »sind die Bauchtänzerinnen auch Prostituierte oder nicht?« Er schüttelt den Kopf und meint: »Zwar sind sie traditionell von der Gesellschaft ausgeschlossen, aber es sind keine klassischen Prostituierten. In manchen Lokalen natürlich schon. Zum Beispiel kommen viele Araber aus den Emiraten hierher, um die Freizügigkeit zu genießen. Ich war mal bei einer Feier, da hatten die junge Tänzerinnen, die schweißnass waren. Die Araber haben Geld auf den Boden geworfen und die Tänzerinnen haben sich darin gewälzt. Was am Körper kleben blieb, durften sie behalten.«

Wir genießen unseren Couscous mit frischem Fisch, der hier direkt aus dem Meer kommt. Zum Nachtisch erscheinen erneut die Bauchtänzerinnen und eine nähert sich, angelockt von einem Dollarschein, den Dave in die Höhe hält, unserem Tisch. Sie kommt auf uns zu und wedelt erwartungsvoll mit ihrem Becken. Dave gibt mir den Geldschein, den ich ihr nach kurzem Zögern in den Bund stecke. Ihre Haut ist ganz zart. Wieder reicht mir Dave einen Schein, den ich in der Tänzerin versenke. Er spricht sie an, sie setzt sich. Die beiden unterhalten sich auf Französisch. Die Tänzerin lächelt mit blutroten Lippen und perlweißen Zähnen. Irgendwann wendet sich Dave mir zu. »Wie wär's, ich miete sie uns für eine Nacht?« Ich verstehe nicht. »Zum Tanzen?« Er lächelt. »Was immer wir wollen.« Nun fasst mich die Marokkanerin bei den Händen. Ich bin überrascht. Anscheinend ist sie nicht unerfahren auf diesem Gebiet.

Ich tausche einen Blick mit Dave. Sex mit zwei Frauen steht ja bei Männern ganz oben auf der Liste. Umso mehr mit zwei Frauen, die so unterschiedlich sind wie wir. Auch mir gefällt die Marokkanerin. Sie bleibt bei uns, bis wir fertig sind mit Essen. Dave bestellt uns noch eine Flasche Wein, die wir gemeinsam leeren. Dann kauft er eine Flasche Champagner und wir kehren ins Hotel zurück.

Daves Zimmer ist wesentlich edler eingerichtet als meines, es könnte sich in einem Serail befinden. An der einen Wand steht ein Himmelbett, an der anderen eine Sitzecke mit Satinkissen. Wir lassen uns auf den Satinherzen nieder. Dave öffnet den Champagner und wir stoßen an. Die Marokkanerin beginnt mich zu streicheln und entledigt sich dabei mit den geschickten Bewegungen einer Tänzerin ihrer Kleider. Darunter ist sie komplett haarlos, jetzt trägt sie nur noch ein schmales Bauchkettchen. Sie erklärt mir, dass sich die meisten arabischen Frauen komplett waxen lassen. Inklusive Arme und Bauch. Ich streichele meine komplett haarlose Tänzerin, die nicht nur sehr schöne Haare hat, sondern auch sehr schöne Brüste. Wir küssen uns, was Dave ganz wild macht. Er nähert sich von hinten, sie scheint sich in der Sandwichposition ganz wohlzufühlen. Sie ist eine wunderbare Scheherazade, die offenbar wirklich Erfahrung mit beiden Geschlechtern hat, denn sie wendet sich mir ohne Scheu zu. Dave hat bei der Auswahl ein gutes Auge bewiesen. Irgendwann kniet Scheherazade auf dem Bett, und Dave nimmt sie von hinten. Ich lege mich dabei unter die Tänzerin, sodass er die eine fickt und die andere anschaut. Ein geiles Schauspiel, das er dementsprechend nur sehr kurz aushält. Im Nu ist er befriedigt und wir Frauen können uns einander widmen, was äußerst reizvoll ist. Außerdem klingen Komplimente auf Französisch ganz wunderbar. Nach unserem gelungenen Zwischenspiel hüllt sich die Schöne wieder in ihre Kleider und verabschiedet sich. Bevor sie hinausgeht, sehe ich, wie Dave ihr diskret ein paar Scheine zusteckt. Ich habe also nicht nur lesbische, sondern auch käufliche Liebe genossen, muss aber gestehen, dass die Schöne uns keinerlei Businessgefühl vermittelt hat.

Ich bin wirklich froh, dass ich das Land nach meinem ersten schlechten Erlebnis noch mal von einer anderen Seite kennenlernen durfte. So schnell rückt man vom Mittelsitz wieder auf den Fensterplatz, denke ich und lächele.

Ich verbringe noch zwei weitere Tage mit Dave, dann kehre ich zurück nach Marrakesch, um von dort nach Kenia weiterzureisen, in das Land der schwarzen Sonne.

Kenia. Der Lover fällt nicht weit vom Stamm

Afrika – kein Kontinent beflügelt unsere Fantasie so stark wie dieser. Vor allem wir Frauen träumen von Farmen, wilden Tieren und Männern, die uns beschützen. So ist es seit der Kolonialzeit. Und auch ich träume von Buschpiloten, Gazellen, Nashörnern und Nächten unter Sternenhimmel, beschallt vom Grillengesang. Am Flughafen von Nairobi erwarten mich allerdings erst mal Hitze, Staub und Hektik. Mit einer kleinen Propellermaschine geht es weiter nach Mombasa und der Blick auf die Küste und das glitzernde Meer gibt mir einen Vorgeschmack auf die paradiesische Zeit, die mich hier sicherlich erwartet.

Am Flughafen holt mich ein kaum volljähriger Junge mit Rastazöpfen ab, der mich durchs quirlige Mombasa kutschiert und dann auf einer staubigen Piste zu meiner Lodge fährt. Ein Bekannter in Hamburg hat sie mir empfohlen. Es ist ein Konglomerat von Hütten inmitten von Kokospalmen, an einem herrlichen Strand gelegen. Da es schon dunkel ist, als wir ankommen, muss ich mich in puncto Aussicht auf den nächsten Tag vertrösten. Nach einem kleinen Imbiss, den man für mich vorbereitet hat, gehe ich zu Bett und schlafe, vom Meeresrauschen und dem Zirpen der Grillen begleitet, schnell ein.

Am nächsten Morgen wache ich erholt und erfrischt auf. Das Frühstück wird auf der Hotelterrasse serviert, einem runden Platz inmitten der Anlage. In der Mitte befindet sich die von Palmen überdachte Bar, an der schon die ersten Gäste sitzen. Ich blicke mich verstohlen um. Ein Morgen in einer

Hotelbar hat immer etwas Besonderes. Aufbruch, Orientierung, man kann seine »Mitstreiter« in Augenschein nehmen und prüfen, ob man richtig ist. Der Kellner bringt mir Kaffee. An den umstehenden Tischen sitzen mehrere Damen, manche allein oder zu zweit, vereinzelt auch Paare. Ein Paar fällt mir sofort auf, weil beide besonders attraktiv sind. Die Frau ist blond, trägt einen afrikanischen Sarong und sieht darin aus wie eine Göttin. Nicht so wie die Mollige, die sich in den Sarong wickelt, um Problemzonen zu kaschieren, dann aber wirkt wie eine schlechte Ausgabe von Mama Afrika. Des Weiteren befindet sich auf der Terrasse noch das obligatorische männliche Bierbauchpaar in Begleitung von zwei blutjungen Afrikanerinnen. Wie gesagt, Afrika beflügelt unsere Fantasie. Doch es ist nicht mehr wie damals auf den Farmen zur Kolonialzeit. Seitdem hat sich auf dem dunklen Kontinent viel verändert. Die Farmen sind All-inclusive-Bunkern gewichen, die Dame von heute gönnt sich keinen Landarbeiter, sondern den Einheimischen von nebenan. Erste Vertreter kann man schon am Strand herumlungern sehen. Die Jungs tragen bevorzugt Rastazöpfe und Perlen in den Haaren. Einige der älteren Damen sind bereits mit dunklen Loverboys versorgt.

Mich selbst reizt solch eine Verbindung mit ökonomischem Gefälle weniger. Spätestens seit dem Film *Paradies: Liebe* wissen wir doch alle, wie so etwas abläuft. Falsche Liebe gegen echtes Geld. Nach dem Frühstück gehe ich zum Strand, schwimme ein paar Bahnen und schnappe mir dann eine der freien Liegen. In der Nähe hat sich bereits das attraktive Paar niedergelassen. Ich klappe mein Buch auf und widme mich zunächst der Lektüre. Ich bin von der Romanhandlung ganz gefangen, bis ich im Hintergrund Bewegungen registriere. Eine Gruppe Beachboys ist an den Strand gekommen, um hier unter den

Augen der noch ungebundenen Touristinnen zu »trainieren«. Sie machen Handstand, yogaähnliche Übungen, hieven selbst gebastelte Holzhanteln in die Höhe oder kicken einen schlaffen Ball hin und her. »Looki-Looki«, ruft einer der Holiday-Sklaven zu mir herüber. »It's free«, lächelt er mit breiten weißen Zähnen, als ich aus Versehen zu ihm schaue. Immerhin gratis, nicht »chip prais«, denke ich und verstecke mein Gesicht hinter meinem Buch. Obwohl mir natürlich klar ist, dass hier gar nichts umsonst ist. Früher oder später muss auch die Sextouristin für ihre Sünden zahlen. Unterbezahlte männliche Sexarbeit kommt bei mir jedoch frühestens mit 60 infrage. Die Jungs turnen weiter unermüdlich herum. Das Paar wird schließlich auf einen der Jungs aufmerksam und winkt ihn zu sich.

Kaum zwei Meter neben mir liegt eine Frau, ich schätze sie als etwas jünger ein als mich, gute Figur, braune schulterlange Haare, sympathisch. Wir tauschen einen Blick. Sie hat bemerkt, was ich gerade beobachtet habe. »Hier geht alles«, sagt sie und legt ihr Buch weg. »Bist du schon versorgt?«, frage ich sie. Sie schüttelt den Kopf. Wir beobachten weiter das Paar, das eine Weile lang mit dem Dunklen scherzt, der sich dann aber verabschiedet. Wahrscheinlich haben sie für später eine Verabredung getroffen.

»Ich will heute Abend ins ›Cheers‹, das ist ein Strandclub in Mombasa«, sagt Nicole, meine Nachbarin. »Kommst du mit?« Ich nicke. Also verabreden wir uns für später. Dann erhebe ich mich von meiner Liege, um einen frühen Drink zu nehmen, denn ich muss noch vorsichtig sein mit der Sonne. Aus den Lautsprechern der Bar dringt inzwischen Reggae, vermutlich versteht sich Kenia als Geschwisterland zu Jamaika. Hinter der Bar steht jetzt ein anderer Kellner, er trägt die langen Zöpfe gebündelt und fragt nach meinem Wunsch. »Sex on the Beach«, sage ich und mit einem zweideutigen Lächeln bedient er mich.

Das Pärchen sitzt gegenüber auf der anderen Seite. Da sie mir zuwinken, setze ich mich zu ihnen. Es sind Schweizer, ich frage sie, wie lange sie schon hier sind und ob sie das »Cheers« kennen. »Eine Woche«, antwortet die Schweizerin, die, aus der Nähe betrachtet, noch besser aussieht. Es scheint, dass mich hier zwischen all der offensichtlichen männlichen Versuchung plötzlich die Weiblichkeit regelrecht anspringt. Nur nicht in die L-World abdriften, ermahne ich mich.

»Hast du die Beachboys schon in Augenschein genommen?«, fragt nun der Mann. Ich mache eine unbestimmte Kopfbewegung. »Heute Abend im ›Cheers‹ ist bestimmt was dabei«, meint die Frau.

»Da ist für jeden etwas dabei«, sagt der Mann und legt den Arm um die Schöne, die leicht verlegen lächelt.

»Ab und zu nehmen wir uns einen dunklen Lover dazu«, murmelt sie mit gesenkter Stimme.

»Aha«, gebe ich zurück, während ich versuche, mir die Szene vorzustellen. Derweil kommt eine pummelige Frau mit ihrem Lover vom Strand zurück. Der Junge ist bestimmt halb so schwer, halb so alt und unendlich viel ärmer als sie. Liebe und Geld, der Kleber, der die Welt zusammenhält.

»Wir gehen übermorgen auf Safari«, unterbricht die Schweizerin meine Gedanken, »Tsavo National Park, magst du mitkommen?« Als ich erfahre, dass man dort Nashörner und Antilopen besichtigen kann, stimme ich freudig zu. Im Gegenzug beschließt das Paar, sich uns bei unserem heutigen Abendausflug anzuschließen. Ein paar Stunden später stehen wir daher alle frisch geduscht und gut duftend vor dem Hotel und warten auf unser Taxi. Ich habe das Gefühl, dass es eine gute Party werden wird. Je näher wir Mombasa kommen, desto mehr Lichter scheinen auf, desto drängender werden die Rhythmen. Im »Cheers« ist bereits Showtime. Der Laden ist proppenvoll mit sonnenverbrannten Weißen und sehnigen Dunklen. Ich muss mich an einem Bündel muskulöser Arme vorbeidrücken, um an die Bar zu kommen. Aus den Lautsprechern dröhnt wieder der unvermeidliche Reggae. Plötzlich stoppt die Musik für eine Bühnenshow. Trommeln ertönen und Tänzerinnen und Tänzer kommen auf die Bühne, um eine Art Tanzstück aufzuführen. Die Männer kämpfen mit imaginären Löwen und die Frauen tragen Leopardentangas oder Bananen um die Hüften. Natürlich dürfen Tarzan und Jane nicht fehlen – habe ich nicht bereits erwähnt, dass Afrika uns inspiriert? Nachdem die Show beendet ist und ausgiebig beklatscht wurde, erschallt wieder Musik und alle stürzen sich auf die Tanzfläche.

Oder in das Geschäft, bei dem die einen das Geld haben und die anderen einen tollen Körper. Dicke Bäuche reiben sich an Mädchen mit bauchfreien Tops, muskulöse dunkle Männerarme umfangen ältere Damen mit der Figur einer Tonne. »Sugarmamas«, klärt mich Nicole auf, meine neu gewonnene Freundin, »lassen sich komplett aushalten, das ganze Jahr, ab und zu kommt dann mal Mami, um nach dem Rechten zu sehen.« Sie ist Journalistin und hat mal über Frauen recherchiert, die Liebe kaufen. »Manche Jungs triffst du auf der Post, die verschicken 20 Postkarten.« Ich schaue mich um. Ja, die Jungs wirken so, als könnten sie durchaus mehr als eine Dame beglücken. Pro Abend.

Da Nicole und ich hier altersmäßig zum unteren Durchschnitt gehören, wird verzweifelt um unsere Aufmerksamkeit gekämpft. Immerhin lockt die Aussicht, einen kleinen

Gewinn zu machen und dennoch bei Licht vögeln zu können. Klassische Win-win-Situation. Da ich die Preise nicht kenne und mich zudem das Prinzip Callboy noch nie interessiert hat, widme ich mich lieber dem Alkohol und der Musik. Natürlich mit Tanzpartner, ohne geht nicht, und die Jungs haben wirklich einen super Rhythmus und einen super Körper. Das wissen sie selbst selbstverständlich am besten und so versuchen sie, mich mit körperlichen Argumenten für sich zu gewinnen, wo das Verbale versagt. Um ihnen nicht unnötig Hoffnung zu machen, tanze ich mit jedem stets nur einen Tanz. Nicole dagegen scheint gefunden zu haben, was sie nicht suchte, und hat einen sehr schnittigen Burschen am Wickel. Ich gehe davon aus, dass heute Nacht die Strandhütte ordentlich wackelt. Auch das Paar hat einen Spielgefährten ausfindig gemacht.

Ich trete hinaus an den Strand, um durchzuatmen und die kühle Brise zu genießen. »You alone, lady?«, ertönt eine unerhört tiefe Stimme hinter mir. Als ich mich umdrehe, steht der beeindruckendste, muskulöseste Mann vor mir, den ich je gesehen habe. »Not any more«, strahle ich zurück. Dieser Mann hat nichts mit Welthungerhilfe zu tun. Er sieht aus wie ein gut trainierter Massai, aber in Zivil. Er trägt auch nicht diese alberne Rastafrisur, sondern kurzes Haar, das zu kleinen Knöpfen gedreht ist. Ein Look, der mich ein bisschen an Astronauten erinnert, aber sein Gesicht mit den riesigen braunen Augen und dem strahlenden Lächeln kann nichts entstellen. Und er kauft mir einen Drink. Vermutlich eine Investition, die man auf sich nimmt vor dem großen Ausnehmen.

Wir reden kurz und gehen dann wieder hinein zum Tanzen. Wenn man das als Tanzen bezeichnen kann. Eigentlich tue ich nichts anderes, als auf seinem Oberschenkel zu reiten, der übrigens stahlhart ist. Genau wie jede andere Faser seines Körpers. Wenn ich mich an ihm festhalte, habe ich Angst, mir die Finger zu brechen. So schnell wird hier eine Frau von der einfachen Touristin zur Sugarmama. »Hedrik« ist sein Name, wer immer ihn ihm gegeben hat, sei gelobt.

Als wir alle zusammen zum Hotel zurückfahren, brauchen wir ein Großraumtaxi, da jeder sein Souvenir im Schlepptau hat – das Paar, Nicole und ich. Im Taxi ist unser Hormonpegel garantiert höher als unser Alkoholpegel. Sobald Hedrik und ich in meiner Hütte angelangt sind, fliegen unsere Klamotten nur so in Fetzen von uns. So sieht er noch fantastischer aus als angezogen. Ich muss ihn einfach anstarren. Dieser Körper ist ein Nationalpark, er gehört unter Naturschutz, jeder Muskel ist aufs Feinste definiert. Ich bin eigentlich nicht die Frau, die zwanghaft auf Muskeln steht, und kann mich durchaus auch für etwas Speck auf den Rippen begeistern, aber gelegentliche Ausflüge ins Land des Reliefs sind eine willkommene Abwechslung. So schaue ich und wandele in Gedanken auf den Pfaden der »weißen Massai«. Nur gut nachvollziehbar, dass eine Schweizerin, die Autorin ebenjenes Tatsachenromans, die gesamte westliche Zivilisation über Bord geworfen hat für einen Körper wie diesen. Die Liebe zu dem Massai hielt nur ein paar Jahre, mir soll eine Nacht genügen. Auch unter der Gürtellinie erfüllt er alle Klischees in puncto Größe und Härte. Als ich in seine Arme sinken will, nimmt er meine Hände und führt sie auf seine perfekte Brust. »Slowly, lady, slowly«, ermahnt er mich sanft. »Touch this.« Ich berühre seine Haut und es fühlt sich fantastisch an, wenn er meine Hände über seinen Körper gleiten lässt. Wie eine Statue, die dem Museumsbesucher einen Ausflug ins Land der Sinne gönnt und ihn dazu an die Hand nimmt. Als hätte er eine geheime Blindenschrift auf die Brust tätowiert und ich sollte sie decodieren. Oder erwartet er, dass ich einen Fingerkuppenorgasmus erlebe? »It's Massai skin«, murmelt er. Oh nein, wandele ich jetzt tatsächlich auf den Spuren der weißen Massai? Andererseits ist das hier wahrscheinlich der am weitesten verbreitete Stamm. Oder die Jungs haben einfach geschnallt, dass alles, wo Massai draufsteht, ein Exportschlager ist. Den er nach Kräften vermarktet. Stolz, selbstbewusst, bewunderungsheischend.

Ich werfe meinen Stammeskrieger aufs Bett, um dem Klischee bestmöglich zu entsprechen. Als er auf mir liegt, hoffe ich auf ein schnelles Ende, doch jetzt beginnt Teil zwei seiner Show. Er bewegt seinen Prachtschwanz in mir auf und ab, beobachtet jedoch dabei mein Gesicht und jedes Mal, wenn ich nur den geringsten Ausdruck der Verzückung zeige, bekommt er wieder diesen Ausdruck des satten Katers, den er untermalt mit gurrend ausgesprochenen Worten: »Yeh, lady. You like it?« Ich kann aber nicht gleichzeitig Sex haben und Groupie sein. Also drehe ich mich kurzerhand um. Jetzt, da er sein Wirken nicht mehr unmittelbar kontrollieren kann, überlässt auch er sich seinem Gefühl und für wenige Minuten sind wir vereint im Rhythmus der Körper. Und ja, es fühlt sich verdammt gut an. Die paar Minuten. Hinterher liegt er dann noch auf dem Bett und wartet darauf, dass ich ihm bestätige, wie wundervoll er ist. Ich tue es in der Hoffnung, dass er dann abschwirrt, was er auch macht. Der Höflichkeit halber biete ich ihm Geld fürs Taxi an, doch er lehnt ab. »No lady. No money« , gurrt er, »that is my gift for you.«

Ich lächele dem Gottesgeschenk zum Abschied zu und bin froh, die Tür hinter ihm schließen zu können. Eitelkeit kommt gar nicht gut beim Sex, stelle ich fest.

Am nächsten Tag treffe ich spät und übernächtigt Nicole auf der Hotelterrasse. Sie sitzt bereits beim Frühstück, und als ich sie frage, wie ihre Nacht war, kann ich ihrer Mimik und ihrem Appetit entnehmen, dass es offenbar gut und kurz war. Vermutlich bin ich die Einzige, die den Jungs ihre Selbstgefälligkeit nicht gönnt.

»Ist deiner auch so eitel?«, frage ich unumwunden.

Sie schaut mich an und verdreht die Augen. »Das ist der Preis, den wir zahlen müssen. Die Jungs wissen, dass ihnen der Ruf als beste Liebhaber der Welt vorausgeht. Die denken, wenn die Ladys extra Tausende Kilometer angeflogen kommen wegen unserer Schwänze, dann müssen die ja toll sein.«

Ich nicke langsam. »Gottes Geschenk an die Frauen ... Mich törnt das eigentlich total ab.«

Sie zuckt mit den Schultern. »Ja, aber sieh mal, die anderen Frauen himmeln sie total an.« Sie zeigt auf ein Pärchen – sie um die 60 mit ordentlich Quaddel an Armen und Beinen, die sie durch ein weißes Hemd zu verbergen sucht, er dagegen ist trainiert wie ein Fünfkämpfer. »Das Problem ist auch, diese Frauen denken, er fickt mich, also liebt er mich. Völlig verquer. Die Typen gaukeln den Frauen was vor. Es gibt sogar Kurse, in denen Männern beigebracht wird, wie man sich einer Europäerin gegenüber verhält.« Mir fällt die Butter vom Messer, so überrascht bin ich.

»Und was sind das für Sachen?«

Nicole zuckt mit den Schultern. »Zusammen Kaffee trinken gehen, kleine Geschenke mitbringen, der Dame die Tür aufhalten. Oralsex. Das machen die afrikanischen Paare alles nicht.« Ich hebe den Kopf. »Oralsex? Wie meinst du das?«

»Na, Cunnilingus, das machen die einfach nicht. Oder hat er letzte Nacht ...«

Ich verneine. Und bin wieder um eine Erfahrung reicher. Ein Kurs für Cunnilingus. Nicht schlecht. »Das sollten sie in

Deutschland auch mal anbieten«, schlage ich vor. Daraufhin lachen wir beide so laut, dass die anderen Gäste herüberstarren.

»Dein Hedrik«, fährt Nicole fort, »ist übrigens nicht auf Geld angewiesen. Er hatte mal eine reiche Sponsorin, die ihm eine Bar in der Stadt gekauft hat. Von der lebt er ganz gut. Außerdem legt er als DJ in den Hotelbars auf.« Ich bin erleichtert, immerhin bin ich nicht an den klassischen Loverboy und damit ins Räderwerk der Welthungerhilfe geraten.

Einerseits verstehe ich ja die Jungs, die sich aus bitterster Armut verkaufen. Aber wenn ich Entwicklungshilfe leisten will, spende ich doch lieber für Brot für die Welt.

Wir lungern diesen Tag noch weiter herum, am nächsten Morgen müssen wir in aller Früh raus, um bis mittags im Nationalpark zu sein. Es ist eine schöne Fahrt durch Savannengras. Mittags kommen wir an, laden kurz unser Gepäck ab, machen uns frisch und dann geht es mit dem Safaribus direkt in den Park. Dabei entlarve ich mich sofort als Naturparkneuling, weil ich bei jeder Gazelle ausflippe. Für die anderen ist das wie Unkraut. Sie werden allenfalls unruhig bei einer Giraffe und bei einem Kudu, der Antilopenart mit gedrehten Hörnern.

Gegen Abend nähern wir uns einem Wasserloch. Und tatsächlich, aus dem dürren, mannshohen Gras kommt ein Nashorn, schleppt sich träge zum kühlen Nass und trinkt. Daneben Gnus. Echtes *Daktari*-Feeling! Einen Löwen bekommen wir leider nicht zu Gesicht. Eine afrikanische Safari gilt ja erst als wirklich »bestanden«, wenn man die Big Five gesehen hat: den Löwen, den Büffel, das Nashorn, den Elefanten, den Leoparden. Da fehlen mir noch ein paar, aber in Südafrika werde ich dazu bestimmt noch Gelegenheit haben. Wir kehren jedenfalls zurück zu unserer Lodge im Park und sitzen abends noch draußen. Als die Moskitos über uns herfallen, verziehen wir uns in unsere Hütten und fallen friedlich in den Schlaf. Am nächsten Morgen geht es zurück in unser Hotel, abends bin ich eigentlich mit Hedrik verabredet, aber ich habe keine Lust auf eine weitere Sex-Groupie-Nummer. Also bleibe ich im Hotel, nehme ein paar gepflegte Drinks und beschließe, früh zu Bett zu gehen, um ausgeschlafen zu sein für meinen Morgenflug nach Kapstadt.

Südafrika. Der Daktari vom Damenklo

Ein Flugzeug bringt mich direkt von Mombasa nach Kapstadt, in das Land des Lichts, der herrlichen Strände und der Fotoshootings. Wegen des Lichts und der günstigen Preise findet hier eine Vielzahl von Mode- und Werbeshootings statt und die Stadt wimmelt daher nur so vor Models. Mein Freund Mike holt mich vom Flughafen ab. Er hat den braun gebrannten Teint des Menschen, der sich die meiste Zeit in der Sonne aufhält. Er ist vor vielen Jahren hier gelandet. Auf dem Fahrrad hat er den afrikanischen Kontinent durchquert, von Nord nach Süd. Gestartet ist er als Heterosexueller und als Schwuler in Südafrika angekommen. Offenbar ist er der Attraktivität der schwarzen Boys verfallen. Das kann ich gut nachvollziehen. Inzwischen arbeitet er als Modefotograf in Kapstadt und besitzt ein Haus in Camps Bay, an einem der populärsten Strände um Kapstadt. Er bringt mich in sein Haus, das wirklich herrlich ist. Der riesige Garten und der Blick auf den Atlantik sind zum Sterben schön. Als ich das blaue Meer sehe, hält mich nichts. »Ich muss unbedingt noch baden«, rufe ich, packe mein Schwimmzeug und laufe nach draußen. »Aber schwimm nicht zu weit raus, hier gibt's Haie«, ruft Mike mir lachend nach. Ich muss nur die Straße überqueren, dann bin ich am Strand, der noch bevölkert ist von Sonnenbadenden. Im Wasser sind allerdings nur ein paar Surfer, die auf ihren Brettern in den Sonnenuntergang paddeln. Ich ziehe mich um und gehe zügig ins Wasser. Nach wenigen Schritten bleibe ich stehen. Das Wasser ist so eiskalt, dass meine Füße schmerzen. Mein Puls beginnt panisch zu rasen. Das Wasser hat höchstens 13 Grad. Ich schaffe es noch nicht mal bis zur Hüfte, so sehr schmerzen meine Waden. Das ist also der Grund, warum die Surfer Neoprenanzüge tragen. Sonnen ja, baden nein, lautet also die Devise an Südafrikas Küste. Unverrichteter Dinge kehre ich ins Haus zurück. Mike grinst mich an und erklärt: »Es gibt Strände auf der anderen Seite vom Kap am Pazifik, da kann man eher baden.«

Danach helfe ich ihm bei der Vorbereitung der Party, die er heute Abend für mich gibt. »Das wäre echt nicht nötig gewesen«, sage ich. Doch er lächelt. »Wir Südafrikaner sind so versessen auf Fleisch, da nutzen wir jede Gelegenheit für einen Braai«, meint er. Braai heißt das Barbecue auf Südafrikanisch. Auf den Grill kommen Krokodilfleisch, Strauß, Kudu und natürlich Beef.

Zur Party trudeln alle möglichen Leute ein: Werber, Kreative, Fotografen, Models, aber alle extrem lässig und freundlich. Jeder, der hier lebt, fühlt sich vom lieben Gott geküsst und pflegt die südafrikanische relaxte Lebensart. Hier gibt es herrliche Weine, leckeres Essen, eine wunderbare Landschaft. Wie Mike auch verbringen die Kapstädter ihre Freizeit am liebsten draußen. Mein Aufenthalt hier wird daher zur reinen Aktivitätenliste. Wir klettern auf den Tafelberg, von dem aus man einen wunderbaren Blick über Kapstadt, die Bucht, aber auch die kilometerlangen Armenviertel hat. Kapstadt bietet eine wunderbare Lebensqualität inmitten von Elend, stelle ich fest.

Dann machen wir einen Ausflug zum Kap der Guten Hoffnung, dem südlichsten Zipfel Afrikas, wo Atlantik und Pazifik aufeinandertreffen und die Seeleute wegen der Strömungen ihre liebe Not hatten. Das Kap ist bedeckt mit Farnen und Gräsern, so etwa stelle ich mir Island vor. Ein anderer Ausflug führt uns nach Swasiland, in ein kleines Königreich inmitten von Südafrika. An der Grenze werde ich jäh wieder mit den Problemen des Landes konfrontiert. Ein Plakat macht auf die Aidsproblematik aufmerksam, jeder Sechste in Südafrika ist bereits infiziert. Die Headline »You can say no to sex« fordert die Menschen auf, bewusster mit dem Thema umzugehen und keinen ungeschützten Verkehr zu haben. Die Botschaft werde ich mir sicher merken.

Am selben Tag noch kehren wir zurück nach Kapstadt und treffen uns mit Freunden zum Sundowner an Clifton 4, einem weiteren Traumstrand. »Wie war deine bisherige Reise?«, fragt Mike mich, während wir an unseren Gin Tonics nippen. Ich erzähle ihm von der Marokkanerin in Essaouira und Hedrik in Kenia. Er grinst. »Afrika verwandelt uns alle.« Das bringt mich wieder zurück zum Safety-Gedanken. »Sag mal, du passt ja hoffentlich auf, oder?« Er nickt. »Das ist hier ein reines Bildungsproblem. Die aufgeklärten Schwarzen achten auf sich und sind prozentual viel seltener infiziert. In den einfachen Schichten denken sie, sie können sich von Aids heilen, wenn sie mit einer Jungfrau schlafen. Da ist die Infektionsrate natürlich höher.«

Ich bin entsetzt. »Das ist ja furchtbar. Klärt denn niemand die Leute auf?« Er zuckt mit den Schultern und nimmt einen Schluck von seinem Drink. »Glaube ist stärker als Wissen.« Ich nicke. Plötzlich fällt mir auf, dass wir bisher nur typisch weiße Aktivitäten gemacht haben, daher fühle ich mich hier gar nicht wirklich wie in Afrika. Eigentlich habe ich aber eine Schwäche für afrikanische Popmusik, und nach dem Reggae-Overkill in Kenia sehne ich mich mal wieder nach authentischer afrikanischer Musik. Als ich Mike frage, wo man solche Musik hören kann, antwortet er: »In den Townships. Wollen wir da hin heute Abend?«

Ich zögere. »Ist das nicht gefährlich?«

Er schüttelt den Kopf. »Nein, nicht mehr. Da sind inzwischen sogar die angesagtesten Clubs.« Also machen wir uns fertig für eine weitere Partynacht.

Die Fahrt dauert lange und je dunkler es wird, desto mulmiger wird mir zumute. Schließlich erscheint das Neonschild mit dem Namen des Clubs im Blickfeld– »P-world«. Wir stellen den Wagen ab und gehen hinein. Von außen sieht der Club aus wie eine unscheinbare Hütte, drinnen jedoch ist ein großer Raum, von dem weitere Nebenräume abgehen. Die Tanzfläche kocht. Die Jungs tragen Wollmützen und ihre Hosen hängen unter dem Arsch. Aus den Lautsprechern donnert der Groove der E-Gitarren. Das Bier hier ist lächerlich billig, die Stimmung ist auf Köperkontakt ausgerichtet, dem allerdings auch keine besondere Bedeutung beigemessen wird. Von Rassentrennung keine Spur. Menschen unterschiedlichster Couleur pressen sich aneinander, als könne man sich durch puren Kleiderkontakt fortpflanzen.

Ich komme schnell ins Gespräch mit einigen Schwarzen, tanze, quatsche, trinke. Nach erotischen Abenteuern ist mir im Moment nicht, ich brauche eine Pause. Es ist eine wunderbar sorglose Nacht unter Freunden. In den Morgenstunden fahren wir weiter zur Waterfront, frühstücken bei Sonnenaufgang, begleitet von Jazz in einem Café. »Ich kann gut verstehen, dass du hier hängen geblieben bist«, sage ich zu Mike. Er lächelt nur wissend.

Schließlich muss ich auch überlegen, was ich anfange, wenn mein Reisejahr vorüber ist. In Deutschland hält mich eigentlich nichts mehr. Ich bitte Mike daher, mir zur Sicherheit einen Platz in seinem Haus freizuhalten.

Am nächsten Tag geht für mich die Reise weiter. Ich fliege nach Johannesburg, um von dort eine Tour durch den Krüger National Park zu starten.

»Pass gut auf dich auf in Jo'burg«, verabschiedet mich Mike am Flughafen. »Da fahren die Leute an den Ampeln über Rot, weil man sonst überfallen wird.« Ich winke beruhigend ab, denn ich habe das Rundum-sorglos-Paket gebucht mit Abholen am Flughafen, Ausflug nach Soweto, dem berühmtesten Township Südafrikas, und anschließendem Transfer in den Krüger Park. Wahrscheinlich werde ich mehr von der Bevölkerung abgeschottet sein als Angela Merkel beim EU-Gipfel.

Mein Rundum-sorglos-Paket erwartet mich am Flughafen in Johannesburg. Es ist etwa zwei Meter groß und besteht aus gut hundert Kilo teiltrainierter Körpermasse. Waal, so heißt mein Guide, ein Afrikaans-Name, ist Nachfahre der ehemals holländischstämmigen Siedler auf dem Kontinent und verfügt über Pranken, als könne er einen Schädel in seiner Hand zerquetschen. In seiner Nähe fühle ich mich wirklich rundum sicher.

Er begrüßt mich mit gut gelauntem niederländischen Akzent. Ich steige in seinen Kleinbus, wo bereits zwei Engländerinnen, ein schwedisches Paar und eine Gruppe Australier sitzen, meine Reisegruppe für die nächsten fünf Tage. Nun geht es direkt nach Soweto, dem Township, in dem die Befreiungsbewegung unter der Führung von Nelson Mandela ihren blutigen Anfang nahm. Das Viertel ist riesig. Unbefestigte Straßen, so weit das Auge reicht. Einfache Ziegelhäuser, dazwischen immer wieder Wellblechhütten. Mehr Getto als Stadtviertel. Dennoch: Für die dort beheimateten Schwarzen ist das Viertel so sehr Heimat, dass sie es, selbst wenn sie zu Millionären geworden sind, niemals verlassen haben. Wir stoppen und trinken Cola an einem der Kioske. Waal zeigt uns eine Schule, die von Coca-Cola gesponsert wird. Dann besuchen wir das ehemalige Haus von Winnie und Nelson Mandela. Das kleine Wohnhaus ist zu einem begehbaren Museum umgewandelt worden. Besonders ulkig: Alles ist so, als hätten die Bewohner es gerade erst verlassen. Das Geschirr steht in den Schränken, im Schlafzimmer sind die Betten bezogen und mit einer Fuchspelzdecke bedeckt. Man kann sogar im Fotoalbum der Familie blättern. Gut so, denke ich, wenn ich in Südafrika auch kein erotisches Abenteuer hatte, kann ich doch zumindest sagen, ich sei im Schlafzimmer Nelson Mandelas gewesen.

Wir übernachten in einer schlichten Pension außerhalb von Johannesburg, sodass wir am nächsten Tag gleich auf der Autobahn sind Richtung Krüger Park. Dort lassen wir uns erst mal im Hauptcamp nieder. Hank, unser zweiter Guide, ist auf halber Strecke zu uns gestoßen und baut die komfortablen Zelte auf. Er ist ebenfalls relativ groß, allerdings sehniger als sein Kollege Waal und auch Bure. Wie es scheint, sind auch die Nachfahren der ehemaligen Siedler wilde Naturburschen.

Schließlich besteigen wir unseren Safaribus und fahren raus in den Park. Diesmal sind die anderen die Neulinge, die begeistert jeder Antilope hinterherschauen, ich gähne höchstens, zücke aber meinen Fotoapparat, als eine Horde Elefanten den Weg vor uns überquert. Auch Giraffen entdecken wir in Hülle und Fülle. Es sieht lustig aus, wenn die langen Hälse aus dem Buschland ragen. Gegen Abend begegnen wir an der Wasserstelle noch einer Löwin, dann wird es dunkel und wir kehren zurück ins Camp. Wenig später sitzen wir frisch geduscht am Lagerfeuer und nehmen unser Mahl zu uns. Dabei werden wir mit weiteren Raubtieren konfrontiert, Moskitos und, schlimmer noch, Pavianen, die um unser Camp schleichen wie hungrige Löwen. Auf vier Beinen sind sie größer als Schäferhunde und durch ihre Reißzähne wirken sie weitaus bedrohlicher. Durch die Nähe zu Menschen haben sie Leckereien wie Brot und Süßigkeiten kennengelernt, um die sie jetzt aggressiv kämpfen. Da sie alles stehlen und auch schon Babys entführt haben, ist das Camp von einem starken Zaun umgeben. Man fühlt sich fast wie ein Tier im Zoo und die Paviane mit ihren roten Ärschen sind die Besucher. Angeblich finden die starken Tiere dennoch immer wieder Zugang zum Camp. Wir werden daher angehalten, keine Lebensmittel herumliegen zu lassen und Wertsachen gut zu verstauen. Nach dem Essen und dem Abspülen sitzen wir wieder am Lagerfeuer und trinken Cabernet Sauvignon, der hier schmeckt wie Fruchtsaft. Es geht wie immer um Reisestationen. Wo kommst du her, wo willst du hin, die ewig gleichen Fragen der Traveller. Von allen Anwesenden bin ich diejenige, die am längsten unterwegs ist, genieße damit den Goldstatus. Auch genieße ich die Aufmerksamkeit von Hank. Jedes Mal, wenn ich die Augen hebe, treffe ich den Blick des postkolonialen Daktaris. Ganz unbeabsichtigt, denn er sitzt mir einfach gegenüber. Allerdings bin ich nicht unbedingt Feuer und Flamme für ihn, obwohl er nicht schlecht aussieht. Ein echter Naturbursche eben.

Irgendwann löst sich die Runde auf, um sich in die Zelte zu begeben. Ich lese noch ein wenig und stehe dann noch mal auf, um zu den Duschen zu gehen. Am Waschbecken mache ich mich fertig für die Nacht. Dunkel ist es und einsam. Meine Kerze flackert von einem Luftzug, ich muss sie mit der Hand schützen, damit sie nicht ausgeht. Dann höre ich ein Geräusch. Als ich mich umdrehe, sehe ich den Schatten eines aufgerichteten Pavians an der Wand. Ich lasse meinen Waschbeutel fallen und stoße einen markerschütternden Schrei aus.

Mit einem Mal sind alle im Camp hellwach. Flutlichter werden angeworfen. Reagieren die auf Geräusche? Und da begreife ich, dass der Schatten nicht von einem Pavian stammte, sondern von Hank, dem Daktari.

Im Nu sind Ranger da, und der Rest der Gruppe hat sich um uns versammelt. Hank beteuert, er habe Paviane am Zelt gesehen und nur nachsehen wollen, ob alles okay sei. Ich befürchte allerdings, dass er meine Blicke am Lagerfeuer falsch interpretiert hat. Bei den Guides wird der Vorfall zum Running Gag, aber ich bin froh, zwei Tage später am Flughafen zu sein und weiterzukönnen. Sechs Wochen war ich auf dem afrikanischen Kontinent unterwegs. Habe schöne, wilde und beeindruckende Erfahrungen gemacht. Hatte Sex mit einer Frau und war im Schlafzimmer von Nelson Mandela. Bye, bye, Afrika, denke ich, als wir oben in der Luft sind. Vom dunklen Kontinent geht es für mich in die schillernde Welt der Karibik.

Kuba. All-inclusive, Ficken extra

Um zwei Uhr nachmittags lande ich auf der viel besungenen Isla Bonita. Kuba ist das Mekka der All-inclusive-Touristen, die neben Sonnenschutz, Après-Sun-Lotion und Durchfalltabletten auch reichlich Sexhunger im Handgepäck dabeihaben. Der Flieger entlässt ein Heer von dicken Bäuchen und Hüften ans Gepäckband, ich bin mal wieder die Einzige mit Rucksack. Als ich schließlich das von Afrika bereits leicht lädierte Gepäckstück zwischen den anderen quadratischen Kunststoffbehältern herausziehe, ernte ich misstrauische Blicke. Auch der Taxifahrer, den ich draußen anspreche, sieht mich an, als würde ich vor seinen Augen gleich eine Rucksackbombe entzünden.

Schließlich gelingt es mir, mit dem Fahrer des lilafarbenen Buick eine Fahrt nach Downtown Havanna zu einem annehmbaren Preis zu verabreden. Als ich meinen Rucksack in den Kofferraum hieve – eigenhändig, denn er fasst das Ding natürlich nicht an –, sinkt das Heck dermaßen auf den Boden, dass ich das schwere Teil wieder herausheben und neben mich auf den Beifahrersitz legen muss.

Die Fahrt führt zunächst übers platte Land, dann durch einen Vorort von Havanna mit Kolonialbauten, die allerdings fürchterlich heruntergekommen sind. Kinder spielen zwischen den graubraunen Säulen der Balustraden. In Kuba erwartet mich gleich ein zweifaches Abenteuer. Zum einen dieses zauberhafte Land, zum anderen habe ich von Südafrika aus bereits einen neuen Kontakt in die Wege geleitet. Über die

Datingseite reisepartner-gesucht.de kann man sich nämlich mit Abenteuertouristen weltweit verabreden.

»Bin im Januar in Thailand. Wer kommt mit?«

»Werde im März den Kilimandscharo besteigen. Suche attraktive Begleitung.«

So und ähnlich lauten die Offerten. Unter dem Deckmantel der Reiselust kann man hier sicherlich auch andere Abenteuer erleben, habe ich überlegt und mich auf der Seite umgeschaut. In Südafrika habe ich so einen Deutschen kennengelernt, der zur selben Zeit in Kuba ist wie ich. Er hat ein Foto von sich auf seine Profilseite gestellt, das ihn allein in der Atacama-Wüste zeigt. Also habe ich beschlossen, ihn aus seiner Einsamkeit zu befreien, und ihm geschrieben. Wir haben dann einmal telefoniert und sind jetzt im gleichen Hotel abgestiegen. Allerdings kommt er erst morgen an. Ich freue mich schon auf mein neuartiges Hoteldate.

Richtung stadteinwärts wird die Welt immer bunter und sofort werde ich vom Zauber der Stadt gefangen genommen. Herrliche Kolonialfassaden säumen die Straße mit pastellfarbenen Balkonen und Balustraden, malerisch verblichenem oder abgeblättertem Putz und schmiedeeisernen Verzierungen vor den Fenstern. Dicke Mulattinnen mit Kopftuch sitzen auf der Veranda und genießen das Leben aus der Schaukelstuhlperspektive. Auf den Straßen fahren Cadillacs in Rosa, Mintgrün oder Babyblau. Hier scheint die Zeit stehen geblieben zu sein. Als hätte man die Stadt vor 50 Jahren eingefroren. Allerdings herrscht hier eine erbärmliche Hitze. Meine Unterkunft liegt in einer schmalen Gasse, die von bündelweise freiliegenden Stromkabeln gesäumt ist. Die Wirtin empfängt mich und zeigt mir mein Zimmer. Hier in Kuba, wo Privatwirtschaft noch weitgehend verboten ist, kann man sich entweder in den staatlichen Hotels einmieten oder man wählt eine Casa Particular als Unterkunft. Das sind Zimmer, die von Privatleuten angeboten werden. Die Señora des Hauses bringt einiges an Pfunden auf die Waage. Nachdem sie mich zu meinem Zimmer begleitet hat, setzt sie sich zu mir an den Tisch und klärt mich über die Hausordnung auf. Wann Ruhezeiten sind, wann es Frühstück gibt und vor allem: »No chicos, no chicas.« Damit spielt sie auf die landesübliche Sitte der Kubaner an, zahlungswillige Touristen aufs Zimmer zu begleiten. Derartiger Fremdenverkehr wird in den Casas Particulares nicht geduldet. Wer ficken will, muss hier in Kuba nicht unbedingt freundlich sein, aber über ein offizielles Hotelzimmer verfügen. Selbstverständlich stimme ich zu und verzichte darauf, die Hausherrin zu fragen, ob sich Hotelgäste gegenseitig besuchen dürfen. Immerhin wird mir morgen mein Chico hier ganz offiziell ins Hotel geliefert. Doch ich will lieber keine schlafende Hündin wecken.

Um den Tag zu beenden, schlendere ich noch etwas durch die Straßen von Havanna. Jetzt, am kühleren Abend, sind die Straßen voller Menschen, der übliche Look besteht aus Tanktop, Shorts und Flip-Flops. In der Altstadt von Havanna, die zum UNESCO-Kulturerbe zählt, sind einige Straßenzüge originalgetreu restauriert, ich jedoch bevorzuge den maroden Charme des Zerfalls, wenn man auch zugeben muss, dass es sich unter zum Teil fehlenden Dächern und in abgebröckelten Mauern schwierig lebt. Wie man hört, gibt es fast täglich Verletzte, die im eigenen Heim von herabfallenden Ziegeln oder ganzen Dächern getroffen werden. Wo man geht und steht, wird man angesprochen. Ich falle hier auf wie ein blassblonder Hund. »Hola guapa«, rufen mir die Männer hinterher. Kubaner sind Revolutionäre, sie besitzen keine falsche bürgerliche Scham. Wir *Turistas* sind die einzige Einkommensquelle für sie, also werden wir nach Kräften gemolken. Am Malecon, der berühmten Mole von Havanna, beobachte ich den Sonnenuntergang. Jungs klettern auf den Felsen oder schwimmen im Wasser. »Wer ju from?«, rufen sie mir zu. Ein Englisch, das nie in Schulen gelernt, sondern auf der Straße aufgeschnappt wurde. Überall verfolgen mich angriffslustig blitzende Augen. Aus dem Reiseführer weiß ich, dass in Kuba keine allzu strenge Moral herrscht. Im Gegensatz zu den anderen lateinamerikanischen Ländern spielt im revolutionären Inselstaat die katholische Kirche keine bedeutende Rolle. Fidel Castro hat mit der Revolution dafür gesorgt, dass der Kubaner seiner eigenen Moral verpflichtet ist. Im Alter von 15 Jahren schickt man die Schulklassen in den Sommerferien als Erntehelfer in die Zuckerrohrfelder. Das ist wie ein gigantisches Ferienlager mit Sex, von dem kaum ein Mädchen als Jungfrau zurückkehrt. Und von da ab geht es munter weiter. Sex war während der Krisenzeiten des *Periodo especial* Kubas beliebtester Zeitvertreib, weil gratis. Jetzt, da Touristen ins Land strömen, machen die Kubaner ihr Hobby eben zum Beruf.

Ironie der Geschichte: Fidel Castro wollte mit der Revolution auch erreichen, Kuba vom Status als Bordell Amerikas zu befreien. Mit dem Ergebnis, dass der Sextourismus blüht. Tausende *jineteras* und *jineteros* verkaufen sich täglich in den Städten und an den Sandstränden: Blowjobs für ein paar Schuhe, Analverkehr für ein Brathuhn. Ich liebe Sex wirklich, aber nur unter Gleichberechtigten. Der Gedanke, meine ökonomische Vormachtstellung auszunutzen, behagt mir nicht recht. Gut, dass ich morgen einen gleichberechtigten Wohlstandstouristen für meine Zwecke zur Verfügung habe.

In dieser Nacht schlafe ich hervorragend in meinem Kolonialgemach, morgens serviert mir die Señora dann Fruchtsalat und leckere Pfannkuchen. Durch die Mahlzeiten für die Touristen machen die Betreiber der Casas Particulares ein kleines Zusatzgeschäft beziehungsweise sie kommen an etwas, das in Kuba heiß begehrt und rationiert ist: Lebensmittel. Jeder erhält per Lebensmittelkarte pro Monat nur eine Zuteilung von wenigen Handvoll Mehl, Milch und Eiern, selten Früchte und Fleisch. Für die Verköstigung von Touristen gibt es jedoch von allem reichlich. Die kubanische Küche, sofern sie nicht rationiert ist, entpuppt sich als reichhaltig und lecker, sodass ich fürchte, die Insel mit ein paar Extrakilos wieder zu verlassen.

Nach einem kleinen Spaziergang in der Stadt kehre ich zurück ins Hotel, wo Erich bereits angekommen ist. Er sieht genauso aus wie auf dem Foto, ist nur einen halben Meter kürzer. Guter Schachzug, denke ich, sich in der menschenleeren Wüste fotografieren zu lassen. Da gab es keine Größenvergleiche in Form von anderen Menschen oder Pflanzen. Na, dann sind wir eben nur Reisekumpels. An Möglichkeiten, mich anderweitig zu vergnügen, sollte es mir hier nicht fehlen.

Nach einer Begrüßung und dem Bezug seines Zimmers, in dem ich ihn keinesfalls besuchen werde, erkunden wir gemeinsam die Stadt. Mit ihm an meiner Seite ist die Aufmerksamkeit keinesfalls geringer als ohne Begleitung. Wie gesagt, der Kubaner kennt keine bürgerliche Moral. Erich hat den für manche Touris typischen Reisetick. Zwar liebt er das Reisen, wird aber stets begleitet von einer krankhaften Angst, bestohlen oder übervorteilt zu werden. Knallhartes Kalkulieren und Handeln stehen bei ihm ganz oben auf dem Programm. In einem Café werden wir von einer staatlich zugelassenen Kellnerin hochkant rausgeworfen, weil er selbst hier versucht zu handeln.

Wir planen dann etwas genauer, welche Tour wir machen wollen. Nach ein oder zwei Tagen Havanna soll es weitergehen nach Trinidad, anschließend werden wir vielleicht ein paar Strandtage im Bumsparadies Varadero einlegen. Dass bereits Havanna ein Bumsparadies ist, stellen wir fest, als wir abends ausgehen und durch die Bars ziehen. Überall bietet sich dasselbe Bild: dicker Westler und schlanke Exotenschönheit oder rassiger Kubaner und gewollt rassige Westlerin. Kombi A überwiegt, denn die Frauen sind im Revolutionsstaat noch ärmer dran als die Männer. Sie erhalten keine Extraunterstützung. Wenn sie Kinder bekommen und der Mann sie verlässt, sind sie sich selbst überlassen.

Sie sind diejenigen, die für die Nahrungsmittel anstehen, das tägliche Brot verdienen, die Kinder versorgen. Kurz, sie haben ein reges Interesse daran, das Land an der Seite eines reichen und großzügigen Ausländers zu verlassen. Und sie haben gute Argumente in die Waagschale zu legen. Haut in allen Schattierungen von Milchcafé, dem sogenannten *Café con leche*, bis hin zum schwarzen Kaffee. Boris Becker käme hier aus der Besenkammer gar nicht mehr heraus. »Once you get black, you never come back«, heißt ein bekanntes Sprichwort in Sachen interkulturelle Begegnung. Nun, da ich in Afrika bereits einen schwarzen Liebhaber hatte, könnte ich mir hier in Kuba durch alle Schattierungen hindurch den Weg zurück zur weißen Hautfarbe erschlafen.

Wir gehen in eine der angesagten Bars in der Neustadt und hier geht richtig die Post ab. Eine Liveband mit Trompetern und Trommlern heizt dem Publikum mächtig ein, schließlich hält es die Combo selbst nicht mehr auf der Bühne und in einer gigantischen Polonaise zieht sie durchs Publikum. Die Mädels machen uns vor, worauf es beim *son cubano* ankommt: auf den richtigen Arsch- und Hüftschwung. Manche Tänzer führen ihre Tanzbegleitungen vor, die sie bereits exzellent im

Arschwackeln ausgebildet haben. Erich wird im Sekundentakt von Ladys jeglicher Couleur zum Tanzen aufgefordert. Die Männer sind da etwas zögerlicher. Also vergnüge ich mich mit dem von Ernest Hemingway zum Nationalgetränk erklärten Mojito, der hier schon fertig gemischt ausgeschenkt, aber noch extra gezuckert wird. Das Getränk bereitet Kopfschmerzen, die zuverlässig bis über den nächsten Tag hinweg anhalten.

Den Heimweg legen wir zu Fuß zurück. Es ist eine heiße, vibrierende Nacht, kein Mensch scheint zu schlafen, vor und in den Häusern brummt es wie in einem Bienenstock. Ich laufe neben Erich her und ärgere mich ein bisschen über meine unglückliche Wahl.

Zwei Tage später starten wir nach Trinidad, einer Stadt im Süden Kubas. Neben seiner Besessenheit in puncto Bargeld ist Erich noch von einem anderen typischen Travellerproblem geplagt: der Reisekrankheit. Ich frage mich zwar, warum man sich dann ausgerechnet in einen schwankenden Touristenbus setzen muss, aber anscheinend gehört das mit zum Programm: Ich leide unter Kotzeritis, also bitte auf zur Weltreise, und zwar mit dem Bus. Rücksichtsvollerweise nimmt Erich übelkeitsmindernde Tabletten, die ihn allerdings während der ganzen Fahrt sedieren. So komme ich mit dem ganzen Bus ins Gespräch. Als wir einen Zwischenstopp einlegen, sprechen mich zwei Österreicher in der Schlange für die Getränke an. »Hast du Lust, dich uns anzuschließen, wir werden nämlich ständig von Frauen angesprochen.« Obwohl ich mich für diese Rettungsaktion gerne zur Verfügung stelle, kann ich den Jungs nicht allzu viele Hoffnungen machen. »Die Kubanerinnen stört es nicht im Mindesten, wenn eine Frau dabei ist. Im Gegenteil, ich habe den Eindruck gewonnen, das ist für sie sogar ein Gütesiegel.« Auf meine Frage, ob er schon Erfahrung gesammelt hat, erzählt mir einer der Österreicher von einer Eroberung in Havanna. Dort hat er eine wunderschöne, langbeinige Mulattin kennengelernt. Nach einigen geradebrechten Sätzen war man sich einig, die Nacht miteinander fortzusetzen. Da auch er bei »No chicas, no chicos« untergebracht war, konnten sie nicht zu ihm. Also gingen sie zu ihr.

Nun sind die Kolonialhäuser so gebaut, dass der Vorderraum, durch den man das Gebäude betritt, als Aufenthaltsort der Familie genutzt wird, während im hinteren Bereich die Schlafzimmer um einen Patio herum angeordnet liegen. Andreas, so heißt der Österreicher, musste also durchs Familienzimmer, wo die Familie gerade komplett vor dem Fernseher saß, bevor er das Gelobte Land in Form eines privaten Schlafzimmers betreten konnte. Und als sei der Spießrutenlauf vorbei an den Verwandten nicht schon genug, lag im Bett der schlafende kleine Bruder des Mädchens, den sie alsbald aus dem Zimmer trug.

»War der Sex wenigstens gut?«, frage ich.

»Wie soll man da noch einen hochkriegen«, murmelt Andreas. »Die ganze Familie im Nebenzimmer weiß Bescheid und dazu das Fernsehen mit diesen schrillen Stimmen. Die Kubaner haben das schlimmste Fernsehprogramm der Welt.«

Und wohl auch das komplizierteste Sexleben, denke ich. »Hast du sie wenigstens bezahlt?«, fahre ich fort.

Er stutzt. »Meinst du, sie war eine Prostituierte?«

Ich muss feststellen, dass deutschsprachige Touristen reichlich naiv sein können.

Als Erich im Süden Kubas auf seinem Bussitz erwacht, wird er damit konfrontiert, dass unsere kleine Reisegruppe auf vier Personen angewachsen ist. Trinidad ist eine Art Open-

Air-Museum der Kolonialarchitektur. Gepflasterte Straßen, auf denen man sich fast die Beine bricht, bunte Häuser mit schmiedeeisernen Gittern an den Fenstern, eine verwirrende Gassenvielfalt und jeden Abend Party auf der Plaza Central. Musik vom Band wird hier nicht gespielt. Es gibt ein reichhaltiges Angebot an Livebands, von uralten Troubadouren, die à la Buena Vista Social Club Rentnermusik spielen, bis zu jungen, fetzigen Bands. Unterwegs gesellt sich noch ein schwuler Zeichner zu uns. Auch ihn nehme ich gerne unter meine Fittiche, ich werde zur Schutzheiligen der vermeintlichen Sextouristen. Wir finden eine Casa Particular, die uns allen Unterschlupf gewährt.

Abends gehen wir dann aus – ich und mein männlicher Harem. Die Gruppenzusammenstellung hat den Effekt, dass meine Begleiter immer wieder zum Tanzen aufgefordert werden, während sich die Männer bei mir nicht trauen. Ich beschließe, diesmal jedoch nicht dem Zucker-Mojito anheimzufallen, sondern werde selbst aktiv. Ich wähle einen herrlich schokoladenfarbenen Herrn im weißen, gestärkten Hemd aus und fordere ihn auf. Hurra, endlich Kontakt mit Einheimischen. Er tanzt göttlich und ich bilde mir ein, ihm göttlich zu folgen, soweit das unebene Pflaster es zulässt. Nach den üblichen Phrasen wie »Where you from?«, »Alles klar!« und »Beckembauar« schlägt er mir vor, Tanzunterricht bei ihm zu nehmen. Wie bitte? Tanze ich so miserabel? Sofort suche ich mir den Nächsten. Offenbar ist Tanzunterricht ein beliebtes Geschäftsmodell, denn im Laufe des Abends erhalte ich noch drei weitere Offerten. Trotzdem beschließe ich, dies nicht auf mein Tanzvermögen zu beziehen, sondern segele selig über die Tanzfläche. Es gibt tatsächlich Dinge, die man mit einem Männerkörper anfangen kann, die noch besser sind als Sex. Die Kubaner haben den Rhythmus nicht im Blut, sondern inhaliert. Sie sind Rhythmus.

Mein derzeitiger Tänzer schaut mir tief in die Augen und macht mir auch sonst deutlich, dass er mehr von mir will: Adidas, Puma, Levis und wie die Marken alle heißen. Nur hat der liebe Gott in Kuba davor den Sex mit der Touristin gestellt. Nach dem Motto, erst die Arbeit, dann die Tantiemen, baggert er mich an. Obwohl er mir ganz gut gefällt – er ist muskulös, groß, Café mit einem Schuss Leche –, gehe ich nicht auf seine Bemühungen ein. Ich möchte heute tanzen, mich amüsieren. Nicht mehr, mein Schatz, such dir ein anderes All-inclusive-Paket, denke ich und wandere beim nächsten Tanz weiter.

Am nächsten Tag frühstückt unsere kleine Reisegruppe zusammen, dann machen wir uns auf Erkundungstour durchs Dorf. Wir stöbern in den wenigen Geschäfte, die der Kommunismus zulässt. Hauptsächlich Souvenirshops. Che Guevara, der George Clooney unter den Revolutionären, ist hier auf T-Shirts, als Schlüsselanhänger oder auf Sammeltassen vertreten. Meine Begleiter sind empört. Ich dagegen habe Verständnis. Der als Revolutionär verehrte Exgeneral hat letzten Endes zu verantworten, dass Kubas Wirtschaft den Bach runterging. Nun rächt sich das Volk, indem es das Konterfei zu Geld macht. Das ist ausgleichende Gerechtigkeit.

Als Nächstes fahren wir an den Strand, und so vergehen ein paar Tage zwischen Bummeln, Wandern und Baden. Schließlich seilt sich einer nach dem anderen ab und auch Erich und mich zieht es weiter ins Touristenparadies Varadero.

Varadero ist die Hochburg des staatlich geförderten Sextourismus. Das Angebot in den Geschäften und Lokalen ist auf unmittelbare Triebbefriedigung ausgerichtet. Essen, Bier, Sex, wonach immer einen gelüstet, hier herrscht kein Mangel. Varadero ist Auffanglager für All-inclusive-Touristen, die nicht mit Kubas Realität in Berührung kommen wollen, sondern auf kataloggeschönte Wirklichkeit setzen. Einheimische nur, solange sie nicht die Absperrung übertreten, Schnitzel jeden zweiten Tag und Leberwurst, sofern die Lieferung nicht verdorben ist.

Chicos und Chicas dürfen selbstverständlich jederzeit mit aufs Zimmer, der interkulturelle Verkehr trägt sogar zum Bruttosozialprodukt bei, denn Besuch auf dem Zimmer kostet extra.

Wir beziehen zunächst unser Hotel, getrennte Zimmer, versteht sich, dann ist schon wieder Cocktailstunde, danach Abendessen und abends flanieren wir die Touri-Meile entlang, bis wir eine Disco entdecken, die uns zusagt. Hier läuft Musik vom Band. Sämtliche Hits des letzten Jahrhunderts in Salsa-Version. Wir machen uns auf in Richtung Bar, um uns mit zuckerverstärkten Mojitos zu versorgen. An der Bar warten jede Menge Kubaner auf Beute, die Tagelöhner der Liebe identifizieren uns sofort als Neulinge und gehen in Position.

Ein rastabezopfter Typ spricht mich an. Was macht diese Haarmode nur auf der ganzen Welt so beliebt, überlege ich verzweifelt. Mein Gegenüber stellt sich als Raul vor. Er hat noch ein Mädel dabei, das angeblich seine Schwester ist. Zum ersten Mal sehe ich Erich aufblühen. Die kleine Viererrunde zieht also los durch die Nacht. Am Ende des Amüsements verabschieden sich Erich und Sophia, wie die Kleine heißt, auf Erichs Zimmer und ich habe eigentlich keine Ausrede, Raul nach Hause zu schicken. Ich tue es aber trotzdem, denn wir sind nicht miteinander warm geworden. Er ist entsprechend überrascht, dass er ein No-inclusive-Paket gebucht hat, und eilt verärgert über seinen Irrtum hinfort, um der Nacht vielleicht noch etwas abzutrotzen. Am nächsten Morgen treffe ich

Erich am Frühstückstisch. Seine Freundin frühstückt mit uns und packt noch für ihre ganze Familie ein. Nun verstehe ich, warum Aufpreis für Gäste verlangt wird. Sie ist erstaunt, ihren Bruder nicht zu sehen. Nanu, ist der für andere Touristinnen so unwiderstehlich? Dann verabschiedet sie sich mit gefülltem Rucksack, während Erich und ich uns zum Strand aufmachen, der hier wirklich herrlich ist.

Erich muss sich von der Nacht erholen und ich mache einen Strandspaziergang. Vom Wasser aus sehen die dicken Touristen auf ihren Liegen noch bizarrer aus. Wie gestrandete, aufgebahrte Wale. Zwischen den Liegen mäandern bereits die ersten Kubaner auf der Suche nach einer Versorgerin. Anscheinend ist der Strand das Jagdgebiet der Männer, während sich die ersten Mädchen schon wieder an der Bar drängen, um die Frühtrinker abzufangen. Es ist verrückt. Dieses Land hat den Analphabetismus besiegt und Bildung für alle durchgesetzt. Dennoch muss sich ein ganzes Volk horizontal verdingen, um an das zu gelangen, was der Mensch nun mal heiß begehrt: Schuhe, Klamotten oder zumindest eben Brathuhn. Das Problem ist, dass die Kubaner kaum eine Chance haben, aus der staatlichen Versorgung, die mehr als dürftig ist, herauszukommen. Sie dürfen kein selbstständiges Business starten, also bleibt nur die halb legale Verdingung an die zahlungskräftigen Ausländer. *Jineteros* nennt man die Kubaner, die Tag für Tag ihren Körper verkaufen.

Ich setze mich an die Bar, wo bereits ein paar Italiener dabei sind, sich den Tag schönzutrinken. Wie überall in Kuba gibt es zwei Preistafeln. Eine in kubanischen Dollars, den sogenannten CUCs, in denen wir Ausländer unsere Rechnung begleichen, und dann in kubanischen Pesos, mit denen nur Kubaner zahlen dürfen und können. Selbstverständlich bezahlt ein Ausländer ein Vielfaches von dem, was ein Kubaner in der einheimischen Währung aufbringen muss. Über diesen Tatbestand regt sich einer der Italiener gerade auf. Es stellt sich heraus, dass er mit seinen Freunden hierhergeflüchtet ist, um den geschäftstüchtigen Kubanern zu entgehen. Sie waren eine Weile im Osten des Landes unterwegs und hatten es gründlich sattbekommen, tagein, tagaus von Schnorrern belagert zu werden. »Man kann sich nirgends hinsetzen, ohne angequatscht zu werden«, erzählt Paolo, dem die schwarzen Locken geradezu klischeehaft in die Stirn fallen. »Die verrücktesten Sachen lassen die sich einfallen«, ergänzt sein Kumpel. »Jemand sagt, er habe Geburtstag, lässt sich von uns was spendieren. Am nächsten Tag sehen wir ihn mit anderen Touristen Geburtstag feiern.« Ich muss lachen. Paolo findet es allerdings nicht lustig. »Steht bei mir vielleicht Bancomat auf der Stirn?«, beschwert er sich. Mir persönlich macht es nichts aus, ab und an einen Kubaner einzuladen. Immerhin verstehe ich es anhand der Situation.

Plötzlich nähern sich ein paar Mädels. Das ist offensichtlich die Art Schattenwirtschaft, die die Italiener schätzen, denn sie blühen sofort auf und der CUC rollt Runde um Runde. Zu mir kommt ebenfalls ein athletisch aussehender Typ, den ich zunächst für einen Italiener halte, aber er stellt sich als Carlos vor, Kubaner. Nun gut. Auch ich spendiere Drinks, und wie ich feststelle, ist hier das System bereits an die *jineteros* angepasst. »Lass mich das machen«, meint Carlos, bestellt und bezahlt zu meiner Verwunderung sogar, aber in kubanischen Pesos. Ich verstehe. Wenn man einen Kubaner aushält, stellt sich eine Win-win-Situation ein.

Ein Drink gesellt sich zum nächsten und ich entschädige meinen Begleiter mit einer üppigen Spende in CUC. Wir verabreden uns schließlich noch abends zum Tanzen. Sophia mustert zwar misstrauisch meinen Begleiter, wagt allerdings keinen Einspruch. Carlos erweist sich als überaus guter Tänzer, bietet mir aber keinen Tanzunterricht an, und als ich in dieser Nacht wieder allein bleiben will, schmollt er nicht, sondern zeigt sich als Gentleman, der warten kann. Sein Warten wird dann fürstlich entlohnt, denn am nächsten Tag händige ich ihm einen beträchtlichen Betrag in CUC aus. Er versteht sofort. »All-inclusive?«, fragt er zwinkernd. Ich nicke. Wir verbringen einen wunderbaren Tag, fahren in eine nahe gelegene Hafenstadt, wo wir vor der Kathedrale Rum trinken. Dann folgt ein Tauchausflug, bei dem ich die wunderbare Unterwasserwelt bewundern darf. Wir unterhalten uns über Gott und die Welt und das Universum. Er ist überaus gebildet, aber wir können auch zusammen lachen, haben denselben Humor. Kurz, es ist perfekt. Abends führt er mich in ein privates Restaurant, wo wir köstlichen Hummer essen. Danach gehen wir tanzen. Carlos hält mich den ganzen Tag aus, von meinem Geld. Das hat den Vorteil, dass er als Mann den Macho raushängen lassen kann und ich für kleinstes Geld größtes Vergnügen bekomme.

Später machen wir schließlich einen Strandspaziergang und es kommt, was kommen muss: Knutschen in der Brandung der Wellen und im Mondlicht. Diesen Teil beherrscht er sehr gut. Er schlägt vor, an einen ruhigeren Strandabschnitt zu gehen. Doch bei dem Gedanken an eine zweite Sandstrahlnummer bekommt ich Gänsehaut. Also bringe ich die »In my room«-Lösung ins Spiel.

Seinen Körper kenne ich ja bereits von vielen Umarmungen beim Tanzen. Auch Carlos ist sehr gut gebaut. Obenrum. Untenrum ist er eher eine Enttäuschung. Oder anders gesagt, als ich mich zwischen seinen Beinen auf die Suche nach dem entsprechenden Körperteil mache, finde ich zunächst nichts. Zunächst erschrecke ich. In Thailand gibt es bekanntlich Ladyboys, Damen mit Schwanz. Was ist er? Eine Shemale? Doch nach gründlicher Suche werde ich eines Besseren belehrt. Carlos ist durchaus ein Mann, wenn auch nicht gerade bestens ausgestattet. Mit anderen Worten, er hat einen Schwanz in Erdnussgröße. Nun denn, denke ich munter, man soll sich ja auch an kleinen Dingen freuen. Hier ist ein wunderbarer Mann, es war ein wunderbarer Tag, eine viel wunderbarere Nacht soll jetzt folgen. Gibt es überhaupt Kondome in dieser Größe, ist der nächste Gedanke, der mir durch den Kopf schießt. Nun, die haben hier chinesische Busse, vielleicht auch japanische Kondome? Zunächst einmal versuche ich mich in manueller Aufbauhilfe und beginne, ihn zu reiben. Vielleicht geschieht ja noch ein Wunder, hoffe ich. Doch da ruft er bereits: »Nicht« und schiebt meine Hand beiseite. Zu spät, denn da spritzt bereits das Sperma auf mein Betttuch. Damit ist es raus. Und zu Ende. Vor dem Loch in die Hose. Oder um es landestypisch auszudrücken: Er kriegt den Cadillac nicht in die Garage. Nun, immerhin haben wir jetzt kein Kondomproblem. Da er sich zu keinem Kommentar herablässt, beschließe auch ich, die ganze Sache zu überspielen. Kann ja mal passieren. Shit happens, denke ich, vielmehr Sperma happens, und mich beschäftigt jetzt mehr der Gedanke, auf einem feuchten Fleck schlafen zu müssen. Mit ihm. Denn er schläft gleich darauf ein und die Nacht auch durch, wie ich immer wieder bemerke, wenn ich von seinem Schnarchen erwache. Das ist wohl seine erste Nacht seit Langem auf einer weichen Matratze, denn er schläft den tiefen Schlaf des Gerechten und ist nicht wach zu kriegen.

Am nächsten Morgen – ich bin gerade eingeschlafen –, weckt er mich mit neuen Annäherungsversuchen. Bemüht, ihm eine Chance zu geben, die Niederlage von gestern wiedergutzumachen, lasse ich ihn gewähren. Als es schließlich so weit ist und der Vollzug vorbereitet werden kann, taste ich noch mal nach. Der Schwanz ist über Nacht weder größer noch härter geworden. Wieder höre ich ein spitzes »No!«, dann spüre ich etwas Warmes und Klebriges in der Hand. Same procedure. Ich lasse mich zur Seite rollen, er steht auf und geht unter die Dusche, auch diese vermutlich die erste heiße Dusche seit Monaten, denn sie dauert endlos. Als mein Zimmer im Wasserdampf zu verschwinden droht, klopfe ich an die Tür. Er kommt heraus, in mein großes, flauschiges Badetuch gehüllt. Er sieht einfach göttlich aus. Der liebe Gott hat wahrlich nicht mit Muskeln gespart, als er ihn schuf. Dass er dafür an anderer Stelle knausern musste, ist, so gesehen, einfach nur gerecht. Aber das bessert nicht meine Laune.

Beim Frühstück im Hotel geht es dann darum, den heutigen Betrag auszuhändigen. Eigentlich habe ich keine Lust mehr auf ihn, dennoch scheint es mir grausam, ihn einfach so abzuservieren. Ich gebe ihm daher denselben Betrag wie gestern, doch er verlangt mehr. »Wieso?«, frage ich. »All-inclusive, Ficken extra.« Ich mustere seinen dreisten Blick. Der Kerl glaubt doch nicht tatsächlich, dass er für die Vorstellung gestern Geld verlangen kann? Ich sollte ihm für das Einnässen meines Betttuches eigentlich eher noch Geld abziehen. »Welches Ficken?«, frage ich kopfschüttelnd, stehe auf und verlasse das Café. Ich hoffe, er versteht die Geste.

Ich gehe geradewegs zu dem abgesperrten Bereich am Strand, der nur für Touristen zugänglich ist, und lasse mich dort auf einer Liege nieder. Auf weitere Diskussionen habe ich keine Lust. In der Tat stellt sich hier die Frage: Wie verhält es sich mit dem Zahlen, wenn der Mann nicht liefert? Bin ich dann auch zum Zahlen verpflichtet? Carlos scheint davon fest überzeugt, denn er folgt mir. Jetzt ist er bei der Absperrung angelangt, bleibt stehen und versucht, mich herzuwinken. Als ich nicht reagiere, beginnt er zu rufen.

»All-inclusive, Ficken extra«, brüllt er quer über den Strand und wedelt mit den Pesos, die ich ihm gegeben habe. Dem Anschein nach wirklich ein Pfennigbetrag für das, was dieser Gott zu leisten bereit sein müsste. Die Ladys an den umliegenden Liegen fassen an ihre Sonnenbrillen und mustern ihn diskret. Und dann mich, als wäre ich die personifizierte Ausbeutung. Aber ich fühle mich im Recht und klemme mein Gesicht zwischen zwei Buchseiten. Während sich die Ladys weiterhin verwundert fragen, warum ich diesen jungen Gott nur verschmähe. Findet es doch selbst heraus, denke ich. Doch dann überlege ich, dass ich so verantwortungslos nicht sein kann, forme mit meiner rechten Hand eine Röhre und deute mit dem linken Zeigefinger eine Penetration an, die nicht gelingen will. »Nix ficken, nix zahlen«, rufe ich. Das diskrete Grinsen der anderen Badegäste übersehe ich großzügig. Und Carlos, der sein Geschäft nicht unnötig schädigen möchte, zieht ab. Vermutlich hat er selbst gemerkt, dass er mit seiner Lohnfortzahlung für den heutigen Tag noch einigermaßen gut weggekommen ist, immerhin entspricht der Betrag dem Monatslohn eines kubanischen Arbeiters.

Später am Tag geselle ich mich wieder zu den Italienern an die Bar. »Wo sind die Chicas?«, frage ich in die Runde. Doch die Jungs winken ab, ihnen steht auch nicht mehr der Sinn nach Chicas. »Die wollen eh nur abzocken«, sagt mein Freund mit den dunklen Klischeelocken. So zahlt jeder von uns seine

Drinks selbst, die um ein Vielfaches teurer sind, als wenn ein Kubaner zahlen würde. Aber das schafft wenigstens klare Verhältnisse und bringt dem Staat Devisen.

In der Disco beschränke ich mich von nun an auf Kontakte zu anderen Touristen und meine Hotelmatratze ist *strictly private area*. In wenigen Tagen werde ich nach Brasilien weiterreisen. Die letzten Tage am Strand verbringe ich damit, das Treiben dort zu beobachten. Daraus entstanden ist meine ganz persönliche, weltweit erste internationale Lovertypologie für Sextouristen.

Schnelltest zum Selbermachen: Was für ein Urlaubslover sind Sie?

1. **»My body is my castle.«** Dieser Lovertypus wurde vom lieben Gott mit einem wahrhaft schönen, gestählten Körper gesegnet. Diesen weiß er in Szene zu setzen – entweder am Beach oder auf der Tanzfläche. Er wirkt wie ein Köder auf die Damenwelt, die ihn mit Aufmerksamkeit, Sex und Geld überschüttet. Seine Grundeinstellung: »Fuck me, I'm fabulous.«
2. **»My body is no problem.«** Dieser Lover ist mit reichlich Geld ausgestattet, sodass er sich zumindest eine Pauschalreise in Begleitung einer Kreditkarte leisten kann. Das macht ihn in vielen Drittweltländern zum begehrenswerten Adonis. Körperliche Mängel wie Übergewicht, Bierbauch oder Gesichtsrose werden durch ein mit Euro oder Dollar gefülltes Portemonnaie ausgeglichen.
3. Der **»All you can fuck«**-Lover. Zeichnet sich weniger aus durch ein prall gefülltes Portemonnaie als durch eine prall gefüllte Hose, deren Druck ein- bis zweimal pro Jahr gründlich abgebaut wird. Zahlt einmal für alles zu Hause und hat nie Geld dabei. Daher kann er auch nicht beklaut oder übers Ohr

gehauen werden. Trinkgeld gibt er in Form von Backenstreicheln oder Poklopfen und zum Abschied lässt er der Geliebten sein Parfüm und sein Shampoo da.

4. Die **»Er fickt mich, also liebt er mich«**-Romantikerin. Würde sich niemals im Leben als »Sextouristin« bezeichnen. Kann sich Sex ohne Liebe nicht vorstellen. Verliebt sich daher in den erstbesten Beachboy, der »Ich liebe dir« auf Deutsch sagen kann und im Schnellkurs gelernt hat, dass man Frauen erst küssen muss, bevor man sie fickt.
5. Die **»Geld macht schön«**-Sextouristin. Weibliches Pendant zum »My body is no problem«-Lover. Sie erfreut sich in fernen Ländern einer hohen Begehrlichkeit, die umso höher ist, je niedriger das Bruttosozialprodukt des jeweiligen Urlaubslandes ist. Schätzt die Einheimischen als besonders sensibel ein.
6. Die **»Last-Minute«**-Loverin. Nimmt sich während des 14-Tage-Urlaubs zwei Wochen lang Zeit, ihren Lover richtig gut kennenzulernen. Am letzten Abend kommt es zum Sex und so zum anschließenden zeit- und kostenraubenden monatelangen E-Mail-Verkehr, bis die Gefühle abebben oder die Antwort ausbleibt.
7. Die **»Catch the millionaire«**-Loverin. Investiert ein Vermögen in Selbstoptimierung, um eine möglichst gute Partie zu ergattern. Muss stets die Waage halten zwischen Investment und Return.
8. Der **»Hab ich nicht nötig«**-Tourist. Sucht sich eine finanziell gleichgestellte Frau, sei es unter Touristen oder Einheimischen, um sie dann so zuzulabern, dass sie sich dem erstbesten »Fuck me, I'm fabulous«-Typen an den Hals wirft.

Brasilien. Samba mit Happy Ending

Innerhalb weniger Stunden bin ich in Rio angelangt. Am Flughafen empfängt mich Guillermo, ein Freund eines Freundes meines schwulen Freundes Basil aus Hamburg. Als ich ihm von meiner bevorstehenden Weltreise erzählt habe, gab er mir einige Adressen von Leuten, die er rund um den Globus kennt, und ich musste feststellen, dass das weltweite Schwulennetzwerk engmaschiger ist als das jedes Geheimdienstes. Man lernt sich auf Reisen oder internationalen Partys kennen, vernetzt sich auf der Schwulenseite Gay Romeo und trifft sich in London, New York oder Rio beim nächsten Schwulenevent. Für Schwule ist der Planet eine einzige Lustkugel.

Guillermo (stellen Sie sich vor, wie »Laufsteg-Jorge« diesen Namen aussprechen würde, das kommt hin) holt mich am Flughafen ab. Natürlich sieht er super aus: gut gebaut, gut trainiert, gut gebräunt. Wie immer, wenn ich einen Mann nicht haben kann. Aber auch für Heterosexuelle ist Brasilien ein Gelobtes Land. Das Land, wo der Karneval eine Art Religion ist, wo ein Schnürsenkel Karriere machte als Badehose. Ein Land, nach dem ein Bikiniwaxing benannt ist, mit einer Sprache wie Oralsex. Selbst bei der bloßen Fortbewegung verströmen die Brasilianerinnen so viel Sex-Appeal wie eine Nordeuropäerin nach jahrelangem Training an der Pole-Dance-Stange. Und wie Kuba auch ist Brasilien ein Land mit einer unendlichen Vielfalt an Hautfarbeschattierungen. Vier Millionen Menschen wurden im vorletzten Jahrhundert als Sklaven hierhergebracht. Seitdem hat eine intensive Durchmischung stattgefunden und das Ergebnis sind Schattierungen jeder Couleur.

Guillermo bringt mich unter Protest in mein reserviertes Hotel und beteuert, er könne mich bei sich unterbringen wie eine Königin. Da ich jedoch davon ausgehe, dass mir im *sexiest country alive* ein bisschen Privatsphäre nicht schaden kann, bestehe ich auf meinem Plan, in einem Hotel unterzukommen.

Nachdem ich mich ausreichend erfrischt habe, widme ich mich als Erstes meiner Schönheit. Die Straße, in der ich wohne, ist mit Schönheitsstudios geradezu gepflastert so wie in Deutschland manche Straße mit Bäckereien. Das Ergebnis liegt auf der Hand beziehungsweise läuft auf der Straße herum in Form von perfekt gestylten Frauen, die sogar beim Gehen Sex auszuüben scheinen. Ohne Anmeldung bekomme ich einen Termin. Und nein, ich will keine Plastiknägel wie im Beautypaket inklusive. Ich möchte mir den berühmten Brasilian Wax verpassen lassen, jetzt, da ich an der Copa Cabana bin. Das kostet hier so viel wie zu Hause ein Croissant. Vertrauensvoll lege ich mich auf die Liege und lasse mir von einer wunderschönen Mulattin die Intimzone mit warmem Wachs bestreichen. Eine erotische Stimmung ergreift mich, und ich überlege, ob es unschicklich wäre, die Schöne zum Café einzuladen. Doch gleich darauf bereitet sie meinen romantischen Träumen ein jähes Ende, denn mit einem brutalen Schwung reißt sie das Wachs von der Haut. Mit einem Geräusch, das wie das Öffnen eines Klettverschlusses klingt, löst sich das Wachs. Und mit ihm meine Haut. Ich frage mich schreckgelähmt, ob ich versehentlich eine Intimstraffung bestellt habe, vielleicht wegen der Verständigungsprobleme. Doch dann erkenne ich unter Tränen, dass alles seine Richtigkeit hat. Die

Hälfte meines Venushügels ist komplett haarlos. Das Ganze ist wie beim Kinderkriegen. Jeder erzählt, wie toll es hinterher ist, aber keiner sagt, dass es sauwehtut. Am liebsten würde ich die Behandlung sofort abbrechen, aber nur einseitig enthaart zu sein ist noch schlimmer als ganz behaart, also muss ich die Prozedur unter Schreien noch einmal ertragen. Hoffentlich ist der Raum schalldicht abgeschlossen!. Wie schaffen das die anderen nur? Beim nächsten Mal tut es viel weniger weh, beteuert die Schöne, während sie mir eine lindernde Lotion auf die enthaarte Zone tupft, die allerdings riecht wie Nagellackentferner und auch so brennt. Unnötig zu erwähnen, dass es für mich ein nächstes Mal nicht geben wird.

Die Enthaarung der Beine ist dagegen ein Spaziergang. Oder liegt es an den Schmerzen in der Intimzone, dass ich die Beine nicht mehr spüre? Auf dem Weg nach Hause laufe ich wie ein Cowboy. Gegen Abend holt mich dann Guillermo ab, wir gehen zum Strand, zur Copa Cabana, dem sagenumwobenen Sandstreifen an Rios Küste. Man könnte sie auch die Schinkenstraße Südamerikas nennen, denn die Frauen tragen den Hintern mit kaum mehr bedeckt als dem schon erwähnten Schnürsenkel. Guillermo erklärt mir, dass Brasilianer vom Hintern regelrecht besessen sind. Er ist der Körperteil, der im Zentrum der Aufmerksamkeit steht. »Wenn ein Hintern bei uns Präsidentschaftskandidat wäre, die Menschen würden ihn wählen«, witzelt er. »Ich meine, wir haben eigens einen Tanz erfunden, um den Hintern in Szene zu setzen.« Und in der Tat. Selbst beim Gehen scheinen die Brasilianerinnen Samba zu tanzen (oder haben sie wie ich gerade ein frisches Bikini-Waxing hinter sich?).

Ohnehin herrscht am Strand der schönsten Menschen der Welt ein erbitterter Wettbewerb der Körper. Die Frauen tragen ihr Gepäck mit der Würde der Göttinnen, die Männer haben ihre Pakete in der Badehose verstaut und halten Ausschau danach, wohin sie sie am besten ausliefern können. Busen mit Hintern sucht Muskeln mit Penis. Dabei fällt mir auf, dass nicht nur die Männer ihre Pakete deutlich sichtbar tragen, auch äußerst knappe Bikinis zeigen ganz deutlich, dass Frauen im Schritt gewisserweise Paarhufer sind. Cameltoe-Tanga nennt man eine neue, noch extrem knapper sitzende Form des Tangas, die von den weiblichen Schamlippen nichts unerkannt lässt, umso mehr, da die meisten Frauen ohnehin auf brasilianische – oder soll ich sagen bestialische? – Art gewachst sind.

Generell ist der Schönheitsstandard extrem hoch. Panisch überlege ich, ob ich mich gleich morgen im Fitnessstudio anmelden soll, aber der Effekt wäre nicht rasch genug sichtbar und, wie ich vermute, auch nicht nachhaltig. Schwellungen an den richtigen Stellen sind bei mir nur mit Hilfsmitteln in Form von Silikon zu erzielen und davon halte ich absolut nichts, auch wenn Brasilien eine Hochburg der Beauty-OPs ist.

»Hier in Brasilien sind Schönheitsoperationen die natürlichste Sache der Welt«, erklärt mir Guillermo. Jedes zweite Mädchen lässt sich angeblich operieren. Brüste, Nase und Hintern sind die gefragtesten Zielobjekte der Schönheitschirurgen Rios, die zu den versiertesten der Welt gehören. Ich frage mich, ob auch Schamlippenkorrekturen dazugehören. Die Designervagina, eine nach Vorbild der Pornodarstellerinnen geformte Vagina, wird ja beim weiblichen wie männlichen Teil der Bevölkerung immer beliebter.

Aber auch Männer legen sich immer öfter unters Messer, behauptet Guillermo, größter Importschlager sei jedoch Viagra. Es scheint, dass Brasilien einen Ruf als Sexnation Nr. 1 zu verteidigen hat. Der Erfolgsdruck ist daher enorm. Ich bin eigentlich ganz zufrieden damit, hier außer Konkurrenz zu laufen. Die Mädels, die den Strand verlassen, haben nicht mehr an als ihren Bikini, Schuhe und ein Handtuch über die Schultern geworfen. »So gehen die durch Rio?«, frage ich erstaunt. »Am Strand wird alles geklaut, was nicht niet- und nagelfest ist«, meint Guillermo. »Die Diebe hier sind unglaublich geschickt. Du schläfst ein, und wenn du aufwachst, sind deine Implantate weg.« Ich grinse. Vorerst ist bei mir noch alles Natur. Bis auf die Rodungsarbeiten, die immer noch bei jedem Schritt schmerzen. Auch Guillermo bestätigt mir, dass das Wachsen beim ersten Mal scheußlich wehtut, sich dies aber mit der Zeit ändert. Vermutlich, weil sich Hornhaut auf dem Venushügel bildet, denke ich.

Als die Dunkelheit einfällt, gehen wir in eine Bar auf einer Dachterrasse, und ich genieße bei Samba-Chill-out-Musik den ersten Caipirinha in Brasilien. So sollte man Caipirinha trinken und nicht wie zu Hause auf den Straßenfesten aus dem Plastikbecher, denke ich. Auch hier wimmelt es von wunderschönen Menschen mit perfekten Maßen und verführerischer Haut. Ich frage Guillermo, ob die Brasilianer wirklich so viel Sex haben, wie es hier den Anschein hat? Er lacht und schüttelt den Kopf. »Wir Schwulen ja«, antwortet er und wie immer denke ich, dass es ein verdammt auserwähltes Volk ist, »aber in Heterokreisen sind die Frauen nicht so freizügig, wie sie aussehen. Viele kommen ja nach Brasilien und denken, das ist hier ein Freiluftpuff. Und während des Karnevals mag das stimmen, aber nur, weil die Prostituierten aus dem ganzen Land angereist kommen. Eine Brasilianerin aus der Mittel- und Oberschicht setzt Sex gezielt ein, um sich eine möglichst gute Partie zu angeln. Die Frauen lieben es, mit ihrem

Körper zu provozieren und den Männern Appetit zu machen, aber zu essen bekommt nur der, der ordentlich Geld auf den Tisch legt. Das ist unheimlich hart in unserer Gesellschaft. Die Frauen versuchen, sich bestmöglich zu versorgen, und die Männer, möglichst viel Nachwuchs zu zeugen. In den Favelas gibt es unheimlich viele zwölf- oder 13-jährige Mütter. Die Väter sind meistens einflussreiche Typen, irgendwelche Drogen- oder Waffenbarone. Die fühlen sich umso mächtiger, je mehr Kinder sie im Viertel zeugen. Deshalb wächst die Bevölkerung in den Favelas so rapide.« Ich blicke hinauf zu den Hügeln, die von Hütten gesprenkelt sind und wo sich Gerüchten zufolge Tag und Nacht Banden erbitterte Kriege liefern.

Nachdem zwei Freunde von Guillermo zu uns gestoßen sind, ziehen wir von einer Bar in die nächste. Diese Nacht endet wie viele, die folgen werden, erst in den frühen Morgenstunden. Als ich am nächsten Tag einen Blick auf mein neu gerodetes Kunstwerk werfe, erstarre ich. Diesmal nicht vor Schmerz, sondern vor Schreck. Meine Intimzone ist rot gesprenkelt, es sieht aus wie eine üble Form der Syphilis. So brauche ich mir um Verhütung ganz sicher keine Gedanken zu machen. Bei diesem Anblick ergreift jeder noch so geile Lover die Flucht. Ich überlege kurz, bei dem Nagelstudio vorzusprechen, das mir dieses Werk des Grauens verpasst hat, doch wenn die schon unter lindernder Lotion eine Art Nagellackentferner verstehen, wer weiß dann, was die mir in diesem Fall für eine Rosskur verordnen werden.

Stattdessen lasse ich mir im Hotel die Adresse einer Ärztin geben, und die kann mich beruhigen. Genauso wie meine Haut. Sie diagnostiziert eine allergische Reaktion auf das Wachs oder eines der verwendeten Mittel, gibt mir eine beruhigende Salbe und nach ein paar Tagen ist das Ganze vorbei. Hier ein Tipp für alle Reisenden: im Ausland keine Experimente mit der Intimzone. Was für Brasilianer recht ist, muss für den Europäer noch lange nicht billig sein. Lieber schön zu Hause wachsen lassen, sodass im Ausland alle Schäden bereits verheilt sind.

Durch Guillermo lerne ich zwar wahnsinnig viele schöne Menschen jeder Schattierung kennen, doch der Nachteil ist: Die Männer sind alle schwul. Zum Teil komme ich mir vor wie im Museum: *Just watch, don't touch and don't take anything home with you.*

Immerhin entdecke ich durch die schwulen Bekannten Plätze Rios, die ein normaler Tourist niemals aufsuchen würde. Und vielleicht auch gar nicht möchte. Doch noch bin ich happy, als mich Mary, eine der verwegenen Freundinnen von Guillermo, mit zu einer der berühmten Undergroundpartys in den Favelas schleppt. Wir fahren also in die Berge, was niemandem zu raten ist, der sich nicht in den Gassen auskennt. Denn wenn eine Gasse sicher zu sein scheint, kann die Parallelgasse schon zur Todesfalle werden. Schließlich landen wir auf einem Plateau am Ende eines der Wege, die sich den Berg hinaufschlängeln. Ein DJ mit den unvermeidlichen Rastazöpfen legt auf, gespielt wird Raggaton, eine Mischung aus Samba und Reggae, die getanzt wird wie ein Precoitus. Ab der Hüfte abwärts scheinen die Tanzenden miteinander verwachsen zu sein. Nun gut, ich habe Salsa tanzen gelernt und beherrsche das inzwischen einigermaßen, ich werde auch diese Tanzform irgendwie hinkriegen.

Hier oben treffen wir jede Menge weiterer Freunde von Mary, die ebenfalls aus der Stadt kommen. Irgendwann werde ich von einem fantastischen schokoladenfarbigen Galan aufgefordert, der mich mit dieser exotischen Tanzform vertraut macht. Es gelingt ihm, seine Beine so mit meinen zu verschränken, dass ich darin gefangen bin wie in einem Schraubstock. Dabei schafft er es, seinen Unterleib rhythmisch an mir zu reiben, im Takt der Musik. Gut, dass meine wunde Intimzone inzwischen verheilt ist. Mit der Zeit komme auch ich in den Rhythmus und passe mich meinem Partner an. Von Song zu Song klappt es besser und ich glaube, ein Stück echter brasilianischer Tanzromantik mitzubekommen, bis ich merke, dass etwas nicht stimmt. Als ich einen Schritt zurücktrete, was mir nur mit einer sehr geschickten Drehung gelingt, erblicke ich erstaunt den nackten, erigierten Penis meines Tanzpartners, der sich die ganze Zeit an mir gerieben hat. Kurzerhand knalle ich meinem Rammler de Janeiro eine und verlasse die Tanzfläche. Die Umstehenden lachen über die unerfahrene Gringa, rufen: »Das ist unser Stil« und ein Wort, das ich nicht verstehe, nach dem ich aber lieber auch nicht fragen will.

Auf jeden Fall weiß ich jetzt, dass es auch auf der Tanzfläche ein Happy End geben kann. Allerdings nicht für mich. Den Rest meines Aufenthaltes in Brasilien wahre ich daher immer einen angemessenen Sicherheitsabstand zwischen mir und den männlichen Einheimischen. Außerdem achte ich darauf, stets eine Hose zu tragen, die meinen Po bedeckt, keinen Cameltoe zu zeigen und nicht zu viele Caipirinhas zu trinken. So komme ich sicher und ungeschwängert durch meine Zeit in Brasilien. Ohne Happy End, aber mit noch vielen *happy moments* vor mir.

Ecuador. Reise zum Gürtellinienäquator

Wer sich auf dem gewaltigen südamerikanischen Kontinent befindet, sollte unbedingt auch zum Mittelpunkt der Erde, nämlich dem Äquator, reisen, so finde ich, also ist mein nächstes Reiseziel Ecuador. Dieses Land bietet nicht nur den Vorzug, wie der Name schon sagt, mitten auf dem Äquator zu liegen, es verfügt auch über eine besondere landschaftliche Vielfalt: Es gibt mehrere Tausend Meter hohe Vulkane mit schneebedeckten Gipfeln, die ab und an durchaus Feuer speien oder zumindest grummeln wie mein Bauch bei Verdauungsbeschwerden. Dann die berühmten Galapagosinseln mit einzigartigen Spezies, die man dort hautnah erleben kann, weil sie keine natürlichen Feinde haben. Außerdem lockt Ecuador mit Dschungel, der sich bis hinunter zum Amazonas zieht, und natürlich mit Andengipfeln von 4000 bis 6000 Meter Höhe.

Ich lande mittags auf dem Flughafen in Quito und lasse mich mit dem Taxi zum Hotel bringen. Mein Ziel ist das »Gran Casino«, ein in dem berühmten blauen Reiseführer ausgewiesenes Gringo-Hotel. Mit diesem Führer reist man nie allein, auch wenn man solo unterwegs ist. Weltweit werden immer die Hotels angegeben, in denen die typischen Langzeittraveller absteigen. In diesen Hotels bildet sich so eine internationale Lebensgemeinschaft von Aussteigern auf Zeit. Oft finden sich auch spontan Reisegruppen zusammen, die ein Stück weit gemeinsam gehen, bevor sich die Wege wieder trennen.

Ich liege zwar deutlich über dem Altersdurchschnitt der meisten Traveller, bin aber bisher immer wohlmeinend in die Gemeinschaft aufgenommen worden. Der Taxifahrer lässt mich an der Ecke raus und ich laufe die steile Gasse zum Hotel. Für umgerechnet fünf Euro erhalte ich ein feuchtkaltes Zimmer mit Dachluke, Bett und Waschbecken. Nachdem ich meine Sachen verstaut habe, zieht es mich auch schon wieder auf die Straße. Das ist bei mir immer so, wenn ich irgendwo ankomme. Obwohl ich todmüde bin, habe ich Hummeln im Hintern und halte es im Hotel nicht aus. Ich muss die Atmosphäre der neuen Stadt erst einmal in mich aufnehmen. Nach einiger Zeit bin ich dann, je nach vorangegangener Reisedauer, mehr oder weniger erledigt, kann mich dann aber mit dem guten Gefühl, zumindest einen allerersten Eindruck gewonnen zu haben, ausruhen.

Quito ist natürlich ein ganz besonderes Erlebnis. Die Altstadt gehört wegen der kolonialen Architektur zum UNESCO-Weltkulturerbe. Die Straßen sind eng, genauso wie die Bürgersteige. Die Autos streifen einen fast, wenn man auf dem Gehsteig läuft. In zwei Wochen ist Weihnachten, überall wird Weihrauch verbrannt. Quito besitzt mächtige Kathedralen und ist umgeben von Vulkanen. Die Türme ragen vor der Kulisse der schneebedeckten Wipfel eindrucksvoll in den Himmel. Ich gehe Richtung Zentrum. Die Plaza de la Independencia ist der Platz, auf dem alles zusammenkommt, was sich in der Stadt herumtreibt. Rucksacktouristen auf der Durchreise, andine Gruppen, die ihr Panflötenrepertoire hoch und runter spielen, Schuhputzer, Bettler und Schnorrer. Rings um den Platz haben Händler ihre Buden mit dem üblichen Angebot an Losen, Backwaren unbekannter Herkunft, Brotteigfiguren, bunt gefärbten Küken oder Kriegsspielzeug aufgebaut. An langen Spießen stecken gebratene Meerschweinchen, ohne Fell, die Haut knusprig gebraten. Mit den offenen Mäulern gleichen sie Ratten, weshalb ich lieber darauf verzichte, diese Landesspezialität zu probieren.

Ich setze mich auf die Stufen, um das bunte Treiben zu beobachten. Sofort werde ich von Schuhputzerkindern umlagert und es ist mindestens genauso peinlich, seine Schuhe nicht putzen zu lassen, wie sie sich putzen zu lassen. Ich fertige die Jungs mit etwas Geld ab, doch das schlechte Gewissen bleibt, teilt mir mein Reiseführer doch mit, dass die Kinder auf diese Weise mehr verdienen als ihre Väter mit ehrlichem Handwerk in einem ganzen Monat.

Hier, in etwa 3000 Meter Höhe, ist die Luft kalt und feucht. Da ich noch das tropische Klima gewohnt bin, friere ich. In meinem Reiseführer finde ich den Hinweis auf ein Café, das mir Unterschlupf gewährt. Das »Marilón« verfügt über hohe, verzierte Decken, dazu schlichte Tische und Stühle aus Holz und an der Wand Spiegel in Goldrahmen. Alles sehr kolonial. Ich setze mich an einen der freien Tische, links neben mir schreibt eine junge Touristin Tagebuch, rechts ein junger Typ Postkarten. Am Nebentisch sitzen zwei Südamerikaner, einer dunkelhäutig, fast indianisch, der andere ist eher ein spanischer Typ. Wir kommen ins Gespräch und sie stellen sich als Angelito und Ramiro vor. Ramiro ist Psychologe. Sie fragen, wie lange ich schon auf Reisen bin und wie lange ich hierzubleiben gedenke. Vermutlich ist dies ein Test, ob sich der Kontakt lohnt. Bereits beim zweiten *Café con leche* sitzt Ramiro bei mir am Tisch, nachdem Angelito verschwunden ist, weil er angeblich noch einen wichtigen Termin hat. Ramiro bietet an, mir die Stadt zu zeigen. Ich willige ein, aber nicht mehr heute, lieber morgen. Als er mich zurück ins Hotel bringt, macht er

Anstalten, mit hineinzukommen. Doch ich versichere, ich sei zu müde, um einen Drink an der Bar zu nehmen. In Wirklichkeit möchte ich die Lage zunächst allein sondieren. Mal sehen, wer so alles im Hotel ist, vielleicht lerne ich ja nette Landsleute kennen.

Ich betrete die Hotelbar, die im Prinzip aus einem großen Gemeinschaftstisch besteht, an der einen Wand befindet sich ein Holztresen. Ich bestelle ein Bier und setze mich zu den anderen: zwei Krankenschwestern um die 30 aus Landsberg, Sonja, die mit ihren hüftlangen blonden Haaren hier sicherlich großen Flurschaden anrichtet, Beate, eine nette Brünette. Ein Belgier, der wie ich gerade aus Rio angekommen ist, und ein Deutscher, der den Inka-Trail in Peru hinter sich gebracht hat. Als ich ihn frage, wie es gewesen ist, zeigt er mir statt einer Antwort seinen verbundenen Oberschenkel und erklärt, dass er sich beim Versuch, Machu Picchu allein zu erklimmen, eine Stichwunde zugezogen habe und erbärmlich ausgeraubt worden sei. Warum müssen manche Touristen eigentlich immer genau das tun, wovor der Führer eindringlich warnt? Vermutlich ist das eine unvernünftige Form von Abenteuerlust.

Der Belgier sitzt düster über sein Bier gebeugt und murmelt in regelmäßigen Abständen: »Schlampen, alles Schlampen.« Auf meine Nachfrage erzählt mir der Deutsche, dass der Belgier in Rio seine große Liebe kennengelernt hat und nach Belgien gereist ist, um dort Job und Wohnung zu kündigen, alles aufzugeben. Als er zurückkam, wohnte allerdings schon ein anderer bei ihr. »Vermutlich hat sie vor ihm schon einige kennengelernt, die versprochen haben zurückzukommen, aber für immer verschwunden waren«, gebe ich zu bedenken. Der Deutsche zuckt mit den Schultern und zupft das Etikett von seiner Bierflasche. Also suche ich das Gespräch mit meinen Geschlechtsgenossinnen. Die Krankenschwestern aus Bayern sind herrlich bodenständig und haben beide einen Latino-Lover, der in einer andinen Gruppe spielt. Auf meine Frage, wo sie schon überall im Land gewesen sind, schüttelt Beate den Kopf. »Wir haben schon x-mal versucht, in den Dschungel zu reisen oder auf die Galapagosinseln«, erklärt sie. »Doch jedes Mal ist eine von uns krank geworden«, ergänzt Sonja. Beate lächelt: »Der Fernando will eben nicht, dass wir fortgehen, und hat uns jedes Mal verhext.« Schulterzuckend schlürfen die beiden ihr Bier und lachen. Offenbar haben sie sich in ihr Schicksal gefügt.

Als ich mich bewundernd über Sonjas Mähne äußere, schaut die mich nur mit großen Augen an und meint: »Hier gibt's nur kaltes Wasser, da wirkt das Shampoo nicht richtig. Deshalb sind die Haare praktisch immer fettig.« Ich beruhige sie, dass ihre Haare durchaus attraktiv sind, denke aber mit Grauen an die kalte Dusche, die mich erwartet. Nun denn, günstig Reisen hat eben seinen Preis. Nächstes Thema: Ich frage sie, wie sie es mit dem Handeln und der Bettelei halten. »Natürlich geben wir nichts«, betont Sonja mit Überzeugung, »sonst arbeiten die nie was Gescheites. Und handeln tun wir auch. Wir sind doch nicht wie die Amerikaner, die jeden Preis gleich zahlen.« Als ich anmerke, dass die Preise doch eigentlich recht niedrig seien, beharren sie auf ihrer Meinung. Vermutlich gehört Handeln zum Travellergefühl einfach dazu. Da mir allmählich die Augen fast zufallen, gehe ich auf mein Zimmer und von dort in die Gemeinschaftsdusche, wo ich nach einem eiskalten Guss zunächst wieder hellwach bin. Kaum liege ich aber auf meinem Lager, sicherlich Herberge von Tausenden von Arten von Insekten, falle ich in einen tiefen Schlaf und träume von der Hitze Brasiliens.

Am nächsten Morgen erwartet mich Ramiro schon an der Tür. Die beiden Krankenschwestern, mit denen ich frühstücke, schauen neugierig, mit wem ich mich da verabredet habe. Ich lade sie ein, die Städtetour mitzumachen, doch sie lehnen ab, weil sie später ihre Freunde besuchen wollen, die auf der Plaza de la Independencia Musik machen. So, wie sie es vermutlich die letzten drei Wochen auch schon getan haben. »Heute Abend gehen wir in eine Peña, eine Musikkneipe«, schlägt Beate vor. »Komm doch mit, das macht echt Spaß«, ergänzt Sonja und ich sage zu. Einen Tanzpartner habe ich ja schon.

Ramiro führt mich durch die Altstadt und erklärt mir die verschiedenen Gebäude und deren historische Bedeutung. Nachdem wir genug von der Altstadt gesehen haben, gehen wir in den modernen Teil. Die Avenida Amazonas, hier ist das moderne Quito zu Hause: eine typische Ansammlung von internationalen Food- oder Modeketten und Cafés. Geschäftsleute, die mit Handy am Ohr die Straße entlanghasten, elegant gekleidete Frauen. Wir trinken einen Kaffee, an den Nebentischen mehrere Paare wie wir, Touristinnen mit südamerikanischen Begleitern. Offenbar legt man in dieser Stadt Wert auf kulturellen Austausch. Ich bin allerdings nicht ganz sicher, wie das hier abläuft. Ramiro möchte nicht, dass ich für ihn bezahle, aber ich habe auch Skrupel, mich von ihm einladen zu lassen. Entsprechend reagiere ich auch zögernd, als er vorschlägt, gemeinsam eine Tour auf den Chimborazo und zur Mitad del Mundo zu unternehmen, der berühmten Station auf dem Äquator. »Bist du auch Reiseführer?«, frage ich vorsichtig. »Ich bin Psychologe«, entgegnet er und schiebt beleidigt das Geld, das ich für den Kaffee auf den Tisch lege, zur Seite. Nun bin ich wirklich etwas verunsichert. Klare Verhältnisse wie in Kuba sind mir lieber. Als ich ihm erzähle, dass wir abends weggehen, beschließt er erfreut, auch mitzukommen.

Später teilen Sonja, Beate, Ramiro und ich uns ein Taxi. Die beiden Freunde der Krankenschwestern, Fernando und Carlos, erwarten uns am Eingang der Kneipe. Als wir uns begrüßen, fällt mir auf, wie sich die Ecuadorianer gegenseitig mustern. Wie das psychologische Gutachten von Ramiro wohl ausfällt? In der Peña ist ein Tisch ganz vorn für uns reserviert. Es wird Guajusa serviert, Schnaps, gemischt mit Kräutertee, insgesamt sehr süffig, die Stimmung am Tisch ist im Nu auf dem Höhepunkt. Ein Ansager, der aussieht wie Kermit, der Frosch, führt durch den Abend. Die Peña ist, wie ich erfahre, eine Musikkneipe, in der Folklore gespielt wird, und weniger eine Tanzkneipe. Als die erste Gruppe zu spielen beginnt, reißt es uns von den Sitzen und wir wippen und klatschen im Takt. Nach dem Stück ruft uns der Ansager zur Ordnung. Anscheinend ist Tanzen hier nicht so angesagt. Schade! Wir deutschen Gäste werden immer wieder begrüßt, es gibt Rosen, Getränke, die Guajusa tut ihr Übriges. Mit zunehmendem Alkoholpegel gewinnt Ramiro an Feuer. Im Kerzenlicht strahlen seine Augen so sehr, dass ich am liebsten in ihnen versinken würde. Wir trinken, tanzen verhalten und knutschen. Immerhin hat er meine Körpergröße, hier in Ecuador fühle ich mich ansonsten wie der weibliche Gulliver im Land der Zwerge. Obwohl er mich nach Hause begleitet, nehme ich ihn nicht mit ins Hotel, denn mein primitives Zimmer ist mir unangenehm. Doch für den übernächsten Tag ist ja ein Ausflug zum Chimborazo und zur Mitad del Mundo vorgesehen.

Der nächste Tag verschwimmt zunächst im Nichts. Später treffen wir die Freunde von Sonja und Beate auf der Plaza de la Independencia. Beate ist etwas geknickt, da Carlos nicht mehr mit ihr zusammen sein möchte, was das Gleichgewicht des Quartetts etwas durcheinanderbringt. Auch Sonja versteht sich plötzlich nicht mehr so gut mit ihrem Galan. Daher lade ich die beiden ein, uns auf unserem kleinen Ausflug zu begleiten, das wäre mir sogar viel lieber, als mit Ramiro allein zu sein. Doch sie wollen nicht, denn Ramiro mit seinem arroganten Blick ist ihnen unsympathisch.

Am nächsten Morgen holt mich Ramiro ab und wir fahren los. Mit dem Bus geht es 20 Kilometer durch das karge Hochland und schließlich kommen wir zu der Station, die angeblich die Mitte der Welt darstellt. Zumindest glaubte man das noch bis Anfang der 1980er-Jahre, als die Station errichtet wurde. Inzwischen, so klärt mich Ramiro auf, hat sich herausgestellt, dass sich der wahre Äquator etwa 240 Meter nördlich des Monuments befindet. Der jetzt existierende Punkt, auf der die berühmte Mitad del Mundo durch einen Streifen markiert ist, liegt nach neuesten Berechnungen auf der Südhalbkugel. Davon lasse ich mich jedoch nicht beirren und stelle mich mit gespreizten Beinen über den Streifen. Ramiro macht Fotos mit seiner und mit meiner Kamera, dann tauschen wir. Im Anschluss besuchen wir das Äquatordenkmal, an dem man allerlei Touristentand kaufen kann, zehnmal so teuer wie in Quitos Altstadt.

Danach fahren wir mit dem Bus weiter auf den Chimborazo. Die Route führt zunächst über kurvenreiches Gefälle durch eine trockene Busch- und Kakteenlandschaft. Die »Straße der Vulkane« führt in Richtung Süden bis ins Gebirge. Schon von Weitem sehen wir den schneebedeckten Gipfel, dann ist es Abend und damit dunkel. Wir mieten uns in einer kleinen Pension ein, in der – welch Zufall – nur ein Zimmer frei ist. Mit einem einzigen Bett. Nachdem ich mich etwas geziert habe, willige ich ein. Doch zunächst gehen wir im Städtchen noch etwas essen, hier in 4000 Meter Höhe ist die Luft ziemlich dünn und vertreibt bei mir jeden Gedanken an Erotik und Sex. Ich hoffe, auch bei ihm.

Als ich ins Bett gehe, überlege ich, wie ich ihm klarmachen kann, dass ich nichts weiter von ihm erwarte. Doch er unternimmt gar nichts, legt sich nur zu mir, allerdings mit dem Kopf da, wo meine Füße sind. Wie fünfjährige Geschwister liegen wir so beieinander. Wenn ich nicht so todmüde wäre, würde ich mich totlachen. Doch so schlafe ich einfach ein.

Am nächsten Tag müssen wir im Dunkeln aufstehen, um in den Nationalpark zu wandern. Langsam erhellt die Sonne den schneebedeckten Gipfel und malt einmalig schöne und vielfältige Rottöne darauf, bevor sie schließlich ganz am Himmel erscheint und alles in das gewohnte Farbenbild taucht: knallblauer Himmel, weiße Spitze. Wir wandern bis zur Schneegrenze, weiter ist nicht erlaubt und auch mit unseren dünnen Sachen nicht möglich. Nachdem wir Bilder von uns und den Andengipfeln gemacht haben, putzen wir erst einmal unsere rot gefrorenen Nasen. Da wir uns so gut verstehen, beschließen wir, einen weiteren Abstecher nach Cuenca zu machen, eine koloniale Stadt im Süden. Wir haben genügend Zeit, sie zu besichtigen, bevor uns der letzte Bus wieder zurück nach Quito bringt. Aufgedreht von der Fahrt und den vielen Eindrücken, möchte ich noch nicht zurück ins Hotel. Daher lassen wir uns auf der Plaza de la Independencia nieder. Im Vergleich zum Hochland ist die Luft hier geradezu mild und lädt zum Verweilen ein. Eine letzte Gruppe spielt Musik und ein paar verstreute Touristen schlendern über die Plaza. Nicht weit von uns entfernt sitzt ein älterer Deutscher, der mich anspricht. Als er feststellt, dass ich Deutsche bin, switcht er in unsere Muttersprache und bietet mir verschiedene Touren an. »Chimborazo, Cuenca«, schlägt er vor. Als ich ihm mitteile, dass wir da gerade herkommen, ist »Galapagos« seine nächste Idee. Da ich inzwischen jedoch festgestellt habe, dass allein der Transfer dorthin so teuer ist, dass ich meine Reise erheblich abkürzen müsste, habe ich dieses Ziel von meiner Wunschliste gestrichen.

Als er merkt, dass er mit mir kein Geschäft machen kann, wird er zunehmend aggressiv und beginnt, mich auf Spanisch zu beschimpfen. Ramiro, der erst der Meinung war, wir führten ein freundschaftliches Gespräch, ist überrascht und nimmt schützend meine Hand in seine. »Ja, verteidige sie auch noch«, kreischt der Deutsche in einer Lautstärke, die die Vorübergehenden stehen bleiben lässt. »Verdammte Gringa-Weiber, kommen hierher, lassen sich alles vor den Arsch tragen und nutzen die Ecuadorianer nur aus.« Dann wendet er sich an Ramiro: »Du opferst hier deine Zeit und dein Geld für diese miese Schlampe, machst ihr Geschenke, weil du vielleicht hoffst, sie geht irgendwann mit dir ins Bett. Aber das wird sie nicht, hörst du? Sie benutzt dich nur, solange du ihr nützlich bist, dann lässt sie dich fallen wie einen alten Lappen. Und du stehst da, ohne Sex, ohne Geld und ohne Zukunft.« Da ich bemerke, dass der Deutsche enorm angetrunken ist, entfernen wir uns vorsichtig oder besser gesagt, ich beschließe, den Ort des Geschehens zu verlassen, und Ramiro folgt mir zu meiner Überraschung.

»Hör nicht auf den Idioten«, ruft er mir hinterher. Ich drehe mich um. »Er hat ja nicht mit mir gesprochen, sondern mit dir«, gebe ich zurück. Da wir schon einmal dabei sind, beschließe ich, das Thema bei der Wurzel zu packen. »Hör zu, ich habe das Gefühl, du willst etwas, was ich dir nicht geben kann, Beziehung oder Sex.« Offenbar erscheint es ihm sinnvoll, nichts weiter dazu zu sagen, daher trennen wir uns wortlos.

Am nächsten Tag gehe ich mit Sonja und Beate ins »Marilón« und berichte von dem Vorfall. Gestehe, dass ich ein total schlechtes Gewissen habe, weil Ramiro so viel bezahlt hat, dass ich das Gefühl habe, ihn ausgenutzt zu haben. »Ausgenutzt? Ha!«, lacht Beate auf. »Das ist bestimmt ein Don Juan.« Sie tauscht mit Sonja einen Blick. »Das habe ich auch schon überlegt«, stimmt diese zu. Da die beiden merken, dass ich rein gar nichts verstehe, klären sie mich auf.

Don Juanismus ist eine Bewegung in ganz Lateinamerika. Im Prinzip handelt es sich dabei um Foren, in denen sich Typen damit brüsten, möglichst viele Touristinnen aufzureißen, und deren Bilder ins Netz stellen. Sonja startet die Seite auf ihrem iPad. »Ich bin mir sicher, dass du da schon zu finden bist«, sagt sie siegesgewiss. Ich bin verwirrt. »Wie wollen wir ihn denn finden? Ich kenne ja weder seinen Nicknamen, noch weiß ich, auf welcher Seite er registriert ist.« Wir suchen nach verschiedenen Namen, ohne Ergebnis. Dann kommt Sonja auf die Idee, auf einer der einschlägigen Seiten nach neuesten Fotoeinträgen zu suchen. Und tatsächlich – da sind Fotos von mir. Ich auf der Mitad del Mundo. Ich am Fuße des Chimborazo. Ich, von den Füßen ausgehend, fotografiert im Bett liegend. Der Mistkerl hat es aufgenommen, während ich schlief. Was ich für einen Kavaliersakt gehalten habe, war nur eine Methode, mich möglichst kompromittierend zu fotografieren. Dazu minutiöse Beschreibungen, wie ich ihm in dieser Nacht einen geblasen hätte. Und jede Menge Schulterklopfer. So heißen die Likes auf dieser Seite. Sein Status ist Premium wegen der Häufigkeit und der Detailtreue seiner Fotos. Name: Don de Rubias. Herr der Blondinen. Pfui, denke ich im ersten Augenblick. Dann muss ich fast lachen. Der Mann von heute ist sich echt für fast nichts zu blöd. Also, Ladys, seid gewarnt: Wenn ihr euch im Ausland fotografieren lasst, fallt ihr möglicherweise einem Don Juanisten zum Opfer und landet im Netz.

Abends im Hotel beschließe ich, weiter nach Peru zu reisen. Die Krankenschwestern haben sich inzwischen dazu aufgerafft, nach Otavalo zu fahren, zum Indiomarkt. Obwohl es die entgegengesetzte Richtung ist, werde ich mich ihnen zunächst anschließen. Etwas weibliche Gesellschaft wird mir guttun. Also brechen wir am nächsten Morgen früh auf und treten die Reise an. Als wir in Otavalo ankommen, ist es Mittag, auf der Plaza de Ponchos ist das bunte Treiben schon auf dem Höhepunkt. Die Otavalo-Indianer haben es geschickt verstanden, ihre Kultur beizubehalten, indem sie sie gewinnbringend vermarkten. Teppiche, Ponchos, Pullis und Hüte der Indianer mit den langen, geflochtenen Zöpfen sind unter jugendlichen Reisenden extrem hip. Auch ich erstehe einige Webteppiche, Pullover und schicke sie postwendend nach Hause. Paul wird sich freuen, meine Andenken entgegennehmen zu dürfen. In einem Café treffen wir den frustrierten Belgier wieder, der allerdings zur Abwechslung nicht vor einem Bier, sondern vor einer Tasse Kaffee sitzt. Und er sieht auch nicht mehr so desolat aus. Als ich ihn frage, ob er nach Peru mitkommen mag, willigt er ein. Sein Gepäck hat er ohnehin dabei. So schnell findet man manchmal einen Reisebegleiter. Mit dem nächsten Bus fahren wir nach Quito. Die Krankenschwestern beschließen, dort zu bleiben, während ich mit dem Belgier weiter nach Lima fliege.

Peru. Sextief im Hochland

Während des Fluges nach Lima zeigt sich, dass der Belgier auch einen Namen hat: Michel. Und nach der Landung in Lima zeigt sich, dass die Hauptstadt von Peru nicht gerade mit dem prima Klima gesegnet ist, das ihr von der Neuen-Deutsche-Welle-Band UKW angedichtet worden ist. Andererseits war das in den 1980er-Jahren vielleicht noch anders mit der Hitze und dem Feinstaub. Der Gestank und der Trubel in der Stadt bringen uns auf jeden Fall fast um. Daher schauen wir uns gerade mal die Plaza Central an, das Zentrum des alten Lima, und fliegen am selben Tag noch weiter nach Cuzco. Hier finden wir in 3500 Meter Höhe die Miniausgabe von Lima vor, bei guter Höhenluft und gemäßigterem Klima. Der Ort ist auch die sogenannte Talstation, um nach Machu Picchu zu gelangen, den berühmten Inkaruinen. Der Weg zu dem einen der sieben Weltwunder führt entweder über den Inka-Trail als mehrtägige Wanderung oder man fährt mit der Bahn. Michel möchte gerne wandern. Ich schlage ihm daher vor, er möge dies ruhig tun, während ich lieber mit der Bahn fahre. Doch anscheinend schiebt er Panik, dass ich unterwegs verschwinden könnte, deshalb schließt er sich mir an. Also kaufen wir Bahntickets nach Aguas Calientes und verbringen den Abend und die Nacht in Cuzco. Erst gehen wir essen und dann genießen wir mit zwei Flaschen peruanischem Bier eine relativ milde Nacht auf der Plaza de Armas. Wir reden wenig, aber nicht etwa aus Verlegenheit. Irgendwie kann man mit dem Belgier einfach gut schweigen. Wir verstehen uns gut ohne Heckmeck. Vermutlich muss er noch sein Brasilianerinnentrauma verarbeiten. Eigentlich gefällt er mir nämlich ganz gut, doch durch das Erlebte wird er für mich irgendwie unantastbar. Außerdem mache ich selbst genau genommen gerade nicht besonders viel her: Seit Tagen trage ich den etwas unförmigen Fleecepullover, mit dem ich schon fast verwachsen bin, Jeans und meine Wanderschuhe. Haare strähnig und auf halb acht. Wahrscheinlich habe ich mit einer rassigen Brasilianerin im Tanga so viel gemeinsam wie eine Gazelle mit einer Landschildkröte. Umso besser, denke ich. *No tears, no fears.* Nachdem wir unsere Biere geleert haben, gehen wir ins Hotel, in dem wir natürlich zwei Zimmer gebucht haben. Noch im Gang stellt sich allerdings heraus, dass ich für den Belgier offenbar alles andere als unantastbar bin. Er fällt über mich her wie ein Schiffbrüchiger, der seit Monaten kein Land gesehen hat. Wir schaffen es gerade noch zu mir ins Zimmer. Dann reißen wir uns die Fleecepullis vom Leib und unsere Funktionsunterwäsche fliegt in hohem Bogen hinterher.

Auch ohne Klamotten macht Michel eine gute Figur, die Copa-Cabana-Bräune ist kaum verblasst. Mein Brasilian Wax ist auch noch nicht nennenswert nachgewachsen, so genießen wir unsere nach brasilianischen Vorstellungen geformten Körper. Er flüstert mir ins Ohr, dass er seit Wochen oder Tagen scharf auf mich ist, dass ich die beste Frau bin, die er seit Langem getroffen hat. Nun, ich weiß nicht recht, ob ich ihm das glauben soll, denn sein Körper spricht eine andere Sprache. Mit anderen Worten: Unterhalb des Gürtellinienäquators tut sich bei ihm rein gar nichts. Er behauptet, es sei die Höhe. Ich finde auch, es ist die Höhe, schiebe allerdings die Schuld dem Fleecepulli und der Funktionsunterwäsche zu. Also vertrösten wir uns auf eine zukünftige heiße Vereinigung und schlafen wie Bruder und Schwester nebeneinander ein.

Mit Ach und Krach erwischen wir am nächsten Morgen den Zug. Der ausgebliebene Sex steckt uns in den Knochen. Irgendwie sind wir jetzt nur umso schärfer aufeinander. Die Bahnfahrt führt durch das malerische Tal des Urubamba-Flusses, das mit den Anden im Hintergrund herrliche Ausblicke gewährt. Nach vier Stunden kommen wir in Aguas Calientes an, einer Art Auffangstation für Touristen, voll von Hotels und Restaurants sowie den üblichen Souvenirständen. Wir beschließen, am nächsten Morgen nach Machu Picchu aufzusteigen, da frühmorgens die Wahrscheinlichkeit am größten ist, die Landschaft ohne Nebel und Regen genießen zu können. Eine weitere sexlose Nacht folgt, in der wir uns ausmalen, wie wir auf 1000 Meter Höhe endlich übereinander herfallen werden. Vorfreude ist die schönste Freude, denke ich und übe mich in Geduld. Am nächsten Morgen müssen wir zu einer unchristlichen Zeit raus. Mechanisch schlüpfen wir in unsere Funktionsklamotten und machen uns dann auf den Weg. Entlang des Urubamba-Flusses gelangt man zu einer Brücke, überquert diese und steht schließlich vor einem großen Schild, welches diesen Ort als Weltkulturerbe ausweist. Läuft man weiter, steht man vor der Entscheidung, die etwa 400 Höhenmeter über eine steile Treppe oder über die Serpentinenstraße zu erklimmen. Wir nehmen die Treppe, und als wir oben sind, geht gerade die Sonne auf. Die ersten Sonnenstrahlen blitzen hinter den Gipfeln der Anden hervor und erhellen immer mehr von der Stadt und nach und nach auch die Täler. Von einem Felsen aus genießen wir den erhabenen Blick. Es gefällt mir, dass der Belgier nicht den Moment totquatscht, sondern einfach meine Hand nimmt, während das

Spiel des Lichts und der Farben die Ruinen und Täler um uns herum verzaubert. Schnell füllt sich das Gelände nun mit Touristen, sodass die eindrucksvolle Stimmung bald vorbei ist. Auch wir klettern jetzt durch die Ruinen. Das Kuriose ist, dass die alte Stadt Machu Picchu erst im 15. Jahrhundert erbaut worden ist, rund 100 Jahre vor der Eroberung und Vernichtung durch die Spanier. Man nimmt an, dass die Stadt etwa 1000 Menschen beherbergt hat. Warum der damalige Inkaführer anordnete, hier oben eine Stadt zu errichten, ist unbekannt. Forscher glauben, dass es sich um eine königlich-religiöse Zufluchtsstätte gehandelt haben könnte. Zur Zeit der spanischen Eroberung war die Anlage bereits verlassen und in Vergessenheit geraten. Heute gehört sie, wie gesagt, zu den sieben Weltwundern und ist ein begehrtes Ziel internationaler Traveller, die allem Anschein nach hier oben ihre Sitten und Gebräuche ausleben. Denn Schilder mahnen: keine Nacktfotos, kein Sex, nichts wegwerfen – man kann sich also vorstellen, was sich hier oben alles abspielt.

Nach einigen Stunden Kultur, Aussicht und Höhensonne ist es Zeit für den Abstieg. Die unzähligen Stufen sind äußerst belastend für die Knie. Am Ende eines langen Tages gelangen wir schließlich zurück nach Aguas Calientes und erholen uns in den namensgebenden heißen Quellen. Am nächsten Tag unternehmen wir eine Tour durch das Urubamba-Tal. Pisac, eine kleine Stadt am Fluss, ist umgeben von Terrassenfeldern, und da gerade Markttag ist, kommen wir in den Genuss eines der farbenprächtigsten Märkte Perus.

Unsere sexuelle Enthaltsamkeit quält uns zunehmend, daher nehmen wir den nächsten Flug nach Lima. Ich sitze am Fenster, Michel in der Mitte, links von ihm eine rassige Südamerikanerin. Als wir ins Gespräch kommen, stellt sich heraus, dass sie Brasilianerin ist. Michel ist hin und gleich nach unserer Landung auch weg, und zwar mit der Brasilianerin. Meine ganze Vorfreude war also umsonst. Nun denn, ich wünsche den beiden, dass sie nie zusammen ins Hochland reisen, und tröste mich mit dem Gedanken, dass mein nächstes Reiseziel bestimmt auch für mich eine erotische Überraschung bereithält. Denn Argentinien ist nicht nur die Heimat der Gauchos und von Evita Perón, sondern auch des Tangos. Und der ist bekanntlich der vertikale Ausdruck eines horizontalen Verlangens.

Argentinien. Sado, Maso, Tango

Wer, von Europa kommend, in Buenos Aires landet und um die 16 Flugstunden hinter sich gebracht hat, mag zunächst enttäuscht sein. Denn Buenos Aires sieht auf den ersten Blick aus wie Paris und entbehrt damit möglicherweise einer gewissen Exotik, die der Europäer erwartet. Für mich, die ich bereits verschiedene Stationen in Südamerika hinter mir habe, ist es aber ein bisschen wie heimkommen. Ich fühle mich wunderbar im sagenumwobenen Argentinien. Fleecepulli und Wanderschuhe werden erst mal weggepackt. Hier ist Weihnachten und Hochsommer bei 28 Grad. Ich kann die Wohnung eines Freundes eines Freundes meines Freundes Basil nutzen, der zurzeit in Paris studiert. Kaum habe ich mich frisch gemacht, zieht es mich zu einer Erkundungstour durch die Metropole.

Da ich beschlossen habe, dass die Zeit der Funktionstreter vorübergehend vorbei ist, betrete ich als Erstes einen Laden für Tanzschuhe. Zwar habe ich nicht vor, zur Tangokönigin zu werden, aber was auf der Tanzfläche recht ist, ist für die Straßen von Buenos Aires billig. Daher erwerbe ich ein Paar Riemchensandalen, die mich fortan durch die Stadt tragen. Vor rund 100 Jahren war Buenos Aires eine der reichsten Städte der Welt. Die Bürger konnten sich Trottoirs aus Marmor leisten, die Häuser, die damals gebaut wurden, sind von atemberaubender Schönheit und strahlen das Flair von Paris zu Zeiten der Belle Époque aus. Die Avenida Alvear ist eine Prachtmeile, in der die Architektur des 19. Jahrhunderts alles zeigt, was sie zu bieten hatte: Stuck, Balkone, Art déco, Jugendstil. Dann gibt es das knallbunte Hafenviertel San Telmo, wo die Arbeiter und Fischer zu Hause waren. Hier ist auch die Geburtsstätte des Tangos. Er wurde ursprünglich von den Hafenarbeitern paarweise unter Männern getanzt. Später kamen die ersten Prostituierten und übernahmen den weiblichen Part. Der Tango kam daraufhin in Paris in Mode und verbreitete sich von dort in der ganzen Welt. Heute ist Tango in dieser Gegend die Haupttouristenattraktion und wird in bestimmten Cafés den ganzen Tag getanzt. Ich schlendere durch die Gässchen von San Telmo und biege dann wieder in den neueren Teil der Stadt. Mir begegnen massenhaft schöne, schwarzhaarige Menschen, die Argentinier sind sich ihres Aussehens sehr bewusst, allerdings wird dies nicht mit dem aufreizenden Sex-Appeal wie in Brasilien zur Schau getragen. Hier überwiegt ein cooler Style, man sieht, dass sich Argentinien mehr an Europa orientiert als die nördlicheren Länder Südamerikas.

Natürlich hat Argentinien noch weit mehr zu bieten als den Tango. Es ist auch das Land der ungezügelten Fleischeslust. Dabei ist ausnahmsweise nicht die Rede von Bikinischönheiten am Strand, sondern von Fleisch auf Grills, die niemals kalt werden. Rindfleisch ist das Grundnahrungsmittel der Einheimischen. Jedes zweite Lokal ist ein sogenannter Asado, wo das Fleisch am Spieß gebraten wird. Offenbar herrscht das ganze Jahr über Grillsaison. Kein Wunder, denn in der Pampa, den endlosen Grasebenen in der Mitte des Landes, wird das Originalrindersteak ja schließlich gezüchtet.

Nachmittags bin ich mit Miguel verabredet, einem Freund meines Vermieters. Vermutlich macht man sich in der schwulen Szene Sorgen, ich könnte untergehen, denn er wurde beauftragt, sich meiner anzunehmen. Wir treffen uns im bekannten »Café Tortoni«, das in den Zwanzigerjahren berühmte Schriftsteller und Philosophen gerne aufsuchten. Mit der typischen Holzvertäfelung und den vielen Spiegeln wirkt es elegant und gemütlich.

Miguel hat wie der typische hippe Argentinier schwarze, kurze Locken und sieht umwerfend gut aus. Warum gehen eigentlich die besten Männer an die Gay-Szene verloren? Er ist Soziologe, hat sich viel mit seiner Gesellschaft beschäftigt und kann mir alle Fragen zu diesem Land beantworten. »Wir sind eine krisengeschüttelte Nation«, erklärt er. »Wir fühlen uns als Europäer, aber wenn wir nach Spanien kommen, sind wir wieder die unterentwickelten Latinos. Bis vor fünf Jahren galt Argentinien als eines der reichsten Länder Amerikas, dann kam die Krise, jetzt ist unser Geld nichts mehr wert. Das drückt das Selbstwertgefühl, insbesondere der Männer.« Ich erwidere, dass mir die Männer hier so gar nicht wie Machos vorkommen. Er stimmt zu. »Die Männer in Buenos Aires tendieren eher in Richtung metrosexuell im Stil von David Beckham. Aber in den anderen Städten und auf dem Land dominiert der Gaucho als Inbegriff der Männlichkeit. Da gilt das Ideal des freien Mannes, der sein eigener Herr ist, nur er, die Kühe und sein Pferd.«

Als ich mich nach der Freizügigkeit in Argentinien erkundige, erwidert Miguel: »Das Leben wirkt auf den ersten Blick sehr modern und aufgeklärt, aber hinter den Kulissen sind wir sehr konservativ und verklemmt. Sex vor der Ehe etwa ist nach wie vor nicht selbstverständlich. Aber wenn Paare zusammen sind, kommt es durchaus vor, dass sie zusammenleben wie Europäer.« Die Prostitution ist wohl etwas sehr Selbstverständliches und daher auch verbreitet. Bei Junggesellenabschieden etwa wird meist eine Prostituierte angeheuert, die von allen anwesenden Herren genutzt wird.

Nachdem ich viel Interessantes von Miguel erfahren habe, verlassen wir das Café und schlendern noch ein bisschen durch die Straßen. Eigentlich möchte er mich noch groß ausführen, da aber der Jetlag zuschlägt, gehe ich lieber nach Hause. Er begleitet mich zu meiner Wohnung, dann verabreden wir uns für den kommenden Abend und verabschieden uns mit Küsschen.

Am nächsten Morgen schlafe ich erst einmal aus, dann wird es auch schon Zeit zu starten, denn ich habe tatsächlich einen Tangokurs gebucht. Ich bin sehr gespannt, vielleicht kann ich Miguel heute Abend ja mit meinem neu erworbenen Wissen überraschen. In der Escuela de Danzas erwartet mich bereits mein Lehrer, ein typischer Buenos-Aires-Ken mit Haartolle und Brilli in der Augenbraue, der mir ungefähr bis zur Brust reicht. Von Tanzveranstaltungen weiß ich, dass es sich beim argentinischen Tango im Wesentlichen um üppiges Ausschreiten handelt. Und was ich auch schon verstanden habe: Es wird erwartet, dass sich die Frau komplett in die Hände des Mannes begibt, der sie dann irgendwie über den Boden steuert. Und dass Frau einfach den Kopf ausschalten soll. Insofern erklärt mir mein Lehrer nichts Neues.

Nach einem kurzen Theorieteil macht er die Musik an, sodass lang gezogene Bandoneon-Klänge ertönen. George Bernard Shaw bezeichnete einst den Tango als den vertikalen Ausdruck eines horizontalen Verlangens. Für mich ist Tango ein getanzter Seufzer. Pure Melancholie. Ich versuche, das zu machen, was mein Lehrer sagt, und er lenkt mich mit all der Erfahrung, die er mit störrischen Europäerinnen zu haben scheint. Zunächst lobt er mich für mein Feuer, dann gibt er mir jedoch zu verstehen, dass ich immer übers Ziel hinausschieße. »Du willst zu schnell zu viel«, tadelt er. Am liebsten würde ich nachhaken, was daran so falsch sein soll, doch um längere Belehrungen zu vermeiden, verzichte ich darauf. Ich habe nun mal ein gutes Gefühl für die Musik und mache immer selbstständig Schritte, wenn ich das für richtig halte. Die Geduld meines Lehrers wird offenbar auf eine harte Probe gestellt, wie ich an seiner Körperspannung erkenne. Das Ganze artet schließlich in eine Art Zweikampf um die Vorherrschaft aus. In der Tat ist mir der Tango auch eine Spur zu melancholisch. Ich bin bekennende Anhängerin des temperamentvollen Salsa. Tango ist mir zu lahm und auch zu eng. Ich habe das Gefühl, jeden Zentimeter und jeden Muskel meines Tanzlehrers zu kennen. Mehr, als mir lieb ist. Zu viel ist einfach zu viel, vielleicht bin ich auch noch traumatisiert von meinem Tanzflächensex in Brasilien. So versuche ich immer, ihn auf Abstand zu halten, während er ebendiesen überwinden möchte.

Entschlossen zieht er die Stunde durch, scheint nach Ende der Unterweisung jedoch enorm erleichtert. Er tritt einen Schritt zurück und steht mir mit hängenden Armen gegenüber. Sein Blick verrät mir, dass er in mir einen hoffnungslosen Fall sieht. Zum Abschied gibt er mir allerdings noch ermutigende Worte à la »Übung macht den Meister« mit. Nachdem ich die Tanzschule erhobenen Hauptes verlassen habe, bummele ich noch etwas durch die Stadt, gehe dann zurück ins Appartement, um mich für das Treffen mit Miguel frisch zu machen. Zieh dich warm an, hatte er gestern gesagt. Damit meinte er sicher, ich solle mich auf eine lange Nacht vorbereiten. Offensichtlich ist Buenos Aires die Stadt, die niemals schläft, und hat New York diesbezüglich abgelöst.

Zunächst führt er mich in ein Asado, wo Kellner von allen Seiten an unseren Tisch kommen und immer wieder neue Haufen Fleisch auf meinen Teller schnibbeln. Es schmeckt köstlich, aber ich habe das Gefühl, die Menge mit literweise Cola hinunterspülen zu müssen, damit mein Körper überhaupt damit fertig wird. Rotwein gibt's zudem auch noch dazu. Nach einem Kilo Fleisch und etlichen Litern argentinischem Rotwein habe ich genau die richtige Schwere, um mich von Miguel im Tangotakt über die Tanzfläche schleppen zu lassen. »Ey, du hast echt was gelernt«, lobt er mich, ohne zu ahnen, dass jeglicher Widerstand lediglich durch die entsprechende Bettschwere gebrochen ist. Nach zwei Tänzen möchte ich mich gerne verabschieden, doch das lässt mein Begleiter nicht zu. Stattdessen führt er mich in ein In-Viertel, in dem keine Touri-Tango-Romantik herrscht, sondern diverse Nachtbars auf uns warten. Ich frage mich, woher ich die Energie dazu nehmen soll, doch Miguel weiß Abhilfe und ordert einen der hippen Drinks mit Mate. Mate ist der Tee der Gauchos mit der Wirkung von starkem Kaffee. Eigentlich wird er aus einer runden Kalebasse mit stählernem Strohhalm getrunken. In den Bars gibt es Mate auf Eis, mit Wodka, Rum oder Martini. Ich schlürfe meine Drinks und komme tatsächlich in Tanzlaune.

Also suchen wir einen der angesagten House-Clubs auf. Eigentlich habe ich erwartet, dass er mich in einen Schwulenclub schleppt, aber der Club ist voller wunderschöner Frauen mit langen Haaren und langen Beinen. Die Argentinier sind wirklich ein begnadetes Volk. Wir trinken weiter, tanzen, fassen uns dabei an, ganz unbekümmert. Wir wechseln noch zweimal den Club, irgendwann schreit mir Miguel etwas ins Ohr, ich verstehe »Tielo« und schreie »Ja«, obwohl ich keine Ahnung habe, was er meint.

Wir setzen uns in ein Taxi, das uns nicht weit fährt und vor einem Etablissement hält, das aussieht wie eine weitere Bar. Ich deute an, dass ich in Stimmung bin, nach Hause zu gehen, doch Miguel meint nur: »Das ist viel besser.« Nachdem wir das Gebäude betreten haben, empfängt uns eine nette Dame und zeigt uns verschiedene Zimmer: Zebralook, Romantiklook, SM-Look. »Welches Zimmer möchtest du?«, haucht er mir in den Nacken. Ich finde diese Geste ganz bezaubernd. Man geht aus, und statt die Dame nach Hause laufen zu lassen, spendiert man ihr eine Nacht in einem netten Hotel. Schwuler Lifestyle ist doch durch nichts zu übertreffen. Ich deute auf den SM-Raum und schaue mich nach dem Eintreten erst einmal etwas genauer um. Handschellen hängen von der Decke, Peitschen an den Wänden. Mein Gott, die Welt des SM ist wirklich international. Die Verständigung ist ja auch ganz einfach, lass nur die Peitsche sprechen. Der Raum hat sogar ein Badezimmer mit Dusche und allem Drum und Dran. Auch hier ist alles in Dornhäschenoptik gehalten.

Doch leider bin ich zu müde, um die Einrichtung wirklich schätzen zu können. Ich lasse mich gleich aufs lederbezogene Bett fallen, rufe: »Danke für diese tolle Nacht!« und klappe die Augen zu. Ich bin sofort weg. Die Änderung der Zeitzone in Verbindung mit den Mate-Mix-Getränken waren einfach zu viel. Oder doch nicht? Ich wache davon auf, dass Miguel versucht, mich wach zu küssen. Huch, denke ich und blicke auf die Handschellen, die am Bett angebracht sind und mit denen meine Hände gefesselt sind. Miguel, der Schwule, liegt auf mir. Was kann er nur wollen? Mich an andere meistbietend verschachern? Vielleicht hat er mich schon auf dem argentinischen eBay eingestellt. Attraktive Blonde, jetzt zu haben. Zehn Pesos fürs Tatschen, 20 fürs Ficken oder so ähnlich, mit den landesüblichen Preisen kenne ich mich nicht aus, habe nur ungefähr von den Steakpreisen hochgerechnet. Ich beginne zu schwitzen. Im Grunde kenne ich diesen Typen ja gar nicht. Und ich finde es überhaupt nicht lustig, gefesselt mit einem Wildfremden in einem Zimmer zu liegen, dessen sexuelle Orientierung ich offenbar nicht einmal wirklich kenne, denn der Mann ist inzwischen aufgestanden und ist dabei, sich auszuziehen. Jetzt steht er vor mir, nackt und hart, wie Gott ihn geschaffen hat.

»Was willst du?«, stöhne ich.

»Komm schon, tu doch nicht so«, erwidert er und nähert sich.

»Ich denke, du bist schwul?«, rufe ich.

Nun habe ich ihn wirklich überrascht, denn er fragt mich verblüfft: »Wer hat dir denn den Scheiß erzählt?«

»Niemand, ich dachte, weil du ein Freund von Hernan bist, meinem Zimmervermieter.«

Miguel bläst spöttisch die Luft aus. »Hernan ist mein Freund, aber ich bin keine Schwuchtel«, sagt er und deutet zum Beweis auf sein Gottesteilchen. Und das spricht in aller Härte die heterosexuelle Wahrheit.

Dann klettert er aufs Bett. »Komm, du willst es doch auch. Den ganzen Abend schon.« Daran merkt man doch wieder mal, dass Männer und Frauen sich gerne missverstehen.

Ich begreife, dass es sinnlos ist, weiter zu diskutieren. Wenn ein Mann erst mal davon überzeugt ist, dass eine Frau ihn will, dann bringt ihn so schnell nichts von dieser Meinung ab. Und tatsächlich macht er sich über mich her. »Dann binde mich wenigstens los!«, rufe ich und zerre an den Handschellen. Wieder ist sein Gesicht von Erstaunen gezeichnet. »Ich denke, ihr steht da drauf, ihr Deutschen?« In diesem Moment verfluche ich Rammstein und Co., die mit ihren Videos nicht unwesentlich dazu beigetragen haben, dass deutsche Frauen in der Welt als heiße Leder-und-Ketten-Kandidatinnen gelten, die gern die Gerte spüren. »Weit gefehlt«, belehre ich ihn eines Besseren und bitte ihn erneut, mich loszubinden, was er auch gleich macht. Ich reibe meine Handgelenke und stöhne. Er entschuldigt sich und liefert mir endlich die Erklärung, wo wir uns eigentlich befinden.

Die sogenannten Tielos sind Stundenhotels für Paare. In einer Stadt, in der eigene Wohnungen nicht an der Tagesordnung sind, haben junge Paare wenig Möglichkeiten, intim zu werden. Die Lösung für dieses Problem sind diese Art von Hotels, die nicht nur Zuflucht, sondern auch Abwechslung vom Alltag bieten. Mit verschiedenen Themenräumen. Ich, die dies für schnöde Deko hielt, habe mich also als SM-Braut bei Miguel geoutet und er wollte nichts Weiteres, als mich zufrieden zu machen, wie er erklärt.

»Das kannst du, mein Lieber«, sage ich und wälze mich auf ihn. Dabei packe ich seine Hände und ziehe sie sanft über seinen Kopf. Ruck, zuck gelingt es mir, ihn mit den am Kopfende befestigten Handschellen zu fesseln. Auch die Fußknöchel fixiere ich am Fußende des Bettes mit Handschellen. Nun ist er ganz in meiner Hand. Ich beschließe daher, ihm eine kleine Retourkutsche zu verabreichen, stehe auf und suche mir von den Accessoires, die an der Wand hängen, in aller Ruhe etwas aus. Mit Lederkorsett und Ledermaske verwandle ich mich im Nu in die German Domina, vor der ihn seine Eltern immer gewarnt haben. Ich nehme eine der Gerten von der Wand. Sie ist schön biegsam und hat vorne einen kleinen Puschel. Damit kitzele ich ihn an den Eiern. Sosehr er sich windet und tut, als bekäme ihm das Ganze nicht, sein Schwanz straft sein Gejammer Lügen. Zur Strafe peitsche ich ihm auf die Oberschenkel. »Nicht so fest, ich habe morgen Basketballtraining«, stöhnt er. »Dann wirst du morgen eben mit langen Hosen zum Training gehen müssen«, entgegne ich verächtlich. Und mit wenigen sausenden Schlägen arbeite ich mich zu Bauch und Brust vor. Ich bin jetzt so richtig in Fahrt, die Mate-Mixes lassen mein Blut kochen.

Da weckt eine Lederklatsche meine Aufmerksamkeit, mit der ich ihm gern den knackigen Hintern versohlen würde, doch dafür müsste ich ihn losbinden. Also zwinge ich ihn, den Hintern so anzuheben, dass ich ihm von unten ein paar Schläge verabreichen kann. Das macht jedoch keinen richtigen Spaß, also streichele ich ihn ein wenig mit der Klatsche, wodurch er ganz rammdösig wird. Er bettelt und fleht, aber diesmal um Erleichterung. Ich lasse ihn ganz lieb bitten, in fünf Sprachen, und verspreche ihm schließlich die teuflischste Erlösung, die ein Mann erleben kann. Ich knie mich über ihn und beginne ihn zu blasen. Erst flach, dann Deep Throat, sie wissen schon, die Technik gegen den Würgereflex. Dann sehe ich zu ihm hoch. »Ich brauche einen Dildo.« Die Erkenntnis tropft langsam in sein Gehirn, und als sie angekommen ist, verzieht sich sein Gesicht angstvoll. »Nein, auf keinen Fall, das habe ich noch nie gemacht«, bettelt er. Doch ich bleibe hart. »Die Zeit ist reif für deine Entjungferung, wir werden ja sehen, ob du nicht doch ein kleines bisschen schwul bist«, kichere ich und durchsuche die Schubladen. Doch so weit ist man wohl noch nicht, auch nicht im versautesten argentinischen Liebeshotel. Also muss ich zu anderen Maßnahmen greifen. Ich stülpe genussvoll ein Kondom über Zeige- und Mittelfinger, während er mich mit angstvollem Blick beobachtet. »Keine Sorge«, beruhige ich ihn sanft, »du wirst es genießen.« Langsam und mit Gleitgel, das ich in der Schublade finde, arbeite ich mich vor, wobei ich ihn weiter blase. Das entspannt ihn. Vorsichtig ertaste ich die Prostata und gebe ihr kleine Impulse. Ich muss Ihnen jetzt hoffentlich nicht erklären, dass das einen Mann absolut wild macht? Probieren Sie es aus, es lohnt sich. Er scheint es selbst nicht zu fassen, doch er spritzt und spritzt. Fast ist es mir ein wenig peinlich, der adretten Zimmerwirtin so eine Sauerei an Sperma zu hinterlassen. Danach sinkt er glücklich in die Kissen und bedankt sich. Nun bin ich mir sicher, dass ich ihn losbinden kann, ohne dass er sich auf mich stürzt. Und ich kann tatsächlich sagen, dass ich einen Mann entjungfert habe. Oder habe ich doch sein schwules Ich geweckt?

Habe ich wohl nicht, denn in den folgenden Tagen bombardiert er mich mit Anrufen. Selbst als ich ihm klarmache, dass ich nicht gedenke, das Ganze zu wiederholen, bettelt er weiter. Er möchte sich revanchieren, sagt, er sei noch nie so glücklich gewesen und wolle mich heiraten. Ich aber will lieber Tango tanzen. Bei unserer nächsten Verabredung bringt mich Miguel daher in eines der traditionellen Tangocafés abseits der Touristenströme. Wir betreten die Tanzfläche. Ich weiß nicht genau, was dann passiert, aber plötzlich habe ich den Dreh raus. Ich passe mich zwar den Schritten meines Partners an, stachele ihn jedoch durch mein Feuer weiter an, alles zu geben. Andere Tänzer werden nun auf mich aufmerksam, und ich wandere durch die Hände der besten Tänzer, alle sind gefangen von meinem Stil. Meine Erklärung dafür? Ficke einen Argentinier, dann klappt's auch mit dem Tango.

Glücklich und ermüdet verlassen wir schließlich die Tangobar. Eigentlich möchte ich geradewegs nach Hause, aber Miguel überredet mich zu einem kleinen Abstecher. Mit dem Satz

»Glaub mir, so was hast du noch nicht erlebt« gelingt es ihm, meine Neugier zu wecken. Wieder ein unauffälliges Café an einer unauffälligen Ecke. Wir betreten es und werden von einer freundlichen Dame empfangen. Sie führt uns einen Gang entlang, es ist wirklich stockduster. Mit einer Taschenlampe weist sie uns den Weg zu einem freien Tisch. Das hier ist jedoch kein Kino, sondern ein Café Obscuro, wie mich mein Begleiter aufklärt. Auch dies ist wieder ein heimlicher Pärchentreff, allerdings nicht mit so viel Aufwand verbunden wie ein Hotel. In dem abgedunkelten Café schluckt angemessen laute Musik alle unliebsamen Geräusche. Man kann die Anwesenheit anderer Paare nur erahnen. Wir bestellen Getränke und nähern uns im Dunkeln wieder an. Die Öffentlichkeit einerseits und die Privatheit der absoluten Dunkelheit macht mich über alle Maßen an. Nur für eine Sekunde überlege ich, ob jemand uns mit einer Nachtkamera beobachten könnte. Und wenn, denke ich dann und streife meine Kleidung ab. Miguel ebenso. Ich setze mich rittlings auf seinen Schoß und reite ihn wie ein Gaucho. Einem imaginären Sonnenuntergang und einem gigantischen Höhepunkt entgegen. So durfte ich doch noch echte Leidenschaft auf dem Kontinent der Leidenschaft erleben. Bis dato hatte ich nämlich den Eindruck gewonnen, dass Latinos zwar leidenschaftlich sind, aber besser auf der Tanzfläche zu gebrauchen als im Bett. Argentinien hat mich gelehrt, dass sich beides zumindest die Waage halten kann.

New York. Sex in the City

Meine nächste Station ist New York, die Stadt, die wie keine andere die Menschen inspiriert hat. Die aber andererseits für die weltweit größte Effizienz und Zielstrebigkeit steht. Bereits im Flugzeug sind die Menschen eine ganze Spur hektischer und zielorientierter, als ich das in den letzten vier Monaten erlebt habe. Niemand verbringt viel Zeit auf der Toilette. Niemand steht blöde im Gang herum und redet. Jeder tut das, was er tun muss, schnell und effizient und sitzt dann wieder auf seinem Platz, um entweder einen Film zu sehen, Musik zu hören oder am Computer zu arbeiten. Keiner scheint hier auch nur eine Minute zu verschwenden. Ich als Teilzeitaussteigerin fühle mich dabei etwas deplatziert. Zum Glück sieht man mir meinen Status nicht an. Erst am Gepäckband, als ich meinen Rucksack auf erniedrigende Weise vom Band zerre, wird der Standesunterschied klar. Ich nehme ein Taxi nach Midtown, wo sich mein Hotel befindet. *New York, New York, big city of dreams*, geht es mir durch den Kopf. Die Straßen draußen sind voller Schneematsch, in den Vorstädten von Manhattan kann man sich gar nicht vorstellen, warum New York die Traumstadt vieler ist. Manhattan und der *Stadtneurotiker, Sex and the City, King of Queens, Mad Men*, die Stadt lebt mehr von dem Mythos, den Madonna und Woody Allen geschaffen haben. Mir erschließt sich dieser Mythos nicht. Es ist die ideale Metropole fürs Business, aber zum Leben? Einfach nicht das Richtige. Vielleicht tatsächlich in den 1980ern, als es für das Entstehen eines Trends noch notwendig war, dass möglichst viele Menschen aus Mode, Musik und Kunst auf engstem Raum zusammenhockten. Inzwischen kann man sich zu jedem Zeitpunkt aus allen Ecken der Welt inspirieren lassen und sich dazu an einem wesentlich angenehmeren Ort aufhalten als auf einer kleinen Halbinsel, die vollgepfropft ist mit Menschen, die nichts anderes wollen als Erfolg haben und Kohle machen.

Mich erwartet in New York mal wieder ein Date der besonderen Art. Bereits in Argentinien habe ich über Blendr Daniel kennengelernt, einen Verleger aus New York, der willig war, mich zu treffen. Mein Hotel in der Lexington Avenue ist überraschend gut für den Preis. Etwas klein, vor allem das Bett ist recht schmal und eignet sich keinesfalls für eine rauschende Liebesnacht. Das Blöde ist, dass ich die Verabredung schon getroffen habe, bevor ich mit Miguel zusammen war. Jetzt aber steckt mir das Feuer des Südamerikaners noch in den Knochen und ich frage mich, ob es nicht ein Fehler war, sich direkt im Anschluss einen lauwarmen Amerikaner zu gönnen. Aber neugierig bin ich trotzdem.

Nachdem ich im Hotel eingecheckt habe, unternehme ich wieder meinen obligatorischen Stadtbummel. Erneut werde ich von der Hektik und der Menschenfülle überwältigt. Auch die Geräuschkulisse ist beängstigend: ein Gemisch aus Sirenen, Hupen, Verkehrslärm und Menschen, die niemals aufhören zu telefonieren.

Ich bummele durchs berühmte Kaufhaus Barneys und arbeite mich schließlich vor bis zum Times Square. Hier herrscht der typische Feierabendbetrieb mit Staus auf den Straßen und so vielen Menschen auf dem Gehsteig, dass ich mich fühle wie ein Pinball in einer Flippermaschine, der von einer Ecke in die andere gekickt wird. Da mein Blick ständig von den beweglichen Lichtreklamen angezogen wird, mit denen die Häuserfassaden übersät sind, stoße ich immer wieder an die mir entgegenhastenden Menschen. Als mir nach einer Weile kalt wird, setze ich mich in eines der Deli-Restaurants und bestelle ein Eiweißomelett und einen Salat mit fettfreier Soße, nur um zu probieren, wie das schmeckt. Dann schreibe ich Daniel, dass ich in der Stadt bin und wir uns am Abend treffen können. Das Essen ist grauenhaft, ich schütte noch einen Kaffee mit fettfreier Milch hinterher und gehe wieder nach draußen. Der Bus bringt mich nach Greenwich Village, hier ist die Stadt etwas heimeliger als in den *business parts*. Nachdem ich mir bei Donna Karan etwas zum Anziehen gekauft habe, setze ich mich in eine Bar. Dort komme ich sofort ins Gespräch mit den anderen Gästen. Hey, ist es hier einfacher, jemanden in einer Bar aufzureißen als im Internet? Ein Blick auf mein Handy zeigt, dass Daniel sich immer noch nicht gemeldet hat. Blödmann. Also unterhalte ich mich weiter mit meinen neuen Bekannten, Gary und Dave, und habe schon eine Einladung zum Essen und für ein Stück am Broadway am selben Abend. Kurz nachdem ich zugesagt habe, meldet sich Daniel. Also vertröste ich ihn auf den nächsten Abend. Bin für heute leider schon vergeben, sorry. Als ich schnell an einem Kiosk nebenan Zigaretten kaufen will, werde ich gefragt, ob ich schon 18 bin. Gut gelaunt zeige ich meinen Ausweis. »Oh, that's a compliment«, sagt ein mittelalter Kerl, der zwei Schritte hinter mir steht. Schön, endlich etwas vom unverwechselbaren New Yorker Charme mitzubekommen, denke ich und gehe zurück in die Bar. Gary und Dave entpuppen sich als vorbildliche Gentlemen, leider auch etwas langweilig und berechenbar. Der Amerikaner an sich ist unheimlich standardisiert und vorhersehbar in seinen Ansichten und seinem Verhalten. Das macht es angenehm, wenn man mit Wildfremden unterwegs ist. Ich werde auf alles eingeladen, nach Hause gebracht und an der Tür höflich verabschiedet, ohne Druck. Die Hoffnung auf ein zweites Date liegt in der Luft, daher vertröste ich die beiden mit einem Anruf.

Der nächste Tag gehört dem Museum of Modern Art. Ich bin überwältigt von dem Angebot an moderner europäischer Kunst. Kaum zu glauben, dass man den Atlantik überqueren muss, um so viel europäische Werke auf einem Fleck zu sehen. Der Vormittag gehört Picasso, Mondrian und Toulouse-Lautrec, nach einer Pause geht's weiter zu Gauguin und Matisse.

Nachmittags esse ich wieder im Deli, das den Vorteil hat, dass man sich da auch problemlos reinsetzen kann, wenn man allein unterwegs ist. Nach einem Abstecher zur Wall Street ist es Zeit, ins Hotel zu gehen und mich für mein Date umzuziehen. Dabei überlege ich, wie weit es heute wohl kommen wird. Ein Sexdate wird kaum warten wollen bis zum offiziellen dritten Treffen, an dem es in den USA üblicherweise zu Intimitäten kommt. Andererseits bin ich von Miguel noch so erfüllt, dass ich mir gar nicht vorstellen kann, mich schon wieder auf jemand Neues einzulassen. Ich bin mit Daniel in einer dieser Early-Drink-Bars verabredet. Inzwischen ist es in New York ja üblich, den Abend zweimal zu vergeben. Für frühe Drinks mit Geschäftsfreunden oder Leuten, denen man nicht seinen ganzen Abend opfern möchte, und dann später für ein Dinner. Leute, die lieber früher essen, können auch ein Early Dinner ausmachen, sind dann für Late Drinks noch zu haben. Erwähnte ich bereits die Effizienz der New Yorker?

Ich persönlich glaube ja, dass dieses System speziell für Blind Dates entwickelt wurde. Man trifft sich früh und angeblich auf die Schnelle, um dann entscheiden zu können, ob man den Abend miteinander verbringen möchte. Im Notfall hat man dann eben noch etwas Dringendes vor.

Pünktlich sitze ich an der Theke in einer Bar und warte. Erinnerungen an das schreckliche Warten im »Pacha-Hotel« werden wach. Ich befürchte, ein zweites Mal versetzt zu werden, nur fühlt es sich jenseits des Atlantiks irgendwie noch bitterer an.

15 Minuten nach der verabredeten Zeit erscheint mein Begleiter jedoch. Schon als er zur Tür hereinkommt, weiß ich, dass er es ist, denn er trägt den unverkennbaren Look der amerikanischen Intellektuellen: herausgewachsene Kurzhaarfrisur, Cordanzug, handgenähte Schuhe. Alles an ihm wirkt hochwertig und stilvoll. *Woody Allen goes luxurious*. Und er sieht verdammt gut aus. Ich weiß sofort, dass ich ihn näher kennenlernen will.

Die Zeit vergeht wie im Flug, anscheinend habe auch ich mich für ein spätes Dinner qualifiziert, denn Daniel lädt mich ein zu »Smith & Wollinsky«, wo wir zweifingerdicke Steaks und Kartoffelbrei bestellen. Er freut sich über meinen europäischen Appetit und merkt an, dass die New Yorkerin nach 17 Uhr nur noch Salatblätter zu sich nehme.

Dann fragt er mich, welche Vorlieben ich hätte. Nach wenigen Rückfragen wird klar, dass er dabei nicht das Essen oder Autoren meint, sondern in medias res geht sozusagen. Der Grund, warum wir hier sind, ist schließlich Sex. Und da wird es bei mir immer etwas schwierig. Einfacher hat es derjenige, der zum Beispiel eindeutig auf SM steht. Er sagt einfach, ich stehe auf Wachs, Peitsche, Spanking oder Strom, da weiß das Gegenüber schon, an welcher Schraube es zu drehen hat. Auch wer einen bestimmten Fetisch hat wie Mittelalter, nackt, Nylons oder

Rollenspiele ist gut dran. Schlecht dran ist, wer, so wie ich, einfach auf Sex steht. Der – abseits jeder Regieanweisung – nur gut ist, wenn sich der andere genauso spontan auf etwas einlassen kann und intuitiv vorgeht. Wie man sich unschwer vorstellen kann, trifft dies auf einen unter 20 Liebhabern zu.

»Ich bin eher für Freestyle«, starte ich einen Versuch. Daniel, der sein Essen akribisch anordnet, bevor er es isst – das Steak links und der Kartoffelbrei rechts –, fragt mich, was ich darunter verstehe. Ungefähr das Gegenteil von dem, was du da auf deinem Teller gerade veranstaltest, denke ich, spreche es aber nicht aus. Auf dem Tisch stehen Ketchup und Steaksoße auf der rechten Seite. Ich greife danach und stelle sie dann bewusst an eine andere Stelle. Sofort positioniert Daniel sie wieder nach seinen Vorstellungen. »Warum machst du das?«, frage ich. »Was?«, erwidert er und schaut mich über den Teller hinweg an. Ich deute auf die Flaschen. »Oh das«, sagt er, »es schmeckt einfach besser, wenn alles an seinem Platz ist.« Mir war bisher zwar nicht bekannt, dass Ketchup seinen Geschmack mit der Windrichtung ändert, aber ich bohre nicht weiter nach. Beobachte nur, wie er erst ein Stück vom Steak abschneidet, es in die Soße tunkt, dann mit Püree bestreicht und schließlich isst. Bei jedem Bissen macht er das genau so.

»Also, ich mag die Frau total rasiert und gewachst«, übernimmt er die Führung. »Außerdem mag ich Stockings, aber ohne Spitze. Auch Strings und BHs ohne Spitze.«

»Farbe?«, frage ich und überlege, dass das, was in meinem Gepäck noch am ehesten an Reizwäsche herankommt, mein Badeanzug ist. Hallo, ich bin auf Weltreise, was glaubt der Typ, was man da einpackt?

»Rot oder schwarz«, antwortet er. »Grün, pink, lila geht gar nicht.«

»Warum?«, frage ich.

»Sieht madamig aus«, antwortet er.

»Was ist mit Netz?«, fahre ich fort und überlege allen Ernstes, ob ich vielleicht mein Moskitonetz umfunktionieren könnte.

»Wenn es nicht so groß und vulgär ist, dann ja.« Ich sage nun nichts mehr.

»Warum bist du so still?«, fragt er, nachdem er das Steak verputzt hat.

»Ich habe nichts zu sagen ... und nichts zu tragen«, antworte ich zögernd und erkläre ihm das Dilemma des Rucksacks. Bei der Entscheidung »schön oder praktisch«, plädiert der Rucksackreisende eindeutig für praktisch, denn alles andere geht zu schnell kaputt.

»No problem«, beruhigt mich der Amerikaner. »Agent Provocateur ist gleich um die Ecke.« Und hat noch offen, wie wir feststellen. Nachdem ich Daniel die abgefahrensten Korsagen vorgeführt habe und er Blicke hinter den Vorhang werfen durfte, erwirbt er als Dank für mich eines der edlen Teile. Aber nur unter einer Bedingung. »Und die wäre?«, forsche ich nach, während ich mich wieder anziehe. »Du gehst mit mir morgen in ein Hotel. Und bist mir zu Willen.« Ich zögere, überlege, ob ein 1800-Dollar-Fummel das wert ist, und entscheide mich dann eindeutig für Ja. So schlimm kann einer schließlich nicht sein, der die Ketchupflasche immer rechts stehen hat. Und der darauf achtet, dass die Serviette stets unter dem Glas liegt, wie ich feststelle, als wir anschließend in einer Late-Drinks-Bar noch einen Whiskey Sour trinken. Ich frage mich zwar, wie bei all der Ordnung noch erotische Stimmung aufkommen soll, aber das ist nicht meine Sorge. Morgen wird er der Boss sein.

Zum Abschied küssen wir uns und wenigstens das ist vielversprechend. Sauber, aber dennoch mit Leidenschaft. Es gibt ja nichts Schlimmeres als Männer, die sich beim Küssen in eine sabbernde Bulldogge verwandeln und Frau das aufsaugende Küchentuch spielen lassen. Ich lade ihn nicht ein, mit in mein Hotelzimmer zu kommen. Denn erstens würde das seinen Feng-Shui-Ansprüchen mit Sicherheit nicht genügen, und zweitens möchte ich mir den Reiz der Erwartung für morgen nicht verderben. In Sachen Sex ist Vorfreude schließlich die schönste Freude.

Am nächsten Tag mache ich einen Ausflug in den Central Park, der mir zunächst lächerlich klein vorkommt, in dem ich mich dann aber sogar verlaufe. Erschöpft komme ich zurück ins Hotel, erledige dort noch die nötige Hygiene, werfe mich in mein sexy Geschirr und warte auf Daniel, der auch zur bestellten Zeit eintrifft. Wir fahren zu besagtem Hotel, das auch tatsächlich wie ein Hotel wirkt, zumindest wenn man hineinkommt und an der Rezeption ein Zimmer mietet. Doch als wir in die entsprechende Etage gehen, muss ich feststellen, dass es unterschiedliche Interpretationen von Hotel gibt. Denn dies ist offensichtlich ein als Hotel getarnter Swingerclub. Nobel, ohne Frage. An den Gängen befinden sich zum Teil einzelne Zimmer, zum Teil sind mehrere Zimmer zu einem großen Raum verbunden, der als Party- oder Fickraum genutzt wird. Das Licht ist so abgedunkelt, dass man die Paare, die sich auf den samtenen Betten räkeln, nur erahnen kann. Am ehesten lässt sich das Hotel mit dem Berliner »Kit Kat Club« vergleichen und Daniel erklärt mir, dass dies auch so eine Art Außenplattform des weltberühmten Clubs ist. Wir stoßen auf eine Bar, an der einige sexy Miezen warten. Sie sind entweder entlaufene Schaufensterpuppen in der Kollektion von Agent Provocateur oder

Escort-Girls. Jede frönt einem bestimmten Motto. Da ist Irma la Douce im rosa Babydoll mit Federboa, die Politesse mit Hut und Knüppel, die Lackfee mit Katzenmaske und nadeldünnen Heels, die nackte Sklavin mit Lendenschurz und Kette um den Fuß. Man kauft die Frau quasi mit dem Outfit und wahrscheinlich auch mit dem entsprechenden Programm. Offenbar kommen hier nicht nur Paare her, sondern auch Männer auf der Suche nach Abwechslung. Für die Girls ist das kein Risiko. Sie können hier ganz unverbindlich Männer kennenlernen. Gezahlt wird dann diskret im Zimmer. Eine gute Einrichtung, denn Prostitution ist in den USA schließlich verboten.

Wir gehen weiter den Gang entlang, an manchen Türen hängen die für Hotels typischen Zimmerschilder. Nur dass darauf nicht »Do not disturb« steht, sondern »Do disturb«, hier können also Paare Besuch empfangen. Ich frage Daniel, ob wir eines dieser Zimmer betreten wollen, doch er möchte zunächst unser Zimmer aufsuchen. Es ist ein schöner Raum, eingerichtet im Stil des Boudoirs der Marie Antoinette. Eine Tür führt in ein kleines Bad, eine andere in einen Wellnessbereich, den wir mit anderen Paaren teilen. Ein Paar amüsiert sich gerade mit einer der Schönen von der Bar im sprudelnden Wasser. Ich schließe die Tür vorerst und bin gespannt, was Daniel wohl vorhat. Wird er Besucher einladen, es mit mir zu treiben, wird er mich den Horden im Partyraum überlassen?

Wir ziehen uns aus und um, Daniel trägt eine verstörende Gummihose mit Austritt für den Penis, was diesen wie einen absurden Rüssel aussehen lässt. Ich bemühe mich darum, ernst zu bleiben. »Reiß dich zusammen«, ermahne ich mich. »Der Kerl hat ein Vermögen in dich investiert.«

Und bald beginnt er, für dieses Vermögen die Gegenleistung einzutreiben. »Leg dich aufs Bett«, lautet sein erster Befehl.

Er ordnet genau an, wie weit ich die Beine spreizen und welche Haltung ich einnehmen soll. Als er sich mir nähert, darf ich ihn nicht ansehen. Dann dringt er von hinten in mich ein. Danach muss ich mich rittlings auf ihn setzen, allerdings mit dem Rücken zu seinem Gesicht. Ich habe noch nie so langweiligen, seelenlosen Sex erlebt. Man kann sich noch nicht mal ekeln oder lustig machen. Der Sex ist auf eine unheimliche Art und Weise perfekt einstudiert und absolut aseptisch.

Der Kuss, den wir gestern hatten, war da noch intimer, aber auch diesen will er nicht wiederholen. Nachdem er endlich abgespritzt hat (ich muss dafür über ihm hocken, sodass er genau überprüfen kann, wie viel Sperma aus ihm austritt und wo es hinläuft), will er weitermachen mit seinem perversen Stellungskrieg. Doch ich weigere mich. Ich bin an einem absolut sexy Ort in einem absolut sexy Fummel und fühle mich so unerotisch wie bei einer Kaffeefahrt. Unmissverständlich mache ich ihm klar, dass ich nicht fortfahren, sondern gehen will. »Aber ich habe für sechs Stunden bezahlt«, mault er. Das sei gegen die Abmachung. Was glaubt er eigentlich, was ich bin? Eine weibliche Flasche Ketchup, die er nach Belieben hin- und herrücken kann? Ich habe auf jeden Fall genug und stehe auf, um mich anzuziehen. »Zieh das Teil aus, aber vorsichtig, damit es nicht kaputtgeht«, fordert er und steht ebenfalls auf. »Dann kann ich es zurückgeben.« Ich leiste seinem Wunsch Folge und bin nur froh, dass ich nicht diejenige bin, die die Verkäuferin davon überzeugen muss, dass das Ding ungetragen ist. Aber vermutlich haben die Amis auch Sprays, die einen Stoff im Nu wie neu aussehen lassen. Also überlasse ich ihm das Ding, ziehe mich an und verlasse den Ort des Geschehens. Mein Begleiter will wohl noch bleiben, um die restlichen fünfeinhalb Stunden mit einer der Ladys von der Bar zu verbringen. Warum nicht gleich so, frage ich mich, dann hätte er sich den Fummel doch sparen können. Denn den gibt's bei den Ladys schon inklusive. Genau wie das gewünschte Programm.

Ich entschwinde aus dem ominösen Hotel und mache mich auf den Weg zu meiner ganz reellen Unterkunft. Dort wartet zu meiner Überraschung Gary auf mich, einer meiner Begleiter von vorgestern. Da er vergeblich versucht hat, mich zu erreichen, hat er die Belagerungstaktik gewählt und einen Posten in der Bar gegenüber bezogen. In New York überlässt man nichts dem Zufall.

Aber ich bin überhaupt nicht in Stimmung, weder für Anschlusssex, da das Sperma meines vorigen Lovers noch an mir klebt, noch für einen Drink, von dem mein Gegenüber glaubt, dass ich ihm einen schulde. »Warum schulde ich dir etwas, wenn du wartest, obwohl wir nicht verabredet sind?«, frage ich und werfe dem Portier hilfesuchende Blicke zu. Der gibt Gary schließlich zu verstehen, dass er, wenn er sich nicht umgehend entfernt, die Polizei rufen wird, und greift drohend zum Telefonhörer. Daraufhin schickt Gary sich mit erhobenen Händen an zu gehen und wirft mir einen weidwunden Blick zu. Er tut mir herzlich leid, ich hoffe nur, dass er vor meinem Fenster keinen Radau macht. Endlich kann ich auf mein Zimmer und schlafen.

Am nächsten Morgen buche ich die Weiterreise nach Moskau. New York ist mir einfach zu fordernd. Meinen letzten Tag hier nutze ich für einen Ausflug nach Ellis Island und von dort nach Brooklyn und Queens, um das Viertel meines geschätzten Helden aus *King of Queens* zu begutachten. Und dann heißt es: Bye, bye, New York.

Moskau. Wie angelt man sich einen Milliardär?

In der Hauptstadt des russischen Reiches werde ich diesmal von einer Frau empfangen. Katherina ist Russin und eine ehemalige Kollegin von mir, die Deutschland mittlerweile verlassen hat und sich ihre Marketingkenntnisse nun in ihrer Heimat versilbern lässt. Da ich kurz auf sie warten muss, habe ich die Gelegenheit, den Moskauer Flughafen in Augenschein zu nehmen. Hier ist der Kapitalismus noch nicht angekommen. An den niedrigen Decken hängen jede Menge Kabel und die aus dünnen Platten provisorisch errichteten Wände sind marode. Irgendwann höre ich das Knallen lauter Absätze. Katherina kommt herbeistolziert. Sie trägt einen schmalen Trenchcoat, atemberaubende High Heels und eine Rose. Mit meinem Rucksack und meinem Fleecepulli komme ich mir neben ihr vor wie ein Trampel. »In Deutschland bist du aber anders herumgelaufen«, stellt sie auch gleich fest, nachdem wir uns begrüßt haben.

»Du aber auch«, bewundere ich ihren Look.

»Tja«, entgegnet sie, »hier in Russland sind wir Frauen eben Frauen.«

»Und was bin dann ich, ein Mann?«, frage ich mit gespielter Kränkung.

»Ach was«, lacht sie, »eine Weltreisende!«

Während wir durch den Flughafen laufen, erzähle ich ihr von meinen Erlebnissen. Sie ist äußerst angetan, vor allem von der Geschichte mit dem Amerikaner. »Wir kommen ja auch nicht klar mit den Amerikanern«, kommentiert sie. »Russen und Amerikaner sind einfach grundverschieden.«

»Wie meinst du das?«, frage ich.

Sie wirft mir einen bedeutungsvollen Blick zu. »Die duschen morgens. Wir Russen duschen abends. Da ist immer einer dreckig. Wie soll das zusammengehen?«

Noch nie wurde mir ein kultureller Unterschied so einleuchtend erklärt. Draußen steigen wir in eine Limousine, deren Fahrer man durch die getönte Scheibe nicht sieht. Dennoch nehme ich an, dass es einen gibt, denn der Wagen startet, sobald die Tür geschlossen ist. Katherina scheint es blendend zu gehen, sie trägt kein Kleidungsstück, das nicht von einer bekannten Marke stammt: Dolce & Gabbana, Armani, Louis Vuitton, Valentino, alle auf ihrem Körper vereint. Und für alle gut sichtbar. Speziell für Russland, so erfahre ich später, drucken die Designer ihr Label in Großbuchstaben auf die Brust, den Rücken, den Kragen, den Schuh. Denn Russland ist nicht das Land der Bescheidenheit, hier wird geklotzt. Wer im russischen Markt erfolgreich ein Produkt platzieren will, muss vor allem eines sein: teuer. Es wirkt, als hätten die Russen während des Kommunismus fleißig Geld auf die Seite gelegt, das sie jetzt nach Herzenslust ausgeben können. In Wirklichkeit haben sich ein paar clevere Oligarchen die Rohstoffe zur Seite gelegt und sind zu unermesslichem Reichtum gelangt. Und Katherina scheint eine von ihnen zu sein. Sie bewohnt ein Appartement in einem dieser typischen Moskauer Blocks, riesige, wuchtige Gebäude, die üppig mit Türmchen und Schnörkeln verziert sind – der Zuckerbäckerstil, den Stalin liebte und jedem Bauwerk verordnete. Die Flure auf den Gängen sind mit dickem Teppich ausgelegt und mit Holz verkleidet, die Türen sind mit Leder gepolstert, als wolle man alles Harte und Kalte aussperren. Von der Wohnung aus hat man einen wunderschönen Blick über das tiefgefrorene Moskau.

Wir trinken erst einmal ein Begrüßungs-Krim-Sektchen, wie ich meine, bis Katherina nachschenkt und ich an dem orangefarbenen Etikett feststelle, dass es sich um Champagner handelt. Wie sich herausstellt, hat meine Gastgeberin meinen Aufenthalt in Moskau komplett durchgetaktet. Jeden Abend eine Party, ein Besuch im Theater oder in einem Club. Eine kleine Feier hat sie bereits für den heutigen Abend arrangiert. Weil ihr Küchenmädchen gerade die Speisen dafür in der Küche vorbereitet, gehen wir etwas essen. In einem Burger-Restaurant, der Burger zu 30 Dollar das Stück. Mir bleibt die Spucke weg. Und das soll nicht das letzte Mal sein. Moskau zählt zu den teuersten Städten dieser Erde.

Abends erscheint ein bunt gemischtes Völkchen zur Party: Künstler, Designer, Banker. Alle haben nach der Öffnung des Eisernen Vorhangs das Land verlassen, irgendwo in der Welt studiert und erste Berufserfahrungen gesammelt. Nun sind sie zurückgekehrt und lassen sich ihre Kenntnisse vergolden. Denn in Russland herrscht wahrhaft Goldgräberstimmung. Jene, die im Land geblieben sind und sich die Bodenschätze unter den Nagel gerissen haben, bestreiten ihr Leben als Oligarchen mit unermesslichem Reichtum. Moskau, so sagt man, hat weltweit die höchste Dichte an Milliardären unter 30 Jahren. Das Geld gibt diese Elite gern im eigenen Land für jede Art von Luxus aus. Olga, eine Innenarchitektin mit goldblonden Haaren bis zur Hüfte, gestaltet ausschließlich Villen von Oligarchen. Auf dem Dach eines Bungalows hat sie einen Beachclub eingerichtet, so erzählt sie. Der Sand wurde eigens aus der Karibik eingeflogen. Da es in Moskau höchstens zwei Wochen im Jahr gibt, in denen man einen offenen Club nutzen kann, wurde dieser komplett verglast. Während ihre aufregend rot geschminkten Lippen an ihrem Glas nippen, erzählt sie von goldenen Rennbahnen für Spielzeugautos und kleinen Ställen für die Ponys in den Kinderzimmern und einem Fitnessstudio für eine Dogge. »Gregorij dahinten«, erklärt sie und deutet auf einen attraktiven Blonden, der sich gerade angeregt mit einem Dunkelhaarigen unterhält, »ist unsere Eintrittskarte für die Clubs. Er hat die besten Discos und Clubs in Moskau gestaltet. Wenn du irgendwo rein möchtest, wende dich an ihn.«

Ich trete zu der kleinen Gruppe und stelle mich vor. Gregorij gibt mir die Hand. »Kommt doch übermorgen ins ›Propaganda‹, ich lade euch ein«, schlägt er vor. »Und jetzt trink einen Schluck mit uns, unser Freund«, er deutet auf sein Gegenüber, »ist gerade Vater geworden.« Ich gratuliere.

»Und Vater einer anderen Tochter auch«, fügt Katherina mit einem Grinsen hinzu, als sie sich zu uns gesellt. Ich hebe anerkennend das Glas. Es war mir ja bereits bekannt, dass man in Russland nicht kleckert, sondern klotzt.

»Ach, übrigens, das ist Agniezca«, stellt sie mich einer Schönheit mit langen schwarzen Haaren vor. »Sie gibt Flirtkurse. Du solltest einen buchen, um dir einen Milliardär zu angeln.« Das lasse ich mir nicht zweimal sagen und melde mich daher umgehend für den nächsten Kurs an, der auf Englisch stattfindet. Für Russinnen, die sich einen reichen Ausländer angeln wollen. »Aber funktionieren die Tricks, die du ihnen beibringst, auch bei russischen Männern?«, frage ich sie. Schließlich habe ich es nicht auf in Moskau lebende Expats abgesehen. Sie lächelt vielsagend. »Diese Tricks sind universell.«

Akademie des Privatlebens, so nennt sich ihre Schule, die Kurse für alle Lebenslagen anbietet. »In Moskau gibt es Tausende solcher Schulen«, meint sie.

»Warum das denn?«, erwidere ich verwundert.

»Wir russischen Frauen überlassen nichts dem Zufall. Es gibt im Land einen enormen Überschuss an attraktiven Frauen. Aber die Männer sind knapp. Gute Männer, die zum Unterhalt taugen, noch mehr.«

»Wie kommt das?«

Sie macht eine Geste mit der Hand und erklärt mir dann: »Schnaps. Und der Sozialismus. Der hat den Ehrgeiz der Männer zerstört. Die Frauen können es sich nicht leisten, nur herumzulungern, sie bekommen ja die Kinder. Doch einen Versorger in Russland zu finden ist fast unmöglich. Da kannst du dir ja vorstellen, dass ein Mann mit Geld, der einigermaßen aussieht, die Auswahl unter den schönsten Frauen hat. Viele reiche Männer haben daher gleich mehrere.«

»Und das geht gut?«, wundere ich mich.

Sie zuckt mit den Schultern. »Solange er für alle aufkommen kann, ja.«

Nun reicht sie mir ein Heftchen mit ihrem Kursangebot, das das gesamte Spektrum des Werbens und Umgarnens umfasst: Wie man einen reichen Mann gewinnt und an sich bindet. Kurse für die perfekte Verführung, für besseren Oralsex. Es gibt sogar Fitnesskurse, um den Vaginalmuskel zu trainieren. Gut, den brauche ich eher nicht.

»Man redet hier nicht viel über Sex«, fährt die Trainerin fort, die mich grinsen sieht. »Wir haben hier nur sehr vulgäre Worte, um über Sex zu reden. In einem gehobenen Kontext werden daher lateinische Worte verwendet.« Ich stelle es mir allerdings nicht gerade verführerisch vor, im Duktus der Gallischen Kriege über Sex zu sprechen ...

Es ist ein wundervoller Abend, ich kenne jetzt viele Leute, die sich in der nächsten Zeit um mich kümmern werden. Langweilen werde ich mich in Moskau garantiert nicht.

Am nächsten Tag unternehmen Katherina und ich eine Sightseeingtour. Zuerst fahren wir zum Kreml, vor dessen Zwiebeltürmchen sich das ganze Jahr über die Hochzeitspaare ablichten lassen. Auch wir machen Fotos auf dem Roten Platz und besuchen das Leninmausoleum mit dem Glockenturm von Iwan dem Großen. Lange halten wir es draußen in der Kälte nicht aus, von November bis März sind die Straßen der Stadt bedeckt von festgefahrenem Schnee, der sich auf den Autos unermüdlich als dreckige Schmutzschicht niederlässt. Nur vereinzelt fahren polierte SUVs mit verdunkelten Scheiben durch die Straßen und geben dem Spaziergänger zu erkennen, dass sich hinter dem Fenster unermesslicher Reichtum verbirgt.

Wir steigen hinab in die Untergrundbahn, hier ist es warm. Und man bekommt einen Einblick in die unermessliche Armut Russlands. Babutschkas, alte Frauen, sitzen hier unten auf den Bänken und auf dem Boden. Sie sind in mehrere Schichten Decken oder Zeitung gewickelt. Katherina erzählt mir, dass sie oft ihre Tage hier verbringen, weil geheizt ist im Gegensatz zu ihren Wohnungen. Es ist tragisch, im Grunde sind diese Frauen die Verliererinnen der Geschichte. Sie haben den Aufbau des Sozialismus erlebt, der bereits von vielen Entbehrungen begleitet war. Jetzt nach der Wende bekommen sie nichts außer einer kleinen Rente.

Katherina bringt mich zu verschiedenen U-Bahn-Stationen, um mir ihre unnachahmliche Pracht zu zeigen. Da die U-

Bahn nicht die erste der Welt sein konnte, wollte Stalin zumindest die prächtigste bauen. Jede Station wurde daher von bekannten Architekten der damaligen Zeit geplant und sollte wie ein Palast mit Edelsteinen, Marmor, Mosaiken, Skulpturen und Kronleuchtern ausgestattet sein. Stalin nannte sie die »Paläste des Volkes«. Und tatsächlich sind sie äußerst beeindruckend: Ein Bahnsteig ist gestaltet wie ein Wiener Ballsaal, der nächste komplett in Art déco, dann wieder Jugendstil … Ich bemerke dabei, dass ich allein gar nicht fahren könnte, denn ich bin nicht in der Lage, auch nur einen der Namen zu entziffern. Man kann sich ganz schön verloren fühlen so allein in Russland.

Nach unserer U-Bahn-Erkundung verlassen wir den Untergrund und laufen ein paar Straßen weiter. Es ist 16 Uhr und bereits dunkel. Wir betreten eine kneipenähnliche Bar, rustikal in Holz gehalten, in der die Stimmung brodelt. Es handelt sich um die Weihnachtsfeier einer Sprachschule, die eine Freundin von Katherina leitet. Musik dröhnt aus den Lautsprechern, überall wird getanzt, und an langen Stangen räkeln sich Tänzerinnen in String und Nikolausmütze. Nachdem wir uns an einen der freien Tische gesetzt haben, bekommen wir einen Korb voller Pelmeni, Teigtaschen, gereicht und dazu gläserweise Wodka. Ich protestiere, doch Katherina beruhigt mich. »Hier wird man nicht betrunken vom Wodka, wegen der Kälte.« Nun denn, denke ich und kippe 100 Gramm herunter. Sieht so aus, als wäre Moskau nicht nur der Ort, an dem ich nie allein bin, sondern auch niemals nüchtern. Denn natürlich spüre ich den Alkohol. Als ich aufs Klo muss, stapfe ich steifbeinig den Gang entlang. Plötzlich werde ich gepackt und auf die Bühne gehievt. Erst begreife ich nicht, doch die einladenden Bewegungen einer der Tänzerinnen machen mir schließlich klar, dass ich eine Tanznummer an der Stange hinlegen soll. Auch das ist vermutlich ein Brauch. Unten stehen die Leute und klatschen mir aufmunternd zu. Selbstverständlich lasse ich mich nicht lange bitten und tanze, was das Zeug hält, die Stange gibt mir in meinem besoffenen Zustand Halt. Plötzlich steht Katherina neben mir und holt mich von der Bühne. »Lass mal, Schätzchen«, lächelt sie. Den Rest des Abends verlasse ich meinen Platz nicht mehr. Wahrscheinlich funktioniert der Trick mit dem »Nicht betrunken werden« nur bei Russen. Ich bin heilfroh, als die Limousine uns abholt und nach Hause bringt.

Am nächsten Tag muss ich früh raus wegen meines Flirtkurses. Doch ich fühle mich überraschend wohl und muss dem Wodka ein Lob aussprechen: Er macht zwar mörderbesoffen, aber keinen Kater. Wenn ich eine vergleichbare Menge Wein verputzt hätte, könnte ich den Unterricht sicherlich streichen. So aber komme ich gut aus dem Bett und warte zwei Stunden später aufnahmebereit vor der Schule. Neben mir steht eine Gruppe hoffnungsfroher Russinnen, ausnahmslos alle halb so alt wie ich. Selbst die Kursleiterin könnte meine Tochter sein. Alles an Nadja, wie sie sich vorstellt, nachdem wir den Raum betreten haben und unsere Plätze auf den kreisförmig aufgestellten Stühlen eingenommen haben, wirkt gepflegt und parfümiert. Gut, dass die Lehrerin nicht die Freundin Katherinas ist, denke ich, da laufe ich nicht Gefahr, mich zu blamieren. Ich schaue mich noch mal um, ohne die dicken Mäntel zeigt sich ganz besonders: Die Konkurrenz ist hellwach. Ich entdecke viel künstliches Blond, Plastiknägel, Plastikhaare, Plastikbrüste, in diesem Raum sitzen Damen, die Tausende von Dollars in die Bleaching- und Plastikindustrie investiert haben. Auch die Schmuck- und Schminkeindustrie verdient an diesen

Frauen offensichtlich reichlich. Die russische Frau mag allem Anschein nach gerne von allem zu viel.

Die Kursleiterin beginnt nun ihren Vortrag darüber, wie man einen Mann verführt – und behält. Der Kurs ist auf Frauen ausgerichtet, die ausländische Männer erobern möchten. Denn der Russe, auch der reiche, neigt erfahrungsgemäß zur Untreue, Maßlosigkeit und Grobheit. Daher ist der ausländische Mann ein begehrtes Zielobjekt. Zunächst bekommen wir Grundlagen vermittelt: wie man sich sexy, devot und feminin gibt. »Die Frau muss vier Rollen spielen: Freundin, Geliebte, Mondäne, Hausfrau.« Du lieber Himmel. Ich bin schon mit der Zweiteilung Madonna und Hure überfordert. Wie soll ich da vier Rollen managen? Ich schreibe mit. Die Hausfrau kocht und hält das Haus in Ordnung. Sie verlangt vom Mann keine Hilfe im Haushalt. Wenn er gestresst von der Arbeit kommt, ist sie seine beste Freundin, voller Liebe und Bewunderung. Ist ihm nach Ausgehen oder Besuch, gibt sie die mondäne Begleiterin oder die Gastgeberin, um die ihn andere Männer beneiden. »Geben Sie Einblick ins Dekolleté, aber zeigen Sie nicht zu viel. Tragen Sie ausschließlich Stöckelschuhe. Verführung ist Manipulation. Wer verführt, leidet weniger. Die Frau aktiviert ihre sexuelle Energie, um sie dem Mann zu geben, damit er diese in Geld umwandeln kann.« So lautet die einfache und einleuchtende Formel.

Und im Bett schließlich, na ja, das kennen wir ja. Im Aufbaukurs werden Methoden und Techniken diesbezüglich vermittelt, ich vermute, dass da auch das Vaginaltraining ins Spiel kommt.

Dann folgt der praktische Teil. Gehen in High Heels, was alle bereits sehr gut können außer mir. Ich fürchte schon, es nie zu lernen, und buche in Gedanken bereits einen Kurs bei

Jorge, der Mutter aller Laufstegtrainer. Doch Übung macht wie immer die Meisterin und nach ein paar Versuchen bewege auch ich mich schon ganz ordentlich.

Nächster Fall: Ich bin in einer Bar und entdecke einen interessanten Mann. Ich errege seine Aufmerksamkeit durch Werfen der Haare und nicht zu direkte Blicke. Trinken immer mit Strohhalm, denn mit dem kann man spielen, um seine Fantasie anzuregen. Kommt man ins Gespräch, ist darauf zu achten, ob der Mann der Wahl eher extrovertiert oder introvertiert ist. Der Extrovertierte redet gerne, ihm hört man zu, zeigt ihm seine Bewunderung. Den Introvertierten holt man eher aus der Reserve, indem man sentimentale Fragen stellt. Fragen nach seiner ersten Liebe und so weiter. Wenn er sich an die erinnert, kann man diese Liebe auf sich selbst übertragen, so lerne ich.

Hat man ihn dann an der Angel, kommt der nächste schwierige Schritt. Die erste gemeinsame Nacht will gut dosiert sein. Sie soll einen Vorgeschmack darauf geben, was noch kommen kann. »Zeigen Sie ihm, dass Sie sinnlich sein können, aber sagen Sie, Sie seien noch nicht bereit für Sex«, so die Leiterin. »Wenn Sie die Nacht mit ihm verbringen, stehen Sie eine Viertelstunde vor ihm auf, damit Sie ihn herausgeputzt und mit frischem Atem empfangen können.« Dabei erweist sich, dass offenbar 80 Prozent der russischen Ehemänner ihre Frauen noch nie ungeschminkt gesehen haben. Und es aller Wahrscheinlichkeit nach auch nicht wollen. Puh, mir wird ganz heiß. Ich wedele mir mit den Kursunterlagen Luft zu. Die Liste mit Regeln, wie man es nicht machen soll, geht bei mir ins Bodenlose. Wie konnte es eigentlich sein, dass ich überhaupt je einen Mann gefunden habe, der bereit war, 15 Jahre mit mir zu verbringen? Ohne High Heels und ohne Schminke. Nun weiß ich endlich, warum unsere Ehe gescheitert ist.

Am Nachmittag ist der Kurs vorbei und ich fühle mich sexy, devot und anpassungsfähig. Mein erster Weg führt in die schicke Einkaufspassage, die ich auf dem Herweg entdeckt habe und in der ich mich erst einmal russengerecht ausstatte: High Heels und Hosen, die das Bein schmaler erscheinen lassen. Dann lasse ich mir die Haare machen, will heißen blondieren, gönne mir ein professionelles Make-up und kaufe entsprechende Unterwäsche. Als Katherina mich sieht, kommt sie aus dem Staunen nicht mehr heraus. »Damit kriegen wir dich in jeden Club, aber kaum wieder hinaus«, lacht sie.

Abends gehen wir wieder aus. Zunächst führt mich Katherina in ein Sushi-Restaurant. Eigentlich mag ich kein Sushi, denn für jedes Kilo Sushi wird ein Kubikmeter Meereswelt zerstört. Und das wegen kalten Fisches, der immer gleich schmeckt. Doch ich muss mein Urteil revidieren, denn das Sushi in diesem Restaurant ist unvergleichlich gut. Mit Kaviar und dem frischesten Fisch, den ich je gegessen habe. Wir sitzen zu zweit am Tisch, der Rest des Restaurants ist gut besetzt, denn es handelt sich um eines der angesagtesten Restaurants Moskaus. Atemberaubend schöne Frauen mit langen, flachsartigen Haaren und diamantbesetzten Handys in der Hand, Männer im Anzug, vor sich auf dem Tisch das Handy, auf dem sie pausenlos herumtippen. Eine gedeckte Geräuschkulisse, sodass man einen Mann, der am anderen Ende des Raumes telefoniert, laut heraushört. Ich werfe ihm einen bösen Blick zu. Mittelalt, braune Haare, Anzug, vor sich auf dem Tisch drei Handys, eines am Ohr. »Flegel, so laut zu sprechen«, beschwere ich mich bei Katherina. »Der redet mit uns«, erklärt diese mit einem Grinsen, »er ist hingerissen von dir.

Erschüttert von deiner Schönheit«, übersetzt sie. Ich schaue sie erstaunt an. »Du machst Witze.« Sie schüttelt den Kopf. Skeptisch schaue ich zum anderen Tisch. Ist das die neue Form der Anmache? So tun, als telefoniere man, und gleichzeitig Kontakt zur Angebeteten aufnehmen? Vielleicht hatte er auch eine Art Flirtberatung in Anspruch genommen. Und was würde meine Flirtberaterin mir jetzt raten?

Auch wenn ich zugeben muss, dass er verdammt gut aussieht, ist mir die Angelegenheit furchtbar peinlich. Ich bemerke, wie die anderen Gäste uns verstohlene Blicke zuwerfen. In Deutschland wäre das unvorstellbar: Ich halte mir im Café das Handy ans Ohr und rufe gleichzeitig dem süßen Typen am Nebentisch zu, dass er mir gefällt. Nach wie vor halte ich das Ganze eher für einen schlechten Scherz. Bestimmt will sich meine Freundin nur über mich lustig machen. Wir essen weiter, unterhalten uns. Dann steht der Typ auf und geht. Als wir die Rechnung ordern, bringt uns der Kellner zwei Gläser Champagner. »Der Herr, der an diesem Tisch saß, hat das übernommen.« Er nickt in Richtung des leeren Platzes, an dem zuvor mein Telefonjoker saß. Nun glaubt Katherina, dass das ein Scherz sei. Sie fragt, ob der Herr eine Karte hinterlassen habe. Der Kellner verneint. Kopfschüttelnd trinken wir unsere Gläser aus und verlassen das Restaurant. Beide halten wir Ausschau nach dem Verehrer, doch kein protziger SUV wartet auf uns. »Also, mir ist ja schon viel passiert«, wundert sich Katherina, »aber das ist selbst mir neu.« Also steigen wir in Katherinas Limousine und fahren in den Club, in dem wir mit Freunden verabredet sind. Und ich erlebe einen Kulturschock.

Laut einem Schlager aus den 1970er-Jahren ist Russland ein schönes Land, in dem man die Gläser an die Wand wirft, in dem Liebe schmeckt wie Kaviar und Mädchen zum Küssen da sind. Besungen wurde selbstverständlich das vorrevolutionäre Zarenrussland, nicht die Sowjetunion. Jetzt, 20 Jahre nach Ende des kommunistischen Regimes, herrschen in Moskau wieder Verhältnisse, die in etwa dem beschriebenen Song entsprechen. Draußen auf Moskaus Straßen herrschen eisige Kälte und Finsternis, hier drinnen ein Rausch an Farben, Lichtern und Glitzer. Wir befinden uns in einem riesigen Saal mit mindestens sechs Meter hohen Decken, die im Da-Vinci-Stil bemalt sind. Von den Decken hängen Kristallleuchter. Am Rand sind Terrassen angelegt mit Sitzgruppen aus Ledersofas. In der Mitte befindet sich eine Tanzfläche aus purem Gold. Zumindest sieht es so aus. Auf einigen der Terrassen räkeln sich die unvermeidlichen Tabledancerinnen. Allerdings sind diese züchtiger gekleidet als die vielen Mädchen auf der Tanzfläche. Katherinas Freunde sind schon da und winken uns an den Tisch. Eine muntere Runde aus Lebenskünstlern, die meisten kenne ich schon von der Party.

Der Tisch biegt sich fast unter der Last der Flaschen. Offenbar hat der französische Champagner heute den russischen Wodka ausgestochen. Ich schaue mich um. Überall stehen, gehen und tanzen die sprichwörtlichen wunderschönen russischen Frauen. Am Nachbartisch teilen sich vier Mädchen eine Flasche Wasser, deren Preis vermutlich ihren Jahreslohn übersteigt. Andere, die bereits einen Sponsor gefunden haben, tanzen ausgelassen vor ihren Begleitern und geben sich redliche Mühe, sie mit dem zu unterhalten, was der liebe Gott oder die Schönheitsindustrie ihnen mitgegeben hat.

Ich sehe atemberaubende Kleider, die eigentlich nur einen Zweck haben: die Mädchen möglichst nackt aussehen zu lassen. Der wenige Stoff ist von Glitzer überzogen und es scheint, als würde eine falsche Bewegung ausreichen, um alles freizulegen. Russland ist das Land mit der höchsten Milliardärsdichte und aus dem ganzen Land rücken die schönsten Mädchen an, um sich ein Stück vom Kuchen zu holen. In Russland stecken Geld und Sex unter einer Decke.

Ich stelle fest, dass Russland nicht nur das Land des ausschweifenden Genusses ist, sondern auch der diamantbesetzten Handys. Keines der Telefone, die all die Frauen benutzen, ist ungeschmückt. Neben mir sitzt ein Amerikaner, der in Moskau arbeitet. Auf meine Frage, wie es ihm hier gefalle, reagiert er genervt. »Die pure Dekadenz. Schau dir das an hier.« Er deutet auf ein Mädchen an einem der Nachbartische, das sich wie eine Tabledancerin auf seinen Begleiter herunterbeugt. Das Gesicht des Amerikaners drückt eine Mischung von Ekel und Neid aus. »Wie Kuba in den 50ern«, sagt er. Ich muss ihm zustimmen, eine gewisse Übereinstimmung besteht. Warum ist es weltweit nur so, dass Erotik mit einem dicken Bankkonto einfach besser funktioniert?

Plötzlich sehe ich ihn. Er sitzt an der Bar, ich begegne seinem Blick und schaue gleich wieder weg. Mein Herz klopft bis zum Hals. »Was ist los?«, fragt Katherina, die bemerkt hat, dass mit mir etwas nicht stimmt. »Der Typ aus dem Restaurant«, erwidere ich und nicke unmerklich in Richtung Bar. Sie saugt an ihrem Strohhalm, dann raunt sie mir zu: »Nichts wie hin.« Von wegen, denke ich, ich laufe dem Kerl doch nicht nach. Zumal nichts darauf hindeutet, dass er uns wiedererkennt. Ich beschließe also, ihn nicht weiter zu beachten. Schließlich haben wir auch hier am Tisch genug Spaß. Wir trinken, lachen, und ich gebe mir Mühe, besonders ausgelassen zu sein.

Irgendwann stürzen wir uns auf die Tanzfläche. Ich fühle mich federleicht und sexy. Wie viel ich getrunken habe, weiß ich nicht mehr, ich weiß nur, dass auf jedes Glas Champagner ein Glas Wodka kam. So ungefähr. Als ich später von der Toilette zurückkomme, stelle ich fest, dass der Telefonmann immer noch an der Bar sitzt. Er schaut mich intensiv an, macht aber keinerlei Anstalten, zu grüßen oder mir entgegenzukommen. Wie magisch angezogen, gehe ich geradewegs auf ihn zu und frage auf Englisch: »Wie hast du mich gefunden?« Der Russe winkt über die Schulter und meint: »What you drink?« Aus der Nähe betrachtet, sieht er noch viel besser aus als aus der Ferne. Er besitzt die typische blasse Gesichtsfarbe vieler Russen, leichte Augenringe, fast hohle Wangen und unglaublich stechende grüne Augen. Er kann es sich wahrlich leisten, die Frauen über alle Tische hinweg zu rekrutieren. Ich nehme ein Wasser. Gleichzeitig nähert sich ein bulliger, glatzköpfiger Typ, der auf Schulterhöhe des Schönen stehen bleibt. Ich bekomme Herzklopfen. Ist das sein Bodyguard, der mich gleich entführt? Der Russe sagt etwas auf Russisch zu ihm, daraufhin wendet sich der Glatzkopf an mich. »Ich bin Übersetzer. Du bist deutsch?« Ich nicke überrascht. Vermutlich hat der Russe einen Übersetzer für alle Nationen, die er so anmacht. »Wir sind heute Abend durch alle Clubs gezogen, um dich zu suchen. Weil er«, er deutet auf den Schönen, »dich finden wollte.« »Aha«, stelle ich fest. »In wie vielen wart ihr denn?« Ich spiele mit meinem Strohhalm, wie es mir die Flirttrainerin beigebracht hat.

»Das ist der dritte«, antwortet der Glatzkopf, während ich mich frage, wie das weitergehen soll. Sollte es zum Äußersten kommen, wandert der Glatzkopf dann mit ins Bett? Doch jetzt wirft mir der Russe einen Blick zu, der in keine Sprachen dieser Welt zu übersetzen ist und auch nicht erklärt werden muss. Er geht mir durch Mark und Bein. Mithilfe des Übersetzers plaudern wir jedoch zunächst weiter über harmlose

Dinge: wo ich herkomme, wo ich hinwill. Die Tatsache, dass ich mich auf einer Weltreise befinde, scheint den Russen zu verwirren. Er war bisher nur in Arabien, so erzählt er, also schlussfolgere ich, dass er im Ölgeschäft ist. Und dass er es nicht nötig hat, sich mit dem Erlernen von Sprachen herumzuschlagen. Nebenbei wende ich meine ganzen Flirttricks an. Werfen der frisch blondierten Haare und das bereits erwähnte Spiel mit dem Strohhalm. Es scheint tatsächlich zu funktionieren. Der Übersetzer fragt mich, ob ich einen kleinen Spaziergang machen wolle. Natürlich mit dem schönen Russen. Ich frage mich zwar, was das ohne Verständigungsmöglichkeit bringen soll, lasse mich aber nicht zweimal bitten. Also gehen wir an der Bar entlang, eine schmale Treppe hinauf. Hier ist die DJ-Kanzel. Selbstverständlich kennt mein Begleiter den DJ, daher setzen wir uns auf ein Rondell und stoßen mit ihm an. Dann nimmt der Russe meine Hand und zieht mich weiter. Es geht durch eine Tür in einen Nebenraum, der sich allerdings als zweites Stockwerk entpuppt. Hier sind breite, teppichbelegte Gänge mit Separees, auch Tische, zum Teil hinter Vorhängen. Ich verstehe. Schon drückt mich der Russe gegen die Wand und seine Lippen an meinem Hals. Er riecht fantastisch und seine Hände haben genau die richtige Temperatur. Er küsst gut. Wir schaffen es kaum noch hinter den Vorhang, wo sich ein breites Sofa befindet. Nicht beim ersten Mal schon alles geben, hat die Flirttrainerin empfohlen, aber ich schlage alle Tipps in den Wind. Schließlich ist ihr Kurs nicht für Weltreisende, die in vier Tagen schon wieder weg sind.

Ich kann nur so viel sagen: Der Sex ist heiß. Und absolut unmoralisch. Und es stört gar nicht, dass wir uns verbal nicht verständigen können. Sex ist eine international gültige Währung, die überall angenommen wird. Seine russischen Worte turnen mich sogar mehr an, als wenn ich ihn verstanden hätte. Eine Ewigkeit bleiben wir noch auf dem Sofa und knutschen rum, auch danach. Es ist, als seien wir in eine tiefe Diskussion verstrickt. Eben nur küssend. Irgendwann mahne ich, dass es Zeit ist zu gehen, da meine Freunde sicher schon auf mich warten. Daraufhin zeigt mir der Russe ein Badezimmer, das ich benutzen kann. So sehe ich wieder einigermaßen manierlich aus, als ich nach unten gehe. Der Russe bringt mich an meinen Tisch, setzt sich, wird allen vorgestellt und unterhält sich mit allen prächtig. Schließlich wollen die Freunde aufbrechen, und auch ich bin müde. Zum Abschied drückt mir der Russe etwas in die Hand. »Dawai, dawai!«, ruft er, als ich stehen bleibe, um nachzusehen, was es ist. Aber er macht mir ein Zeichen, meinen Freunden zu folgen, die bereits nach draußen gehen.

Als ich in der Limousine sitze, fällt mir ein, dass ich seine Nummer gar nicht habe. Ich schaue in das Päckchen. Darin befindet sich ein diamantbesetztes Handy. Von Dior. Der Übersetzer muss es besorgt haben, während wir uns vergnügt haben. Katherina neben mir lacht sich tot. »Das ist typisch. Ist es an?«, fragt sie. Ich tippe auf eine der Tasten. Auf dem Display erscheint ein Herz. Und eine Telefonnummer. Mein Herz flattert. »Das ist typisch russisch«, erklärt Katherina.

Ich bin baff und starre auf mein Sprachrohr. Doch leider kann ich ihn ja nicht anrufen, wenn ich nicht mit dem Übersetzer telefonieren will. Die ganze Heimfahrt lang schwärme ich nun von ihm.

»Du bist ja verliebt«, zieht Katherina mich auf.

»Wir können nicht mal miteinander reden«, wiegele ich ab.

»Wahrscheinlich deshalb«, grinst sie.

»Wie meinst du das?«, frage ich.

Sie lächelt vielsagend. »Er ist ein ganz primitiver Typ, total ungebildet. Wie übrigens viele von den Oligarchen. Die haben einfach nur Geld, aber keine Bildung. Er spricht ja noch nicht mal Englisch.«

»Na und?«, sage ich. Noch bin ich nicht bereit, ihn für seine mangelnde Bildung zu verurteilen.

»Wenn du hören würdest, was er spricht, wärst du total abgetörnt. Wir nennen solche Typen *rich trash*. Primitiv, aber die haben so viel Geld, dass es keiner merkt und keinen stört.«

»Ich fand ihn aber nicht primitiv«, beharre ich. Sie lächelt nur. In der Tat, ich bin wie verzaubert. Den ganzen nächsten Tag kann ich nicht aufhören, an ihn zu denken. Schließlich ruft er mich an. Natürlich. Durch das Handy kann er mich ja erreichen. Das ist auch der Vorteil eines solchen Geschenkes. Eigentlich ist es der Übersetzer, der anruft und fragt, ob Vjeta, so heißt mein Verehrer, mich abholen kann. Nachdem ich ihm den Zeitpunkt mitgeteilt und er mich abgeholt hat, verbringen wir einen fantastischen Abend zusammen. Ich lerne mehrere Clubs und Restaurants kennen, morgens um vier kommen wir zu ihm nach Hause. Noch im Dunkeln seines Schlafzimmers fallen wir übereinander her. Seine Bettwäsche fühlt sich himmlisch an, bestimmt teuerste chinesische Seide, und irgendwann schlafe ich auf der traumhaft weichen Matratze ein.

Am nächsten Tag öffne ich die Augen und schließe sie gleich wieder. Es ist bereits hell, was bedeutet, dass es mindestens elf Uhr ist. Vorsichtig öffne ich meine Augen nur einen winzigen Schlitz weit, doch selbst das ist schon zu viel. Was mir gestern in der Dunkelheit verborgen blieb, stürzt jetzt mit aller Wucht auf mich ein. Über mir befindet sich ein kobaltblauer Baldachin mit goldenen Ornamenten. Das Bett besitzt vier golden verzierte Himmelspfosten. Die Bettdecke ist aus rot glänzendem Satin. Vorsichtig stelle ich die Füße auf den Boden, der mit dicken, gemusterten Teppichen belegt ist, und schleiche ins Wohnzimmer. Hier werde ich endgültig erschlagen von lauter Gold und Ornamenten. Die Wände sind mit blauem Samt verkleidet, der mit Golddrucken verziert ist. An den Wänden hängen Ikonen, über dem Kamin ist eine Art Altar aufgebaut. Vom Boden aus starren mich erlegte Bären mit offenen Mäulern an. In der Ecke steht eine Sitzgruppe mit goldenen Dackelbeinen. Die Einrichtung hätte einer russischen Zarin alle Ehre gemacht – im vorigen Jahrhundert. Als Einrichtung für einen Mann in diesem Jahrhundert ist sie an Geschmacklosigkeit nicht zu überbieten.

Kaum bin ich in meine Klamotten geschlüpft, kommt der Übersetzer ins Zimmer mit einem Tablett und Frühstück. Ich werde hier ganz bestimmt keinen Happen herunterbringen. Daher rufe ich dem Übersetzer zu: »Ich muss dringend los« und verlaufe mich prompt in den riesigen Zimmerfluchten, bis er mich hinausbringt. Draußen bin ich fast am Gatter des parkähnlichen Geländes angekommen, als ich Schritte hinter mir höre. Es ist der Übersetzer, er hält das diamantbesetzte Handy in der Hand. »Das haben Sie vergessen«, sagt er und streckt es mir hin. »Mit Absicht«, erkläre ich in Gedanken, nehme es jedoch entgegen, um keine größeren Diskussionen loszutreten. Als ich später bei Katherina auf dem Sofa sitze und ihr die Einrichtung beschreibe, lacht sie sich kaputt. »Ich hab's dir doch gesagt, solche Leute haben Geld, aber keine Klasse.«

Als das Handy in den nächsten Tagen klingelt, gehe ich nicht ran, aber ich nehme es als Erinnerung mit nach Indien, meiner nächsten Reisestation.

Indien. Land des Tatsch Mahal

Indien ist das zweitbevölkerungsreichste Land der Erde. Auch das bakterienreichste. Das Land der arrangierten Ehen und der Witwenverbrennungen. Lauter gute Gründe, hier sexuell enthaltsam zu bleiben. Bei meinem Glück mit Männern laufe ich sonst Gefahr, als verbrannte Witwe zu enden. In diesem Land sollte man sich besser auf die einzigartigen Kulturdenkmäler konzentrieren: die Maharadscha-Paläste und den Taj Mahal. Die Rote, die Blaue und die Goldene Stadt in Rajasthan. Den Wasserpalast in Udaipur.

Mitten in der Nacht lande ich am Flughafen in Delhi, von wo ich mir ein Taxi zu meinem Hotel nehme. Obwohl mir der Taxifahrer mehrmals versichert, mein Hotel sei abgebrannt, ja der ganze Innenstadtbereich abgesperrt, und er wüsste ein günstiges Hotel am Stadtrand, bestehe ich doch darauf, in das vorgegebene Hotel zu fahren. Wie erwartet, unterhält es ganz normalen Betrieb, vor diesem berühmten Trick der Inder hatte mich zum Glück schon der Reiseführer gewarnt. Der New Market liegt friedlich und still vor mir, nur ein paar Kühe lungern herum. Mein Hotel ist schlicht, aber ruhig, was in Indien, wie ich noch erfahren werde, Seltenheitswert besitzt. Gleich am nächsten Morgen lerne ich das wahre Indien kennen. Der New Market bei Tag bietet ein komplett anderes Bild: Die kleinen Marktgassen quellen über vor Menschen, die entweder durch die Straßen laufen oder an Ständen ihre Waren feilbieten, dazwischen fahren lärmende Mopeds und Rikschas. Das einzig Vertraute sind die Kühe, die hier immer noch herumlungern, als wäre nichts los, und trotz des Lärms und Gestanks friedlich bleiben– wahrhaft heilige Tiere. Ich lasse mich von ihnen inspirieren und genieße das Gedränge. Und die Aussicht, mich komplett neu einkleiden zu können, und das für nur fünf Euro. Denn ich brauche dringend neue Klamotten. Kein europäisches Kleidungsstück ist nämlich angemessen für die indische Hitze.

Ich lege mir also mehrere indische Gewänder aus hauchdünner Baumwolle zu und fühle mich wie eine neugeborene Maharani. Das Sightseeing in Delhi unternehme ich fast ausschließlich mit der Fahrradrikscha. Das scheint mir die sicherste und bequemste Methode, sich hier fortzubewegen. Auch wenn der Anblick eines dürren Inders, der stehend in die Pedale treten muss, um mich vorwärtszubewegen, durchaus an Sklavenarbeit denken lässt. Zum Ausgleich dafür zahle ich fürstlich, was bei den Indern immer eine Seitwärtsbewegung des Kopfes zur Folge hat. Ich begegne bemalten Elefanten im Straßenverkehr, besichtige prächtige Paläste und nutze die Zeit, um mich mit Bustickets und Zugfahrkarten einzudecken für die Weiterreise.

In der Nähe meines Hotels befindet sich eine Art Kifferkaffee, wo sich die Backpacker treffen. Doch ich habe vorerst keine Lust auf Typen mit künstlichen Rastazöpfen und abgerissenen T-Shirts und genieße mein Alleinsein. Nach drei Tagen Delhi nehme ich dann den Zug nach Jaipur, der Roten Stadt, in der auch der berühmte Palast der Winde liegt. Typischer Zwischenstopp auf dieser Strecke ist der Tadsch Mahal. Morgens um sechs Uhr komme ich an dem berühmten Baudenkmal an. Ich setze mich auf die Bank, auf der sich einst Lady Di ablichten ließ, und genieße den Anblick des Monuments der Liebe, so gut ich kann. Der Sonnenaufgang färbt den weißen

Marmor in allen erdenklichen Schattierungen. Allerdings sorgen die Ströme von Touristen, die nun kontinuierlich eintreffen, dafür, jedes bisschen Romantik im Keim zu ersticken.

Später am Vormittag reise ich schließlich weiter nach Jaipur. Zwölf Stunden Zugfahrt trennen mich von meinem Ziel. Und schon auf dem Bahnsteig beginne ich zu ahnen, was mich erwartet, denn er ist überfüllt mit Menschen, die in der Hocke verharren. Sobald der Zug einfährt, beginnt das große Drängeln. Da ich mich den jeweiligen Landesgebräuchen sehr gut anpassen kann, drängele ich zurück, sodass ich schließlich noch einen Fensterplatz erwische. In dem Abteil, das eigentlich für sechs Personen gedacht ist, drängen sich etwa zehn Menschen. Als der Zug schließlich losfährt, kennen meine Mitreisenden nur noch ein Objekt der Aufmerksamkeit: mich. Distanzloses Starren gilt hier nicht als unschicklich. Auch davon habe ich bereits gehört, also verkrieche ich mich in meinen Reiseführer und denke: Sollen sie doch, solange sie nicht tatschen.

Das tun sie nicht, dank der Verbreitung von elektronischen Geräten werde ich jedoch vielfach fotografiert, sogar von den Menschen, die sich auf dem Gang drängen. Auch das macht mir nichts aus, sind es doch sonst wir Touristen, die rücksichtslos durch die Gegend fotografieren und den Einheimischen damit die Seele rauben, so der Aberglaube. Eigentlich hatte ich geplant, meine Mahlzeiten im Speisewagen einzunehmen, so à la Orientexpress, aber da ich fürchte, damit meinen Platz zu verlieren, traue ich mich nicht aufzustehen und komme daher nach der langen Fahrt total gerädert an. Zur Toilette musste ich zum Glück gar nicht, praktischerweise hat mich die Hitze total ausgedörrt. Als ich aufstehe, quält mich jeder Knochen. Jetzt kann ich mir vorstellen, wie sich ein Tiertransport anfühlt.

Als ich ein Taxi besteige, erwartet mich das altbekannte Lied vom abgebrannten Hotel. So viel, wie es hier angeblich brennt, dürfte kein Stein mehr auf dem anderen stehen. Ich bin jedoch auch diesmal durchsetzungsfähig genug, mich in mein Hotel bringen zu lassen, einen alten Maharadscha-Palast. Hier kann ich meinen Flüssigkeitshaushalt ausgleichen und eine angemessene Körperhygiene durchführen. Danach speise ich im hoteleigenen Restaurant orientgerecht und lasse mich kurz darauf in die Kissen sinken.

Am nächsten Tag besichtige ich den Palast der Winde, der ja bekanntermaßen nur eine Fassade ist, dahinter nichts als Wind. Ich flaniere an den Auslagen der Edelsteinhändler vorbei und kaufe einen Teppich in einem Basar. Dann fahre ich zum alten Palast, zu dem man mit einem bemalten Elefanten hinaufreiten muss. Die Sitze sind immer für zwei Personen vorgesehen, insgeheim beneide ich nun die Pärchen, die sich einen Elefanten teilen können. Mir wird dagegen ein Partner zugewiesen: Carl. Er kommt aus Australien. Indien ist ja bekanntlich das Land der arrangierten Ehen und eines muss man ihnen lassen: Sie verstehen etwas von ihrem Geschäft. Denn Carl gefällt mir auf Anhieb. Er hat dunkelblonde Locken, den typisch gebräunten Teint des Weltreisenden und die unerschütterlich gute Laune der Australier, die jeden Satz mit »mate« abschließen. Natürlich lasse ich mir die Sympathie nicht anmerken und mime stattdessen die engagierte Touristin, die sich mehr für das Ambiente interessiert als für einen Sitznachbarn auf einem schnöden Elefanten. Dennoch: Wir machen die Besichtigung gemeinsam, fahren danach zusammen in die Stadt zurück und essen in meinem Hotel. Aber Stopp: nichts von dem, was Sie jetzt denken. Wir verbringen nicht die Nacht miteinander, trinken nur einen Absacker in der Hotelbar, dann verschwindet er in sein Hotel. Allerdings ist beschlossene Sache, dass wir gemeinsam weiterreisen. Denn es zieht uns beide als nächste Station nach Jodhpur, in die sogenannte Blaue Stadt. Mir scheint das anhand der starrenden Mentalität der Inder ein sinnvolles Bündnis, zumal ich gestehen muss: Der Zauber ist da. Der Typ sieht wirklich gut aus, und nachdem ich mich durch sämtliche Hautschattierungen geschlafen habe, wäre es auch wieder gut, einen weißen Lover zu haben.

Die Fahrt nach Jodhpur verläuft wesentlich angenehmer als meine Zugreise hierher, denn wir haben uns einen Wagen gemietet. Mit Fahrer. Das ist hier immer noch billiger als in Deutschland ein Mietwagen. Und sicherer, als mit Linksverkehr und massenhaft Fahrradfahrern, Ziegen und Kühen auf der Fahrbahn selbst zu fahren. Jodhpur liegt inmitten der Wüste Thar und ist komplett blau gestrichen. Wir steuern ein Hotel in der mittelalterlichen Altstadt an. »Shall we share a room, mate?«, fragt mich Carl an der Rezeption, so selbstverständlich, dass ich gar nicht anders kann als zustimmen. Ja, wieso Einzelzimmer, wieso extra Geld ausgeben, wenn man einen potenten Mehrender vor der Flinte hat? Wir beziehen eine entzückende romantische Suite mit breitem, gepolstertem Bett mit Vorhängen. Fast ist es mir peinlich, mich mit meinem zwar vertrauten, aber dennoch fremden Begleiter hier aufzuhalten. Doch ohnehin zieht es uns zunächst nach draußen, um die Stadt zu erkunden. Der einstige Maharadscha hatte angeordnet, die Stadt komplett in Indigoblau streichen zu lassen, um die Moskitos abzuwehren. Diese stören uns nun auch nicht, aber eine ganz andere Plage wird über mich kommen, doch noch genieße ich den Aufenthalt nach Herzenslust.

Wir wandern durch die blauen Gässchen, halten Händchen und küssen uns das erste Mal auf der Rückbank einer Rikscha. Kann es etwas Romantischeres geben? Dann gehen wir fürstlich essen, Dal, Curry, verschiedene Gerichte auf einer schattigen Dachterrasse. Am Nachmittag machen wir noch einen kleinen Ausflug auf Kamelen in die Wüste, allerdings nicht lange, denn von dem Schaukeln wird mir schlecht. So sehr, dass ich auch nach dem Absteigen von meinem Wüstenschiff keine Lust mehr verspüre, noch weiter durch die Stadt zu wandern. Ich will lieber zurück ins Hotel und wenige Meter später stelle ich fest, dass ich sogar ins Hotel muss. Dringend muss. Auf dem Weg halten wir eine Rikscha an, die wir bitten, auf schnellstem Weg das Hotel anzusteuern. Unterwegs versuche ich, den drohenden Ansturm in meinem Darm wegzubeten. Doch gegen Montezumas Rache helfen keine Gebete. Sie kommt mit aller Macht, und die Rikscha schafft es gerade noch rechtzeitig, eine Katastrophe zu verhindern. Da es im Empfangsbereich des Hotels keine Toilette gibt, stürme ich in unser Zimmer, verbarrikadiere mich auf dem Klo und verwandele unsere kleine romantische Suite in einen Palast der Winde. Oder vielmehr einen Palast des Donnerkrachens. Worte reichen nicht aus, um meine Schmerzen zu beschreiben. Selbst als ich das Gefühl habe, komplett entleert zu sein, geht es weiter. In den Pausen zwischen den Attacken schleppe ich mich auf das gepolsterte Bett, wo mir Carl kalte Umschläge macht und besorgt meine Temperatur misst.

Am nächsten Morgen ist es immer noch nicht besser. Ich sehe aus, als hätte ich zehn Kilo Gewicht verloren. Wozu andere vier Wochen Ayurveda-Kur benötigen, das schaffe ich in einer einzigen Nacht.

»Wir müssen zum Doktor, mate«, sagt Carl schließlich. Ich kann mir nicht vorstellen aufzustehen, mein Körper scheint seine Eingeweide verdauen zu wollen, so ekelhaft sind meine Schmerzen. Carl fragt im Hotel nach einem Arzt, doch die schicken uns in die Krankenstation. Mit letzter Kraft schleppe ich mich dorthin, aber da wird mir erst richtig elend. Das Ganze wirkt wie eine schmutzige Garage, die Menschendichte im Gang und im Wartezimmer ist ähnlich wie in meinem Zugabteil. Als mich eine Schwester sieht, komme ich jedoch sofort zum Arzt, der mir mit einer wenig vertrauenerweckenden Spritze Blut abnimmt. Auch sein Hinweis, dass er mich auf Malaria untersucht, ist wenig beruhigend. Dann drückt er mir ein Reagenzglas in die Hand. Carl und ich tauschen einen Blick. Haben wir ihn richtig verstanden?

»Wie soll das denn bitte funktionieren, mate«, sagt Carl. Wenn du wüsstest, denke ich, schnappe mir das Glas und gehe damit auf die Toilette, ein Loch mit zwei Tritten, was aber in meiner Situation eine Erleichterung ist. Auf dem Rückweg trage ich mein befülltes Gläschen an den Wartenden vorbei. Wie ich das hingekriegt habe, wird auf ewig mein Geheimnis bleiben. Der Schnelltest zeigt, dass ich weder Malaria, Aids, Typhus noch Tripper habe. Das beruhigt mich schon einmal, wenn ich auch den Rundumtest etwas unnötig und teuer finde. Aber ich bin nicht in der Verfassung, mit dem diensthabenden Arzt zu diskutieren. Der verabreicht mir schließlich ein Antibiotikum gegen die Amöben und bereits eine Stunde nach Einnahme geht es mir sichtlich besser. Wunder der modernen Medizin!

Von da an geht es mit mir aufwärts. Vorschriftsmäßig ernähre ich mich drei Tage lang von Reis und Bananen und unter Carls Pflege, die frei von jeglicher Erotik ist, genese ich zusehends.

Wenige Tage später bin ich wieder reisebereit. Unsere nächste Destination heißt Udaipur, die Stadt, in der *Octopussy* gedreht wurde.

Wir legen die Strecke ein weiteres Mal mit Fahrer zurück, da uns das in meinem Zustand und für 400 Kilometer das Vernünftigste erscheint. Udaipur ist eine weitere Steigerung rajasthanischer Schönheit. Ein Maharadscha-Palast ist mitten in den gigantischen See gebaut. Die Stadt wurde berühmt, nachdem James Bond auf der Jagd nach den Bösen mit dem Motorboot durch diesen See raste. Udaipur besteht aus wunderschönen, alten, weißen Gassen und einem Fluss, an dem die Frauen Wäsche waschen und in bunten Rollen direkt am Ufer trocknen. Wir mieten uns in einem bezaubernden kolonialen Hotel mit Pool auf der Dachterrasse ein, diesmal bestehe ich aber auf einem Einzelzimmer, weil ich in Ruhe meine Verdauungsstörungen auskurieren will, inzwischen geht es mir nämlich wieder so gut, dass ich ein natürliches Schamgefühl spüre. Carl protestiert nicht, vermutlich ist ohnehin jeder Funken Erotik zwischen uns ausgelöscht. Das Hotelpersonal macht uns darauf aufmerksam, dass morgen Happy Hole stattfindet, das berühmte indische Fest, bei dem sich die Menschen mit Farbpulver bewerfen. Touristen werden angewiesen, das Hotel an diesem Tag nicht zu verlassen, um Kleider und Haare nicht zu ruinieren. Außerdem enthalten die Farben oft ätzende Substanzen, die Haut und Augen schädigen können. Wir lassen uns davon jedoch nicht abschrecken, im Gegenteil, nach tagelanger Internierung dürstet es mich geradezu danach, mich wieder unters Volk zu mischen. Also binde ich mir am nächsten Tag ein Tuch um die Haare, dann stürzen wir uns ins Getümmel. Kaum sind wir draußen, beginnt die Farbenschlacht. Touristen sind natürlich begehrte Opfer.

Noch lachen wir, doch im Nu hat uns eine Horde Jungs eingekreist und die erste Fuhre Farbe landet auf mir und geht direkt in die Augen. Dann kippt mir jemand einen Eimer Wasser über den Kopf. Orientierungslos stehe ich da und versuche, meine Augen freizukriegen. Derweil spüre ich mehr Pulver, das über mich geschüttet wird, und Hände auf meinem Rücken und auf meinen Brüsten. Ich wehre mich, vergeblich. Dann rufe ich Carl um Hilfe, der mich auch umgehend von den Jungs befreit. Als ich die Augen öffne, stelle ich erleichtert fest, dass ich problemlos sehen kann. Das Pulver hat also nicht meine Augen geschädigt. Mein Begleiter steht mir gegenüber und bricht in Lachen aus. »What's so funny?«, zische ich, als er gar nicht mehr aufhören will. Dass ich über und über mit Farbe bekleckst bin, weiß ich selbst. Nachdem er ein Foto von mir gemacht und es mir gezeigt hat, muss ich genauso lachen. Mein Shirt ist relativ sauber, nur auf den Brüsten befinden sich jede Menge Handabdrücke in allen Farben. Inder lieben also durchaus nicht nur das Glotzen, sondern auch das Tatschen. So habe ich doch mein ganz persönliches »Tatsch Mahal« erlebt.

Wir gehen zurück ins Hotel, und nachdem wir etliche Fotos von unseren Körperteilen mit mehr oder weniger gelungenem Bodypainting gemacht haben, stellen wir uns zusammen unter die Dusche, wobei wir unsere bunt gescheckten Körper gegenseitig abrubbeln. Erotik kommt dabei keine auf, wir sind inzwischen zu *partners in crime* geworden, und die Beschämung über meine entsetzlichen Durchfälle steckt mir immer noch in den Knochen. Als wir aus der Dusche kommen, merken wir, dass unser Zimmer ebenfalls ziemlich bunt geworden ist. Also müssen wir, nachdem wir unsere Klamotten notdürftig gesäubert haben, noch das Zimmer putzen. Carl schickt mich irgendwann ins Bett, da ich immer noch sehr erschöpft bin. Ich schlafe prompt sofort ein und erwache erst am nächsten Morgen, als er schon wieder unter der Dusche steht. Mist. Ich hatte mir eigentlich vorgestellt, mit ihm zusammen aufzuwachen und dann möglicherweise eine kleine Annäherung zu starten. Aber das ist jetzt unmöglich. Will er mich nicht mehr, oder ist es nur Rücksichtnahme? Als Carl mit einem Handtuch um die Hüfen aus der Dusche kommt, ruft er mir taufrisch zu: »Fancy breakfast, mate?« Also nichts mit einem erotischen Zwischenstopp. Ich schäle mich aus dem Bett und wir gehen frühstücken. Bei unserem anschließenden Stadtbummel ist alles wieder pulverbefreit, als wäre nichts gewesen. Wir wandern durch die alten Gässchen, in den Cafés laufen nonstop Wiederholungen von *Octopussy*. Mit einem Boot fahren wir dann zum Palast des Maharadschas, der inzwischen in ein Hotel umfunktioniert wurde. Wir trinken Kaffee auf der Hotelterrasse und genießen die kühle Brise am See.

Am nächsten Morgen verlassen wir Udaipur und fahren ins Umland, wo wir eine Tour zu einem Jain-Volk unternehmen. Jain sind Menschen, die sich vegan ernähren und kein noch so kleines Tier töten. In Deutschland ist das Thema »vegan« ja seit ein paar Jahren wieder angesagt, die Jain machen das seit mindestens 1000 Jahren. Ein Führer bringt uns zu einem Dorf der Jain. Dort bekommen wir gezeigt, wie sie leben, was sie essen, wie sie es zubereiten, und erfahren, woran sie glauben. Und wir besichtigen einen fantastischen Tempel. Unser Führer Jaisir macht uns auf die Schnitzereien aufmerksam. Und tatsächlich, bei genauerem Hinschauen erkennt man Tausende von Paaren in verschiedenen Positionen, wie aus dem *Kamasutra*. »Im alten Indien war Sexualität etwas Heiliges. Daher hat die sexuelle Aufklärung über die Tempel stattgefunden. Erst die Engländer, die uns kolonisiert haben, haben Sex zum Tabuthema erklärt. Und das ist es bis heute.«

»Und wie geschieht heute die Aufklärung?«, frage ich.

Jaisir grinst. »Im Internet kann man sich alle Informationen besorgen.« Ich nicke, das Übliche also. »Außerdem«, fährt er fort, »gibt es Call-Center, die anonyme Sexfragen beantworten.«

Unverheiratete Paare, die zusammen reisen, so wie wir es tun, oder zusammenwohnen, sind undenkbar in der indischen Gesellschaft. Hier werden Ehen noch von den Eltern arrangiert, selbst wenn die Kinder in Oxford oder Yale studiert haben. Denn wichtig ist, dass die Religionen und Kasten der Familien zusammenpassen. Liebe wird dabei eher als Störkraft empfunden, die den Großverbund der Familie zerstören kann, weil Liebende dazu neigen, sich abzukapseln. Jaisir selbst lebt in einer arrangierten Ehe, wie er uns erzählt.

»Bist du glücklich damit?«, fragt Carl.

Jaisir bejaht. »Man ist das seinen Eltern schuldig. Außerdem ist es auch angenehm, denn man leidet nicht unter dem Druck, immer attraktiv sein und eine Wahl treffen zu müssen. Die Eltern tun das und tragen die Verantwortung.«

So habe ich das noch gar nicht betrachtet, ich muss feststellen, dass das Konzept auch seine Vorteile hat. »Aber was ist mit der Liebe?«, hakt Carl nach.

»Die wird anders ausgelebt«, antwortet Jaisir, »in der Verehrung von Filmstars, in romantischen Gefühlen in Bollywood-Filmen. Es kommt auch häufig zu einer engen Bindung zwischen einer Ehefrau und ihrem Schwager.«

Ich frage mich, ob diese Regelung nicht alles ein bisschen einfacher macht. Ist der ganze Herzschmerz in westlichen Gesellschaften einfach überflüssiger Sondermüll, der uns den

Blick für das Wesentliche versperrt? Ist diese ewige Suche nach der einen großen Liebe nicht ermüdend? Ich diskutiere mit Carl über das Thema und merke, wie wir uns wieder näher kommen. Vielleicht ergibt sich im Hotel ja eine neue Möglichkeit? Doch es kommt anders. Auf dem Rückweg verfahren wir uns, sodass wir gerade noch den Bus nach Mumbai erwischen. Dort ist unser Hotel tatsächlich abgebrannt. Wir stehen vor den Trümmern und werden in ein anderes Hotel gebracht. Das ist allerdings so weit vom Flughafen entfernt, dass uns gerade mal zwei Stunden Zeit bleiben bis zum Aufbruch. Beziehungsweise Carl muss los, denn er fliegt zurück nach Sydney. So bleibt uns nur ein kurzer Abschied am Flughafen. Und seine Einladung nach Sydney in vier Wochen, wenn ich Thailand und Malaysia besucht habe. Wehmütig winke ich ihm am Gate hinterher und freue mich bereits jetzt auf ein Wiedersehen in Australien.

Hier in Indien ist mehr als Tatschen und Glotzen nicht passiert. Und das ist sicher nicht das Schlechteste.

Thailand. The Sexshow must go on

Thailand ist das meistbereiste Land Asiens. Das Land mit den traumhaftesten Stränden, das Mekka für Shopping-Freaks, die größte Full-Moon-Party-Zone, das Land mit der höchsten Dichte an Backpacker und Sextouristen. Das Land, in dem Frauen Ping-Pong-Bälle aus ihren Muschis schießen, der größte Freiluft-Puff Asiens. Um Thailand kommt die aufgeschlossene Touristin von heute also nicht herum. Ich habe einen guten Freund, der in Bangkok, der Stadt der Engel, lebt und den besuche ich als Nächstes.

Die Ankunft am Flughafen ist nicht nur ein Kultur-, sondern auch ein Geruchsschock. Es ist, als bekäme man einen warmen, nassen Lappen ins Gesicht geschleudert, mit dem zuvor das Auto und die Küche gereinigt wurden. Curry mit Abgasen, so könnte man es beschreiben. Bangkok widersetzt sich jeder einheitlichen Beschreibung: Es gibt märchenhafte Tempel und Paläste, grauenvoll lauten Verkehr, in dem vor allem die Tuk-Tuks, die Autorikschas, besonders auffallen, wunderbare Märkte, dazwischen stinkende Kanäle. Alles in allem ist diese Stadt pulsierend, wahnsinnig und vibrierend. Mein Freund Lou holt mich ab und bringt mich in sein Appartement in der Nähe der Sukhumvit Road. Seine Wohnung liegt zwar hoch über dem Schmutz und den Abgasen, aber wenn man hinaus auf den Balkon tritt, wird man von den Lichtern und dem Lärm geradezu erschlagen. Ich mache mich frisch und erzähle ihm bei einem Glas Wein von meinen Erlebnissen. Da mein Freund – wen überrascht es – schwul ist, lasse ich kein saftiges Detail aus. »Zeig mir das Handy«, sagt er, als ich von dem Oligarchen erzähle. Ich durchwühle meinen Rucksack, finde es aber nicht. Die letzten drei Wochen habe ich es nicht angerührt und auch nicht vermisst. Fieberhaft überlege ich, wo es jemand geklaut haben könnte. Vielleicht im Zug in Indien? Ein findiges Zimmermädchen? Ich habe keine Ahnung, tröste mich aber mit dem Gedanken, dass davon vielleicht eine Familie ein ganzes Jahr lang leben kann.

Auf meinem regulären Handy, das glücklicherweise noch da ist, finde ich eine Nachricht von Carl. Mit Foto. Er vermisst mich schon jetzt. Ich zeige Lou das Foto. Er mustert es kurz und sieht mich dann tadelnd an. »Unverzeihlich, dass du ihn nicht vernascht hast.«

Ich seufze. Die Umstände waren eben widrig. Ich kann jedem nur empfehlen, einen romantischen Urlaub nicht unbedingt in Indien zu planen, da es nun mal das Land mit der höchsten Durchfallwahrscheinlichkeit ist.

Lou schlägt vor, in der Nachbarschaft etwas essen zu gehen, also stürzen wir uns in die Sukhumvit Road. Die bunten Lichter fallen uns förmlich an. Überall Schreier, die uns mit Angeboten in die Läden locken wollen. Doch Lou sucht eine Garküche aus und zum ersten Mal kann ich nachvollziehen, warum Leute sagen, dass das thailändische Essen vor Ort mit dem in Deutschland nichts gemeinsam hat. Die Aromen sind unglaublich intensiv. Oder ist das nur die Hitze? Denn selbstverständlich essen wir auf der Straße.

Nach dem Essen bringt mich Lou in die »Sky Bar«, eine der höchsten Bars von Bangkok, in der ich einen unheimlich guten Whiskey Sour und einen bombastischen Blick über die Stadt genieße.

»Was willst du sehen in Bangkok?«, fragt mich Lou.

Ich muss nicht lange überlegen. »Zeig mir die Sexshows«, antworte ich.

Er grinst. »Bist du dir sicher?«

»Ganz sicher.«

»Dann gehen wir morgen dahin.«

Da Lou am nächsten Tag arbeiten muss, mache ich mich allein auf zur berühmten Khaosan Road, der Straße mit der höchsten Dichte an Backpackern in Asien. Dazu der höchsten Dichte an Backpacker-Hostels oder wahlweise Backpacker-Cafés, in denen es die berühmten Banana-Pancakes gibt. In der Luft liegt wieder der Duft von Currygewürzen, dazu Kokos, Knoblauch, Koriander. Die Gestalten in den Cafés tragen künstliche Rastazöpfe und echte Bärte. Sie alle wollen nach Ko Pha-ngan, Ko Phi Phi oder sind bereits im Autoreifen den Mekong hinuntergeschippert. Jeder von ihnen hat das gleiche blaue Buch in der Tasche und fühlt sich dabei doch ganz individuell und einzigartig. Ich nehme mein Mittagessen aus einem Bananenblatt zu mir, das genau so lange hält, bis ich mein Curry aufgegessen habe. Währenddessen beobachte ich den Koch, der in Windeseile wohlschmeckende Gerichte in seinem Wok zaubert. Holzspieße mit Rind- und Hühnerfleisch brutzeln auf dem Holzkohlegrill und werden mit Kokosnussöl übergossen. Da ich in Indien nicht nur mein Luxushandy verloren habe, sondern mindestens zehn Kilo, kann ich mir jetzt wieder genüsslich einiges an Gewicht anfressen. Auch kann ich hier meine Garderobe günstig auffrischen, da es ein reichhaltiges Angebot an Shirts und Hosen aller Marken für Bruchteile der deutschen Preise gibt.

Ich schlendere also weiter. Irgendwo entdeckt man immer einen Markt, auf dem man wirklich alles bekommt: Nahrungsmittel, Möbel, Haustiere, Pflanzen, Kleidung und Antiquitäten (echte oder imitierte), Schmuck, Töpferwaren, Porzellan, Spielzeug ... die Liste ist endlos. Und wie fast überall in Asien gilt auch hier das uralte Gesetz des Handelns, das ich ja bereits in Ecuador erfolgreich vermieden habe. Als ich müde werde, nehme ich ein Tuk-Tuk und merke bald, dass es die falsche Entscheidung war, denn ich ersticke fast an den Abgasen. Zu Hause bei Lou angekommen, steige ich erst mal unter die Dusche und lege mich dann hin. Als Lou von der Arbeit kommt, fühle ich mich frisch und ausgeschlafen. Gemeinsam gehen wir zum Patpong-Nachtmarkt, einer der wichtigsten Amüsiermeilen Bangkoks. Auch hier knallen uns die Neonreklamen entgegen und natürlich wieder jede Menge lauter Schlepper, die versuchen, uns in einen der Clubs zu zerren. Thailänderinnen schleichen um Touristen, die in den Außencafés sitzen, wie Tiger um ihre Beute. Drinnen amüsieren sich die männlichen Touristen mit Dutzenden Thaigirls, die sich an den unvermeidlichen Tanzstangen räkeln. Überall Mädchen, die »Come in« rufen. Uns lassen sie allerdings weitgehend in Ruhe, weil Pärchen erfahrungsgemäß keinen Sex wollen. Plötzlich stürmt eine große schlanke Lady auf uns zu und wendet sich unumwunden an Lou. »You want some company?«

»No«, gebe ich entrüstet zurück. »He already has«, mache ich sie auf den unübersehbaren Umstand aufmerksam, dass er nicht allein ist. Sie mustert mich. »You can stay with us, no problem«, gibt sie zurück. Lou zieht mich weiter. »Jetzt hast du Bekanntschaft mit einem Ladyboy gemacht.« Ich bleibe stehen. »Du meinst ...?« Natürlich ist die Rede von den weltbekannten Frauen, die eigentlich Männer sind. Was der internationale Kunde entweder gar nicht merkt oder erst dann, wenn es zu spät ist.

Okay, denke ich, das war die einmalige Gelegenheit, mit einem Schwulen und einer Transe eine Nacht zu verbringen. Wir gehen weiter. Rechts und links die übliche Mischung aus Girliebars, Stripbars, Musikkneipen. Schließlich landen wir in einem Schuppen, in dem Thaiboxkämpfe dargeboten werden. Ich kann dem Geprügel normalerweise nichts abgewinnen, muss aber feststellen, dass mich die flinken Bewegungen der Boxer, die auf der Bühne mehr tanzen als kämpfen, durchaus faszinieren. Nach drei Kämpfen haben wir jedoch genug und ziehen weiter. Auf der Straße macht mich Lou auf weitere Ladyboys aufmerksam, und mit der Zeit bekomme auch ich einen Blick dafür. Lou schleppt mich in die nächste Bar. Wieder lauter Go-go-Mädchen, die sich ungeschickt räkeln. »Was ist denn mit der Pussy-Show?«, frage ich ungeduldig nach. »Abwarten, kommt noch«, erwidert Lou. Irgendwann muss ich nach oben auf die Toilette. Dort stelle ich fest, dass es oben richtig gemütlich ist. Die Mädels haben hier auch noch die letzten Kleidungsstücke abgelegt und tanzen direkt auf den Tischen der Kunden. Als ich aus der Toilette komme, steht Lou vor der Tür und wartet auf mich. Er spricht mit einer Art Puffmutter. Dann folgen wir einem schmalen Gang und kommen in einen Zuschauerraum mit Bühne. Natürlich ist das Licht schummrig und der Showroom schmuddelig. Hier geht gerade eine Livesexshow über die Bühne. Wie überall auf der Welt präsentieren die Darsteller routiniert und fast gelangweilt verschiedene Kenntnisse, als handele es sich um eine Lehrveranstaltung. Im Raum sitzen viele Paare, Lou erklärt mir, dass es inzwischen bei reichen Paaren aus Singapur oder China als chic gelte, sich die Sexshows anzuschauen. Für mich gibt es dabei nichts, das ich noch nicht gesehen habe. Zumindest glaube ich das bis zum nächsten Programmpunkt. Ein

Mädchen kommt auf die Bühne. Sie ist sehr hässlich, nackt, zündet sich eine Zigarette an, zieht zwei- bis dreimal daran, bis sie sicher ist, dass die Glut brennt, und geht dann in die Hocke. Nun raucht sie die Zigarette mit geschickten Kontraktionen – mit der Muschi. Ich überlege, ob sie einen Vaginaltrainingskurs in Russland absolviert hat, aber wahrscheinlich ist sie einfach nur talentierte Autodidaktin. Ein weiteres Mädchen erscheint auf der Bühne. Auch sie ist nackt, aber im Gegensatz zu den meisten anderen Frauen, die man sieht, nicht rasiert. Sie geht ebenfalls in die Hocke und zieht eine merkwürdige Kette aus ihrer Muschi. Zuerst denke ich, es wären Liebeskugeln, doch in Wahrheit sind es Rasierklingen. Mir wird heiß. Als alle draußen sind, freue ich mich für sie und klatsche frenetisch. Sicherlich sind es stumpfe Klingen gewesen, rede ich mir ein. Doch dann stellt sich das Mädchen hin und säbelt sich mit einer der Klingen ein paar Schamhaare ab, legt sie auf die Handfläche und pustet sie ins Publikum. Die chinesischen Männer stürzen sich auf die umhersegelnden Haare. Vermutlich wird ihnen eine ähnlich aphrodisierende Wirkung nachgesagt wie Haifischflossen oder Bärengalle. Ich werfe Lou einen Blick zu. Ich bin mir nicht sicher, ob ich die Nerven für weitere Darbietungen habe. »Du wolltest es nicht anders«, sagt er leise. Nun kommen zwei weitere Frauen auf die Bühne. Im Gegensatz zu den ersten Darstellerinnen sind sie kräftig gebaut. Sie haben einen Obstkorb dabei. Lustlos und mit gelangweiltem Gesicht steckt sich die eine eine Banane in die Muschi und zieht sie wieder heraus. Dasselbe Spiel geschieht mit einem Apfel und einer Orange. Während ich bete, dass die Früchte nicht dazu ausersehen sind, wieder im Publikum zu landen, zieht eine der Frauen eine Ananas aus dem Korb. Mir wird übel. Ich kann es nicht glauben, aber an diesem Abend lerne ich tatsächlich etwas Neues über die weibliche Anatomie. Und deren Dehnbarkeit.

Höhepunkt der Show ist letztlich tatsächlich ein Ping-Pong-Ball, den sich die Protagonistinnen ins jeweilige Körperteil schießen. Einer von ihnen gelingt sogar ein Jonglieren. Eine andere bietet einen Zaubertrick der besonderen Art an. Sie schiebt einen Ping-Pong-Ball ein und zieht eine lebendige Taube wieder heraus. Der Saal johlt. Ich möchte gehen, bevor eine der Frauen dasselbe womöglich mit einem Kaninchen wiederholt. Oder mit einem Rehpinscher. Als wir wieder auf der Straße sind, teile ich Lou mit, dass ich erst einmal einen starken Drink brauche. »Was hältst du davon?«, frage ich, während wir draußen eine Zigarette teilen. Er grinst. »Irgendwie ist es beruhigend, dass ihr Heteros genauso bizarr seid wie wir Schwule.« Ich stimme ihm zu und beschließe, das Thema Sex fürs Erste abzuschließen.

Die nächsten paar Tage schaue ich mir die anständigen Seiten der Stadt an, soweit das möglich ist, und plane meine weitere Reise. Als Sextouristin erster Güte oder zumindest Beobachterin des Sextourismus darf ich ein Ziel nicht aussparen: Pattaya, den Sündenpfuhl von Thailand, das Bumsparadies schlechthin.

Der Ort ist nur eine Busreise von Bangkok entfernt. Der Tag neigt sich bereits dem Ende zu und die Sonne versinkt langsam, als ich in Pattaya ankomme. Ich suche mir zunächst ein Hotel gehobenen Standards, mache mich frisch und nehme dann einen ersten »Schnupperkurs« in Sachen Sextourismus. Das Nachtleben ist bereits in vollem Gange. Zentrum sind die sogenannte Walking Street sowie die Soi Bouakhao mit ihren vielen Nebenstraßen, die Soi Diana und die Beach Road. In den vielen Bars, Diskotheken und Massagesalons hat das große Treiben mit den Girls schon begonnen. Sie sind überall und werben um ihre Kunden. Wenn Thailand der Freiluftpuff Asiens ist, dann ist Pattaya die Pilzinfektion. Ich habe das Gefühl, allein durch die Luft infiziert werden zu können, und atme ausschließlich durch die Nase, was mir das Gefühl beschert, mich durch Wolken von Spermageruch zu bewegen.

Männer jeder Alters- und Gewichtsklasse schieben sich durch die Straßen und begutachten die Frauen. Dicke Bäuche in bunten Hemden, es überwiegt der Typ »My body is no problem«. Die Frauen wiederum begutachten die Männer wie Zigeuner die Pferde auf dem Viehmarkt. Sie versuchen, ihren Wert einzuschätzen und ihre Ausgabebereitschaft. Im Vorbeigehen sehe ich ein Mädchen, das einem alten Kerl gegen die Zähne tippt. »Plastik?«, höre ich sie fragen. Vermutlich hat es sich bis hierher herumgesprochen, dass sich der Reichtum der Weißen an den Zähnen manifestiert. Ansonsten hört man den typischen Klangteppich aus: »Wie du heißen?« »Wo du herkommen?« »Wie lange du bleiben?« »Hello, darling, nice man.« In den vielen Go-go-Bars befinden sich jede Menge Girls mit Nummern, die die Männer nur ankreuzen müssen. Hat einem ein Mädchen zugesagt, wendet man sich an die entsprechende Mama-san und teilt ihr die Nummer des gewünschten Mädchens mit. Meistens gibt man dem Girl am Tisch oder an der Theke noch ein Getränk aus, legt eine Ablöse von 500 Baht hin und schon kann man es mitnehmen. Auch das Mädchen bekommt dann noch eine Entlohnung. Der Sextourismus hat sich hier so konzentriert, weil früher die GIs aus dem Vietnamkrieg für einen kurzen Sexstopover herüberkamen. Heute sind es die Bumsbomber, die den Mädchen sexhungrige Männer aus aller Welt vor die Füße spülen. Go-go-Bars und Sexshows, Kneipen und Hähnchengrills haben die Juweliere und Schneider verdrängt, für die das Städtchen einst berühmt war. Nach dem Fall des Eisernen Vorhangs rückte sogar die Russenmafia ein und karrte tonnenweise Wodka heran.

Mich erstaunt es, viele jüngere Typen zu sehen, die so eine Art von Tourismus eigentlich nicht nötig haben. Aber vermutlich ist diese Ansicht überholt, es geht gar nicht mehr ums »Nötighaben«. Es geht darum, dass diese Art von Urlaub, genau wie Puffbesuche bei Junggesellenabschieden zu Hause in Deutschland, inzwischen voll akzeptiert sind und irgendwie dazugehören. Ich gehe in eine der Bierbars und setze mich auf einen der Schemel, die selbst für mich viel zu wackelig scheinen. Alleinreisende weiße Frauen sind hier sehr selten und werden vollkommen ignoriert. Damit geht einer meiner Lebensträume in Erfüllung, denn ich scheine eine Tarnkappe zu tragen. Neben mir sitzt ein Typ, dessen Bauch von einem zeltartigen T-Shirt verdeckt wird. »Gute Jungs kommen in den Himmel, böse nach Pattaya« steht darauf. Er ist vom Alkohol aufgedunsen, hat ständig eine Zigarette zwischen den Fingern und schwitzt Alkohol aus. Nach dem dritten Bier, das wir in schweigender Eintracht am Tresen trinken, spricht er mich an.

Er vermutet, ich sei Journalistin. Nachdem ich seine Bedenken zerstreut habe, wird er lockerer und kommt ins Erzählen. Seit fünf Jahren überwintert er hier, so erzählt er. Ist in Frührente. In Deutschland hatte er selbst eine Kneipe, heute ist er hier bester Kunde. Als ich ihn frage, was ihm hier so gefalle, bekommt seine Stimme etwas Belehrendes. »Hör mal, Mädchen. Das hier ist für Männer das Paradies. Wir wollen unseren Spaß haben, möglichst oft und möglichst abwechslungsreich. Das ist hier möglich.« Ich muss nicht extra nachforschen, welchen Rein-raus-Spaß er damit meint. Als ich ihn frage, ob er eine feste

Freundin habe, macht er nur eine unbestimmte Kopfbewegung. »Hier in Thailand hat der Mann eine Hauptfrau und daneben, sagen wir mal, Gastarbeiterinnen.« Er rülpst lautlos und grinst. Eine Cola-Wolke, gemischt mit Rum, umhüllt mich.

»Du weißt aber schon, dass die Frauen es aus reiner finanzieller Not machen, um ihre Familien zu unterhalten, und nicht zum Spaß?«, sage ich.

Er zuckt ungeduldig mit den Schultern. »Na und, für die sind wir Geldautomaten auf zwei Beinen, das gleicht sich doch wieder aus.« Dann huscht ein Lächeln über sein Gesicht. »Die meisten von denen haben keine Schulbildung, können also kaum bis drei zählen. Ab der Ziffer 1000 geht es dann allerdings zügig. Das merken sie sich dann mit den Bildern.«

Er erklärt, dass ein Mann eine gewisse Strategie benötige, um nicht unentwegt zur Kasse gebeten zu werden. »Niemals Nein sagen, sondern es auf die Umstände schieben«, lautet seine Devise. Zum Beispiel behaupten, dass es plötzlich unerwartete Termine gäbe, nächste Woche der Wechselkurs viel besser sein würde oder der Geldautomat kaputt wäre. Er lacht wie ein Lausbub, fast sympathisch, wenn der Hintergrund nicht so traurig wäre. »Wenn ich hier ankomme, bringe ich immer Geschenke mit. Aber nicht für sie, denn Frauen erwarten Goldschmuck, das ist mir zu teuer. Nein, ich bringe den Kindern Präsente mit. Gummibärchen und Schokolade und ihr Papa bekommt eine Flasche Black Label.«

Zwei Tage Pattaya sind für mich mehr als genug, ich fahre im Anschluss noch weiter zu einer benachbarten Insel und genieße ein paar Tage am herrlichen Strand. In Thailand liegen Paradies und Hölle ganz dicht beieinander, und das ist es vermutlich, was es für Touristen so attraktiv macht. Danach führt mich meine Reise weiter nach Malaysia.

Malaysia. Der Kopfjäger, mein Busenfreund

Ich komme am Flughafen in Kuala Lumpur an und habe das Gefühl, in der Zukunft gelandet zu sein. Wirkte Pattaya wie eine Kneipenlandschaft der 80er, ist hier alles hochmodern und technisiert wie an Bord eines Raumschiffes. Zunächst suche ich auf dem stadtgroßen Flughafen verzweifelt und vergeblich die Gepäckausgabe, bis ein Agent mich darauf hinweist, dass ich dafür die Elektrobahn nehmen müsse. Selbstredend, dass mein zerschlissener Rucksack sich am Gepäckband ausmacht wie eine Straßentaube im Paradiesvogelgehege. Aber mit dem Rollkoffer auf Weltreise zu gehen wäre ja auch irgendwie doof. Vom Flughafen in die Innenstadt geht es mit einer modernen Bahn, die von einer Röhre zur nächsten gesaugt wird. Flatscreens mit Werbe- und Infofilmen sorgen dafür, dass sich die Fahrgäste während der Fahrt nicht langweilen und die Botschaften der Konsumwirtschaft Verbreitung finden.

Da ich in Malaysia niemanden kenne, habe ich von langer Hand ein Treffen mit einem Fremden angeleiert. Einem inzwischen bekannten Fremden, wie ich sagen muss. Denn seit einer Weile stehen wir schon in Kontakt. Während ich in Kuba war, befand er sich in Costa Rica. Als ich in Brasilien weilte, hielt er sich in Kolumbien auf, mehrere tausend Kilometer entfernt. Und als er schließlich in Brasilien war, war ich schon in Argentinien. Nächste Chance Asien, dachte ich und gab ihm immer wieder meine aktuellen Daten durch. Und jetzt befindet er sich in Kuala Lumpur wie ich.

Die Stadt Kuala Lumpur ist eine weitere Vision technologischer Macher. Sie wächst jährlich in die Höhe wie in die Breite. Ich verabrede mich mit meiner Internetbekanntschaft. an den Petronas Towers, genauer gesagt, an der gläsernen Brücke, die in etwa 100 Meter Höhe die beiden Türme verbindet. Während ich da warte, unter mir Zement, ein bisschen Plexiglas und dann erst mal lange gar nichts, spüre ich so etwas wie Romantik. Das könnte der Beginn von etwas Großem werden. Als dann jedoch ein ausgemergelter Typ auf mich zukommt, ist der Traum sofort begraben. Eigentlich sieht er ganz gut aus. Seine Augen wirken hungrig und stechend, aber vielleicht liegt das auch nur an seiner Magerkeit. Seit Gesicht ist mit keinerlei Unterhautfettgewebe unterfüttert. Wenn er spricht, spannt sich die Haut über seinem Schädel und wirkt noch straffer.

Aus dürren Männern mache ich mir allerdings überhaupt nichts. Da holt man sich ja ständig blaue Flecken, du lieber Himmel. Als Nächstes möchte er nach Indien, unvorstellbar, wie er danach wohl aussehen wird. Trotzdem tut es erst einmal gut, einen Begleiter zu haben. Zu zweit erkunden wir nun die Stadt, die vor allem eines zu bieten hat: mehrstöckige Elektronikmärkte, moderne Bahnen, Hochhäuser und die eine oder andere gestylte Bar.

Malaysia ist muslimisch und es herrschen hier strenge Gesetze. Prostitution ist verboten, man ahnt jedoch, dass sie trotzdem existiert, denn vereinzelt stehen Frauen herum und warten in den Schluchten zwischen den Hotels. Die Frauen hier tragen Kopftücher, die aber eher wie bunte, modische Accessoires wirken als wie ein »Verhüllungsinstrument«. Insgesamt sind die Menschen sehr zuvorkommend und nett.

Mit einer Art Hochbahn kann man sich durch die Stadt fahren lassen, ist dann über dem Verkehr und auf halber Höhe der Hochhaussilos. In den Waggons befinden sich Schilder, dass man in der U-Bahn nicht essen und sich nicht küssen soll. Die entsprechenden Verbotsschilder sehen zum Schreien komisch aus, aber es ist auch mal ganz schön, keinen sabbernden Pärchen beim Schmusen zusehen zu müssen.

Das Leben hier spielt sich überwiegend in Malls ab. Alles ist überdacht und klimatisiert. Das ist der großen Hitze geschuldet, aber mir persönlich ist es zu klinisch. Was man in Malaysia sehr gut genießen kann, ist das Essen. Alle Arten von asiatischer Küche sind vertreten. Daher gehen wir ständig essen. Doch der Körper meines Begleiters hat komplett auf Fettverbrennung umgeschaltet. An ihm bleibt einfach nichts hängen. Eines Abends macht er in der Bar mehrere Annäherungsversuche, die ich standhaft ablehne. Natürlich nicht aus moralischen Gründen, sondern weil ich einfach keine Lust habe, mit einem Gerippe zu schlafen und mir Blutergüsse zuzuziehen. Schließlich will ich mich noch am Strand sehen lassen können, denn Borneo, mein nächstes Ziel, wartet nicht nur mit Kopfjägern auf, sondern auch mit Naturparks und ursprünglichen Stränden: garantiert frei von Ravern und Sextouristen.

Jean, so heißt mein Begleiter, will direkt weiter Richtung Norden, nach Thailand, dahin, wo ich herkomme. Ich kann es ihm nicht verdenken, sind die Möglichkeiten für ihn dort doch unendlich vielversprechender als mit mir. Mit dem Thema Sex fühle ich mich bis zur Halskrause übersättigt und freue mich daher auf ein paar Tage Einsamkeit.

Ich buche also einen Flug nach Borneo: das Land der Orang-Utans, der Kopfjäger und das Land, in dem der Pfeffer wächst. Nach zwei Stunden Flug an Bord einer spektakulär kleinen Flugmaschine lande ich in Kuching, dem Flughafen von Borneo in der Provinz Sarawak. Der Flughafen ist ebenfalls unwirklich modern gehalten, wirkt wie ein überdimensionales Plastikspielzeug in der Landschaft einer Modelleisenbahn. Überhaupt ist Borneo, wie ich schon auf der Fahrt in die Stadt erkennen kann, die Insel der Gegensätze. Einerseits sieht man immer wieder moderne Industrieanlagen, die sich bis in die Stadt ziehen. Die Altstadt von Kuching liegt andererseits verträumt an einem Fluss und ist im chinesischen Kolonialstil gebaut. In der schönen Pension, die mir mein Reiseführer empfiehlt, ist leider kein Zimmer mehr frei. Also ziehe ich weiter in die Innenstadt und finde Unterkunft in einer chinesisch geführten Pension, die auf den ersten Blick ganz gut aussieht. Das Zimmer entpuppt sich dann allerdings als Garage mit einem rostigen Bett. Da ich zu müde bin, um zu protestieren und mir ein anderes Zimmer zu suchen, belasse ich es erst mal dabei. Nur kurz sinke ich auf die feuchte Matratze, mache mich dann frisch und gehe wieder aus. Kuching ist wirklich wunderschön. Die historische Stadt, die sich an die Ufer des Sarawak-Flusses schmiegt, erinnert an die romantische Ära der weißen Rajas, die dieses Königreich hundert Jahre lang regierten. Kolonialbauten, Überreste einer englischen Renaissance, Moscheen, chinesische Tempel und elegante moderne Bauwerke prägen das Stadtbild. Hier verlief auch die alte Gewürzstraße, und auf den Märkten findet man alle Sorten von duftenden Kräuter, Pulvern und eben Pfeffer. Am Fluss liegt ein herrliches Café mit schmiedeeisernen Stühlen, in dem ich etwas trinke. Dann geht es weiter zu den Shops, wo aus Ziegenhaut hergestellte Schrumpfköpfe verkauft werden, Holzschnitzereien und wieder Pfeffer in allen Variationen. Außerdem kann man Touren ins Landesinnere buchen. Ich gehe in eines der Büros und melde mich für eine Tour in den Bako National Park an. Am nächsten Tag will ich dann in das berühmte

Orang Utang Wildlife Sanctuary, die größte Orang-Utan-Auffangstation der Welt. Eine Tour zu den Kopfjägern steht auch noch auf meiner Wunschliste, aber ich will es langsam angehen. Immerhin befinden sich nur 15 Minuten Fahrt von hier die herrlichsten Strände. Durch die morgige Tour hoffe ich, weitere Touristen kennenzulernen, mit denen man dann vielleicht die eine oder andere Aktivität planen kann.

Abends nehme ich noch ein Nudelgericht zu mir und gehe dann zu Bett. Die Matratze stellt sich nicht nur als feucht heraus, sie ist ein regelrechter Schwamm. Ich verbringe daher die Nacht, die glücklicherweise nicht allzu lange dauert, weil ich schon früh für meine Tour abgeholt werde, fast schlaflos.

Am nächsten Morgen steht ein kleiner VW-Bus rechtzeitig bereit. Der Führer, der aussieht wie die asiatische Ausgabe von Johnny Depp, mit ohrenlangen Haaren und dem charakteristischen Bart, gibt mir zur Begrüßung die Hand und lädt mein Gepäck in den Laderaum. Außer mir ist nur noch eine 50-jährige Australierin an Bord, eine sehr überschaubare Reisegruppe. Wir fahren etwa 45 Minuten nach Baku zur Bootsanlegestelle. Chris, so nennt sich unser Führer, verlädt unsere Taschen in ein Langboot mit Motorantrieb und wir fahren damit bis zur Anlegestelle des Baku National Park. An der Station des Parks gibt es erst einmal ein Mittagessen, bestehend aus Nudeln, Soße und Nescafé.

Wie sich herausstellt, leidet die mitreisende Australierin unter einer Darmgrippe, die sich zusehends verschlimmert. Daher beschließt unser Führer, sie unter Aufsicht im Camp zu lassen. Da waren's nur noch zwei. Umso intensiver das Erlebnis für mich, so versuche ich mich zu trösten. Beim Bako National Park handelt es sich um ein Areal mit fantastischen Felsformationen, hohen Klippen und Sandstränden direkt an der

Küste des Südchinesischen Meers. Es ist der älteste Nationalpark Sarawaks. Kilometerlange Wanderwege führen durch den Regenwald und ermöglichen es einem, die Tier- und Pflanzenwelt zu bestaunen. Während wir auf einem schmalen Pfad durch den Wald marschieren, macht mich Chris immer wieder auf seltene Orchideen aufmerksam oder furchterregende Spinnen. Irgendwann bleiben wir stehen und Chris bedeutet mir, ruhig zu bleiben. Kurz darauf turnt eine Horde Nasenaffen durch die Bäume, die hässlichsten, aber auch erstaunlichsten Tiere, die ich bisher gesehen habe. Wir gehen weiter, irgendwann wird der Weg felsig, immer wieder reicht Chris mir die Hand, um mich zu stützen, ganz Gentleman. Es fühlt sich gut an. Dann verlassen wir den Wald und gelangen zu einer bezaubernden Bucht mit weißem Sand und kleinen Felsen, die von Wald gesäumt ist – absolut traumhaft. Gut, dass ich Badezeug dabeihabe. Auch mein Reiseführer ist so frei und zieht sein T-Shirt aus. Was dabei zum Vorschein kommt, lässt mir den Atem stocken. Sein Oberkörper ist beeindruckend tätowiert. Der gesamte Rücken ist überzogen mit Rhomben, die großflächig ausgefüllt sind. An den Seiten laufen die Rhomben in Elefantenrüsseln aus und ringeln sich an Hüfte und Taille, genau da, wo's kitzelt oder eben auch verdammt wehtut. Diese Tätowierung muss nicht nur eine Ewigkeit gedauert haben, sondern auch höllenmäßig schmerzhaft gewesen sein. Eigentlich bin ich nicht sonderlich begeistert von Tätowierungen à la Arschgeweih und Co. Aber in dem Moment, in dem ich Chris' Tätowierungen sehe, weiß ich: Ich muss ihn haben. Er erzählt mir, dass das Tattoo auf die traditionelle Weise des Volkes der Iban angefertigt wurde. Das heißt nicht mit der Elektronadel, sondern mit kleinen, spitz zugefeilten Bambusröhrchen, die in Tinte getaucht und an den entsprechenden Stellen in die Haut gebohrt werden. Er sagt, es sei viel unangenehmer als die Methode mit der elektronischen Nadel, aber unter den Iban-Männern sei das die übliche Weise, sich zu beweisen.

»Und wie lange hat das gedauert?«, frage ich.

»Mehrere Jahre«, erwidert er. »Eine Behandlung kann auch nicht allzu lange dauern, da der Körper nach einer Weile so viel Adrenalin ausschüttet, dass der ganze Körper zittert, dann muss der Vorgang für ein paar Tage unterbrochen werden.«

Jetzt ist das Gemälde komplett. Und Chris ein wandelndes Kunstwerk. Ich muss ihn einfach haben. Erwähnte ich das bereits? Egal, dass er Asiate ist. Egal, dass er mir nur bis zur Schulter reicht. Ich muss ihn haben!

Natürlich versuche ich, mir das nicht anmerken zu lassen. Was zunächst auch gelingt. Wir baden im Wasser, sonnen uns am Strand. Ich bin wie benebelt, aber das kann auch an der Hitze liegen. Irgendwann wird es Zeit: Tarzan und Jane müssen nach Hause. Er schlägt mir vor, eine Abkürzung zu nehmen und mich mit dem Boot abzuholen. Ich vertraue ihm vollkommen und tatsächlich kurvt er nach einer halben Stunde mit dem Boot um die Ecke. Wie sich herausstellt, ist die Australierin bereits zurückgefahren, sodass wir wieder allein sind. Ich beobachte sein flatterndes Haar und sauge seine Nähe förmlich auf. »Wenn du willst, fahren wir morgen zu den Orang-Utans«, schlägt er vor, als er mir aus dem Boot hilft. Natürlich will ich. Außerdem brauche ich ein neues Hotel. Er empfiehlt mir das »Park Inn«, einen Kasten in der Nähe des Hafens, in dem hauptsächlich Malaysier wohnen. Ich nehme mir vor, am nächsten Tag umzuziehen.

Später am Abend holt er mich ab und lädt mich in eine der billigen Nudelbars ein, in die ich mich allein niemals hineintrauen würde. Es ist einfach toll! Wahrscheinlich führt er hier gern seine Beute vor, denn die Chinesen am Topf grinsen. Aber vielleicht ist das auch ihr typischer Gesichtsausdruck. Nach dem Essen gehen wir noch in einem Pub etwas trinken. Thema unserer Gespräche sind natürlich seine Tattoos. Er erzählt mir, dass er damit begonnen habe, als er in den Docks von Singapur gearbeitet hat. Und in der Tat finden sich einige, die man heute als Knasttattoos bezeichnen würde. Dann hat er damit angefangen, sich nach Tradition der Iban tätowieren zu lassen. Von denen er auch abstammt. Wir reden auch über unsere Reisen, selbstverständlich serviere ich ihm eine zensierte Version. Nur Thailand schildere ich ihm in allen Details. Er lacht und gesteht, dass er selbst fast einen Unfall mit einem Ladyboy gehabt hätte.

Der Barkeeper starrt uns an. Man kann die Luft zwischen uns förmlich prickeln sehen. Aber ich habe plötzlich Skrupel. Mannomann, der Mann ist Asiate und reicht mir bis zur Schulter.

Schließlich bringt er mich zum Hotel, ohne die Initiative zu ergreifen. Wieder schlafe ich in dem miefigen Bett schlecht. Am nächsten Morgen steht Chris schon vor der Tür. Nachdem er meine Sachen ins Auto gepackt hat, fahren wir los zum Orang-Utan Resort. Orang-Utan bedeutet eigentlich Waldmensch. Die Orang-Utans sind eine Primatengattung aus der Familie der Menschenaffen. Von den anderen Menschenaffen unterscheiden sie sich durch ihr rotbraunes Fell und ihren stärker an eine baumbewohnende Lebensweise angepassten Körperbau. Sie leben hauptsächlich in den Ästen der Bäume, kommen so gut wie nie auf die Erde und existieren nur auf Borneo und Sumatra in Indonesien, sind also sehr selten. Ihr Bestand ist vor allem durch zwei Dinge bedroht: Einerseits wird durch ständige Waldrodungen ihr Lebensraum immer stärker eingeschränkt. Andererseits werden die Tiere gerne als Babys gefangen und dann als Haustiere gehalten oder an reiche Malaysier verkauft. Dafür werden die Mütter getötet, die Babys nimmt man mit. Aber auch erwachsene Orang-Utans hält man sich gerne, in Indonesien gibt es sogar Puffs mit Orang-Utans. Im National Resort werden Tiere, die man aus solchen Verhältnissen befreit hat, wieder aufgepäppelt und an die natürliche Umgebung gewöhnt. Manche Tiere werden wieder ausgewildert, aber nicht alle sind dazu in der Lage, sich selbst zu versorgen. Die Gehege im Orang-Utan-Zentrum sind so groß, dass es nicht selbstverständlich ist, die Tiere bei einem Besuch auch zu sehen. Die beste Zeit dafür ist morgens bei der Fütterung. Wir haben Glück und erblicken an diesem Morgen zwei Weibchen mit ihren Jungen. Wenn sie sich lässig von Baum zu Baum schwingen, haben sie etwas zutiefst Menschliches, Gelassenes.

Der Wildhüter zeigt uns Fotos der Tiere, wie man sie vorfand. Rasiert, in einem Käfig gehalten, an Alkohol und Zigaretten gewöhnt. Das finden die Leute offenbar lustig und bezahlen Geld dafür, erklärt der Wildhüter angeekelt. Wir beobachten die Affen noch eine Weile , dann geht unser kleiner Ausflug weiter und Chris zeigt mir noch einige seiner persönlichen Sehenswürdigkeiten. Einen Aussichtsturm, einen Strand, ein besonderes Haus in der Innenstadt. Dann fahren wir zu meinem neuen Hotel. Ganz Gentleman – ich vermute mit Hintergedanken – trägt er meinen Rucksack in die Lobby und wartet, bis ich fertig bin mit Einchecken. Selbstverständlich bringt er meinen Rucksack dann auch aufs Zimmer, in dem ich einen wunderbaren Blick über die Stadt und den Fluss habe. Und auf Chris' Oberkörper, den er in Windeseile entblößt hat. Das ist genug. Wir werfen uns aufs Bett und fallen übereinander her. Er fühlt sich noch besser an, als er aussieht. Sehnig und definiert. Ich kann nicht genug davon bekommen, seine Tattoos anzufassen. Und ihn macht es offenbar an, dass ich so darauf abfahre.

Als er sich auf mich legt, ist der Größenunterschied ausgeglichen. Was hat mich überhaupt je daran gestört? Seine Haut ist glatt und warm. Er küsst gut und zieht mich geübt aus. Er stammt von den Iban ab, dem Stamm der Kopfjäger, doch anscheinend findet er auch an anderen Körperteilen Gefallen, denn er widmet sich mit Inbrunst meinen Brüsten, meinen Schenkeln und dann auch sehr geübt der Region dazwischen. Schließlich streift er geschickt ein Kondom über und wir praktizieren die United Nations. Völker aller Länder, vereinigt euch. Und ich bin Sonderbotschafterin der Geilheit.

Entgegen gängiger Klischee besitzt er keinen Schwanz in Erdnussgröße, sondern kann befriedigende Maße vorweisen. Und er ist unglaublich einfühlsam. Ist das vielleicht eine Wesensart der Asiaten? Egal. Ich genieße, ohne zu hinterfragen. Erst hinterher wird mir wieder der Unterschied bewusst. Ich groß und massig, er klein und drahtig. Entsprechend verhülle ich mich auch, als ich ins Bad gehe.

Am nächsten Tag hat Chris eine größere Tour nach Kota Kinabalu, und ich mache einen Ausflug ins Cultural Village, eine absolut alberne Angelegenheit, denn es handelt sich dabei um ein künstliches Dorf, in dem Ureinwohner wie Zootiere ausgestellt sind und traditionelles Handwerk und Tänze vorführen. Es ist wie im Zirkus der 1920er-Jahre, als dort Eskimos und Afrikaner in Originaldörfern zur Schau gestellt wurden. Mit dem Unterschied, dass die Leute hier Angestellte sind, die den Job auch gerne machen. Zumindest nehme ich das stark an.

Ich wandere durchs Village, mache ein paar Fotos, nachmittags fahre ich dann mit einem Kleinbus zum Damai Beach Resort, wo man in einer herrlichen Bucht schwimmen kann. Ich habe Sehnsucht nach Chris, esse früh zu Abend, und als ich zu Bett gehe, stelle ich fest, dass ich meine Tage bekomme. Verdammt, immer dann, wenn's am wenigsten passt. Dennoch beschließe ich, mir die Laune davon nicht verderben zu lassen.

Ich freue mich auf den nächsten Tag, denn da werden Chris und ich einen Ausflug zu den Iban machen, den Kopfjägern, die im Urwald ganze Dörfer auf Stelzen bauen. Die Iban sind die Ureinwohner Borneos. Sie wohnen in den sogenannten Longhouses, Häusern, die über 50 Familien beherbergen und mehrere hundert Meter lang sein können. Ihren Lebensunterhalt verdienen sie hauptsächlich durch Reis- und Pfefferanbau. Zur eigenen Versorgung werden einige Nutzpflanzen angebaut und die Dinge verwendet, die der Dschungel bietet. Früher wurde der Fleischbedarf durch die Jagd gedeckt, als Waffe nutzte man hierfür das Blasrohr, dessen Pfeile mit einem hochgiftigen Saft getränkt wurden. Ihren Ruf, Kopfjäger zu sein, haben sie von dem Brauch, die Köpfe ihrer Feinde zur Abschreckung weiterer Angreifer am Dorfrand aufzuspießen. Diesen Brauch habe man jedoch lange aufgegeben, so versichert mir Chris. Die Iban seien ein freundliches, offenes Volk, das Besucher gerne empfängt. Ich beschließe, ihm zu glauben, auf einen Stock gespießt möchte ich beim besten Willen nicht enden.

Die Fahrt führt uns durch vielfältige Landschaften vorbei an Pfeffer- und Palmölplantagen, Reisfeldern und Bauernhöfen. Schließlich gelangen wir nach Serian, wo wir einen kleinen Markt besuchen und Lebensmittel und Geschenke für die Iban einkaufen, da es Brauch ist, kleine Geschenke für die Familien mitzubringen, allerdings kein Geld. Ab einem bestimmten Punkt geht es weiter mit dem Boot. Chris verstaut das Gepäck in Langbooten, mit denen wir zwei Stunden flussaufwärts fahren und dann in einen Seitenarm einbiegen. Zu keiner Zeit macht er irgendwelche Annäherungsversuche, vielleicht hat er ja auch das Verbotsschild »nicht küssen« im Kopf.

Nach einer weiteren Stunde Fahrt kommen wir zu einer Siedlung mitten im Dschungel, in der wir von Frauen und drei kleinen Kindern mit Tee und Gebäck empfangen werden. Der Rest der Familien ist noch auf den Feldern bei der Arbeit. Wir werden ins Dorf eingeladen, wo mir die täglich anfallenden Arbeiten vorgeführt werden: Reis mahlen, Pfeffer trocknen und so weiter. Die Tätigkeiten kenne ich bereits aus dem Cultural Village. Chris erzählt, dass die Iban dieses Dorfes noch relativ ursprünglich leben. »In anderen Dörfern gibt es schon Waschmaschinen und Fernseher.« »In der Bambushütte?«, frage ich erstaunt. Er nickt. Das finde ich beachtlich, denn immerhin schweben diese Häuser auf Pfählen gut zwei Meter über der Erde.

Zum Abendessen gibt es im Bambusrohr gegartes Hähnchen, gebratene Bananen, Dschungelfarn, Bohnen und selbst hergestellten Reisschnaps. Egal, wo man sich auf der Welt auch aufhält, der Mensch findet immer eine Möglichkeit, sich zu berauschen. Im Anschluss demonstrieren ein paar jungen Männer alte Kriegstänze. Irgendwann werden wir aufgefordert mitzumachen. Erst als ich mich erhebe, bemerke ich, wie stark der Schnaps war, und plumpse gleich wieder auf den Boden. Die Iban lachen sich kaputt. Dann werden die mitgebrachten Gastgeschenke unter allen Familien gerecht verteilt und schließlich gehen alle gemeinsam ins Bett, selbstverständlich getrennt nach Geschlechtern. Ich hoffe nur, dass der dünne Bambusboden unter mir hält, denn wahrscheinlich bringe ich das durchschnittliche Gewicht der Iban gleich zweimal auf die Waage.

Um vier Uhr morgens weckt uns der erste Hahn. Zwar muss ich nicht mit den anderen aufstehen, aber schlafen ist nur noch eingeschränkt möglich, denn die Iban veranstalten einen Höllenlärm bei ihren morgendlichen Verrichtungen. Laut Chris dient dies dazu, wilde Tiere und vor allem Kriechtiere zu vertreiben. Später machen Chris und ich noch einen kleinen Ausflug durch den Dschungel, dann geht es wieder zurück nach Kuching. Per Boot und per Auto. Auf der Heimfahrt erzählt Chris, dass viele Iban ihre Familien verlassen, um irgendwo zu studieren, aber sehr häufig nach Hause zurückkehren, weil ihnen dieses Leben besser gefällt. Das kann ich mir gut vorstellen, auch wenn ich von den wirklichen Anstrengungen, die solch ein Leben mit sich bringt, nichts kennengelernt habe. Meine Nachfrage, ob auch Chris wieder zurückkehren möchte, verneint er. Seine Familie wohnt etwas weiter im Norden, und er besucht sie lediglich ab und an. Nachmittags sind wir wieder im Hotel. Wir gehen nacheinander ins Bad. Da ich so wild auf ihn bin, beschließe ich, das bisschen Menstruation zu ignorieren, und werfe mich ihm in die Arme, sobald ich aus dem Bad komme. Wir haben wieder diesen unbeschreiblich einfühlsamen Sex, und ich habe immer noch nicht genug davon, seine Zeichnungen zu berühren. Seine nassen Haare schlackern ihm ins Gesicht. Dann unterbricht Chris, um wieder Jagd auf meine restlichen Körperteile zu machen. Er schaut mir zwischen die Beine und ist geschockt. »Blood, very much blood«, ruft er, springt auf und rennt ins Bad, wo er sich sogleich abduscht. Als er herauskommt, ist er kreidebleich, als hätte nicht ich, sondern er den Blutsturz gehabt. Typisch

Mann, denke ich, während ich aufstehe, um nun selbst ins Bad zu gehen. Die Köpfe seiner Feinde aufspießen, aber beim Anblick von ein bisschen Monatsblut die Krise bekommen. Aber wahrscheinlich gibt's das nur bei den Europäerinnen, dass so was dazugehört. Frauen anderer Stämme bewahren ihre Männer sicherlich vor diesem Anblick.

Wir legen uns noch eine Weile aufs Bett, dann verabschiedet sich Chris. Das war's, denke ich, als er zur Tür geht, aber dann dreht er sich um und meint: »Wir haben morgen hier im Hotel eine Party des Touristenverbandes. Kann ich danach zu dir kommen?« Da ich das Gefühl habe, Wiedergutmachung leisten zu müssen, stimme ich zu. Wie praktisch, dass er mich in diesem Hotel einquartiert hat, wo just ein paar Tage später die Party stattfindet. Ein Schelm, der Böses dabei denkt. Nachdem er verschwunden ist, sinke ich in meine Kissen und schlafe hervorragend.

Den nächsten Tag verbringe ich erneut am Strand. Abends esse ich an der Strandbar, es gibt mal wieder Laksa, die typische Nudelsuppe. Bis etwa ein Uhr bleibe ich wach. Kein Chris. Er wird wohl anderswo untergekommen sein oder ist doch nach Hause gefahren. Jedenfalls lösche ich das Licht und schlafe sofort ein. Ich wache auf von einem Hämmern an der Tür, als wolle jemand sie einschlagen. Mein Herz klopft bis zum Hals. Ein Einbruch? Eine Revolte und sie kommen mich holen? Vorsichtig schleiche ich zur Tür. Dann erkenne ich Chris' Stimme und öffne, woraufhin sich mir ein sehr seltsames Bild bietet. Vor mir steht ein asiatischer Kopfjäger, verkleidet als Cowboy mit Stiefeln und Hut. Er ist so mit Feuerwasser abgefüllt, dass er sich kaum auf den Beinen halten kann. Er wankt ins Zimmer, verbringt eine bedenklich lange Zeit im Bad und legt sich dann zum Schlafen auf den Boden.

Das ist mir nur recht, denn der Typ ist so stinkbesoffen, dass er mir ziemlich unheimlich ist. Ich liege nun wach im Bett, er aber verfällt in ein atemberaubendes Schnarchen, das die Jalousien am Fenster zum Wackeln bringt. Sollten sich in diesem Zimmer jemals wilde Tiere oder Kriechtiere befunden haben, sind sie in dieser Nacht bestimmt alle in die Flucht geschlagen worden. Da ich bei diesem Getöse nicht einschlafen kann, packt mich irgendwann der Zorn, sodass ich ihn wecke und bitte, leiser zu schlafen. Doch er dreht sich nur um und schnarcht weiter. Ich wecke ihn wieder. Diesmal will er zu mir ins Bett kommen und beginnt, mich zu betatschen. Von seiner gestrigen Blutangst keine Spur mehr. Ich steigere mich in eine Mischung aus Angst und Wut hinein und schmeiße ihn kurzerhand aus dem Zimmer. Das jähe Ende unserer romantischen Affäre, aber besser als ein Schrecken ohne Ende.

Nach dieser unruhigen Nacht stehe ich am nächsten Morgen spät auf und fahre wieder zum Beach. Abends mache ich dann einen Abstecher zum Reisebüro und buche meine Weiterreise nach Singapur und Australien. Carl hat sich in letzter Zeit immer wieder bei mir gemeldet und ich freue mich darauf, ihn wiederzusehen. Als ich ins Hotel komme, treffe ich einen sehr zerknirschten Chris, der sich bei mir entschuldigen möchte. Ich nehme die Entschuldigung an, aber meine Reise verschiebe ich dennoch nicht. Schon am nächsten Tag geht es weiter nach Singapur, wo ich zwei Tage Aufenthalt habe und nach einem kleinen Rundgang durch die Stadt feststellen muss, dass diese zwei Tage auch absolut ausreichend sind.

Singapur ist wohl das Stückchen Erde, auf dem es dem Menschen am gründlichsten gelungen ist, alles Typische auszumerzen. Bis Mitte der 1980er-Jahre gab es auf den Flüssen noch schwimmende Märkte und die Stadt war ein Gewirr von kleinen Gässchen und Holzhäusern, die die Chinesen hier errichtet hatten. Das alles wurde radikal plattgemacht, Menschen wurden enteignet und in sterile Hochhäuser umgesiedelt. Die Flüsse wurden begradigt und ihre Ufer mit Promenaden aus Fertigbauteilen zugepflastert. Singapur ist so, wie Asien in Disneyworld dargestellt werden würde. Alles ist klinisch, geordnet, gepflegt. Gut, ich vermisse keine festgetretenen Kaugummis auf der Straße, und ich vermisse es auch nicht, dass nicht alle paar Meter jemand einen stinkenden Döner verzehrt oder mit seiner Bäckertüte raschelt. Aber diese Stadt hat in ihrer Künstlichkeit etwas Unnatürliches. Selbst der Strand wirkt künstlich und täuscht Idylle vor, während zwei Kilometer weiter schon wieder die Öltürme in den Himmel ragen.

In den Malls gibt es dieselben Marken zu kaufen wie in London, Paris oder New York. Auf dem Flug hierher habe ich einen Griechen kennengelernt, gemeinsam vertreiben wir uns den Stopover in der Stadt. Wir gehen essen im letzten Rest von Chinatown, wo ungefähr 100 Quadratmeter noch in der alten Art erhalten sind. »Total unhygienisch«, urteilt der Grieche. Aber wenigstens schmeckt das Essen. Anschließend gehen wir in eine Bar am Fluss, die auf null Grad heruntergekühlt ist. Man reicht uns Daunenjacken, wir stehen da und trinken Wodka, während uns Atemwölkchen aus dem Mund treten. Was für die Finnen die Sauna ist, denke ich, ist für die Singapurianer wohl eine Null-Grad-Bar. Nach einiger Zeit ziehen wir weiter und landen auf einer After-Work-Party, bei der der Alkohol in Strömen fließt. Ich berichte dem Griechen bruchstückhaft von meiner Reise. Irgendwann schaut er mich an und fragt: »Und du hattest tatsächlich mit all den Männern Sex?«

Als ich zustimme, verrät sein Gesicht Missbilligung. »Wo ist das Problem?«, forsche ich nach.

Er zuckt mit den Schultern. »Die Frau nutzt sich ab«, sagt er schließlich.

Nanu, denke ich. Ist meine Fotze etwa ein Radiergummi? Mein G-Punkt eine Paybackkarte, auf der alle Punkte akribisch gespeichert werden? Ich verbuche das Ganze unter griechisch-orthodoxer Engstirnigkeit und beschließe, mich nicht auf eine Diskussion einzulassen. Stattdessen verabschiede ich mich und entschließe mich dazu, von nun an die Stadt allein zu erforschen.

Am nächsten Tag mache ich eine Stadtrundfahrt und besuche die künstlich vergrößerte Insel Sentosa. Abends komme ich dann ins Inderviertel, wo die Stadt noch einen Hauch von Originalität aufweist. Zumindest an einem Sonntagabend, an dem alle freihaben und die Hafen- und Dockarbeiter, die Bau- und Straßenarbeiter aus Indien, Pakistan und den arabischen Ländern auf die Straße strömen und diese bevölkern. Es herrscht ein dichtes Gedränge von Menschen, man hört die unterschiedlichsten Sprachen. Ich esse irgendein indisch-arabisches Fusion-Gericht an einem der Stände und fahre dann weiter ins »Raffles Hotel«, wo der berühmte Singapore Sling erfunden wurde. Bei einem Drink sinniere ich über die verfickte Reise, die nun fast hinter mir liegt. Ich hatte tatsächlich Liebhaber aller Couleurs und Schattierungen. Zwischen meinen Beinen haben sich die Nationen vereinigt. Ich habe Glanz und Elend der Erotikwelt erlebt und festgestellt, dass ich unheimlich privilegiert bin, weil ich mir aussuchen kann, mit wem ich schlafe. Dass ich meinen Körper nicht verdingen muss. Jede Menge Erfahrungen liegen hinter mir. Und ich habe keinen Schimmer, was vor mir liegt. Morgen werde ich

Carl wiedersehen. Wie wird das wohl sein? War seine Einladung einfach freundschaftlich gemeint, war sie unserer Verbundenheit geschuldet, der Tatsache, dass wir in Indien so viel durchgemacht haben? Oder stand noch etwas anderes im Raum? Und warum beschäftigt mich diese Frage, obwohl ich vor drei Tagen noch mit einem Asiaten gevögelt habe? Ich leere meinen Sling und bestelle noch einen. Als ich jedoch bemerke, dass der Drink bereits fertig gemixt aus einer Flasche kommt, ziehe ich meine Bestellung zurück und bezahle. Singapur ist in jeder Hinsicht eine Enttäuschung.

Australien. Reiseziel erreicht?

Acht lange Stunden fliege ich, die Zeit an Bord will einfach nicht vergehen, den Reiseführer habe ich bereits dreimal durchgelesen. Australien ist das Land mit der siebtlängsten Küste der Welt. Es besteht zu gleichen Teilen aus Küste und netten Städten, wo es relaxed zugeht, und einem roten Kern, der mit den Aborigines besiedelt ist. Im 18. Jahrhundert drang eine Horde Wilder ins Land ein, ließ sich irgendwo im Busch nieder und gedieh dort zu echten Männern. Die australischen Farmer, so sagt man, gehören zu den härtesten Burschen der Welt. Parallel dazu entwickelte sich in den Städten eine zweite wichtige Linie des australischen Mannes: der Surferboy. Surfen ist seine Religion und der Strand sein Wohnzimmer.

Ich brauche aber weder einen Farmer noch einen Surferboy, denn ich habe meinen Begleiter für Sydney ja schon gefunden. Als wir endlich im Landeanflug sind, bin ich aufgeregt wie an meinem ersten Schultag. Das erste Mal auf meiner Weltreise werde ich von jemandem abgeholt, der mir wirklich nahesteht. Kein Treffen mit einem Unbekannten, bei dem Tausende Ängste mitreisen, nein, es ist Carl, der in Sydney lebt und mit dem mich außer der Indienreise und dem krachenden Toilettenaufenthalt noch Gefühle verbinden. Von denen ich aber nicht weiß, ob sie erwidert werden. Nun, hier am Ende der Welt werde ich es herausfinden. In jedem Fall ist es ein unheimlich schönes Gefühl, erwartet zu werden.

Und tatsächlich. Zwischen den vielen anderen Abholern steht Carl und wartet. Er ist genauso braun gebrannt wie der ganze Rest. Überhaupt sieht er so viel gesünder aus als vor vier Wochen, als er Indien verlassen hat: mehr Kilos auf den Rippen, mehr Sonnenbräune, mehr Muskeln. Verdammt, er sieht noch besser aus als damals. Ich sehe meine Chancen bereits gen null schwinden.

Nach einer ersten Begrüßung bringt er mich in seinem Pick-up zu sich nach Hause. Er wohnt in der Nähe der Oxford Street im Stadtteil Paddington. Auf der Oxford Street sind jede Menge abgedrehter Typen zu sehen, Sydney und speziell die Oxford Street gelten weltweit als Mekka für Schwule. Ich wäre daher nicht überrascht, einige meiner schwulen Freunde und Gastgeber hier zu treffen, aber ich habe niemandem Bescheid gesagt, dass ich hier bin, ich gehöre ganz Carl. Er biegt in eine Straße mit wunderschönen viktorianischen Häuschen mit schmiedeeisernen Balkonen und Geländern, teils überwuchert von Frangipanibäumen oder Hibiscus. Er wohnt in einem grün-weißen Haus, umgeben von alten Bäumen. Das Wohnzimmer ist modern und einfach eingerichtet, in der Ecke steht natürlich ein Surfbrett. Als ich auf den Balkon hinaustrete, schaue ich ins Grüne. Dieser Mann ist wirklich in jeder Hinsicht begünstigt. Obwohl wir nur zwei Minuten von der belebten Amüsiermeile weg sind, ist es total ruhig und friedlich. Könnte ich mir vorstellen, hier zu leben? Ich wage den Gedanken kaum zu denken.

Zunächst mache ich mich frisch, dann gehen wir in eines der Esslokale in der Oxford Street. Sie sind alle im Stil englischer Pubs mit viel Holz verkleidet. Auch das Essen ist herrlich englisch bodenständig. Ich genieße ein Englisch Breakfast mit Würstchen und Bohnen. Ich bin von den Zeiten her so durcheinander, dass ich gar nicht mehr weiß, um wie viele Stunden ich Deutschland gegenüber im Rückstand bin oder nicht. Es ist mir auch egal. In dem Pub geben sich grell geschminkte Transen, Lederschwule und Turnschuhjungs die Türklinke in die Hand. Die von Bars, Cafés und Fetischshops gesäumte Oxford Street ist in Sydney das, was die Queer Street in London ist. Auf dem Heimweg sehe ich nackte Fensterputzer, Männer mit freiliegenden Hinterbacken und Lederkappe. So gewinnt man den Eindruck, Gay ist das neue Hetero in Australien. Carl bestätigt, dass Sydney äußerst liberal ist, im Rest von Australien jedoch testosteron-, bier- und bartstoppeltriefendes Machotum herrscht à la Mel Gibson und Crocodile Dundee. Sportarten wie Rugby werden geradezu verehrt und als brutal, aber ehrlich vergöttert.

Man sieht überall viele Tätowierte, was auch daran liegt, dass die Kleidung relativ leicht ist. Auf die Frage, was denn typisch australisch sei, antwortet Carl: »Es ist egal, was passiert und wie es passiert. Hauptsache, es passiert draußen. Die Australier haben eine intime Liebesbeziehung mit frischer Luft. Die meisten Australier haben ihren ersten Sex irgendwo draußen oder auf der Ladefläche eines Pick-up.« Ich muss grinsen. So bekommt der Name des Gefährtes eine ganz neue Bedeutung.

Carl schlägt noch vor, in eine Bar zu gehen, aber mich hat der Jetlag fest im Griff, daher will ich lieber nach Hause und schlafen. Untergebracht werde ich – zu meiner Enttäuschung – in seinem Gästezimmer. Am nächsten Morgen erwache ich erfrischt und voller Energie. Carl hat mich schlafen lassen. Ich frage mich, ob das ein gutes oder ein schlechtes Zeichen ist. Nach einem leckeren Frühstück geht es auf Entdeckungsreise. Wir fahren zum Hafen und nähern uns der Oper von Sydney mit dem Boot. Unter uns der tiefblaue Pazifik, über uns herrlich blauer Himmel, Wind, Sonne – es scheint, als würden die Elemente in Australien ihr Bestes geben. Carl führt mich durch die Oper und mit etwas Glück bekommen wir noch Karten für eine Aufführung in vier Tagen. Mittags bummeln wir durch den Botanischen Garten, liegen im Gras und umarmen die Bäume, wie uns die Erlaubnisschilder es zeigen. Im Gegensatz zu Deutschland gibt es hier keine Verbots-, sondern Erlaubnisschilder. Walking on the Grass? Ausdrücklich erwünscht.

Dann besuchen wir noch die Malls von Darling Harbour. Eine Stadt, die ihren Hafen Darling nennt. Gibt es etwas Liebenswerteres? Am Nachmittag geht's in die geschäftige Innenstadt mit den Einkaufsarkaden Queen Victoria Building und Strand Arcade. Carl zeigt mir den Glasturm, in dem sich sein Büro befindet, er allerdings nach eigenen Angaben nur einen Bruchteil seines Lebens verbringt. Auf meine Nachfragen hin erfahre ich, dass er richtig erfolgreich ein Internetbusiness betreibt. Das hatte er in Indien gar nicht erwähnt. Auch jetzt scheint es ihm ein wenig peinlich zu sein. Bescheidenheit, ebenfalls eine positive Eigenschaft der Australier.

Zu Abend essen wir diesmal in Chinatown und machen danach einen kleinen Stadtspaziergang nach Hause. Plötzlich legt er den Arm um mich. Mein Herz klopft höher. Ich beginne zu hoffen. Hat der Zeitabstand dafür gesorgt, dass er die krachenden Toilettenbesuche verdrängen konnte? Jedenfalls liegen wir uns kurz darauf in den Armen, schaffen es auch nicht mehr bis zur Wohnung. Aber da Sydney für Outdooraktivitäten bekannt ist, finden wir ein geeignetes Gebüsch. Es ärgert mich zwar, dass wir nicht zu einem Strand kommen, andererseits bin ich mit Sex on the Beach bekanntlich noch nie gut gefahren. Der Sex mit Carl ist sauber, solide und leidenschaftlich. Er hat einen tollen Körper, der auch ohne jede Tätowierung auf mich absolut anziehend wirkt. Von dieser Nacht an schlafe ich in seinem Bett, wenn man von Schlafen überhaupt reden kann.

Am nächsten Tag zeigt mir Carl seine beiden »Wohnzimmer«. Das eine ist Manly Beach, gegenüber von Sydney. Man muss ein kurzes Stück mit dem Pick-up fahren und kommt dann an einen wunderbaren Strand, von dem aus man einen tollen Blick auf die Stadt hat. Später fahren wir nach Bronte, um von dort aus nach Bondi Beach zu wandern. Der wunderschöne Weg beginnt am Bronte Beach und führt zwischen Hibiskus, Pohutukawas und Teebäumen entlang der Küste über Tamarama Bay. Immer wieder bieten sich fantastische Ausblicke auf die einzelnen Strände und die Brandung des Meeres, die unter einem tobt. Am Bondi Beach stärken wir uns mit Fish und Chips, die wir aus Zeitungspapier essen. Hier flanieren braun gebrannte Surfer umher, verabreden sich Geschäftsleute zum Lunch und außerdem ist es der Treffpunkt der Beachvolleyballszene.

Nach dem Essen führt mich Carl zu einem der Strandhäuser. Ich glaube schon, er will mich wieder vernaschen, doch er hat dort einen Spind oder eine Art Umkleidekabine, wo er ein Surfbrett aufbewahrt. Als Nächstes bringt er mir die Grundzüge des Surfens bei, und wenn ich mich auch nicht gerade als Naturtalent entpuppe, so schaffe ich es doch zumindest, eine oder zwei der Wellen zu reiten. Mit Freunden von ihm fahren wir schließlich zurück nach Bronte, im Wagen wird mir das »mate« nur so um die Ohren gehauen. Carl wird in Gegenwart seiner Kumpels zu einem erwachsenen Kind, sodass ich froh bin, als wir wieder zu zweit und zu Hause sind. Mit einer Haut, die von der Sonne glüht.

Wir lieben uns, duschen und fahren dann zur Toyboxparty im Battery Park, inmitten eines Vergnügungsparks für Kinder, nur dass nicht Kinder auf den Karussellpferden reiten, sondern Transvestiten. Die Party findet im Haupthaus statt. Nur schemenhaft sind Gestalten in der Dunkelheit zu erkennen, die sich im Raum drängen. Gelegentlich wird das Dunkel von Lasern zerschnitten, die wie Fächer über die Köpfe hinwegstreifen. Der wummernde Rhythmus der Musik geht sofort ins Blut. Freunde von Carl bieten uns die passende Droge zu dieser Musik an und wir versinken in einem irren Rausch. Ich schwebe aus dem Raum und befinde mich an einem sprudelnden Bergbach, wo eine Alpenfee für mich singt. Irgendwann komme ich zurück, bin auf der Tanzfläche und tanze mit Carl, bis Stofftiere von der Decke regnen, um uns zu signalisieren, dass die Party zu Ende ist. Wir umarmen uns, ich kann zwischen seinem und meinem Körper keine Grenze mehr ausmachen. »Bleib hier bei mir«, höre ich Carl nah an meinem Ohr flüstern, aber vielleicht bilde ich mir das auch nur ein.

Als wir mit einer Horde verschwitzter, glücklicher Menschen nach draußen gehen, ist die Nacht bereits weit fortgeschritten. Ein Taxi bringt uns nach Hause, wo wir sofort ins Bett fallen. Irgendwann gegen Morgen wache ich mit einem irren Durst auf. Doch als ich in die Küche gehe, um etwas zu trinken, merke ich, dass es nicht Durst ist, sondern rasendes Heimweh, das mich plagt. Könnte ich hier leben, so weit von zu Hause entfernt? Ich gehe zurück ins Schlafzimmer und schmiege mich an Carls warmen Körper, sofort beruhige ich mich wieder. Seinetwegen könnte ich es vielleicht.

Wir stehen an diesem Tag erst sehr spät auf und gehen dann frühstücken. Ich fühle mich total gerädert, aber ein verstrahltes Pärchen, das nur Augen für sich selbst hat, fällt in der Oxford Street nicht weiter auf. Danach gehen wir heim, duschen und anschließend habe ich den bombastischsten Sex meines Lebens. Offenbar wirkt die Droge immer noch und macht mich derartig durchlässig, dass ich das Gefühl habe, komplett mit diesem Mann zu verschmelzen. Wie werde ich je wieder allein existieren können? Überraschenderweise scheint er meinen Körper genauso gut lesen zu können wie meine Gedanken, er errät und spürt genau, was ich gerade brauche. Noch nie habe ich so etwas Inniges durchlebt und mit Tränen in den Augen schlafen wir eng umschlungen ein. Ich höre noch aus der Ferne, dass er sagt, für morgen habe er eine Überraschung vorbereitet.

Am nächsten Morgen um vier klingelt der Wecker. »Was um Himmels willen hast du vor?«, frage ich entsetzt. Er grinst nur und sagt nichts weiter. Wir trinken einen Kaffee, dann hupt auch schon das Taxi vor der Tür. Um 4.30 Uhr kommen wir an der Harbour Bridge an. Eine Handvoll Leute ist bereits da, sie tragen alle eine Art Schutzanzug und halten eine Leine in der Hand. Was soll das werden? Ich schaue Carl verwundert an. Er legt den Arm um meine Schulten und deutet in den Himmel. »Da geht's rauf.« Ich sehe über mir die Harbour Bridge, die Brücke, die die Australier »den Kleiderbügel« nennen, etwa 200 Meter hoch. Da soll ich rauf? »Niemals«, rufe ich so laut, dass der Guide, der gerade mit zwei Schutzanzügen und Leinen auf uns zukommt, lächelt. »Wir steigen hier die Stufen hinauf.« Der Guide zeigt zur Brücke. Und tatsächlich, Millionen von Stufen führen nach oben. Es geht also zum legendären Bridge Climb.

Für mich ist dies die größte Herausforderung meiner Reise. Durch die Betten der Nationen, kein Problem. Aber die Treppen der Harbour Bridge hinauf? In Hunderten Metern

Höhe herumturnen? Heute nennt man das Höhenangst. Ich nenne es jedoch ganz altmodisch »nicht schwindelfrei«. Und genau das bin ich. Doch Carl freut sich so sehr, dass ich es nicht wage, ihm den Spaß zu verderben. Also steigen wir in die Strampelanzüge, bekommen unsere Sicherungsgürtel und werden mit Stirnlampe sowie Kopfhörer für die Anweisungen des Guides ausgestattet. Als ich einen Wisch unterschreiben soll, dass alles auf eigene Gefahr geschieht, zögere ich. Aber das haben sie natürlich taktisch klug eingefädelt, denn sobald man in dem Anzug steckt, wagt man keine Widerrede mehr. Ich unterschreibe also mein Todesurteil, dann treten wir den Marsch an.

Hintereinander schlängeln wir uns über schmale Stege durch das Stahlgerüst, steigen enge Treppen hinauf, hoch und immer höher. Bis wir den eigentlichen Brückenbogen erreichen, ist mehr als eine Stunde verstrichen. Und plötzlich verstehe ich den Aufbruch im Stockdunklen, denn nun passiert etwas Magisches. Es wird hell. Am Horizont über dem Meer erscheint ein Strahl, der sich in jeder Sekunde verbreitert. Jetzt hat man einen Wahnsinnsblick auf die Oper und den Hafen von Sydney. Wir dürfen hier oben stehen bleiben und den Ausblick genießen. Ich bin atemlos und heilfroh, dass Carl und ich durch einen Schutzanzug und eine Leine getrennt sind, sonst wäre es nicht auszuhalten vor Romantik. Ein Blick nach unten erweckt das Gefühl, über Sydneys Häuserschluchten zu schweben. Es ist ein ergreifender Moment, meine Gänsehaut will gar nicht mehr abklingen. Plötzlich legt Carl den Arm um mich und wiederholt: »Bleib hier bei mir.« Ich schlucke. Er meint es also wirklich ernst. Wenn ich die Aufforderung in der Partynacht ignoriert und dem Einfluss von Drogen und Alkohol zugewiesen habe, komme ich jetzt nicht mehr drum herum, auf sein Angebot zu reagieren. Ich drücke ihm ein Küsschen auf die Wange, sage Danke und schmiege mich an ihn. Carl weiß im richtigen Moment die Klappe zu halten, das schätze ich so an ihm.

Es ist wieder später Vormittag, als wir uns in Darling Harbour ein bombastisches Frühstück gönnen. Danach muss er in seinen Computerladen und mal nach dem Rechten sehen. Ich mache unterdessen einen Stadtbummel. In der Innenstadt entdecke ich einen Vintage-Laden und der Geruch weckt bei mir sofort Heimatgefühle. Okay, damit will ich nicht behaupten, dass es bei mir zu Hause nach Flohmarkt riecht. Aber der Geruch erinnert mich an die ersten Kleiderkäufe meiner Jugend. Damals waren H&M oder Zara noch nicht erfunden. Benetton hatte gerade erst damit angefangen, seine spießigen Pullover zu stricken, aber für den individualistischen Style blieb nur der Ausweg Secondhand. Auch der Begriff »Vintage« war damals nämlich noch nicht geprägt. Und dieser Geruch ist auf der ganzen Welt derselbe: ein Gemisch aus Mottenpulver, Staub und altem Schweiß. Jedenfalls katapultiert mich der Geruch mitten im sonnigen Sydney in ein nagendes Heimweh. Und ausgerechnet jetzt will Carl, dass ich hierbleibe. Kann ich das? Zugegeben, Australien, der Darling unter den Harbours, besitzt den verführerischsten Charme der Welt. Aber das braucht es auch, denn hier befindet man sich am Ende der Welt. Sydney wirkt modern und großstädtisch, aber man ist auch ziemlich weit weg von allem.

Ich kaufe ein wunderschönes Blumenkleid, das mich an Rita Hayworth erinnert. Da es nicht so sehr nach Schweiß riecht wie die restlichen Kleidungsstücke, beschließe ich, es gleich anzulassen, um Carl in seinem Büroturm abzuholen. Unterwegs kaufe ich noch ein Eau de Toilette, um nicht den Geruch der Fäulnis um mich zu verbreiten. An Carls Arbeitsstätte angekommen, fahre ich in den 12. Stock, in dem es von Jungs in Turnschuhen und T-Shirts nur so wimmelt, die alle reden, als hätte man Oxford-English durch einen Mixer gejagt. Carl begrüßt mich überschwänglich. Er hat im Restaurant im selben Gebäude einen Tisch reserviert, wir fahren mit dem Fahrstuhl hinauf und dinieren auf der Terrasse mit fürstlichem Blick über Sydney, die Bucht und das Meer. Der sanfte, sonnenwarme Wind bläst meine Heimatgefühle im Nu wieder fort. Wir essen Kängurufleisch und trinken australischen Rotwein. Wenn Carl jetzt um meine Hand anhält, sage ich Ja, schießt es mir plötzlich durch den Kopf. Doch er erwähnt nichts dergleichen. Fast bin ich deswegen etwas beleidigt. Und dann wieder erstaunt über mich selbst. Was ist das nur, dass wir Mädchen immer geheiratet werden wollen? Doch Carl spricht von seiner Firma und seinem Surfbrett. Ach ja, dann noch von seinem Pick-up. Von irgendeinem Rennen in Melbourne, aber da bin ich zugegebenermaßen nicht mehr ganz so aufmerksam, sondern kämpfe mit plötzlich wieder aufkommendem Heimweh.

Da Carl sich den Nachmittag freinehmen kann, schlägt er einen Zoobesuch vor. Dort besichtigen wir ein paar deprimierte Orang-Utans und ein Gorillaweibchen, das allem Anschein nach eine ungewollte Schwangerschaft austrägt, denn auch sie wirkt unglücklich. Oder projiziere ich jetzt meine unerfüllten Wünsche schon auf Zootiere? Carl ist begeistert, aber für mich, die ich vor wenigen Tagen noch Orang-Utans in fast freier Wildbahn erleben durfte, ist das hier ein Trauerspiel. Dann führt Carl mich zu einem nächsten Highlight. Er hat nämlich eine Reservierung getätigt – nicht für ein weiteres Essen, sondern dafür, den Koala zu streicheln. Ja, Sie haben richtig gelesen. Im Zoo darf man einmal pro Tag einen der eingesperrten Koalas aus dem Käfig nehmen und streicheln. Nur drei Leute pro Tag. Und Carl hat tatsächlich mich auf die Liste setzen lassen. Es ist mir fast peinlich, als mir die Zooangestellte den kleinen Bären übergibt, denn außer mir sind nur Kinder angemeldet. Der kleine Kerl ist überraschend schwer und kompakt. Ich schaue ihm in die Augen, sehe allerdings nur einen trüben Schleier, vermutlich ist das Tier high vom pausenlosen Eukalyptusgenuss. Also reiche ich den Bären, der nach Hustenbonbons riecht, der Zooangestellten zurück.

Und jetzt wird mir klar, was mich stört. Carl ist liebenswert, aber auch unerwachsen. Im Grunde ist er wie ein Kind. Oder es ist gar nicht Carl, sondern dieses Land. Das Land der endlosen Picknicks und Bierschwemmen, des Surfens, der »mates« und »no worries«. Könnte ich hier wirklich leben?

Nach einem Abstecher zu den Kängurus, Beutelratten und Schmetterlingen fahren wir wieder heim. Der Sex ist jetzt, da ich mich in der Zwickmühle befinde, nicht mehr ganz so gut.

Am nächsten Tag mache ich einen Spaziergang durch die Stadt. In der Oxford Street treffe ich tatsächlich einen Bekannten, Guillermo, meinen Gastgeber aus Brasilien, Sie erinnern sich? Er ist wegen irgendeines Festivals angereist. Wir begrüßen uns mit großem Hallo und verabreden uns für den nächsten Tag im legendären Fischlokal »Doyles on the Beach« in Watsons Bay. Dafür fahren wir im Wassertaxi ab Circular Quay und gehen ein Stück nach South Head, von wo aus wir ein überwältigendes Hafenpanorama genießen. Schwule haben einfach Stil. Im Restaurant teilen wir uns eine Dorade im Salzmantel, der Wein fließt in Strömen, und wir berichten uns gegenseitig, was wir in den letzten Monaten erlebt haben. Die Details meiner Reise erzähle ich diesmal ohne jegliche Zensur.

Am Ende schaut mich Guillermo lange an und sagt dann: »Also, Chica, raus mit der Sprache. Was sind die besten Liebhaber der Welt?«

Ich breche ein Stück Brot ab, um Zeit zu gewinnen. »Ich würde es nicht an der Nationalität festmachen«, sage ich schließlich.

Doch er lässt kein Ausweichen zu. »Wie sind die Latinos?«

Nach einem weiteren Schluck Wein frage ich herausfordernd: »Kann ich dir die Wahrheit zumuten?«

Er lacht. »Hey, ich bin schwul. Sag schon, wie sind die Heten?«

»Latinos sind eher auf der Tanzfläche zu gebrauchen als im Bett«, stelle ich fest und erwarte gespannt seine Reaktion.

Er wirkt erstaunt, aber gefasst. »Ach, ich dachte, die Heteromänner sind so feurig.«

»Eben, feurig auf der Tanzfläche. Da geht es ums Werben und da geben sie sich alle Mühe. Aber was im Bett geschieht, ist dann nur noch der reine Vollzug und wird irgendwie absolviert.«

»Okay, und die Afrikaner?«, forscht er weiter nach.

Ich grinse vielsagend. »Sind von der Natur aus begnadet und besitzen auch das Talent, mit ihren Schätzen umzugehen.«

Guillermo lacht schrill und wirft sich eine Olive in den Mund. »Ich weiß, wovon du sprichst!«, ruft er.

»Das Problem ist«, fahre ich fort, »dass sie das auch wissen und derart von ihren Qualitäten als Liebhaber überzeugt sind, dass es nicht auszuhalten ist. Wer will schon ständig hören, dass er gerade in den Genuss eines Gottesgeschenkes kommt.« Ich verdrehe die Augen, während Guillermo verständnisvoll nickt.

»Araber?«, lautet sein nächstes Stichwort.

Ich kräusele die Lippen. »Haben gutes Potenzial, nutzen es aber eher, um an andere Schätze zu kommen.« Guillermo versteht, schließlich kennt er mein Marokkoerlebnis mit Ali-Baba und den 40 Räubern.

»Amerikaner?«, fragt er weiter.

Ich muss laut auflachen. »Bei den Amis geht es um Regeln. Und um Tabus. Alles muss nach einem bestimmten Programm ablaufen, sonst geraten sie in Panik. Insofern ist es ähnlich wie bei den Russen, da geht es um Macht. Generell kann man sagen, dass der Sex ohnehin da schlecht ausfällt, wo ein Machtgefälle herrscht. Denn da geht's nicht mehr um Sex und erotische Anziehung, sondern um den Austausch von Waren.«

»Asiaten?«, forscht Guillermo weiter.

Ich muss lächeln. »Die perfekte Kombination aus Leidenschaft und Achtsamkeit.«

»Du wirst ja ganz rot«, kreischt Guillermo, sodass sich die Leute an den Tischen in der Nähe nach uns umdrehen. Ich lege den Finger auf meinen Mund. »Und die Größe?«, flüstert er mit geweiteten Augen.

»Kein Thema«, flüstere ich zurück.

»Was ist mit den Australiern?«, fragt er schließlich. An meinem Seufzen errät er die Wahrheit.

»Zum Verlieben?«, neckt er mich. »Ich weiß, sie haben alles: männlich, gut aussehend, muskulös ...«

»Aber sie sind auch so ... infantil«, unterbreche ich. »Oder vielleicht ist es einfach dieses Land, das mich irre macht. Outdoor und Surfen ist doch kein Lebensinhalt, oder?«

»Jedenfalls ist es gut für den Teint«, gibt Guillermo zurück und pickt eine weitere Olive aus dem Schälchen. »Wenn du jemanden findest, mit dem du einfach gerne Zeit verbringst, dann ist das schon mehr, als viele andere haben.« Es erstaunt mich, ausgerechnet von einem Schwulen einen Ratschlag zu bekommen, der auch von meiner Oma stammen könnte.

»In der Heimat mag das gelten«, räume ich ein, »aber am Ende der Welt sollte es schon etwas mehr sein, oder?«

Er wirft mir einen verschmitzten an Blick zu. »Ich verstehe, demnach sind die Europäer doch deine Favoriten?«

»Nordeuropäer«, korrigiere ich in Gedanken an den Griechen, »die Südeuropäer sind zu ...« Ich suche nach dem richtigen Wort.

»Katholisch«, fällt er ein. Wir nicken uns verstehend an. Dann lächele ich resigniert. »Nicht zu fassen, da reist man um die Welt und stellt hinterher fest, dass das heimische Gras doch am grünsten ist.«

Guillermo nimmt eine weitere Olive und zuckt mit den Schultern. »Manchmal muss man eben die Welt umrunden, um bei sich selbst anzukommen.« Und gerade als ich denke, etwas Schlaueres kann er nicht sagen, setzt er hinzu: »Hast du denn mal überlegt, deinen australischen Zuckerboy einzupacken und mitzunehmen?«

Auf die Idee bin ich noch gar nicht gekommen. Doch das wäre die Möglichkeit, ihn unabhängig von diesem Abenteuerland Australien kennenzulernen. Um festzustellen, was am Ende übrig bliebt. Ob es wirklich Liebe ist.

Heimreise

Spuckerasseln zu meiner Linken. Daneben sitzt die einzige Frau an Bord mit Kleinkind. Macht aber nichts. Diesmal habe ich den Fensterplatz ergattert und lasse die Wolken an mir vorüberziehen, genau wie das Kindergeschrei. Ich lehne mich zurück und schließe die Augen. Carl wird mich in vier Wochen besuchen kommen, um mein Leben in Hamburg kennenzulernen. Und das sind doch ganz hervorragende Aussichten.